建築設計シリーズ 2

改訂版

最高の植栽をデザインする方法

建築知識・編

X-Knowledge

第1章 原寸大 緑の見本帳

8 透ける葉で透明感のある庭をつくる
10 暗い庭をきらきらと輝く葉で照らす
12 紅葉・黄葉のバリエーションを活用する
14 庭を引き立てる大きな花・実
16 葉の形を生かして建物の印象を変える
18 建物のデザインを左右する葉の大きさ
20 葉の密度の違いを建築的に利用する
21 狭い庭に向く木
22 こんなに違う樹皮のテクスチュア

第2章 植栽知識編

23 **緑のある住まいをつくるということ**
26 植物1 メカニズムを知って植物のもつ力を生かす
30 植物2 デザインのための植物基礎知識
36 植物3 トラブル対策を知って問題を回避する
39 植物4 敷地に生きている既存の植物を活かす方法
40 植物5 流通と入手方法を知って植物を上手に手に入れる
43 計画1 植栽計画のための段取り・敷地調査・ゾーニング手法
46 計画2 設計者のための植栽図面の描き方
48 計画3 建物用途別の植栽設計セオリー
53 施工1 植栽工事現場でやってはいけないこと
54 施工2 [空気・水・土]環境改善工事の手法を学ぶ
56 テクニック1 まずはここから! 植栽基本配植テクニック
58 テクニック2 環境に対応し環境を活用する植栽方法
64 テクニック3 目隠し・防犯・延焼防止の機能をもつ植栽テクニック
66 テクニック4 敷地形状と特殊な環境に対応した植栽
68 テクニック5 テーマのある植栽で建物に雰囲気を与える
71 テクニック6 和モダンエクステリアのデザイン手法

第3章 屋上・壁面緑化編

85 今、屋上緑化の本質を問う

屋上緑化
87 屋上緑化設計テクニックと設計資料

屋上・屋根緑化
92 経験者に学ぶ戸建住宅の屋上緑化設計

壁面緑化
95 壁面緑化のバリエーションと失敗しないための設計術

第4章 住宅用植栽100のテクニック

パート1 緑の形態を生かすテクニック35

100 透ける葉で庭をつくる
101 明るい葉で庭をつくる
101 色の濃い葉で庭をつくる
102 紅葉・黄葉が楽しめる庭
102 新芽が美しく映える庭
103 いつも葉色が楽しめる庭
103 葉の模様を楽しむ庭
104 葉の形を楽しむ庭
106 きらきらと葉が輝く庭
106 葉擦れの音が楽しめる庭
106 葉の香りが楽しめる庭
107 似た質感の葉で庭をつくる
108 長く花を楽しめる庭
108 目立つ花のある庭
109 花の香りが楽しめる庭
110 春に花が楽しめる庭
110 夏に花が楽しめる庭
111 秋に花が楽しめる庭
111 冬に花が楽しめる庭
112 赤い花が映える庭
112 紫・青の花が映える庭
112 ピンクの花が映える庭
113 黄・橙の花が映える庭
113 白い花が映える庭
114 樹高から樹木を選ぶ
115 小さいままの木でつくる庭
116 樹形から庭をデザインする
117 樹幹から庭をデザインする
118 縞模様の幹肌を生かすコツ
118 平滑な幹肌を彫刻とみなす

118 幹・枝のトゲを防犯に生かす
119 斑入りの幹を楽しむ工夫
120 目立つ実で庭をつくる
120 食べられる実がなる庭
121 庭木の足元をデザインする

パート2
緑の機能を生かすテクニック14

122 植栽で日差しを調整する
122 穏やかな風を呼び込む庭
123 配植の工夫で強風を防ぐ
124 植栽で遠景を庭に取り込む
124 建物の部位を強調するテク
125 建物の印象を和らげる植栽
125 様式の違う部屋に合う庭
126 樹木で敷地の境界を示す
127 樹木でつくるスクリーン
127 緑を防火壁に利用する
128 病・虫害に負けない庭
128 排気ガスに強い庭
129 樹木でつくる防音壁のコツ
129 手間いらずの庭のつくり方

パート3
緑の環境を生かすテクニック22

130 日照条件から樹種を変える
131 狭い空間に樹木を植える
132 乾燥した庭に樹木を植える
132 湿気に強い庭をつくる
132 痩せた土地で庭をつくる
133 海の近くで庭をつくる
134 温暖地で庭をつくる
135 寒地の植栽テクニック
136 日照が少ない北の庭
136 南の庭の植栽 意外な落とし穴
137 落葉樹中心の東の庭
137 西の庭は西日で葉焼けに
138 目的に合った生垣の設計法
139 フェンスで生垣をつくる
139 防犯機能を高めた生垣
140 外廻りに効く植栽デザイン
140 樹木で広がるアプローチ
140 デッキは耐荷重に注意
141 菜園を庭につくるコツ
142 中庭・坪庭はすっきりと
142 屋上庭園で失敗しない！
143 壁面緑化は3タイプある

パート4
緑の空間を生かすテクニック20

144 シンボルツリーの選び方
145 仕立て物で庭を飾る
145 トピアリーを楽しむ
146 コニファーで庭を造形する
146 壁や垣根を果樹でつくる
147 用途の広い棚を楽しむ
147 物語のある木で庭をつくる

148 庭にシバを植えるコツ
148 シダを使った庭のデザイン
148 コケが育つ庭の条件
149 タケを使って庭をつくる
149 地面や壁面にツタを這わす
150 小鳥が遊ぶ庭をつくる
150 野趣あふれる庭をつくる
151 和風の庭をつくるコツ
151 和洋の庭を連続させる
152 北欧風の庭は常緑針葉樹で
152 細かい葉で地中海風に
153 エスニックに庭を演出する
153 中南米風はドライな庭に

パート5
住宅用植栽のための基本テクニック6

154 失敗を避ける緑の5大要素
156 形から始まる緑のデザイン
158 樹木が際立つ配植の作法
159 伝わる配植図の描き方
160 植栽計画の流れをつかむ
161 植栽トラブル回避のワザ

事例解説

76 植栽事例1 「地球のたまご」計画 浜名湖に新たな水源をつくる
78 植栽事例2 住宅街・密集地で街との関係・距離をつくる植栽
80 植栽事例3 みんなで取り組む団地の植栽
82 植栽事例4 フトンカゴを応用した「5×緑（ゴバイミドリ）」で立体造形の植栽が実現

TOPICS

29 有効活用したい緑地による冷気のにじみ出し効果
35 山野草の宝庫、東京樹苗を訪ねる

COLUMN

42 造園・ランドスケープ業界を知って上手に付き合う
74 プロが勧める植栽との相性がよい外構資材
75 街路樹の選び方とその設置方法
84 施主に伝えたい庭木のメンテナンス方法
31 新樹種って、何？
33 生物多様性について
47 CADでコンタラインを描き自然を表現する
52 ヒーリングガーデン
92 菜園で屋上緑化に楽しみをもたせる
94 屋上緑化の落とし穴［漏水事故］に注意
98 エスパリアのできるまで
162 著者略歴

図版（改訂にあたり作成・修正）　加藤陽平
カバー・扉・目次デザイン　マツダオフィス 金丸未波
ＤＴＰ　ユーホーワークス
印刷・製本　シナノ書籍印刷
本書は、２０１４年１月に発行された「最新版　最高の植栽をデザインする方法」の内容を見直し、加筆修正したものです。

第1章

原寸大
緑の見本帳

透ける緑色の葉

緑の葉から洩れる光は春の躍動感を演出する

ハナミズキ
¥26,000/本[h=2.5m]
落葉広葉樹。
長さ7–15 cmの
卵形の葉を持つ。
葉の表面は深緑色で、
縁にはギザギザがない。
秋に美しく紅葉する

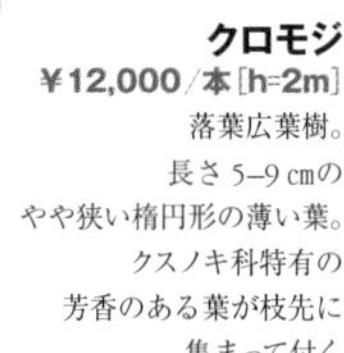

クロモジ
¥12,000/本[h=2m]
落葉広葉樹。
長さ5–9 cmの
やや狭い楕円形の薄い葉。
クスノキ科特有の
芳香のある葉が枝先に
集まって付く

gravure 1

透ける葉で透明感のある庭をつくる

写真｜新緑のモミジを光が透過し、透明感の溢れる庭となる
[A邸：西島正樹/プライム一級建築士事務所]

建物のイメージに合わせて透明感のある庭をつくりたい場合、光をよく透過する葉を持つ樹木を取り入れるとよい。樹木の葉は、大きさや形だけでなく、厚さや質感によってさまざまな違いがある。光をよく透す葉は、葉の厚さが薄い落葉広葉樹に多くみられるため、これらを効果的に配置することが庭を透明感のある場に変えるポイントである。

光をよく透す葉は、紅葉するものが少なくない。したがって、秋になると、これらの樹木を植栽した庭は、紅葉した葉を透過した、赤色や黄色の光が溢れる庭となるだろう。

ここでは、光をよく透す代表的な葉を集め、実際に光を透過させた状態で撮影したものを示している。同じ光を透過した葉でも葉のテクスチュアによって、見え方が大きく異なることが分かるだろう**[100頁参照]****。**

ドウダンツツジ
¥1,500/本[h=0.4m]
落葉広葉樹。
長さ2–4 cmの葉が
車輪状に付く。
先が尖った扇のような形をし、
縁には細かいギザギザがある。
秋には真っ赤に色付く

エゴノキ
¥20,000/本[h=3m]
落葉広葉樹。
長さ5–8 cmの幅広い卵形の葉。
葉の表裏とも緑色で、表は光沢がある。
葉厚はやや薄く、縁に細かいギザギザがある

透ける黄色の葉

黄色の葉のフィルターを通した光はより温かになる

ハクモクレン
¥20,000／本［h=3m］
落葉広葉樹。
長さ10 cm程度の扇形の葉。
シモクレンの葉に似ているが、
ハクモクレンは葉先が尖り、
表面も波打たない

カツラ
¥10,000／本［h=3m］
落葉広葉樹。
長さ3–7 cmのハート形の葉。
葉先が丸く、
縁は波状になっている。
春の鮮やかな緑色は、
秋に黄色へと変わり、
独特の香りを出す

オオモミジ
¥24,000／本［h=3m］
落葉広葉樹。
長さ5–8 cmの手のひらの形をした葉。
イロハモミジよりも大きく、
縁のギザギザが揃っている。
裂けた葉の中ごろが
膨らむのも特徴

アブラチャン
¥28,000／本［h=3m］
落葉広葉樹。
長さ4–7 cmの卵形の葉を持つ。
縁にギザギザがなく、
表面は全体的に波打つ。
枝葉には香りがある

ヤマボウシ
¥24,000／本［h=3m］
落葉広葉樹。
長さ5–10 cmほどの
丸に近い卵形の葉。
ハナミズキに似ているが、
ヤマボウシは
葉の裏に細かい毛がある

透ける赤色の葉

光を帯びた葉は、秋の庭を赤く染める

ハゼノキ
¥5,000／本［h=1.5m］
落葉広葉樹。
長さが4–8 cmの
小葉が奇数付いて
羽状に見える。
新緑の緑も美しい

モチノキ
¥8,000／本［h=2m］
常緑広葉樹。
葉の長さは 4–9 cmで、楕円形。
深緑色の葉は厚めで、
葉先は丸みを帯びて
突き出ている

クロガネモチ
¥28,000／本［h=3m］
常緑広葉樹。
葉の長さは 5–8 cmで、楕円形。
深緑色の葉は、表面が滑らかで、
縁にはギザギザがなく
明るい線が入る

モッコク
¥25,000／本［h=2.5m］
常緑広葉樹。
葉の長さは 4–9 cm。
扇形で葉先が尖っている。
枝先に集まって葉を付ける。
葉の軸の赤色が特徴

gravure 2

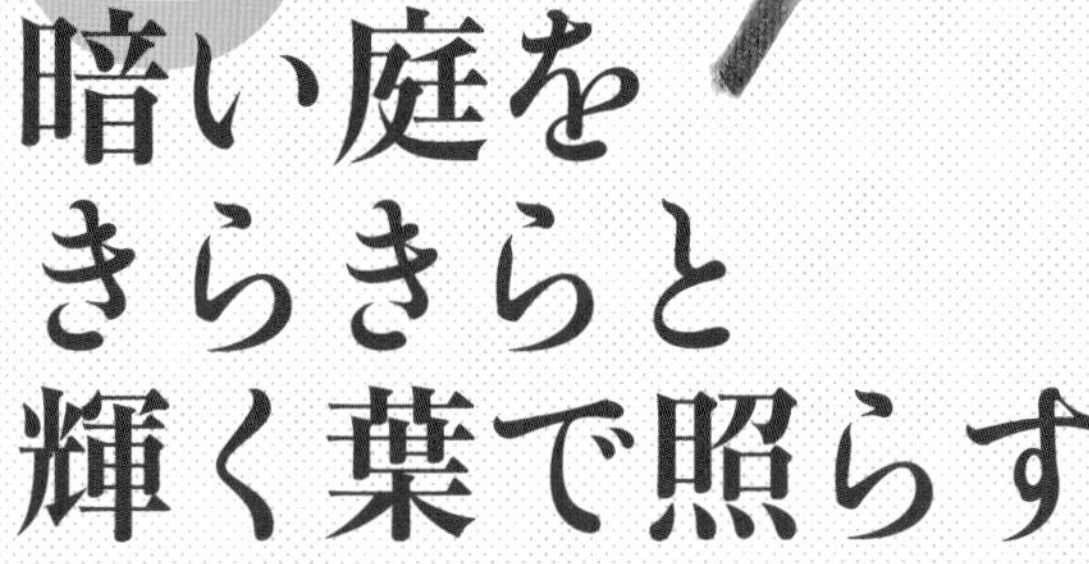

暗い庭を きらきらと 輝く葉で照らす

建物北側など日陰がちな場所は、
どうしても暗く陰気な雰囲気になってしまう。
そこで植栽を活用して明るい印象に変えるテクニックを紹介しよう。

暗い庭を明るく変えるためには、
葉の表面が光をよく反射する樹木を植えるとよい。
光をよく反射する葉を持つ樹木は、
葉の表面が革質の常緑広葉樹に多く、「照葉樹」と呼ばれる。
代表的な樹種は、和風庭園でよく用いられる
ツバキ類やサザンカ類、モッコクなどである。
植栽では、これらの葉にわずかな光でも当たるように配置する。

また、葉の色に特徴のある樹木を入れることで、
庭を明るい印象に変えることができる。
オリーブやフェイジョア、ギンドロなど、葉の裏が白色をした葉は、
風で揺れると光がなくても輝いているように見える。
グミギルドエッジなど、斑入りの植物を植えても庭は明るく色付く［106頁参照］**。**

写真｜光を受けたトベラが玄関を明るく照らす
［久世邸：堀部安嗣／堀部安嗣建築設計事務所］

光を反射して輝く葉

革質の葉は
かすかな光にも反射し
庭を明るく照らす

ツバキ
¥10,000／本［h=1.5m］
常緑広葉樹。
葉の長さは 5–8 cmで、卵形。
濃緑色の葉は硬く、
先が尖っている。
サザンカの葉に似ているが、
ツバキのほうが大きい

葉の色で輝いているように見える葉

光がなくても特徴のある色の葉は庭を明るい印象に変える

グミギルドエッジ
¥1,800／本［h=0.3m］
常緑広葉樹。
ナワシログミの園芸種。
広い楕円形。
葉の表面に黄色の斑が入る。
裏面は銀色の毛に覆われている

オリーブ
¥18,000／本［h=1.2m］
常緑広葉樹。
葉の長さは 4–8 ㎝。
楕円形。
葉の表面は深緑色、
裏面には銀白色の毛に
覆われている

サカキ
¥8,000／本［h=2m］
常緑広葉樹。
葉の長さは 6–10 ㎝で、楕円形。
葉の深緑色と形が美しいことから
神事に用いられる。
ヒサカキと似ているが、
サカキの葉は縁に
ギザギザがない

ギンドロ
¥18,000／本［h=2m］
落葉広葉樹。
葉の長さは 4–7 ㎝。
葉は 3–5 裂に割れる。
葉の表は暗緑色、
裏面は銀白の毛に
びっしりと
覆われている

シロダモ
¥22,000／本［h=3m］
常緑広葉樹。
葉の長さは 8–20 ㎝。
卵形の楕円形で、
濃緑色の葉の縁に
ギザギザはない

写真｜表裏の葉の色の違いで、銀色に輝いて見えるオリーブ
［貞苅邸：本間至／ブライシュティフト］

gravure 3

紅葉・黄葉のバリエーションを活用する

秋の庭に彩りを与える木々の紅葉。
紅葉する葉の色は、赤色や黄色だけでなく、赤茶色や橙色など、
バリエーションが豊富である。
形を見ても、丸いものや手のひらの形をしているもの、
鳥の羽のようなものなど、さまざまである。
植栽デザインは樹木の印象だけで樹種を決めるのではなく、
これらの色や形、さらに葉の大きさまで検討したい。

庭木を美しく紅葉させるためには、1日の夜昼で寒暖の差があること、
そして、土壌に水分が十分にあることが必要である。
昼夜問わず暖かい場所や
照明などが当たる所ではきれいに紅葉しない。
また、紅葉の色は、日が当たる場所とそうでない場所でも変わる。
紅葉している樹木でも、
枝が重なり合って日が当たらない部分は黄色ということもある。
こうした日の当たり方まで工夫した配植とすれば、
庭はさらに彩り豊かになるだろう[102頁参照]。

写真｜庭にさまざまな紅葉する木を取り入れている
[国領の家：伊礼智/伊礼智設計室]

トサミズキ
ヒュウガミズキと
葉と花の形が似るが、
葉の大きさは
およそ 2 倍になる
シノブガオカ
イロハモミジ系の園芸種。
ミズグモの足のように
細く裂けた葉が特徴
ヒュウガミズキ
秋にはきれいに黄葉するが、
春にも同じく淡い黄色の
小さな花を付ける
リョウブ
秋に赤く葉を染めるリョウブは、
幹肌もサルスベリのように
ツヤと模様がある
マイクジャク
ハウチワカエデ系の品種。
葉は、孔雀が羽を広げたような
繊細な印象を与える
ユキヤナギ
白い花が印象的な樹木だが、
秋には赤銅色に紅葉する
ニシキギ
錦木の名のとおり、
秋に深紅に染まるニシキギは
世界 3 大紅葉樹と称される
シナマンサク
橙色に紅葉する葉には、
細かい毛がびっしり生えるか、
枯れた後、
枝に引っかかり春まで残るものもある
ナツヅタ
コンクリートの
壁面緑化に使われる
ナツヅタは秋には紅葉し、
壁面を真っ赤に染める

庭を引き立てる大きな花・実

庭の基調となる色は、1年を通して目にする葉の緑色である。ただし、いつも同じ色では単調でつまらない庭になってしまう。そこで、目立つ花や実のなる樹木を植栽し、その色彩を庭のアクセントとして楽しみたい。

花や実が目立つためには、「大きいこと」そして「背景との色の対比がはっきりしていること」が重要になる。花も実も1つで手のひらよりも大きいとはっきり目立つ。また、小さな粒状で群れる花や実は、その塊が指先程度の大きさだと意外に目を引く。色は、庭の基調となる緑のなかで、どの程度コントラストがはっきりしているかが重要になる。最も目立つのは緑の補色である赤色系のものである。ここで紹介する花や実は、これらの要素を備えている［108頁・120頁参照］。

タイサンボク｜¥16,000／本［h=3m］
5–6月によい香りのする盃形の乳黄白色の花を付ける。花の大きさは直径で12–15㎝

ムクゲ｜¥3,000／本［h=1.5m］
7–10月に枝先の葉の付け根に白色やピンク色の花を付ける。花の直径は6–10㎝

シモクレン｜¥10,000／本［h=2m］
4–5月に葉に先立って長さ10㎝程度の筒状の暗紫色の花を付ける

写真｜バスルームから眺める白花のシャクナゲ
［湯場邸：西田司／オンデザインパートナーズ］

粒が集まって大きく見える花

アジサイ｜¥800／本［h=0.5m］
6–7月に直径3–6㎝の装飾花が球状に付く。時間の経過とともに緑色~紫色~紅色に変わる

サルスベリ｜¥28,000／本［h=3m］
7–9月に枝先から伸びた円錐花序に、フリル形状の直径3–4㎝の花が多数咲く。夏の花の定番である

オオデマリ｜¥2,500／本［h=1m］
5–6月に枝先に緑みを帯びた白い装飾花が集まって咲く。大きさは20㎝前後

フジ｜¥2,000／本［l=1m］
4–6月に淡い紫色や白色の蝶の形をした花が、房状になって30–90㎝ほど垂れ下がって咲く

キンモクセイ｜¥5,000／本［h=1.5m］
10月ころに橙色の花が枝の付け根に集まって咲く。強い芳香は、秋の訪れを告げる。写真はノダフジ

トチノキ｜¥28,000／本［h=3m］
5–6月に枝先から伸びた長さ15~25㎝の円錐花序に直径1.5㎝の花が多数付く。写真はベニバナトチノキ

1つで大きな実

カリン｜¥30,000／本［h=3m］
10月ころに長さ10–15㎝の長楕円形の実が黄色に熟して芳香を立てる

カキノキ｜¥15,000／本［h=2.5m］
10–11月ころに5~15㎝の扁円形~卵球形の黄橙色の実が熟す。実の大きさは直径4–10㎝

粒が集まって大きく見える実

ピラカンサ｜¥1,800／本［h=1m］
10–11月に扁球形の黄橙色の実が、無数に付く。1粒の実の大きさは直径5–8㎜

ガマズミ｜¥1,800／本［h=1m］
9–10月に卵形の真っ赤な実を付ける。1粒の実の大きさは6–8㎜。完熟の実は食べられる

シロヤマブキ｜¥1,000／3本立ち［h=0.8m］
8–10月ころに楕円形の黒い実が4つまとまって枝先に付く。1粒の実の大きさは直径5–7㎜

コムラサキシキブ｜¥800／本［h=0.5m］
9–11月に球形の紫色の実を多数付ける。1粒の実の大きさは直径3㎜程度

gravure 5

葉の形を生かして建物の印象を変える

樹木の葉は、卵形や手のひら形、ハート形をしたものなど、個性ある形をしているものが多い。葉の形の違いは、樹木全体の緑のボリュームや光の通し具合にもバリエーションを与える。葉の形の違いをうまく活用すれば、建物や庭の印象を大きく変えることができる。

深い亀裂の入る葉や披針形の葉は、幾何学的で、抽象的な印象を与えるため、あまり装飾の施されていない空間を際立たせる。ハート形や丸形など、丸みを帯びた形の葉は、見ているだけで温かい気持ちになるので、主庭のシンボルツリーに使うとよいかもしれない。ここでは、多種多様な葉の形の違いに注目して、14種類に分類し、それぞれの代表的な樹種を掲載した［104頁参照］。

写真｜さまざまな形の葉を使った庭［戸田邸：戸田晃／戸田晃建築設計事務所］

ハート形

カツラ
ハート形の葉は、
見た目に温かく、
庭を柔らかい印象に変える。
シナノキやボダイジュなど

三裂

カクレミノ
観葉植物的な印象を与えるほか、
三角形を連想させ、
抽象的な雰囲気の建物にも合う。
トウカエデなど

手のひら形

イロハモミジ
手のひらを広げたような
切れ込みが5つ以上ある葉。
小さな葉は繊細で軽やかな印象を与える。
イチジクなど

倒卵形

ドウダンツツジ
卵をひっくり返したような形をした葉。
同じ大きさでも
卵形より大きく見える。
ハクモクレンなど

卵形

イヌシデ
全体は楕円形だが、
葉の元側が膨らみ卵形に見える形。
ほとんどの樹木はこのタイプ。
特に広葉樹に多い

円形

ハクウンボク
円形の葉は、
ハート形と同様に、
柔らかい雰囲気を演出できる。
マルバノキやサルココッカなど

トゲトゲ

チャイニーズホーリー
全体にトゲがあり、緊張感がある。
観賞よりは、その形の特性を生かした
防犯的な使われ方が多い。
ヒイラギなど

披針形

クリ
大きな葉は幾何学的で
人工的な印象の庭となる。一方、小さい葉は、
庭にシャープな印象を与える。
タケ類など

楕円形

オリーブ
楕円形は、葉の先端が丸く、
優しい感じの庭を演出できるため、
植栽によく使われる。
フェイジョアなど

鱗片形

カイズカイブキ
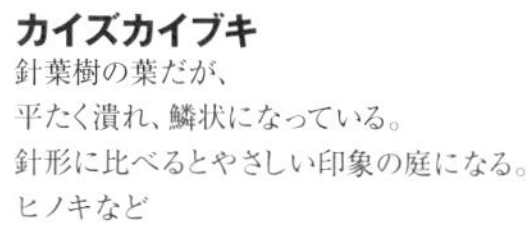
針葉樹の葉だが、
平たく潰れ、鱗状になっている。
針形に比べるとやさしい印象の庭になる。
ヒノキなど

針形

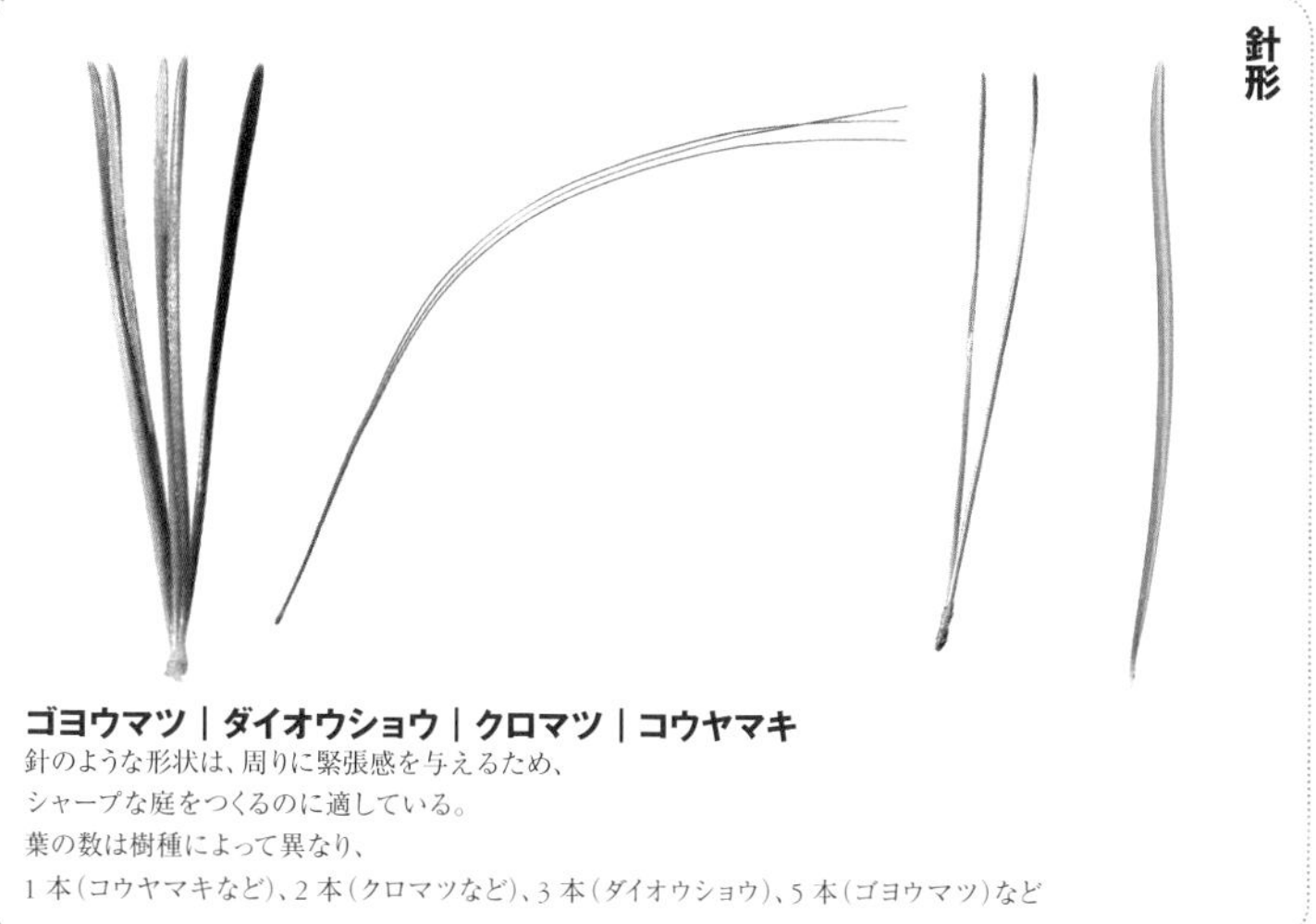

ゴヨウマツ｜ダイオウショウ｜クロマツ｜コウヤマキ
針のような形状は、周りに緊張感を与えるため、
シャープな庭をつくるのに適している。
葉の数は樹種によって異なり、
1本（コウヤマキなど）、2本（クロマツなど）、3本（ダイオウショウ）、5本（ゴヨウマツ）など

たくさんで1枚

シマトネリコ
全体が羽のように見えるため、
軽やかな印象を与える。
多用すると熱帯風の庭になる。
ネムノキなど

複葉［5枚］

トチノキ
手のひら形のように5枚の小葉で
1枚の葉になる。葉のボリュームが大きいため、
広がりのある建物に合う。
ムベなど

複葉［3枚］

メグスリノキ
3枚の小葉が集まって1枚の葉をつくる。
大きくまとまる様子は、
ゆったりとした印象を与える。
ミツバカエデなど

建物のデザインを左右する葉の大きさ

樹木の葉の大小によって建物の見え方はずいぶんと変わってくる。
たとえば、ボリュームのある建物では、
それに負けないような大きな葉を持つ樹木を用いると、
建物をより威厳のあるものに見せることができる。
また、大きな葉と小さな葉を取り混ぜることで、空間にリズム感が生まれ、
軽快な印象を与えることもできよう。

ここでは、庭木としてよく使われる樹木のなかから14種類を選び、
それぞれの葉を小さいものから大きいものまで原寸で並べている。
形や色だけでなく、
葉の大きさによっても受ける印象が変わってくることがよく分かるだろう。
葉の大きさは葉先から葉柄までの縦の長さで計測しており、
横幅は考慮していない。
なお、葉は個体差があるので、葉の大きさの平均値に該当しない場合もある。

写真｜大小の葉を取り合わせたリズミカルな植栽
［吉住邸：川口通正／川口通正建築研究所］

gravure 6

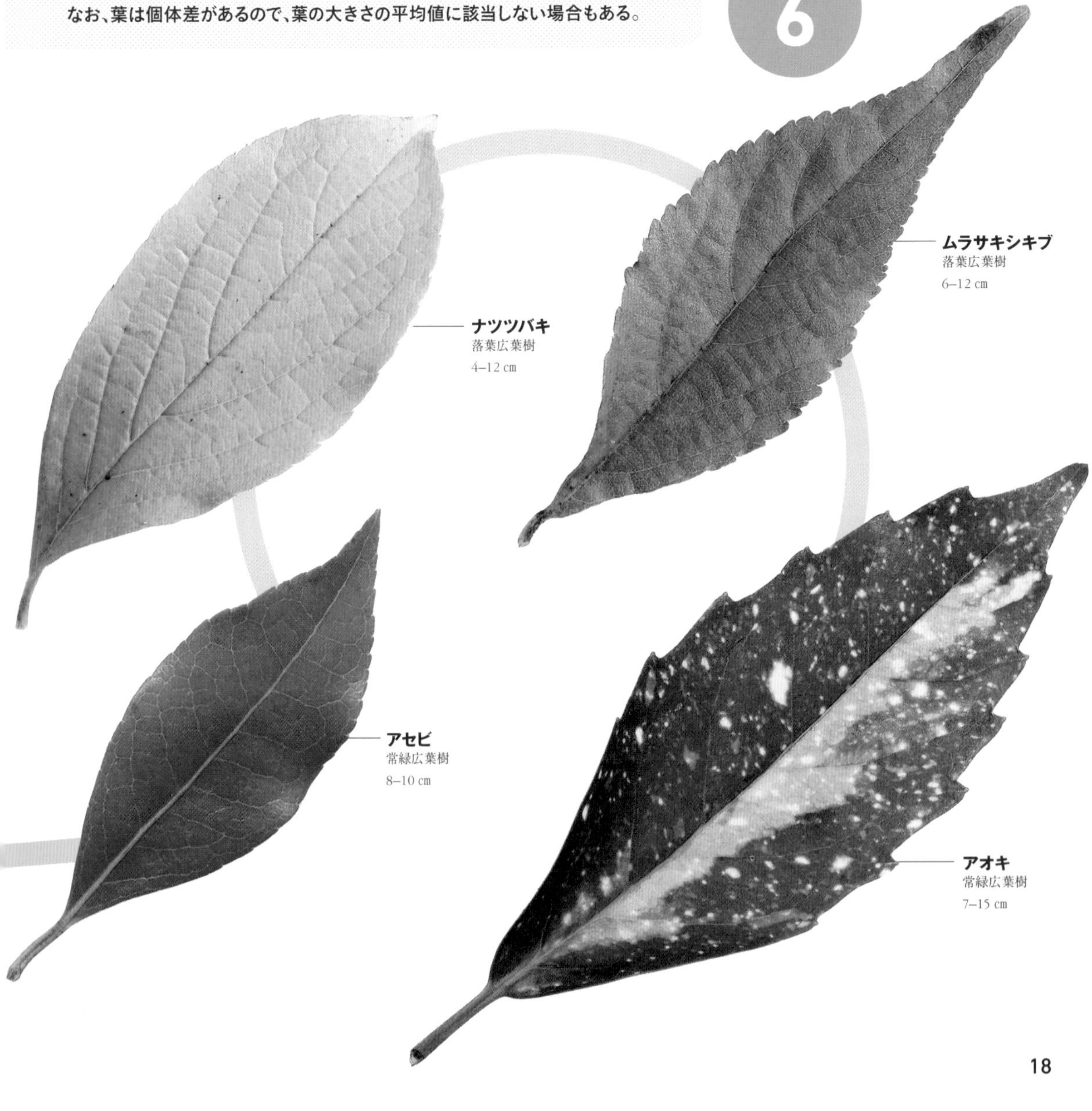

ナツツバキ
落葉広葉樹
4–12 cm

ムラサキシキブ
落葉広葉樹
6–12 cm

アセビ
常緑広葉樹
8–10 cm

アオキ
常緑広葉樹
7–15 cm

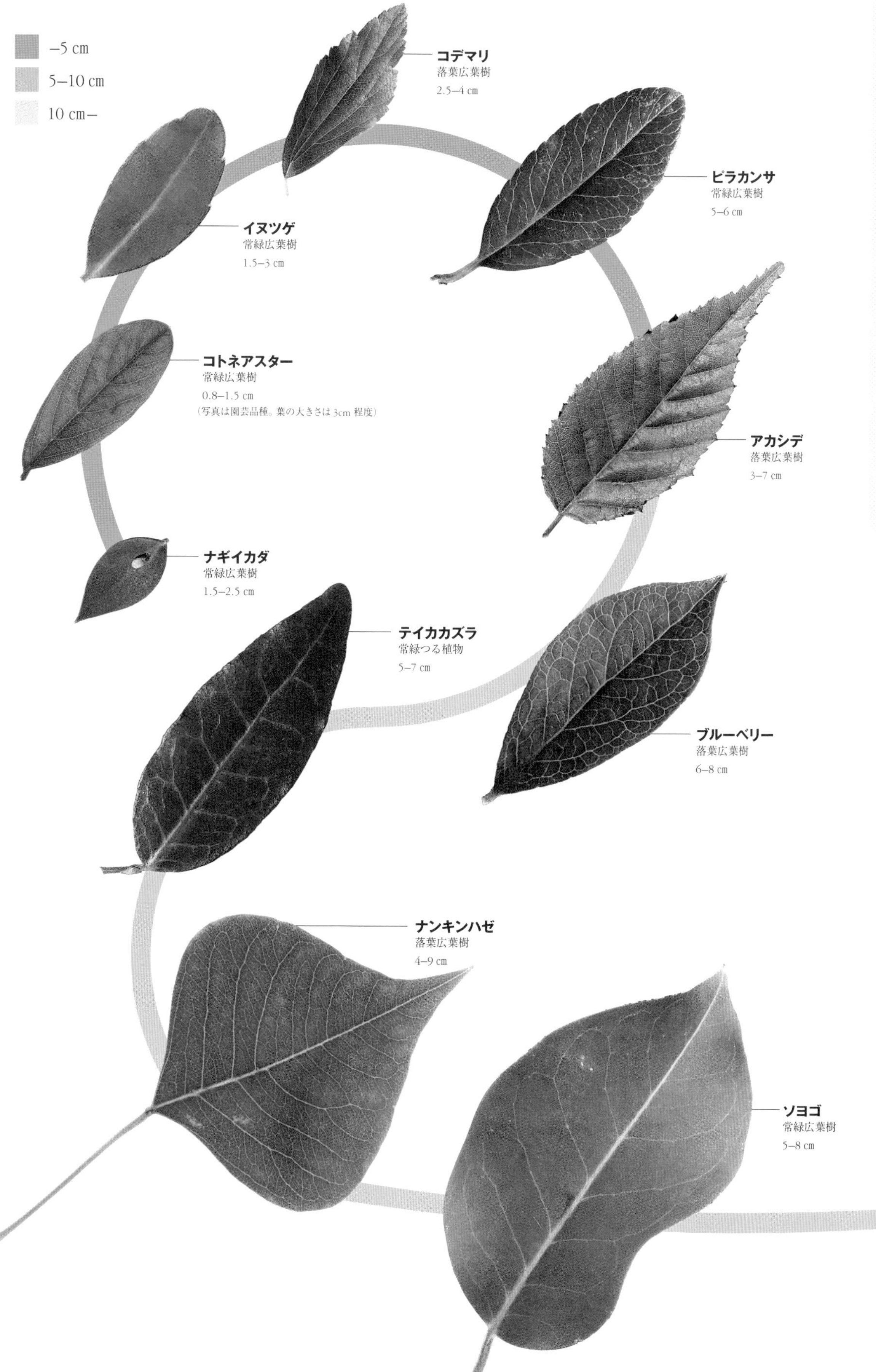

−5 cm
5−10 cm
10 cm−
コデマリ
落葉広葉樹
2.5−4 cm
イヌツゲ
常緑広葉樹
1.5−3 cm
ピラカンサ
常緑広葉樹
5−6 cm
コトネアスター
常緑広葉樹
0.8−1.5 cm
（写真は園芸品種。葉の大きさは3cm 程度）
アカシデ
落葉広葉樹
3−7 cm
ナギイカダ
常緑広葉樹
1.5−2.5 cm
テイカカズラ
常緑つる植物
5−7 cm
ブルーベリー
落葉広葉樹
6−8 cm
ナンキンハゼ
落葉広葉樹
4−9 cm
ソヨゴ
常緑広葉樹
5−8 cm

エゴノキ｜¥18,000／本[h=3m]
落葉樹のなかでも葉が小さく、風や光をほどよく通すので、緑陰樹としてよく利用される

ヒメシャラ｜¥20,000／本[h=3m]
葉の付き方が密でなく、光や風をよく通す。適度に透けた立ち姿は玄関前などに配植しても圧迫感がない

クロチク｜¥6,000／2本立ち[h=2m]
葉や稈（かん）が細身で光や風をよく通すので、完全に遮蔽したくない開口部などに利用できる

gravure 7

葉の密度の違いを建築的に利用する

庭は壁や塀などの工作物によって仕切ると閉鎖的になる。
そこで、これらの工作物の代わりに樹木を活用すると、
庭は閉じられた空間にも開かれた空間にも変えることができる。
こうした目的で樹木を利用する場合は、葉の密度の違いに注目する[127頁参照]。
葉の密度が低い樹木を使ったスクリーンでは、視線を完全に遮ることはなく、
プライバシーを守りながらも、外に対して閉じない空間となる。
一方、風や騒音、排気ガスなどが気になるときは、葉の密度の高いものを利用し、
それらを防ぐ壁にすることもできる。そのためには、庭木に使われる樹木の葉の密度や、
それぞれの特徴と利用方法を知っておく必要がある（写真は矢印の方向で葉の密度が濃くなる）。

写真｜開口部前のアオハダで緩やかな境界をつくった事例
[I邸：村田英男／村田建築設計]

サンゴジュ｜¥3,500／本[h=1.5m]
常緑樹のなかでは、葉の密度が高い樹木。火に強い性質もあり、隣地との境界に利用される

キンモクセイ｜¥3,000／本[h=1.5m]
常緑樹のなかでは、葉の密度が非常に高い。風の強い場所では、防風的な利用が可能

カイズカイブキ｜¥3,000／本[h=1.5m]
葉が非常に密に付き、視線や風をほとんど通さない。庭や建物の一部を完全に隠す場合に使う

gravure 8

狭い庭に向く木

玄関前や中庭など、わずかなスペースでも、植栽を施すことによって趣の豊かな空間となる。

ただし、こうした場所は、植物が生長するために必要な日光、水、土、風など、多くの点で制限があるため、どんな樹種でも植えられるわけではない。

樹種選定の決め手となるのが、「あまり生長しないこと」と「剪定しやすいこと」のいずれかの要素を持っていることである。

ここで紹介した事例は、中庭にタケを植栽したものと、玄関前のアプローチにヤマボウシを植栽したものである。

タケは、生長が早いが、生長の方向が一方向なので、剪定の手間がいらない。

一方のヤマボウシは、横に広がるうえ、剪定にはあまり向かないが、生長が遅いのが特徴である。

このほかにも、横に広がらない性質に改良された樹木もあるので、こうした樹木をうまく活用すると狭いスペースにも植栽が可能になる［131項参照］。

シラカシ｜¥20,000／本［h=3m］
常緑樹のなかでは、葉の付き方がまばらで、風を緩やかに遮る壁として利用できる

クロガネモチ｜¥30,000／本［h=3m］
常緑樹としては一般的な葉の付き方。緩やかに遮蔽する目隠しなどに利用できる

ラカンマキ｜¥7,000／本［h=2m］
葉が密に付くが、葉が細かいため風が通りやすく、形も整えやすいので仕立て物などに利用される

写真｜中庭に植栽したモウソウチク
［菊谷邸：高野保光／遊空間設計室、同下］

写真｜玄関前のスペースを利用したヤマボウシの植栽

縦裂け

カツラ｜¥10,000/本[h=3m]
暗灰褐色の樹皮には縦に裂け目が入り、
表皮は薄く剥がれ気味になる

縦縞

イヌシデ｜¥18,000/株立ち[h=3m]
暗灰色の樹皮に黒い縦縞が入る。
生長するにつれて、筋の部分に凹凸が生まれる

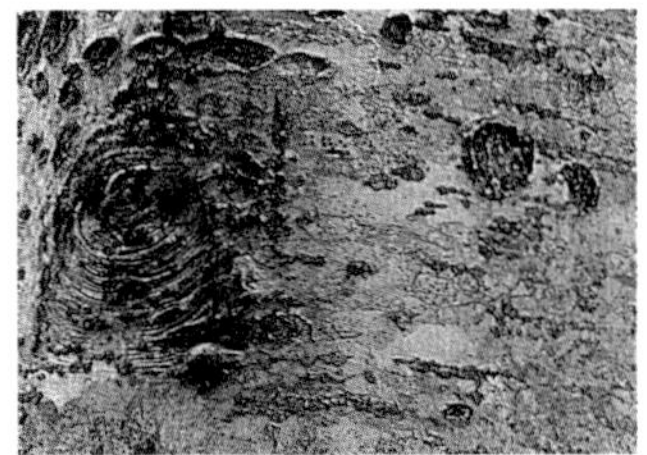

横縞

ナナカマド｜¥25,000/本[h=3m]
灰色を帯びた暗褐色の樹皮に細長い横縞が入る。
表面はややざらついている

つるつる

サルスベリ｜¥25,000/本[h=3m]
赤褐色の樹皮は剥げ落ちると白い斑になる。
表面は滑らかで、独特の艶がある

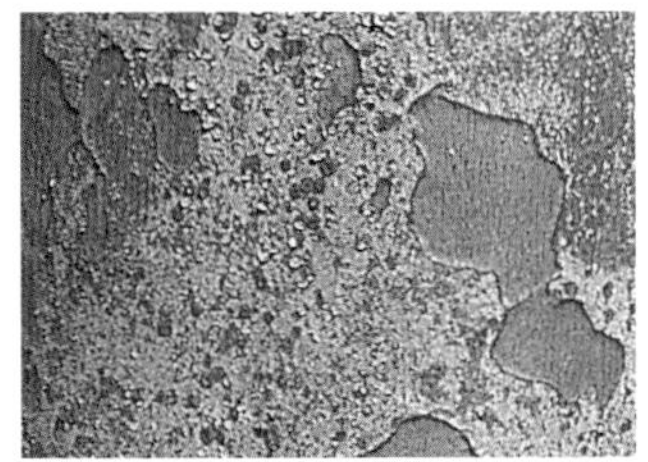

赤肌

ヒメシャラ｜¥20,000/本[h=3m]
赤褐色の樹皮は滑らかで、樹幹の線も美しい。
老木になると表皮が薄く剥がれ斑紋ができる

鱗状

カリン｜¥30,000/本[h=3m]
赤褐色の樹皮は鱗状に剥がれ、緑色や橙色、
褐色の美しい斑模様が残る

とげとげ

カラスザンショウ｜¥35,000/本[h=3m]
若木のころは幹全体がトゲで覆われているが、
生長するにつれトゲはなくなる

ふさふさ

トウジュロ｜¥38,000/本[h=3m]
若木の幹は暗褐色の繊維質で包まれる。
生長すると繊維質は脱落し、滑らかな木肌となる

ごわごわ

ハナミズキ（赤）｜¥22,000/本[h=2.5m]
灰黒色の幹肌は、細かく亀裂が入る。
カキノキの質感に似て、柿肌とも呼ばれる

gravure 9

こんなに違う樹皮のテクスチュア

植栽デザインでは、葉や花などに関心が集まり、
幹にはあまり注意が払われないもの。
しかし幹肌は、樹種によってつるつるだったり、ざらざらだったり、
縦に縞が入っていたり、赤や青の色が付いていたりと千差万別である。
この樹皮のテクスチュアをうまく活用することで、植栽デザインの幅が広がる。

縦縞と横縞を並べて植えるだけで、
幹肌の模様で庭にリズムを与えることができる。
艶やかな幹肌のサルスベリは、葉が落ちた後に抽象的なオブジェに変わる。
幹にトゲがある樹木を敷地境界に植えれば、
防犯機能を持った生垣となる。
ここでは9つの代表的な幹肌のテクスチュアを並べて紹介する[118頁参照]。

写真｜庭のシンボルツリーとして配植されたサルスベリ

葉の撮影：土井文雄｜樹木の価格（改訂にあたり監修）：GA ヤマザキ
事例写真：柳井一隆 p.8 ｜**黒住直臣** p.10 ｜**石井雅義** p.11 ｜**伊礼智** p.12 ｜**柳田隆司** p.14 ｜**村田昇** p.16 ｜**熊谷忠宏** p.18 ｜**葦澤明敏** p.20 ｜**梶原敏英** p.21

第2章

植栽知識編

Introduction——美建・設計事務所・石井修氏に尋ねる

緑のある住まいをつくるということ

緑があると心地よいと感じること

回帰草庵では、自生の木々に足すようにして樹木が植えられた（**図1**）。隣家との境界にソメイヨシノ、アプローチにはイロハモミジやクロガネモチ、ギンモクセイ。中庭にはヤマボウシ、ナツミカンなど。そして、ナツヅタがコンクリートの壁面を覆う。屋根には、風で運ばれてきた新たな参入者が芝生と一緒になって緑は広がる。回帰草庵は四季折々の変化を感じられる住まいとなっている（**写真1・2**）。

管理について。植栽後3〜4年は降雨の少ないときは水やりを行い、冬には施肥などを行うが、基本的にはほとんど手を加えず、成長にまかせたという。室内が暗くなるほど繁り過ぎた枝はつけ根から落とすが、庭木らしく樹形を整えたりせず、周辺の森の木と同化させるようにした。現在、木々は、予想以上に大きくなり、自生の森の木と見分けがつかないほどになった。

最近の義務付けによる屋上緑化などに関して、植物が、まるで緑色の建材として使われているようであると、石井修氏は危惧を感じている。緑が身近にあると気持ちがよいということ。植物が生き物であるということ。これらを忘れた緑化は、その本質からはずれる。また、建築と緑化は一体であるとし、氏は植栽設計、工事監理のすべてを自身で行い、図面だけではなく、現場で配置なども検討する。植栽する植物は平均して60〜70種ほど。その敷地環境に合わせたうえで、四季の移ろいを知らせてくれる草木を選ぶ。

写真1　「父の設計する住まいの緑は、建物の周囲を自然に戻し住まい手が各部屋の開口部から樹木を眺めて心地よく暮らすためのものであると思っています」（石井智子氏）

写真2　回帰草庵、草屋根に見る四季折々。秋にはイロハモミジが、冬には葉を落とした落葉の枝ぶりが、春には満開のサクラが、そして夏にはオオキンケイギクが季節を伝える

「たとえば、いち早く早春の香りを届けてくれるジンチョウゲ。春といえば爛漫のサクラ、純白のコブシの花。木の芽和えに使うサンショウの若芽。ミカンの花は、芳香を漂わせ、春には実を結ぶ。ハクチョウのような花をつけるヤマボウシは初夏の花。ブルーのアジサイは梅雨のころ。サルスベリやムクゲ、キョウチクトウの赤い花は夏。ハギがこぼれ、白ユリが風に揺れ、マンジュシャゲが咲くと秋も近い。イチョウの鮮やかな黄色、イロハモミジの紅葉は秋の王者。常緑のヤブツバキやサザンカは、寒い冬の花」

——といった具合である。なお、素材としての植物は、「山採り」といって、山に自生する木を選ぶこともあるそうだ。

図1 回帰草庵平面図

提供：美建・設計事務所

造成地に緑化建築という1つの手段

「天と地の家」（竣工1974年）は、当時郊外に新しく造成された住宅地に建てられた（**写真3**、**図2**）。石井氏は住宅の下階を敷地に埋め、上階の屋根には芝生を植えた。造成地には擁壁がなかったため、必要個所だけ掘り下げ、周囲の土手に植栽し、地形変更は一切行わなかった。

宅地造成は本来の景観や環境を壊していく。ここでは、それを回避するために、緑化という手法がとられた。

屋根の庭は、建物に断熱効果をもたらすと同時に、建物を敷地に溶け込ませ、緑が隣人や道行く人々の目を楽しませる（**図3**）。氏はここで、宅地造成された場における、住宅の1つのあり方を示している。

造園業者との信頼でつくり出される空間

植栽工事は、植物が葉を落とし、葉を少なくする11～12月ごろや、芽吹く前の3月初旬から中旬がよい（常緑樹で、関西地域の場合）。根鉢は根が入るぎりぎりの大きさではなく十分広く掘り、周囲にはよい土を入れ、水やりを十分に行うことが大切である。そして、そこで忘れてはならないのが、氏との確固たる信頼関係をもつ造園業者の存在である。

「先代のころからの数十年来のお付き合いで、日本全国、さまざまな現場を請け負っている」（山中三方園・山中晃氏）

「石井氏は、植栽中は毎日工事監理に来られる。また、氏の物件において、工務店も設備工事業者も、木を植えそうな場所にはあらかじめ見当をつけ、そこには配管しないようにするなど、植栽に気を配るようにしている」（山中三方園・溝渕勲氏）

石井氏のつくる緑の住まいは、設計者と施工者が一体となってつくり上げた空間である。それが住まい手だけではなく近隣や環境にも向けられたものだということに、我々は目を向けていきたい。

写真3　「天と地の家」。1階の芝屋根は地階の屋根につくられた芝庭へと下りる

図2 天と地の家　断面図（S=1：300）

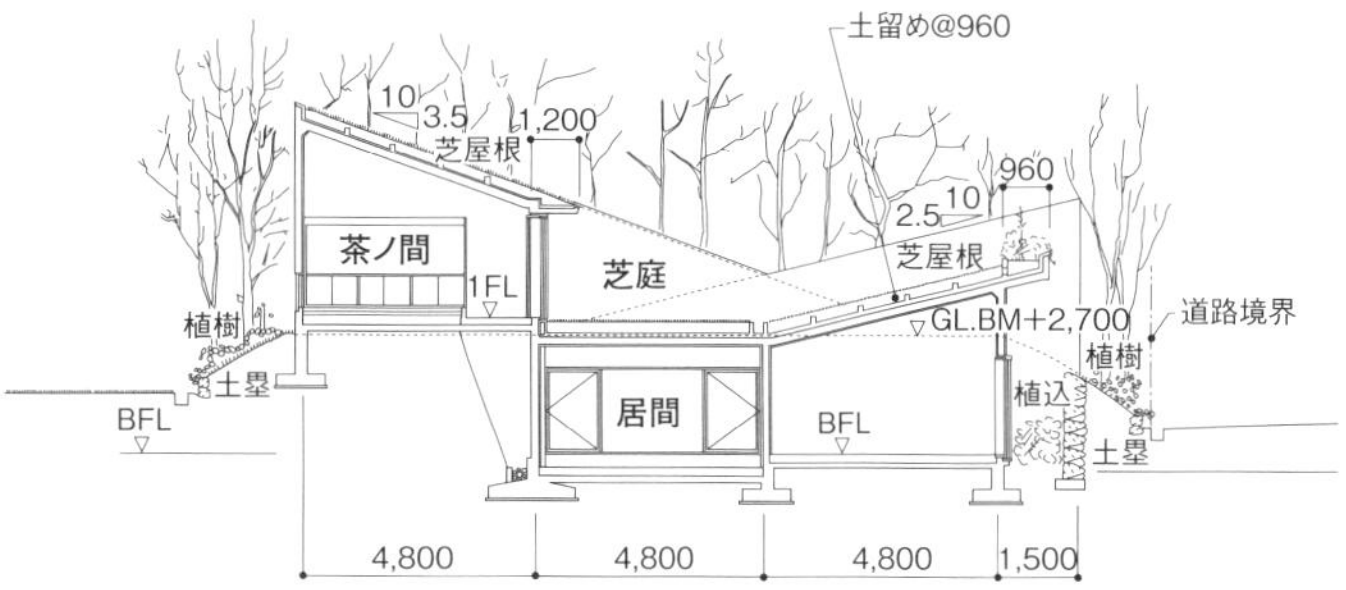

図3 天と地の家　芝屋根矩計詳細図（S=1：30）

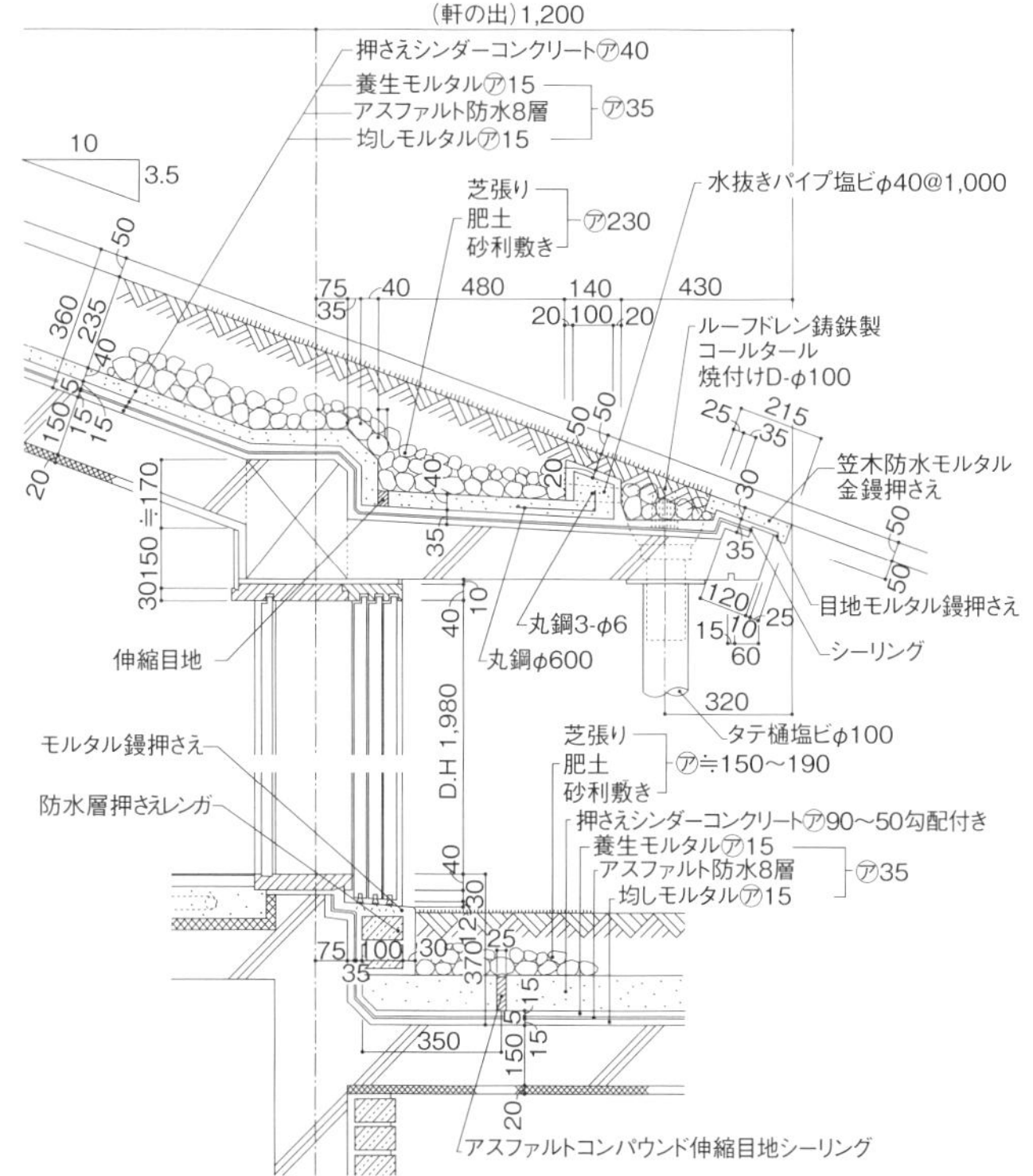

取材協力：美建・設計事務所、石井智子美建設計事務所、山中三方園
写真撮影・提供：世界文化社・小宮東男©（写真1）、多比良誠（写真3）、美建・設計事務所（写真2、図1）
参考資料：『緑の棲み家』（学芸出版社刊・石井修著）、『あるがままに』『石井修を囲んで』（日本ベルックス）

植物 1

植物の気候調節効果を上手に生かすために

メカニズムを知って植物のもつ力を生かす

小出兼久・ＡＳＬＡ（日本ゼリスケープデザイン研究協会）

植物の効果を知る前に

植物の活用の話は、大地の話から始まる。大地は、植物を支える最も基本的な要素である。その構成物質は硬質から軟質、多孔質の火成岩、変成岩、水成岩（堆積岩）などの岩石である。岩石は、大気、風、天候、水などの物理的・化学的な力を受けて、礫層を通して岩の塊から砂、粘土、シルト層へと変化していく。この大地の変化の過程（土壌）に植物、動物、微生物は根ざし、すべての大地の隙間を埋めている。死骸などの有機質の残存物や化合物は、鉱物の成分に反応し、質的にも量的にも増大する。土壌が、山頂の硬質の岩石から谷間のロームになるに従い、有機物と鉱物はバランスのとれた状態となる（**図1**）。ときには保水力があり、うっそうとした植生をつくり出す。また、十分な湿気があるところでは有機物がピートの層をつくり出す。大地は多様性と豊かさを備えているのである。

一方、都市の大地は、コンクリートやアスファルト舗装で覆われた地面以外で細々とその存続を許されている。表面は、ゴミやちり、ほこりで覆われ、ときに重機で踏み固められ、建設残土が残留し、コンクリートからアルカリ塩が浸み出し、水も満足に与えられないところもある。空間には、スモッグ、熱、光、風が降り注ぎ、そのなかで我々も植物も生存している。都市ではこうした環境を踏まえて植物の活用を考える必要がある。

なぜ植物を活用したいのか。我々の生活に豊かさと快適性をもたらしたいからである。そのためには、植物に持続性を望む。枯れたら取り替えるでは問題の根本的解決にはならない。植物にとってよい環境は人間にとってもよい環境で、植物にとって悪い環境は人間にとっても悪い環境である。豊かさと快適性というゴールのために、このことを肝に銘じて植物の活用をすべきである。

植物による効果とは

それでは、植物によって得られる効果は実際にどのようなものか。①緑陰・蒸散・対流による冷却効果、②防風・通風の効果、③水保全・防災、④大気浄化、⑤土壌浸食防止、⑥美観の創出、⑦ヒーリング効果などが挙げられる。次に、それらの効果の具体例を紹介する。

・成熟したキャノピー（天蓋のような樹形）をもつ木々は、ヒートアイランド現象を抑制し、木々のないところより3～6℃涼しい空間をつくっている

・たった3本の木で空調費用を10～50％節約できる

・風よけの樹木により、風速を85％減らし冬の暖房費を10～25％節約できる

・植物が地中の水保全量を増やし、ストームウォーター（都市型集中豪雨）や台風による、都市型洪水を予防する

これらは、今まで行われてきた研究で判明した事実である。

植物は、熱、風、乾燥、光などの微気候を調節することができる。微気候とは、小さな範囲における気候のことで、たとえば1つの敷地内においても、日の当たる場所

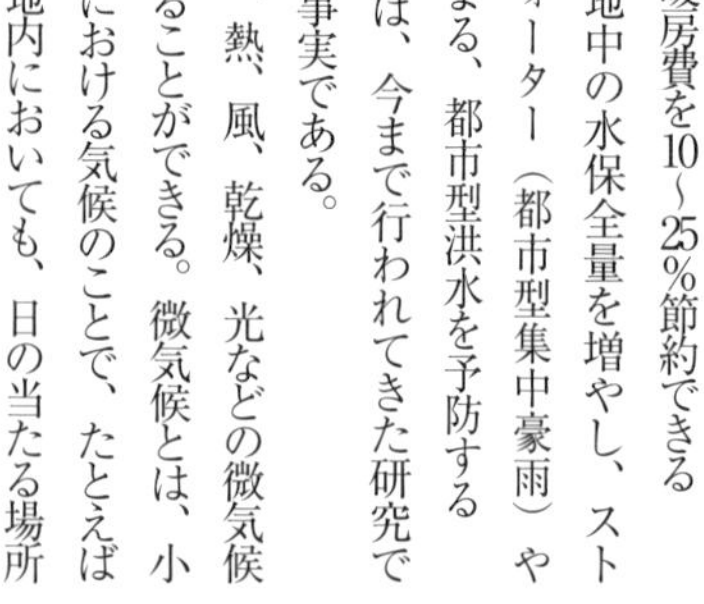

写真1　気象観測機器による微気象観測。密集した住宅街の奥まった空間で、風速・温度・湿度・微風をはじめ、芝生や木々・草花の蒸散や地温の変化を継続して調べることができる。

図1 大地の構成

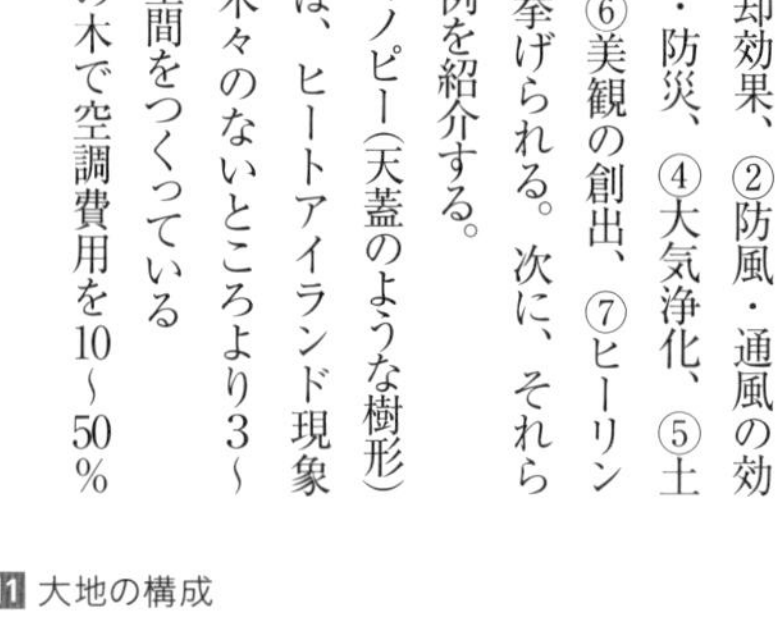

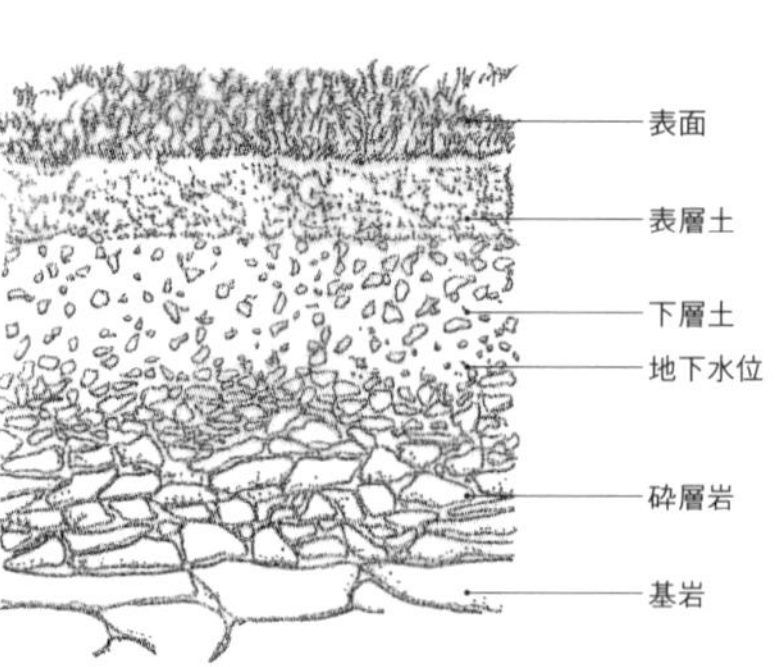

と建物の陰になる場所とでは、温度差が生じ、風の向きや強さも障壁や建物により変化する（**写真1、図2**）。特に樹木は、気候調節の重要な要素である。また、敷地内にどのような微気候が存在するのかを調べ、好ましい気候は利用し、不快な気候は解消することを考える。気候を調節する目的は、人の感じる快適度を高めることにある。

「ミスナールの体感温度」※をもとに体感温度を出し、気温・湿度・風・体感温度をグラフにしたのが、**図3**である。同じ気温であっても湿度が高いほど暑く感じるということになる。また同日の不快指数を求めたのが**図4**である。こうしたデータは、環境と植栽を考えるための実測データとして活用している（**58頁参照**）。

植物による冷却効果

（1）蒸散効果とは何か

植物は、太陽光線のなかの青と赤のスペクトラムでエネルギーを吸収し（緑のスペクトラムを反射するため、葉は緑色に見える）、空気中の二酸化炭素と土壌の根から吸収した水を使って養分をつくり、酸素を出す。これは光合成の仕組みだが、これ以外に余った水を葉の裏の気孔から水蒸気にして放出する（**図5**）。これが蒸散である。水の分子が液体から気体に変化するためには熱エネルギーが必要となり、蒸散は葉周辺に存在する空気の熱を奪い、結果、周囲の温度を下げる。

サボテンなどの多肉質が特徴の砂漠の植物は、干ばつから身を守り水分の消失を予防するために、露出する葉の表面も最小限にとどめている。このため、蒸散による冷却作用は少ない。多肉植物は、水の制限された場所でも乾燥に耐え生育するため、土厚が薄く灌水システムのない屋上緑化でも、ある程度の美観が維持できる。しかし、蒸散効果を期待するならば、樹木の効果のほうが比べものにならないほど大きい。蒸散量は、蒸散速度と葉の表面積に比例する。また、確かな実験結果はないが、吸収する水分量にも比例すると考えられる。ある樹木の蒸散量がほかに比べて高い、という確実な決め手は現在のところないが、参考として、蒸散速度と大気浄化能力が比例することから、大気浄化力の比較的高い木を参照するとよい。たとえば、常緑樹はヤマモモ、アオキ、オオムラサキ、落葉樹はアオギリやアキニレなどである。しかし、そこまで樹種にこだわるよりも、蒸散効果における「樹木＞芝生＞多肉植物」という式を理解したうえで、美観や節水などほかの長所を比べて、この場合はこれを選ぶという植物選びをすることが、最も大切である。

（2）蒸散と緑陰による冷却効果

樹木は、その陰による冷却効果に加えて、葉からの蒸散によって葉と葉の間に

図2 日陰日向の地温・地熱のグラフ（温度変化）（東京・小平市）

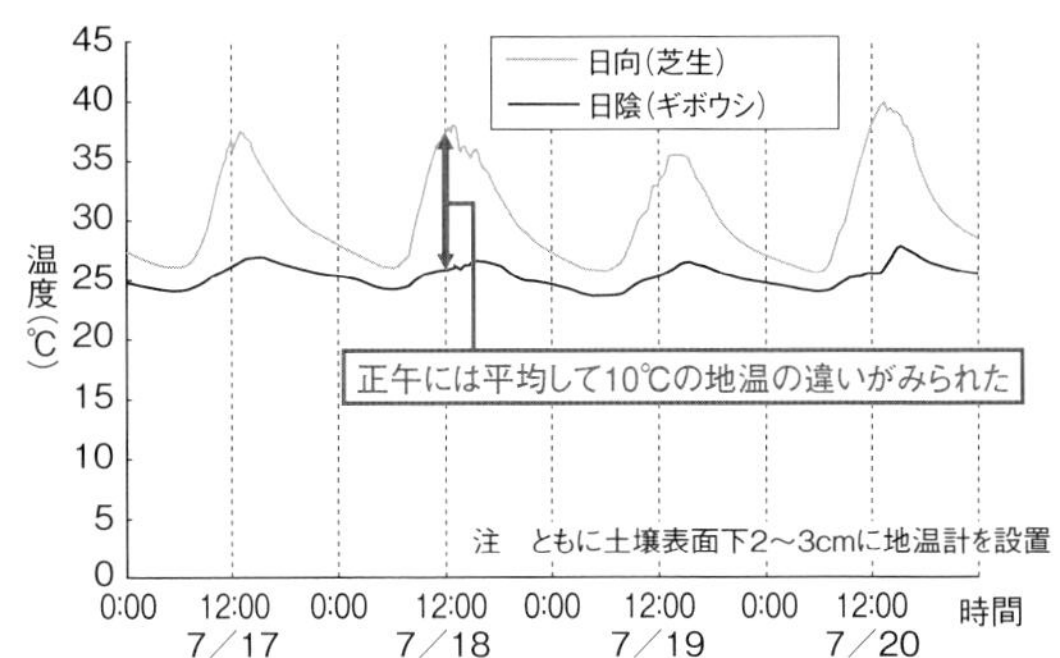

図3 気温・湿度と体感温度

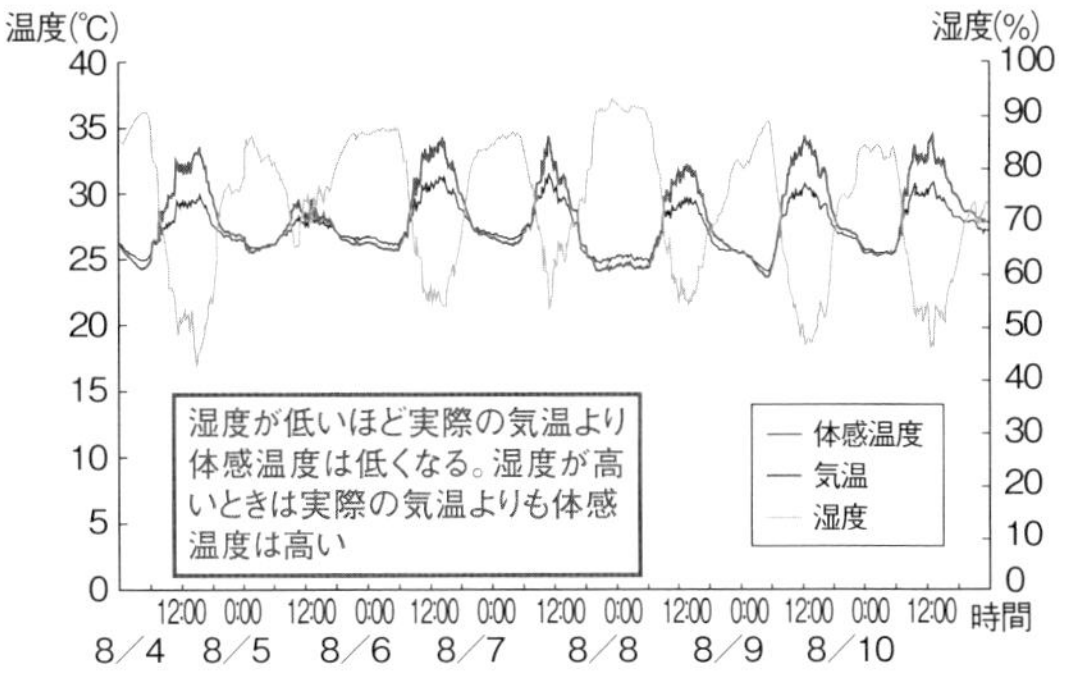

図4 不快指数

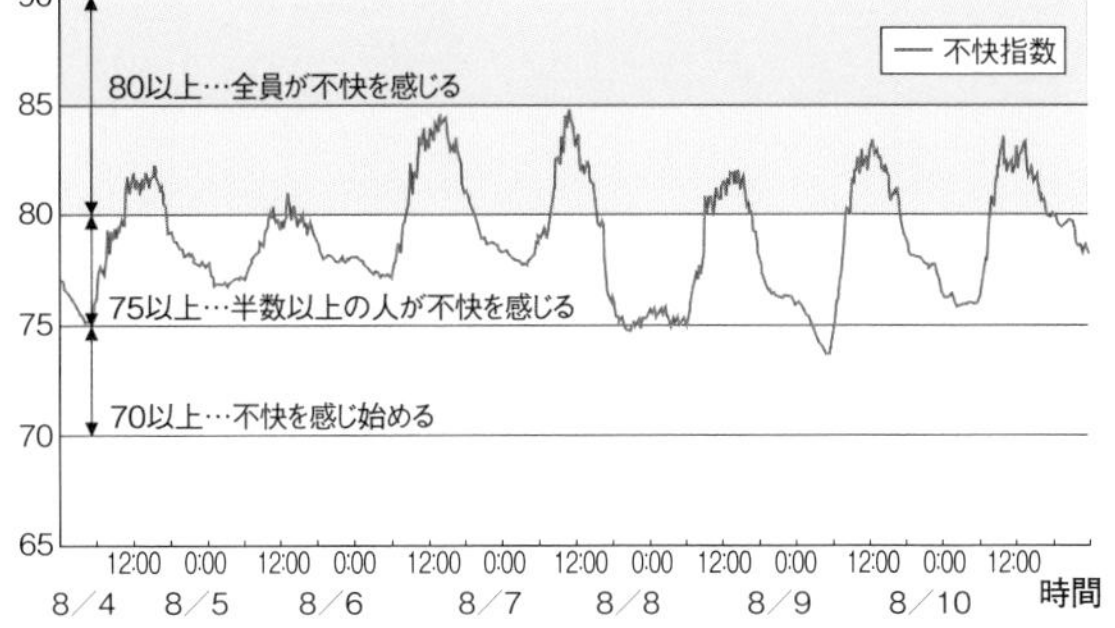

図5 葉の蒸散の仕組み

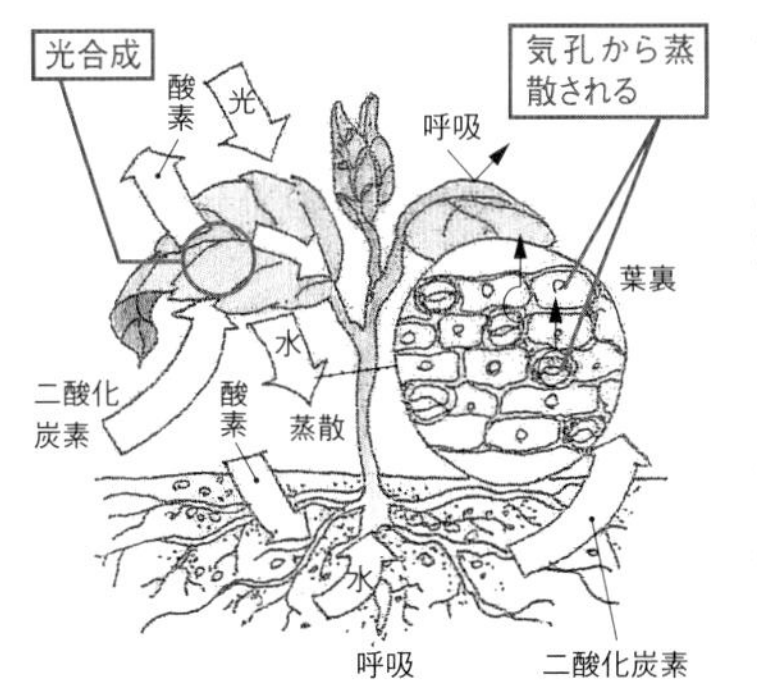

※　気温と湿度の関係に着目し、湿度が高くなるほど体感温度は高くなるということを示す

存在する空気の熱を奪い周囲の温度を下げる。このため周囲の空気は木の内部の温度より低くなり、温度差は対流を発生させ、外から葉と葉の間に向かって空気が流れ込むことになる。これが、「暖かい日には必ず大木の下に流れ込む微風」を発生させる。大木の下の温度は、その緑陰・蒸散・対流の3つの効果を合わせて、露出した日向に比べ、4℃から真夏には平均で6℃以上下がる（**写真2・3**）。

樹木による冷却効果の75％は蒸散、25％は緑陰によりおきている。木々が多ければ多いほど効果は大きくなり、また、広い葉をもつ樹種ほど高い効果を得られる。そして、単幹よりもキャノピーに仕立てられた樹木のほうがより効果的である。

防風・通風の効果

暖められた空気は上昇し、そこに冷たい空気が流れ込む。この対流が風の正体である。風を感じるということは、気温が高ければ、熱を身体から直接取り去り蒸発によってより体を冷やしている、これが心地よい。また、寒い天候下では、風が強いと実際の温度以上に寒く感じられる。このように、風は、人間の快・不快に、大きな影響を与えている。

季節や周囲環境のわずかな違いによって、風の通り道は異なっている。そこで、樹木で風をうまく取り入れたり、風量の調整をすることにより快適な空間を保つことができる（**図6**）。

大気浄化・土壌浸食防止の効果

植物には、「フィルタ」としての汚染浄化効果がある。交通量の多い道路の街路樹が真っ黒になるように、空中浮遊微粒子は、葉や枝、幹の表面に吸着するため、空中の汚染濃度は低下する（**図7**）。吸着した微粒子は雨が降ると洗い流されて地面に落ちる。また、樹木は、葉の気孔を介して二酸化硫黄やホルムアルデヒドなどを吸収することが研究されている。いずれも、落葉広葉樹のほうが常緑広葉樹よりも吸収が大きい。ただし、常緑樹は通年での効果がある。そして、ほとんどの針葉樹は、大気汚染物質に対する耐性が比較的低いため、汚染地域での植栽には適していない。

地球温暖化を招いている現代では、こうした植物浄化システムが人やその産業活動から排出される二酸化炭素の量を浄化しきれていない。樹木を植えるということは、本来最も簡単で効果の上がる解決策のはずなのである。

また、土壌の浸食は、風と雨の二大原因によってもたらされる（**図8**）。いずれも、適切な植栽をすることで食い止めることが可能である。

写真2　住宅地に立つ木々は夏の直射日光を緩和し街並の景観と快適性をつくり出す。この地域では木々のないところとの温度差は8℃前後もある（米国・ワシントン州）

写真3　プラタナスの街路樹。本来直立状の単幹だが、緑陰を増やすために、頂部を剪定しキャノピーに仕立てている。真夏の日中の温度と木々のないところとの温度差は4〜7℃（中国・南京市内）

図6 植物による通風コントロール

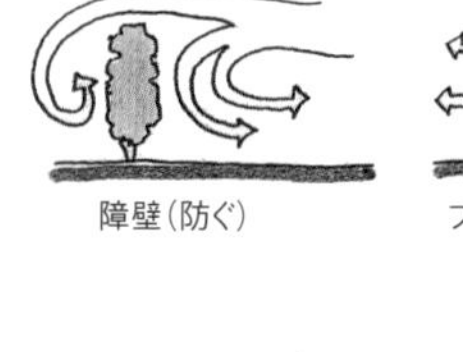

障壁（防ぐ）

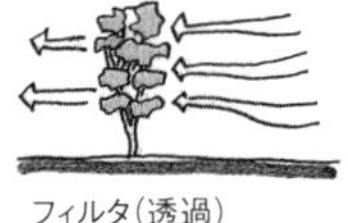

フィルタ（透過）

偏向（そらす）

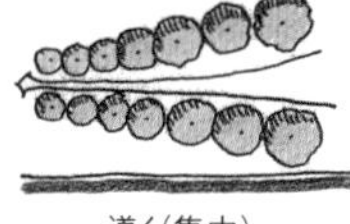

導く（集中）

図8 植物による土壌浸食防止の仕組み

風は、表土をごみやほこりとしてまき散らすが、植栽により風がコントロールされ、また、落葉などの地表に落ちた有機物が土壌が舞い上がるのを防ぐ。地被類で地表面を覆うと、より風による浸食は軽減される。
地被類は同時に蒸散による冷却効果なども期待できる

植栽面では、植物がまず水をある程度受けとめ、地面に届く水量を減らし土壌浸食を防ぐ（樹木の効果が高い）

図7 植物による大気汚染浄化の仕組み

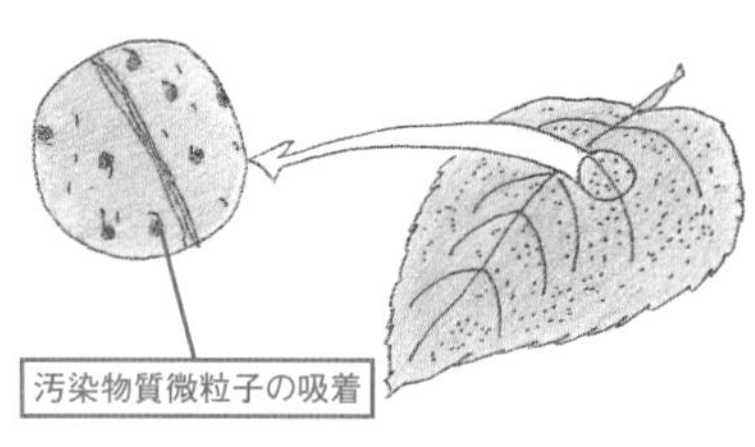

植物の葉や枝の表面に空中浮遊している汚染物質の微粒子が吸着するため、空中の汚染濃度が低下する

参考文献：『資源エネルギーとランドスケーピング』（小出兼久&JXDA編著、学芸出版社刊）、『アメリカン・ボーダーガーデン』（松崎里美著、婦人生活社刊）、『LANDSCAPE DESIGN THAT SAVES ENERGY』（Anne Simon Moffat and Mare Schiler, William Morrow and company, Inc.）『Landscape Planning for Energy Conservation』（Environmental Design Press）
取材・資料協力：ユタ州立大学都市園芸学部、ベルビューボタニカルガーデン

TOPICS

有効活用したい緑地による冷気のにじみ出し効果

菅原広史（防衛大学校地球海洋学科）

夏の日中、木々の生い茂る公園や街路樹のある通りに入ると、涼しさを感じる。アスファルトやコンクリートに囲まれた都市において、植物は気温を下げる働きをもつ。これは主に植物の蒸発散および葉の表面で盛んに行われる放射冷却によるものである。公園などの規模の大きい緑地は莫大な冷熱源としてのポテンシャルをもっており、冷気を周辺市街地へ供給していることが最近の研究から分かってきた。また特に夜間には、緑地からの冷気が周辺市街地へ自ら流出する「冷気のにじみ出し現象」が出現する（**図1**）。

公園の冷気の実態を捉える

我々[※1]は新宿御苑における冷気の実態を捉えるため、'99年から夏季夜間を中心に測定を行った。新宿御苑は都心にある広さ58 haの国民公園[※2]である。気温・気流の水平分布、気温の鉛直分布、周辺市街地での気温分布の測定により、新宿御苑のもつ温暖化の緩和効果が明らかになった。

都心を冷やす新宿御苑

夏季、新宿御苑と周辺市街地との温度差はおよそ日中2℃、朝夕1℃で御苑のほうが常に低温である。気温差が最大になるのは晴れた風の弱い夜間であり、約3℃の気温差が出現した夜もある。このような冷気は熱帯夜の緩和に一役買えるのではなかろうか？ 事実、御苑で生成された冷気は0.2m／sという非常にゆっくりとした動きではあるが、市街地ににじみ出す現象が夜間に確認されている。御苑からの冷気の影響範囲は市街地側80～100mにもおよぶ。**図2**は実測された気温と風向風速であるが、風向はいずれの地点も御苑外への流れを示し、冷気が四方八方に流出していることが分かる。別の測定では市街地側へ流出した冷気は少なくとも10m程度の厚さをもっていることが明らかになっており、戸建住宅を覆うほどの莫大な冷気が市街地を冷やしている。この御苑の持っている冷房能力は、家庭用エアコンに換算すると1千台分に相当する。

ただし、**図2**の気温分布に現れているように、流出した冷気は北側の大通り（新宿通り）でストップしており、この大きな通りを越えることができないようである。南側（千駄ヶ谷駅の西側）では、冷気がある一定距離まで到達して留まる現象が複数の日についてみられている。多少の気象条件の差異によらず同じ場所でストップすることから、千駄ヶ谷付近の建物形状が影響していると推察される。このように緑地から流出する冷気の到達距離は市街地側の条件（冷気の進行方向に直交する大きな道路や、周辺の建物形状）に影響されると考えられる。また、別の公園での研究例では地形が斜面になっていると、冷たい空気が市街地へより流出しやすいことがわかっている。都市計画はもとより個々の建築のレベルでも、緑地からの風通しを確保・促進する工夫があってもよいだろう。

長く住める街へ向けて

都市の温暖化現象は年々厳しくなってきており、気候的には都市は住み難い方向へと向かっている。例えば日本の平均的な気温上昇（地球温暖化の影響が大きいと考えられる）は過去100年間で0.5℃であるのに対して、東京では3℃とはるかに大きい。これに対して最近では屋上緑化、壁面緑化に加え、ミスト散布と併用した緑陰施設[※3]も開発され、東京２０２０オリンピックでも活用された。新宿御苑の周辺では、緑化や街路設計によって御苑からの冷気を周辺市街地へと導くプランが検討された。例えば東京であれば、明治神宮、代々木公園、新宿御苑と比較的大きな緑地が隣接している。このような緑の回廊を活用できれば、緑は都市をより一層住みやすい街・長く住める（住みたい）街へと導いてくれるであろう。

図1 都市緑地における冷気のにじみ出し現象模式図

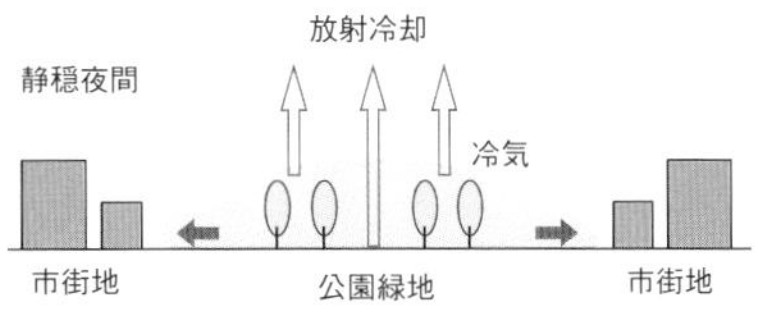

静穏夜間
放射冷却
冷気
市街地
公園緑地
市街地

放射冷却により生成された冷気が、周辺市街地へ向かって流れ出す

図2 新宿御苑における気温分布と風向分布

新宿御苑における気温分布と風向分布を観測した結果である。観測日は2000年8月5日。気温と風向は午前0～5時の平均、等温線間隔は0.5℃ごとである。白い矢印は風向を示す。流出した冷気は北側の大通り（新宿通り）でストップしており、この大きな通りを越えることができない。南側（千駄ヶ谷駅の西側）では、冷気がある一定距離まで到達して留まる現象が複数の日について見られている

※1　防衛大、東京都立大、日本工業大、千葉大の合同研究チーム
※2　東京都新宿区にある旧皇室苑地で公園となったもの
※3　緑陰施設とは、植物で日陰を創出することにより、利用者の体感温度を改善する据え置き型の施設のこと（国土交通省）https://www.mlit.go.jp/toshi/park/toshi_parkgreen_tk_000095.html

デザインのための植物基礎知識

植物の選択範囲を広げる

柳原 博史・大西 瞳（マインドスケープ）

植物は、私たちの生活環境の中に、潤いと豊かさをもたらしてくれる。建築をはじめとする空間の設計において、植物の基本を理解し、デザイン的要素として植物をより積極的に活用することで、さらに多彩なデザインの可能性が広がる。ここでは、住宅など比較的小規模な空間での設計を念頭に、公共機関への緑化申請に際してヒントとなる事項や、管理が比較的容易な植物の例示を交えて設計の基本となる植物の知識を整理する。

植物の形態で分類する

(1)木本類（もくほん）

いわゆる「樹木」のことで、一般的に木質の幹と枝をもち、自立したもの。造園的には、高さに応じて、高木、中木、低木、地被類、藤本類に分類される(**図1**)。なお、樹木の高さは維持管理により抑えることが可能なものも多い。また、緑化申請などでは、将来的な高さによらず、植栽時点で3m以上のものを高木、1.5m程度を中木と定めている場合が多い。

①高木

一般的に、成木時に5m以上に達するものをいう。さらに10m以上を大高木、5～10m以下を小高木という場合もある。高木は将来的に幹が太り、根も広がるので、植栽場所はそれを見越す必要がある。**【例】**ケヤキ、イチョウ、クスノキ（以上は大高木で、小規模な住宅などには不向き）、シラカシ、イロハカエデ、モクレン（**写真1**）、ヤマボウシ、フイリミズキ。

②中木

高木より小型で、2～5m程度。列植して生垣とし、目隠しや仕切りに利用できるものも多い。**【例】**ツバキ、キンモクセイ、オリーブ、アメリカデイゴ、ベニバナトキワマンサク（**写真2**）。

③低木

灌木ともいう。植栽時は0.3～0.5m程度が多く、最高1m程度に維持することが多い。低木で平面を形成する場合、1㎡あたり6～9株程度が必要。**【例】**ツツジ類、ユキヤナギ、シルバープリペット（**写真3**）、アジサイ、クチナシ。

図1 木本類の区別

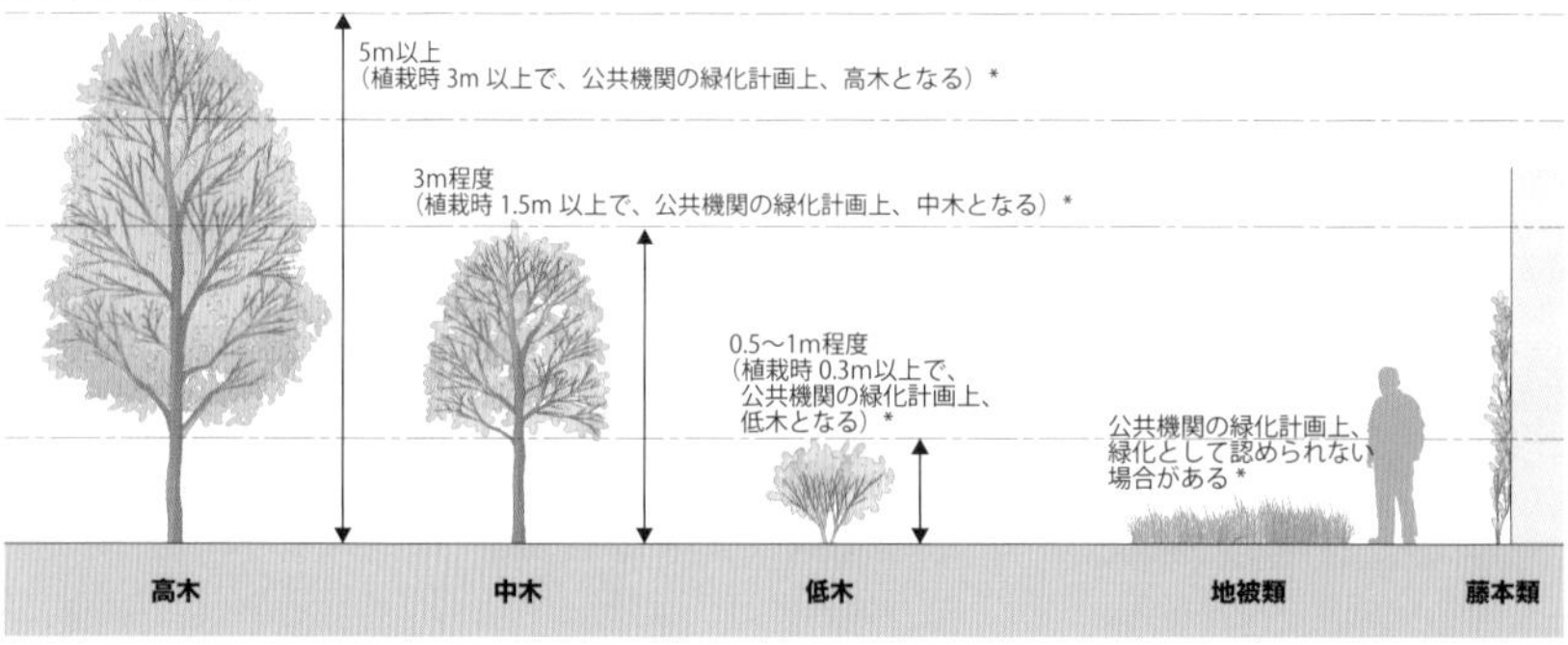

*緑化計画の提出先によって異なる

写真3 シルバープリペット

写真2 ベニバナトキワマンサク

写真1 モクレン

図1～3：マインドスケープ

④地被類

高さを出さず、地表を覆うようにして使用する植物。グランドカバーともいう。地被類は木本だけではなく、多くの草本類と芝生も含まれる。なお、公共機関の定める緑化基準などでは、地被類を緑化として算入することが認められていない場合が多いので注意を要する。**【例】**木本／ハイビャクシン類、フッキソウ、ヤブコウジ　草本／タマリュウ、シマカンスゲ（**写真4**）、ササ類、シバ類。

⑤藤本類

主に他の植物や構造物に伝って登攀したり、地面を這ったりして成長するもの。壁面緑化に活用される。**【例】**ナツヅタ、ヘデラヘリックス、ヘデラカナリエンシス、ヘンリーヅタ（**写真5**）、テイカカヅラ、オオイタビ。

また木本類は、その性質や形状により、以下のようにも分類される。

①常緑樹

一年中葉をつけている樹木。ただし、落葉しないわけではなく、紅葉するものもある。一年を通して風除けや目隠しをしたい場所などに向く。**【例】**シラカシ、ソヨゴ（**写真6**）、タイサンボク、ウバメガシ、常緑ヤマボウシ、ナワシログミ・ギルトエッジ（**写真7**）。

②落葉樹

一般的に冬に葉を落とす樹木。秋に紅葉を楽しめる木の多くは落葉樹。夏には木陰をつくり、冬には陽を取り込みたい場合などに植えるとよい。**【例】**イロハカエデ、カツラ、ヤマボウシ（**写真8**）、ハナミズキ、アオダモ、クヌギ、マルバノキ（**写真9**）。

③針葉樹

細い針状の葉をもつ樹木。多くが円錐形の樹形で、常緑。**【例】**クロマツ、ドイツトウヒ、レイランドヒノキ、ラカンマキ（**写真10**）、エレガンティシマ。

④特殊樹

ヤシやタケなど、独特な樹形、性質のもの。**【例】**カナリーヤシ、シュロ、ソテツ、ニオイシュロラン、モウソウチク、マダケ、リュウゼツラン（**写真11**）。

(2)草本類

木立とならない草類の総称で、管理方法が木本類とは異なる。粗放管理でよいものもあるが、年1回以上植え替えるべきもの、年1回地上部を伐採するべきものなどがある。

①一、二年草

種から育って花が咲き、1年以下または2年以内に枯れる。**【例】**アサガオ、ヒマワリ、パンジー、センニチコウ、コキア（**写真12**）。

②多年草

多年にわたって生育するもの。造園では一般に常緑のものを指し、宿根草と区別する。**【例】**アカンサス（**写真13**）、ワレモコウ、トリトマ、クリスマスローズ、シマカンスゲ。

写真5　ヘンリーヅタ

写真4　シマカンスゲ

写真7　ナワシログミ・ギルトエッジ

写真6　ソヨゴ

写真9　マルバノキ

写真8　ヤマボウシ

写真11　リュウゼツラン

写真10　ラカンマキ

写真13　アカンサス

写真12　コキア

COLUMN

新樹種って、何？

大西 瞳（マインドスケープ）

それぞれの時代の人々の生活環境や趣味嗜好によって、植物の見方や植物に対する期待も変化していく。こうしたニーズに応えようと、植物の生産者も常に新樹種の開発を試みている。品種改良で新たに作出されるものもあれば、国内外の既存の樹種で、何らかの特徴が新たに注目され、造園、園芸種として導入されるものもある。近年は、常緑樹のニーズが多いことから、常緑のヤマボウシや、エゴノキなどが人気である。常緑ヤマボウシは、日本のヤマボウシと同じミズキ科だが別種で、中国南部～インドシナ半島が原産である。近年では、日本国内でさらに品種改良が試みられ、花が多いもの、ピンク色のものなど種類が増えている。

参考資料：『新樹種ガイドブック（新しい造園樹木）』（㈶建設物価調査会刊、㈳日本植木協会編）、『緑化樹木ガイドブック』（㈶建設物価調査会刊、㈳日本植木協会編）、『花屋さんの花図鑑』（草土出版刊）　写真提供：写真1～4・6～8・10～12・14・16～34・37／マインドスケープ、写真5・13・15・35・36・38／photoAC、写真9／庭木図鑑植木ペディア（https://www.uekipedia.jp/）

③宿根草

多年草であるが、冬（まれに夏）に地上部の葉や茎が枯れ、根株が休眠し、春になると再び芽吹く。冬期の見栄えが劣る点に注意。**【例】**オダマキ、ギボウシ、フウチソウ（**写真14**）、ホトトギス、シュウメイギク。

④**球根**

根株が球状や塊状になって養分を蓄える性質のもの。毎年掘り上げて養生し、植え替えるべきものと、放置しても毎年花を咲かせるものがある。**【例】**クロッカス、スノードロップ、アリウム、ムスカリ（**写真15**）、ヒガンバナ。

⑤**水性植物**

水を好む植物。単に湿潤な土を好むものから、水に半分浸かったもの、全体が水に浸かったもの、水に浮くものまでさまざま。**【例】**ショウブ、セキショウ、ミソハギ、ガマ、ハンゲショウ（**写真16**）、コウホネ。

写真14　フウチソウ

写真15　ムスカリ

写真16　ハンゲショウ

植物の寸法・形状

植栽を計画し、設計する際には、植物のサイズを指定する必要がある。サイズによってコストが大きく異なる。

(1) 樹高、枝張り・葉張り、幹周

樹木の高さを樹高（H）、平面的な樹冠の直径を枝張り（W）（灌木の場合は葉張り）、地上1.2mの部分で幹の太さを計測した周長のことを幹周（C）という（**図2**）[※1]

(2) 樹幹の種類

街路樹など、足元の空間が限定された場所では、1本の幹が直上する「単幹」を高木として選定するべきだが、空間的に余裕があれば、根本から複数の幹が立ち上がる「株立ち」と呼ばれる高木も、多くの樹木で選択できる（**図3**）。雑木林風のデザインの場合によく使われる。株立ちの場合、設計上は何本立ちか記しておく（例：「3本立ち以上」）。

図2 樹木の寸法計測位置

枝張り（葉張り）（略称：W）
樹高（略称：H）
幹周（略称：C）
1.2m
根鉢

図3 樹幹の種類

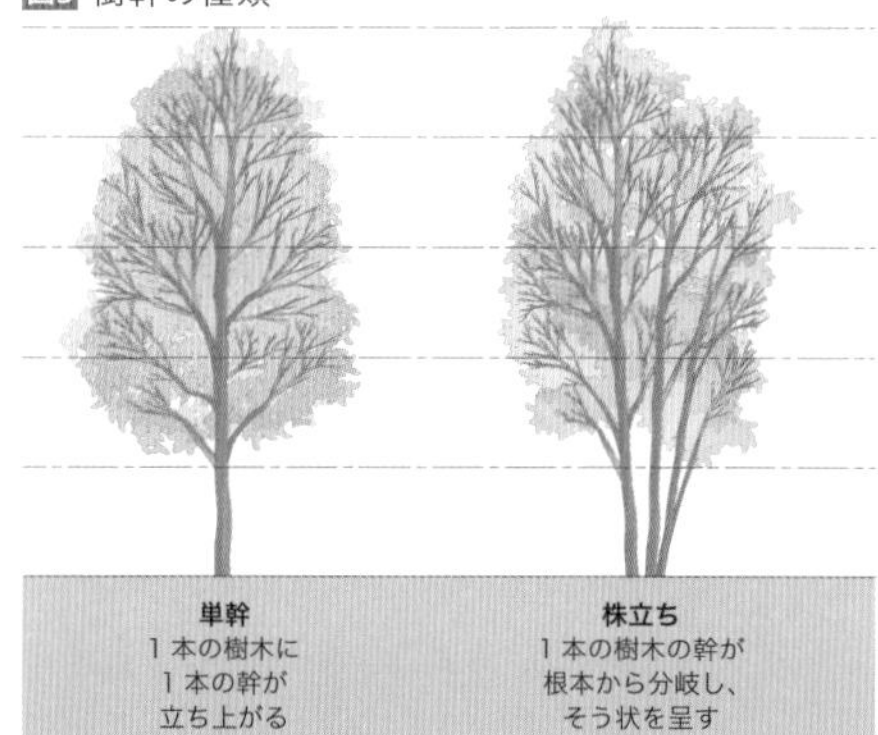

植物をデザイン的要素として見る

植物の選定は、温暖、寒冷乾湿などの地域性、日なた、日陰などの場所特性を考慮しなくてはならないが、それでもかなりの選択肢があり、植物の大きさ、葉の色や形、テクスチュアなどの組み合わせから、多彩なデザインが可能である。

(1) 葉の色で選ぶ

植物の葉色は緑系が多いが、その緑にも幅があり、季節変化も合わせると実に多彩である。**【例】**ブロンズ、紫、赤系：木本／ドドナエア（**写真17**）、スモークツリー・ロイヤルパープル、ニオイシュロラン・アトロプルプレア（**写真18**）。草本／オオバジャノヒゲ（コクリュウ）（**写真19**）、ムラサキツユクサ、カラスバ・センリョウ。

写真18　ニオイシュロラン　　**写真17**　ドドナエア

※1　緑化申請では、緑化面積の算出方法として、枝張り（W）を直径とする円の面積で樹木の水平投影面積を算出する場合と、みなしの緑化面積が高さ（H）に応じて定められている場合がある。また、面的にまとまった緑地では、必要な高木・中木・低木の本数がその面積に応じて定められている場合と、高木・中木・低木に定められた係数を掛けて、緑化面積を総和で算出する場合がある。いずれの場合も、地被類（芝生含む）は緑化面積の計上に不利となることが多い

青・シルバー系：木本／コロラドトウヒ・ホープシー（写真20）、ギンヨウアカシア。草本／アサギリソウ（写真21）、ラミューム・ビーコンシルバー。黄色系：木本／黄金葉カシワ、黄金葉トサミズキ、フィリフェラオーレア。草本／テラスライム、ヘリクリサム・ペティオラレ、オレガノ・オーレウム。斑入り（緑の葉に白や黄色の斑が入り、明るい色調となる）：木本／ヤマボウシ・ウルフアイ、アオキ・スターダスト（写真22）。草本／シマススキ、ギボウシ・ゴールデンティアラ、シルバープリペット。

(2)テクスチュアで選ぶ

色と同様に葉の形、大きさ、艶、穂や実などのテクスチュアの違いで多彩な雰囲気となる。【例】特徴的な穂：パンパスグラス（大型）、ミューレンベルギア・レバコニー、チカラシバ（写真23）、丸いハート形の葉：トサミズキ（写真24）、カツラ。細く繊細な葉：スティパ・エンジェルヘア（写真25）、トクサ（写真26）、フィリフェラ・オーレア（写真27）。

写真20 コロラドトウヒ・ホープシー

写真19 オオバジャノヒゲ（コクリュウ）

写真22 アオキ・スターダスト

写真21 アサギリソウ

写真23 チカラシバ

植物の性質で選ぶ

(1)日陰に強い植物

日当りを好むものを陽樹、日影に耐えるものを陰樹、西日を嫌うが比較的日なたを好むものを中庸樹という。【陰樹の例】木本／ナツツバキ、シラカシ、ゲッケイジュ、ヤツデ、ヒサカキ、アオキ。草本／アカンサス、シャガ、シラン、ギボウシ・ゴールデンティアラ（写真28）、クリスマスローズ、アマドコロ。

(2)生長の早い植物／遅い植物

植栽する場所や条件に応じて、生長の早い植物／遅い植物を選ぶことが必要な場合がある。メンテナンスの低減化やスペースの制限に対応するために、生長の遅いものを選ぶのもよい。【例】生長の早い植物：木本／キリ、ハイビャクシン、ユーカリ、ハコネウツギ（写真29）、タケ類。草本／トケイソウ、トクサ、パンパスグラス、フヨウ。生長の遅い植物：木本／オリーブ、モッコク、ソヨゴ、ハイノキ、コロラドトウヒ。草本／タマリュウ、

写真24 トサミズキ

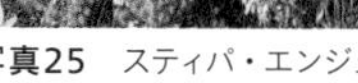
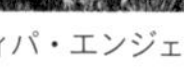
写真25 スティパ・エンジェルヘア

写真26 トクサ

写真27 フィリフェラ・オーレア

写真28 ギボウシ・ゴールデンティアラ

写真29 ハコネウツギ

COLUMN

生物多様性について

柳原 博史（マインドスケープ）

近年、ニュースなどで「生物多様性の保全」という言葉をよく耳にするようになった。これは、本来その土地に自生してきた生物（在来種）に対して、国外や国内の遠方から人が持ち込んだ生物（外来種）がさまざまな理由で逸出し、在来種の生活環境を脅かしたり、在来種と外来種が交雑するなどしたりして、在来種をやがて絶滅に追いやる可能性があるという問題である。造園、園芸種として庭などに植えられる植物でも、たとえばその種が風や鳥によって知らぬ間にほかの場所に広がってしまう可能性もあるので、無関係ではない。すべての外来の植物にその危険性があるわけではないが、「生態系被害防止外来種リスト」※2（環境省・農林水産省）には、意外と身近に見られる植物がリストアップされているので、確認しておくとよい。

「生態系被害防止外来種リスト」（環境省自然環境局）
https://www.env.go.jp/nature/intro/2outline/iaslist.html

※2 以下、リストより一部抜粋。重点対策外来種／トクサバモクマオウ（トキワギョリュウ）、パンノキ、ソウシジュ（タイワンアカシア）、ナガバアカシア（アカシア・ロンギフォリア）、モリシマアカシア（ブラックワトル）、メラノキシロンアカシア（ブラックウッドアカシア、アカシア・メラノクシロン、メラノクシロンアカシア）、イタチハギ（クロバナエンジュ）、ギンネム（ギンゴウカン、タマザキセンナ）、ニワウルシ（シンジュ）、テリハバンジロウ（シマフトモモ、ストロベリーグアバ、イチゴグアバ）、キミノバンジロウ（キバンジロウ、キバンザクロ、イエローストロベリーグアバ）、トウネズミモチ、シチヘンゲ（ランタナ、コウオウカ）、ダイオウナスビ、フサフジウツギ（ニシキフジウツギ、チチブフジウツギ、ブッドレア）。その他の総合対策外来種／ヒイラギナンテン、ピラカンサ類、エニシダ（エニスタ）、ナンキンハゼ、フヨウ、フトモモ、カミヤツデ（ツウソウ〔通草〕、ツウダツボク〔通脱木〕）

フウチソウ、ニューサイラン（写真30）。

(3)潮に強い植物

海に近い場所では潮風に強い植物を選ぶ必要がある。【例】中・高木／ヤシ類、アメリカデイゴ（写真31）、ブラシノキ。低木・地被類／ハイビャクシン、トベラ、シャリンバイ。

(4)煙害に強い植物

工場地帯、高速道路沿い、または駐車場近くなどに植栽する場合には、煙や排気ガスなどに強い植物を選ぶ。【例】中・高木／ムクゲ（写真32）、ユッカ、マテバシイ。低木・地被類／オカメヅタ、ヤブラン。

(5)乾燥に強い植物

土の水はけがよすぎる場所や水やりのしにくい場所に植栽する場合は、乾燥に強い植物を選ぶ。その代表に多肉植物がある。色、形が豊富で厳しい環境にも強い。根も浅く植替えも容易で、簡単に増やすことができる。【例】木本／オリーブ、カリステモン、ローズマリー、ギンバイカ（写真33）。草本／ニューサイラン、イソギク、セダム類（メキシコ・マンネングサなど）。

「楽しむ」植物

見るだけではなく、ほかにもさまざまな楽しみ方のある植物を紹介する。

(1)香りを楽しむ植物

植物の香りは、花だけではなく、葉、幹、実などでも楽しめる。香りは好みによる違いが大きいので、実際に確認してから選ぶほうがよい。【例】葉／ゲッケイジュ、ローズマリー、ニオイヒバ、クロモジ。幹／ヒノキ、ビャクダン。花／モクレン、キンモクセイ、クチナシ、ミツマタ（写真34）、テイカカズラ、スイカズラ。実／カリン、マルメロ、キンカン。

(2)果実を楽しめる植物

果樹は実が食べられるとともに、花や香りも楽しめるものが多い。ただし、受粉、肥料、水やりの加減、風、鳥の対策などが必要な場合も多い。比較的管理が容易なものを挙げる。【例】ナツミカン、ナツメ（写真35）、ナツグミ、アキグミ、イチジク、ブルーベリー。

(3)野菜類

食用としてはもちろんのこと、観賞用として葉色や花を楽しめるものも多い。最近は、イタリア野菜など、珍しいが意外と簡単に育てられるものも多い。【例】アーティチョーク（写真36）、スイスチャード、ケール、ロマネスコ、カーボロネロ、ゴーヤ。

(4)ハーブ類

ハーブ類は育てやすく、一度植えると繁殖しやすいものも多い。使いやすく育てやすいものを挙げておく。【例】ローズマリー、ミント、タイム、レモングラス、フェンネル、シソ、ルッコラ、ナスタチウム、チャイブ、ローマン・カモミール。

(5)ユニークな特徴をもつ植物

最後に、園芸品種や新樹種でユニークな特徴をもつ植物を紹介する。【例】木本類／トウカエデ・ハナチルサト：1年間で桃色、白、黄、緑、橙と葉の色が変わる。ハクロニシキ（写真37）：同じく色が変化する低木。メギ、カルーナ、エリカ：色のバリエーションが豊富。ネムノキ：日が暮れるに従い、葉が閉じる。フォックスフェイス：キツネの顔に似た黄色い実をつける。草本類／オジギソウ：触ると葉が閉じる。ナスタチウム：わさびの風味。カレープラント：カレーの香り。キャットテール：猫の尾のような花。ラムズイヤー（写真38）：葉の表面に、羊の耳のような白く柔らかい産毛がある。

写真30　ニューサイラン

写真31　アメリカデイゴ

写真32　ムクゲ

写真33　ギンバイカ

写真34　ミツマタ

写真35　ナツメ

写真36　アーティチョーク

写真37　ハクロニシキ

写真38　ラムズイヤー

TOPICS

山野草の宝庫、東京樹苗を訪ねる

取材＝編集部

　東京・府中市にある東京樹苗は、新潟県や埼玉県など、全国に多くの畑をもつナーサリー※である（**写真1・2**）。ここで注目したいのが、山野草である。

「昔は珍品扱いでしたが、最近は需要が高まり、安定供給し、適正な価格で取引することを目指しています」と代表の山田實氏は言う。山野草というと、斑入りや希少価値の高いものを専門に扱う業者がほとんどである。同社では、そのような珍品としての山野草から、たとえばミゾソバなど身近な存在の山野草でありながら、いざ手に入れようとしたときに流通には乗っていないため、入手しにくいといった植物まで、多種類を扱うようにしているとのこと。

　自然環境に近づけるため、敷地には、実にさまざまな植物が育てられている。1種類だけが大量に生息している状況は、自然界から見れば異常繁殖といえる。山田氏に山野草の取扱いについて伺った。

「まずは日射・空気・水の3大要素を満たす環境を確保すること。そして、植替えなどの手入れを行うこと。なぜなら植物の根は、水や空気が不足すると『嫌地現象』といって、それらを求めて根を伸ばしていくため、植替えが必要なのです」とのことである。

写真1　東京樹苗のハウス。ここではハーブなども育てられている。ごちゃごちゃした雰囲気だが、これが山野草にはいいのだという

写真2　植物の土の入替え作業を行なう山田氏と同社のスタッフ。ポットに根がいっぱいになってしまうので年に1度はこうして土を入替えている

東京樹苗お勧めの山野草

❶ミゾソバ。山野の水辺に群生する1年草。最近ではビオトープなどによく用いられる。花は淡紅色
❷シュウカイドウ。半日陰を好む。通常はピンク色の花を咲かせるが、白い色もある
❸サワギキョウ。山野の湿地に生える多年草。水鉢の廻りに植えるとよい
❹ヒツジグサ。多年草の水草。尾瀬など山の上の水辺に自生する
❺マキエハギ。山地の草原に稀に生える。白い花が8～9月に咲く
❻アサギリソウ。銀色がかった独特の色味が特徴。高温多湿に弱く、ロックガーデン向き
❼フウチソウ。傾斜のある岩の隙間で湿気のあるところに自生。石組の間に植えることが多い
❽シノブ。シダ類の1つ。露地の手水に植え、和風を演出する。湿気のあるところを好む
❾コクリュウ。オオバジャノヒゲの品種の1つで黒い色が特徴
❿トウテイラン。中国の洞庭湖の水の色に似ていることから名付けられた。近畿地方などの海岸沿いに稀に生える多年草

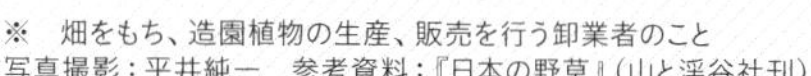

※　畑をもち、造園植物の生産、販売を行う卸業者のこと
写真撮影：平井純一　参考資料：『日本の野草』（山と渓谷社刊）

枯死・枯れ保証・病虫害・近隣トラブル

トラブル対策を知って問題を回避する

山﨑誠子（日本大学短期大学部）

植物そのものを見る目を養う

植栽には病害虫、枯死、近隣対策など、さまざまなトラブルが発生する。そのようなことを未然に防ぐための前提として、やはり植物そのものを見る目を養うことが大切である。

まず、植物を購入した場合、自分が選んだ実物がちゃんときているかどうか不安に思うことはないか。樹木は規格品ではないので、写真そのもの、というものはなかなかない。図鑑やカタログなどに載っているものは、相当樹形がよく、枝や葉が充実しているものが多く、標準的なかたちとはいえないようなものも少なくない。植物はインターネットの画像や写真ではなく、実際に実物を見て決めることでトラブルを避けるようにしたい。「イメージとはまったく異なる樹木がきてしまった」ということにならないよう、カタログだけではなく、大きな公園や植物園、緑化センターのようなところで確認してから導入を考えるとよいだろう。これらの施設にはたいていの庭木があり、植物名を記したプレートがかかっていることが多い。

枯死に備える

(1)木が生きているかどうか確認する

植栽施工を終えたばかりの植物は、見た目が弱々しく、貧相な感じがする。これは運搬と植付けによるダメージを最小限にし、活着をよくするために、枝や葉をかなり落とすためである。そのため、一見すると具合が悪いようにみえる。植物の調子を確かめるためには、施工後10日から2週間を経て様子をみて、判断する必要がある。根付いていなければ、葉がしおれ、枝にかろうじて付いているようになる。また、葉をもともと落としている落葉樹は、冬に樹木の生長を休止しているため、判断がつきにくく春を待って判断する必要もある。

施工後、樹木が水を吸い上げるようになると、幹や枝の表面を水が行き来するようになるため、幹や枝が手ざわりがひんやりとしてくる。枯れているとそれがないため、外気温度とほぼ同じで、乾燥している。爪の先で少し削ってみて湿った面が出てきたら生きていると思ってよい（写真1・2）。

(2)枯れ保証とは?

枯れ保証とは、施工後1年以内に、通常の管理を行ったにもかかわらず植物の生育が悪くなったり、枯れたりしたものに対し、無償で取替えをするというものである。植物材料すべてが標準品以上のものを導入、施工していることが前提であるが、数多く植栽する際、弱い体質のものが混じったり、施工の際にダメージを与えたりする場合もある

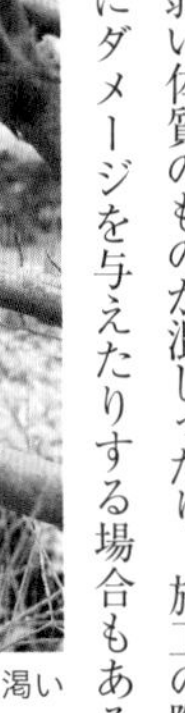

写真1　生きている樹木の樹皮を削ると薄い緑から薄黄色の湿った面が出現する（ドウダンツツジ）

写真2　枯れている樹木の樹皮を削ると茶色から黄色で渇いた面が現われる（写真1と同じくドウダンツツジ）

写真3　管理人による水やりに頼って灌水が足らずに枯れてしまった例

ので、このような保証がついている。

「通常の管理」というのが、非常にあいまいなのだが、一般的には人工地盤上ではなく地上の土に植え、通常の気象状態では天水にまかせ、土が乾いた場合は人力で水やりを行うという状態を指す。乾いたときに水やりをするということがおろそかになるので、施工後はこれを管理者に徹底する必要がある（**写真3**）。

写真4　軒下に植栽してあり、建物の柱や基礎廻りには雨水が当たっていない

写真5　写真4の基礎廻りの拡大。枯れている部分が目立つ

表 病虫害による樹種ごとの症状

樹種名	ウメその他	キンモクセイ	クチナシ
病虫害名と特徴	アブラムシによる吸汁害：アブラムシが樹液を吸い、植物の生育を阻害する	ヘリグロテントウミノハムシによる食害。葉が穴だらけになり、ひどいところは葉がほとんどなくなる	オオスカシバの幼虫による食害：旺盛な食欲で若葉を中心に葉がほとんどなくなる。黒い糞がたくさん落ちているとこの病虫害の可能性あり
対処法	草花はオルトランを根元に撒く。樹木はスミチオン乳剤などを散布する	マシン油乳剤を散布する	見つけたら箸やピンセットで取り除く。ディプテレックス乳剤などを散布する

樹種名	サクラ類	サツキツツジ	サンゴジュ	ジンチョウゲ
病虫害名と特徴	コスカシバによる食害：幹の傷などの穴に成虫が産卵。樹皮で幼虫が成長し食害が起きる。植物は衰弱し、枯れる。幹からゼリー状の塊が出て固まっている	ツツジグンバイによる吸汁害：葉が白っぽくなり徐々に弱る。黒い糞が点々と付いているとツツジグンバイがいる可能性あり	サンゴジュハムシによる食害：幼虫・成虫とも、葉を食害する。幼虫は新葉を穴だらけにし、成虫は葉を地図を描いたように食害する	白絹病：全体的に萎れてくる（酸性土壌で夏季高温時期、排水不良地に出る）
対処法	切開して害虫を取り出す。スミチオン乳剤などを散布する	スミチオン乳剤、アディオンフロアブルなどを散布する	幼虫は新葉の時期、成虫は見つけ次第スミチオン乳剤などを散布する	排水を良好にする

樹種名	ツバキ類、サザンカ	バラ類	ブルーベリー	ミカン類
病虫害名と特徴	チャドクガによる食害：年に２回発生。葉を食べる。人がチャドクガの毛に触れると発疹・かぶれが出る	黒点病：濡れた葉の表面で広がる。葉面が乾くと赤黒い斑点が現れ、後に黒くなる	カイガラムシによる吸汁害：弱った樹木によく付く虫。白い塊が枝や葉に点々と付く。虫の糞ですす病を誘発する	アゲハ類の幼虫による食害：相当量の葉を食べるため目を離しているとあっという間に葉がなくなる。幼虫を刺激すると嫌な臭いを放つ
対処法	早期発見の場合枝ごと除去する。スミチオン乳剤・ダイポール水和剤を散布する	灌水、雨で泥の跳返りがないようにマルチングをする。ダニコールやサプロールなどを交互に散布する	枝を剪定し、風通しや日当りをよくする。幼虫発生時期に（4～5月）スプラサイド乳剤を散布する	見つけたら箸やピンセットで取り除く

表監修：樹木医 新井孝次朗

植栽工事の規模にもよるが、通常は枯れ保証を付ける。施工契約を結ぶときにこれが付いているかどうか確認する必要がある。ただし、施工費用を減額したり、VE提案すると外される場合があるので注意したい。

(3)枯れ保証が及ばない植栽部分

屋上庭園や、半屋外に植物を導入することがあるが、水やりの管理が雨水ではまかないきれないことから、管理者による水やりと自動灌水施設による水やりが必須用件となっている（37頁写真4）。

ただし、植物は上から水を浴びることが自然で、その状態で良好な生育を行うことから、雨水が当たらなく、多くの自動灌水施設のような土からの灌水だけでは植物は良好状態を保つことができない。

また、軒が出ており雨水が掛からないところに植物を植える場合、管理者だけに頼ると、水やりを忘れやすいということが多々あり、植物はダメージを受けやすい。このように、人為的な水やりに頼る方法は非常に不安定であり、そのような植栽樹木に対して植栽施工業者は枯れ保証を付けたがらない。そのためにも管理条件を考慮した植栽計画と、枯れ保証の有無を確認する必要がある。

病虫害の発生の対処

植物は弱っていると病虫害が発生しやすくなる。水やりと、温度、通風、日照管理がその植物に適合していないと弱くなりやすい。病虫害が発生した後に対処し、薬や消毒薬を撒くことになるのが通常だ。日本は農薬の規制が強く、虫害が発生する前に薬を散布できにくくなっている。そこで、まずはなるべく病虫害の出やすい植物は使わないことが最大の対処といえるだろう（37頁表）。

図鑑やカタログに載っている各植物の特性のうち、病虫害項目のチェックは必須である。しかし、東京などの都市はヒートアイランド現象の影響で、数年前では考えられなかった病虫害が発生しているなど、各地方で流行している病虫害が異なるため、施工者に植物の病虫害の耐性について聞いておくことも必要である。デザイン上の理由で管理者に負担のかかる植物を選ぶときは、管理者や施主に承諾を得るなど、書面でやりとりすることなども必要になってきている。

周囲に嫌われる樹木

植物に責任はまったくないものの、近隣などに嫌われる樹木がある。街中や密集地に植栽する場合は以下の樹木を植える際には検討が必要である。

(1)アレルギーを起こす樹木

花粉症などのアレルギー体質への影響問題が取りざたされることがある。アレルギーの原因となる植物はいくつかあるが個人差があり、それを植えたことで必ず発症するものではないが、やはり花粉症の一番の原因とされるスギやヒノキは、住宅密集地などでは植栽を避けたほうがよい。また、シラカバやハンノキ、ヤシャブシなどもアレルギーを起す可能性があり、注意が必要である。

(2)虫を呼びやすい樹木

植物がうっそうと茂り、日当たりが悪くなると虫を呼びやすい。湿り気が増すと蚊の発生も見られる。茂りすぎたツル植物や雑草を取り除き風通しをよくすることがまず予防になる。虫を呼びやすい木といえば、ブッドレアは別名「バタフライブッシュ」といわれるように蝶がよく蜜を吸いにくる。蜂も一緒にくるのが珠にきずである。

(3)病気を媒介する樹木

ビャクシン類はナシなどの赤星病の媒介となるので、ナシの生産地では植えないように自治体で規制している。

近隣とのトラブルを防ぐ

(1)落ち葉や植物のはみ出し

隣地にはみ出してしまった植物や落ち葉は隣家との協議でこちらが対処しなければならないことが多い。そのため、隣地境界の植物の生長に対して気を配っておく必要がある。樹高はおおむね3年後に1.2倍、5年後には1.5倍にはなるので、生長した大きさを考慮した配置計画が必要となる。たとえば、ツル性植物を隣地境界線の塀などに絡ませた場合、時間の経過とともに塀の上部に葉が密集し、隣地にはみ出してしまう（図、写真6）。また、落葉樹の秋の落葉が気になるときは、隣地境界には特に葉を多く落とす落葉樹（ケヤキやニレ類）は避けたほうが無難である。

図 ツタ類を境界線の塀に配した場合

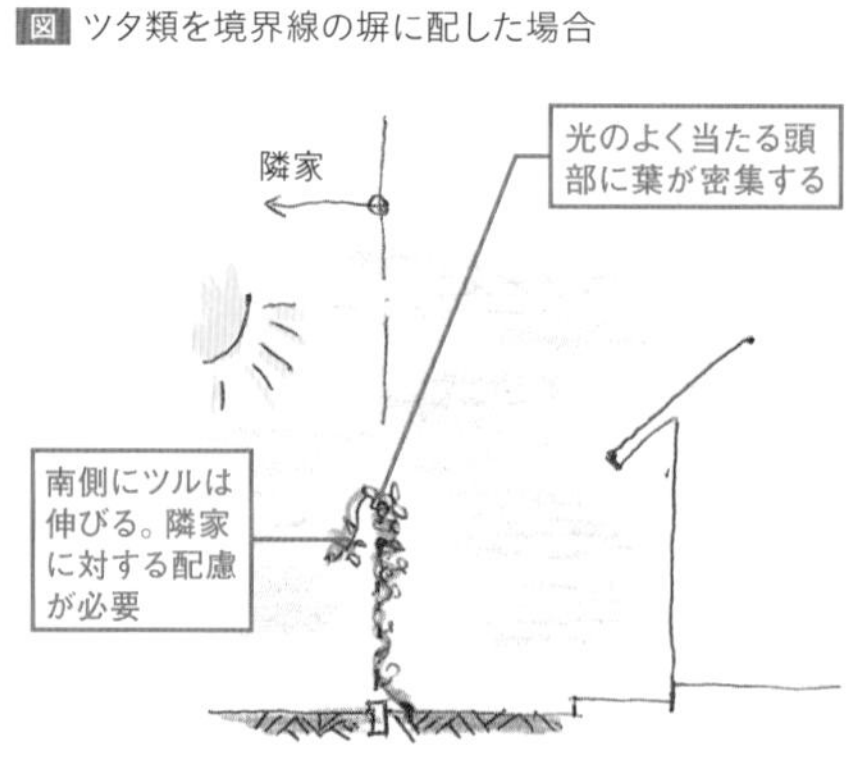

写真6　塀などの頭部に葉が密集するカロライナジャスミン

植物 4

今、求められる移植の知識
敷地に生きている既存の植物を活かす方法

山﨑誠子（日本大学短期大学部）

建築の場合、竣工した時点が最高の状態となるが、植栽は時間とともによくなる。敷地の歴史や環境を知り尽くしている植物が存在することは貴重である。移植はコストがかかるため敬遠されがちだが、そこに既にある植物を使えば違和感は絶対的に少なくなるうえ、上等な仕上がりとなる。

移植工事を成功させるためのポイント

(1)移植工事の種類は2つ

移植工事は敷地内で終わらす場合（敷地内移植）と、いったん敷地外に運び出す（敷地外移植）場合がある。敷地内移植は移動距離が短いため樹木への負担が少なく、運搬や養生に伴う出費もない。ただし、これは敷地内に仮の置き場がある場合であり、多くの場合、一旦敷地外に搬出し、造園施工者や樹木苗の販売会社に管理委託する敷地外移植となる。

(2)移植の手順と適正時期

移植する時期の最低3カ月前までに根張りをコンパクトにまとめて活着をよくするため、根回しを行う。まず、根の周囲を適正寸法で掘り下げ、藁などで根を巻く（**写真1・2**）。運搬後、植付けを行う（**写真3・4**）。その後、土を戻して必要であれば支柱を設置し、マツ以外はたっぷり灌水して終了となる。移植するまで最低3カ月はこのままにする。なお、休眠時期以外は適宜灌水も行う。

樹木の種類、施工箇所により適正な移植時期が異なるが、東京23区内を基準とした一般的な見解で述べると、針葉樹は冬直前に、常緑樹は春の終わりから夏の初めまで、梅雨時期も適正。落葉樹は春の芽吹き直前、落葉後の霜降り前。ヤシ類は梅雨時期から夏にかけて、タケ類は梅雨時期となる。

(3)移植の前に現況の把握

移植前に計画地の現況樹木位置図を作成し、樹木の位置、樹木の種類・形状寸法（高さ、幹周、葉張）・樹勢を把握する。移植は樹高が3m以下の場合人力で行えるが、それ以上は重機による施工となるため、工事車両の搬入路・軌道の検討が必要となる。次に、移植には根を掘りあげる必要があるため、根に工作物（擁壁、基礎）、設備が絡んでいないか確認する。そして、移植場所・保管場所の確保、また、そこで水やりが行えるかどうかも確認する。

(4)移植に適した樹木を選ぶ

若木のほうが移植に耐えやすく、大木・老木になるほど移植が難しくなる。また、落葉樹のほうが春夏秋冬の生長サイクルがはっきり見えているので、移植のタイミングが図りやすい。常緑樹は一見すると丈夫に見えるが、落葉樹のように生長サイクルが見えにくいので適正時期を見誤りやすい。

移植時には、運搬しやすくするためできるだけ根を小さくまとめる。それに合わせて地上部のボリュームも小さくするため、枝を剪定する必要がある。したがって、サクラなどの剪定を嫌う樹種は移植に向かない。また、根が地下に深く伸びているスギ、ヒノキなども難しい。

(5)移植後のメンテナンス

根や枝を切られ、単純にいうと大手術を受けた状態である。自力では給水する力はあまりない状態なので、水を切らさないようにする。客土が良質であれば、移植直後の施肥は特に必要ない。

(6)コストを知る

敷地外移植の場合、新植に比べ移植は工事個所での作業場の確保、養生、運搬路作成などがあるため割高になる。新植の約2倍のコストがかかるのが通例である。また、枯れた場合の保証もない。

写真1　掘り下げ。太い根は鉢のサイズに環状剥離し残しておく

写真2　根回しが済み半年を経て太根を切り藁などで根を包む

写真3　運搬。3m以上の樹木やヤシ類はクレーンやバックホウなどを使う

写真4　根の3割ほど大きな穴をつくり植付け、土中の産廃ガラに注意

植物 5

積極的に樹木を選んで見る目を養う

流通と入手方法を知って植物を上手に手に入れる

山﨑誠子（日本大学短期大学部）

植物はどこで手に入れるのか

園芸店は切花・花苗・鉢花・コンテナ樹木（樹高2m以下）、ホームセンター、ガーデンセンターは花苗・鉢花・コンテナ樹木（樹高3m前後まであり）、造園施工業者は造園植物全般、地被類（芝生も含む）を扱う。基本的に造園植物を手に入れるためには、造園施工業者や造園植物生産者に直接コンタクトをとらなければならない。

植物別にみる生産者生産地

造園植物は大きく分けて、4つのタイプに分かれ、生産者・生産地も異なる。

(1)樹木

樹木販売者は、店舗として温室や畑を利用して植物を並べるタイプと、材料を苗から育て販売するナーセリータイプがある（**写真1**）。大木や、造園植物としてあまり流通されることのない樹木は、山に生えているものを山から抜き下ろしてくる山採りという方法でも売買される。大雑把に分けるとすると暖地性の常緑樹（クスなど）は西日本、落葉樹（シナノキなど）は東日本で多くつくられている。

最近の流行樹木として、オリーブが挙げられる。その産地である瀬戸内海の小豆島は、雨があまり降らない、アルカリ土壌であるなど、オリーブが好む自然環境であるため、日本有数のオリーブの産地となっている（**写真2**）。ヒートアイランド現象が著しい東京では、水が少量でも生育するオリーブは、洋風な庭の演出などによく使われるようになってきた。

また、同じく流行樹木のシマトネリコは、沖縄から台湾まで自生する常緑広葉樹で、鹿児島産のものが多い。九州では以前より街路樹に使われるなどポピュラーではあったが、年々暑くなってきている東京でもよく使われるようになった。サラッとした感じの常緑樹として活躍している。

(2)地被類

芝生は芝生だけを扱う生産者がいて、注文があれば芝畑から切り出してくる。タマリュウ、フッキソウ、ツル植物のヘデラは直径10cm前後のビニールポット（コンテナ）で生産していている。

(3)草花（一年草）

花卉（かき）農家で生産され、多くは温室で種から栽培している。

(4)観葉植物およびヤシ類

室内に飾る観葉植物は伊豆諸島や沖縄地方、小笠原地方で多く生産している。ヤシ類は観葉植物と同様、ほかに九州の南部、鹿児島や宮崎で栽培している。

流通している樹木を知るには？

建築設計者が通常流通している造園樹木を知るには、『積算資料』（㈶経済調査会刊）、『建設物価』『緑化樹木ガイドブック』（㈶建設物価調査会刊）などを見るのが一番手っ取り早い。これらによって形状、価格を把握できる。ここで問題なのが価格で、これはあくまで大量に使用した場合の標準ということで、少量の利用や、形状にこだわる場合はこの価格はあてはまらない。また、この金額は材料のみの単価であるので、運賃、植込み代は別にみておくこと。また、調達難易度の項目もチェックしておく必要がある。実際にはこれらの建設積算系雑誌に載っていない植物も多く流通しており、園芸図鑑や植物図鑑のなかの「用途」という項目に庭木、公園樹と書いてあれば扱っている可能性はある。

写真1　ナーセリーの畑。同じ樹木が並ぶ景色はなかなか見られない

写真2　オリーブ。乾燥に強いため、屋上緑化やベランダ緑化などで需要が増えた

生ものである樹木のコスト

生長が遅い樹木は野菜の値段のようにクルクルと変わるものではないが、1年で価格が変動することもある（**表**）。また、草花と違い生長が遅いことから、同じ形状で、大量に利用しようとしても、リクエストにすぐには応えられない。さらに、品薄になると当然コストが上がる。そのため、流行や大規模開発があるとコストにダイレクトに動きがでる。たとえば'90年代前半はハナミズキが流行したため、高騰したことがあった。それを受けてその時点で急いで栽培して2年後にやっとそれらしい形状のものが出始めたが、流行が終わっていて値崩れを起こしたということもあった。また一時期健康ブームでブルーベリーが流行り、質の悪いものまで値が高騰したことがあった。

表 樹木材料単価表（2023年3月3日現在、GAヤマザキ調べ）

	種別	樹木名	樹高（m）	幹周（m）	枝張（m）	材料単価／本（円）
高中木類	針葉樹	ドイツトウヒ	4.0	—	—	40,000
		ニオイヒバ	2.0	—	0.4	8,000
		レイランディーヒノキ	2.0	—	—	8,000
	常緑広葉樹	オリーブ	2.0	—	—	20,000
		カクレミノ	2.0	—	0.6	6,000
		キンモクセイ	2.0	—	0.6	7,500
		シマトネリコ	4.0	—	1.5	65,000
		シラカシ	4.0	—	1.2	28,000
		モッコク	3.5	—	1.2	60,000
		レッドロビン	1.8	—	0.4	4,000
	落葉広葉樹	イロハモミジ	3.0	—	1.5	30,000
		ウメ	2.0	—	1.0	8,000
		コブシ	4.0	—	1.5	30,000
		ジューンベリー	3.0	—	—	35,000
		ハナミズキ（白）	3.0	—	1.0	48,000
		ヒメシャラ	3.0	—	株立※1	30,000
		ヤマボウシ	3.5	—	株立	38,000
	特殊樹	モウソウチク	5.0	—	—	23,000
低木類	常緑樹	アベリア	0.6	—	0.4	1,000
		オオムラサキツツジ	0.5	—	0.5	1,400
		サツキツツジ	0.4	—	0.5	1,500
		トベラ	0.5	—	0.4	1,500
		ヒイラギナンテン	0.8	—	3本立	2,500
		フイリアオキ	0.6	—	0.5	1,500
	落葉樹	アジサイ	0.8	—	3本立	1,500
		ユキヤナギ	0.5	—	3本立	1,000
		修景バラ		大苗		28,000
地被類	笹類（常緑）	コグマザサ	10.5※2	—	3芽立	250
		オロシマチク	10.5※2	—	3芽立	350
	木草本類	タマリュウ	7.5※2	—	5芽立	150
		ヤブラン	10.5※2	—	3芽立	300
	ツル性類	ヘデラヘリックス	9.0※2	L=0.3	3芽立	300
		カロライナジャスミン	9.0※2	L=0.3	—	350
	芝類	ノシバ	—	—	—	1,000／㎡
		コウライシバ	—	—	—	1,000／㎡

※1 株立などを発注する場合、おのずとその枝張は決まってくるため、寸法をわざわざ指定することは少ない｜※2 コンテナ径

どう注文すれば理想の木が見つかる？

おおよその樹種と形状が決まった段階で、施工者のほうで候補樹種をそろえ、そのなかから選ぶ。施工場所となるべく近い地域、近い環境で育ったものを選ぶほうが良好に育つ。極端な話では、温室で育てていたものをいきなり屋外の現場で使うと枯れるという話と同様で、違う環境に置かれると植物は変調をきたしてしまう。

なお、用意する側は、最初に提出している形状寸法の条件を忠実に守ろうとするが、それよりも、樹形全体のイメージ（見た目）を大事にしてその旨を伝えると自分が求めていた樹木に出会える可能性は高い。

生産地に足を運んで選ぶ

植物は生ものであり、1つとして同じ形のものはない。ナーセリーなどの生産地や材料販売所で造園材料を見ることは計画において非常に大事なことであり、お勧めする。また、実際に生産者や管理者に直接会って話すことにより、植物の性質や管理のコツ、最近導入されてきている樹種の情報、リーズナブルな樹種などを聞くことができ、参考になる。

植物は土壌、日照、水条件で生長の度合いが違う。日がよく当たるほうが枝がよく出て、葉も茂る。おおむね北側の姿は悪い。樹木を密に植えて育てている畑では樹木は横にのびのびと育っていない。自然でも畑でも全方向に均整のとれた樹木を見つけるのは難しい。実際に施工する場所において、樹木が全方向から見られるような使い方をするのであれば、均整が取れたものを選ぶ必要があるが、数本植えたうえで景色や背景をつくる場合や、壁を背に植えるものであれば、一部方向からの姿がよいものを選んでもかまわない。そのように見てみると全体の姿がよいものを選ぶよりも味わいのあるものを選べることもある。

実際に樹木を選んだら

材料検査を行い、購入を決定した樹種はマーキングや、写真撮影をしておく（**写真3**）。ただし、樹木はそのとおりのままの樹形ではこない。根を切り、全体的に葉や枝をおろしコンパクトにまとめる（「枝をしおる」という）。畑で見た樹形になるには2～3年かかるだろう。葉や枝をおろす理由は樹木の活着をよくするためと運搬性を高めるためだが、下の方にある枝（下枝）を切りやすいので、「この枝」「この樹形」にこだわるのであればその旨を伝えるとよい。

写真3 畑での材料検査中。実際に足を運び、得られる情報は計り知れない

TOPICS

造園・ランドスケープ業界を知って上手に付き合う

山﨑誠子（日本大学短期大学部）

植栽を計画するうえでどういう人が関わってくるのか。施工は誰に頼めばよいか、どういう工事が得意なのか、どこまでやってくれるのかなど、造園を取り巻く職種については分からないことが多い。

造園関係の業者の種類は大きく3つのタイプに分かれる。どのタイプも、計画から工事まで行うことができるが、それぞれの得意な部分があるので、共同で作業をする場合はこれらを考慮したうえで付き合うほうがよい（**表2**）。

施工系は工事を請け負うことが主な生業となり、工事手順、積算、造園材料全般に詳しい。それに対して計画系は理論派で、計画、プレゼンテーション、監理、現場調査を得意とする。材料系は、園芸店は草花・観葉植物、樹木ナーセリーは樹木の生態をよく知る。

建築設計者×造園施工者

造園施工者の意見を素直に聞きだすためにも、以下のような説明と確認をしておくようにする。

(1) テーマとイメージの説明

イメージ写真などを見せるのもよい。造園施工者がもってくる材料の雰囲気、色などに影響する。

(2) 敷地で説明

実際に現場に立ち、「この位置にこれくらいのボリュームを」と説明する。植物が搬入できるか、邪魔になる設備がないかを確認する。

(3) 植物の見え方を説明

どの位置から緑を見せるのかを確認。ある方向の見え方だけでよしとするか、あらゆる方向からの姿を求めるかの確認になる。

(4) 予算の説明

樹木は種類や形状によって大きく価格が変わる。高木は高さが50cm上がると価格が倍になる。

(5) 施主の要望・嗜好

施主による樹木のリクエストは多いがすべてに応えられるわけではない。植栽する環境と管理、市場性に対しての難易度が確認できる。

(6) 図面類で確認

造園業者に渡す図面を用意する（**表1**）。平面図以外に、立面図や屋根伏図などで軒の出や雨掛かりを確認したい。

後々のトラブルを防ぐためには

(1) 工事前：契約内容の確認

契約書の内容の確認。植物の形状寸法、数量、客土。施工期間や枯れ保証の有無も確認する。

(2) 工事中：建築工事の範囲確認

植栽工事と建築工事の範囲を確認。トラブルが多いのが、地盤の整地が建築工事か植栽工事かということ。植栽工事に入ろうとしたら土が整っていない、建築側で行うはずだったという場合など。どの時点で引き渡し、どういう状態かお互い確認する必要がある。

(3) 工事終了後：図面との整合性

現場の状況による変更点なども確認し、竣工図を設計者や施工者が作成し、施主に渡す。植物は枯れや生長で、様子がだいぶ変わるので、位置数量を再確認する。

表1 造園施工業者に渡す図面類

図面	内容
平面図・配置図	必須。植栽図を描くベースとなる
屋根伏図	軒の出、雨がかりをチェック
設備配置図	配管・配線関係をチェック
立面図	開口部の大きさを確認する
外観パース（着色）	外装のイメージをつかむ。色が付いていると、花色や葉色と外装色の調和を考えることができる
建築工事工程表	建築工事との取合い

表2 造園関連業界の各職種ごとの特徴

傾向	職種	特徴	仕事内容	メリット	デメリット
施工中心型	造園施工業者	植栽工事一般を行う	植物の植込み、手入れ。竹垣、石据え、石組み、流れ、滝。簡単な舗装工事（石張り、飛石、たたき、砂利敷き）、1m程度の擁壁	造園に関わることはすべて請け負う	小規模の工事の際は割高になる
施工中心型	植木屋	現場各地域にある。材料を所有し販売する。手入れも行う	植物の植込み、手入れ、石組み、灯篭据え、竹垣	現場の近く存在することから、何かあった場合の対応が早い	パーゴラやフェンスなどの工作物は扱わないことが多い
施工中心型	土木緑化建設業者	植栽工事は一部で、道路、橋、大規模工事を行う	造成工事、植栽工事、道路工事、舗装工事、エクステリア工事、建築工事。設備工事以外はほとんど行う	造成から行うので、地形を変化させるような大規模な工事が可能	小規模な工事、植栽工事だけでは割高になる
計画中心型	ランドスケープデザイナー	計画、デザインを行う	街並づくり、大規模な計画、公園、街路、緑道、外構、ポケットパーク、ビオトープまで多岐にわたる	調査、分析、コンセプト、ゾーニング、プランニングという段階的なプレゼンができる	園芸、草花系の知識が弱いことが多い
計画中心型	ガーデンデザイナー	洋風、特に草花を使った庭の設計	個人住宅の庭から、住宅団地、集合住宅の外構までの設計を行う	簡単な施工までやる場合もある	手づくり感覚のため、大きな空間、土木的な空間は弱いことが多い
計画中心型	作庭家	和風庭園の設計	個人住宅の庭、茶庭、滝、流れ、石組みなどの日本庭園の設計、管理を行う	小規模な庭から、ホテルの大規模な庭まで行う	カラフルなガーデニング的な要素は弱いことが多い
材料販売中心型	生産者（ナーセリー）	植物の販売、育成	苗や種から植物を多く育てる	植物に関しては新しい樹種、市場の動きに詳しい	植物以外の対応はできない
材料販売中心型	エクステリア施工業者	フェンス、門扉などを中心に設計、施工を行う	フェンスや外構資材を販売していたことから、設計、工事まで請け負う部門をつくった	外構資材が元となるので、植木屋ができない土木工事ができる	植物資材は直接扱っていないので知識と材料が限られる
材料販売中心型	園芸店・ホームセンター	園芸資材の販売が中心	最近は大規模な園芸店やホームセンターでも販売部門以外に、設計、施工担当を設置し設計から施工まで行う	実際に資材がそこにあることから、デザインする内容が見えやすい	資材中心で、個性的な庭づくりというより標準的タイプになりやすい
樹木医・樹医		木の病気・虫害によるダメージを処置。老木の樹勢を回復させる	造園施工者やランドスケープデザイナー、各地方公共団体の公園管理者、環境関係NPO、エクステリア施工会社にこの資格をもつ人がいる	植物を保存、移植、管理に関しての調査やコメントをもらうことができる	—
その他		植栽の手入れだけを行う植木職人、灯篭や景石、飛石などを扱う石屋、舗装材を扱うメーカーなど			

計画 1

植栽計画のための段取り・敷地調査・ゾーニング手法

効率よく植栽するためのプランニング基礎知識

山﨑誠子（日本大学短期大学部）

植栽設計から植栽工事までの段取り

敷地に建物を建て、余ったスペースに庭をつくり、植栽を行う。これが、よく見られる段取りだ。しかし、植栽を建築設計・施工の後回しにすると、取り返しのつかないことになる場合もある。そうならないためには、まず、工事までの段取りを掴んでおきたい。

(1)植栽工事に適した時期

植栽工事は簡単にいえば、暑い時期、寒い時期は向かない。しかし、実際には建築工事の都合により、そうした時期に植栽するようなことも多い。そのような場合、根回し済みの材料を使用したり、施工後の水やり管理や冬場の霜除けなどに注意を払う必要がある。

(2)建築工事との調整

多くの植栽工事は、建築工事が終わってから行われるが、狭小住宅や中庭形式の住宅では、建築工事の前に植栽工事を行っておいたほうがよいこともある。建物竣工後に中庭や狭い空間の植栽工事を行うと、樹木が室内を通るための養生が必要となるためだ。大木の場合は建物を越えて植えるため大型クレーンの導入が必要になるなど施工費に大きく響く。また2階以上の建物や屋上庭園の場合、土の搬入には建築工事中のクレーンを利用すると効率がよい。また、搬入道路から見て一番奥の部分で建築工事に関わらないところであれば、建築工事より先に工事を行うのも手である。このように建築工事と植栽工事は切り離して考えるのではなく、建築工事と並行して行うと費用や期間を短縮できる。

設計・施工を始める前の敷地調査

植栽設計をするうえで、ユーザーのニーズ以上に、植物が育つ環境であるかどうかの判断が大事である。植物が育つには「日照、水、土」が3大要素となる。これらを中心に敷地調査を行う（**表**）。

(1)日照

植物は陽樹、陰樹、中庸樹に分けられる（**33頁参照**）。朝日がよく当たるところ、終日日が当たるところ、西日が当たるところ、日陰になるところをチェックする必要がある。大規模な計画の場合は気象データも調査対象となる。その際は地方による条件の違いに気を配る。

(2)水

土の乾湿の状況、水やりのための水道設備の有無が調査点となる。湿潤を好むもの、乾燥を好むものと植物それぞれに好みがあるが、基本的には水がないと植物は育たない。なお、水やりの水については井戸水でもかまわない。

(3)土

植栽に向く土壌はチッ素、リン酸、カリウムがバランスよく含まれていることに加え、有機質を含み、ふかふかで水はけのよいものである。現在、このような土壌があるのは山や野の表土、あるいは畑地跡ぐらいである。造成による切土、埋立てによる盛土は、植物の生育には向かない。山を切って造成した土地は、山のなかにあった心土（しんど）といわれるものが表に出てきている。表土と違い心土は有機

表 植物が育つかどうかの環境調査項目

項目		調査内容
日照	日向、朝日、西日、日陰、終日陰	・隣家との境界がどのような工作物であるか ・使用する樹種が陽樹、陰樹、中庸樹のどれに相当するか ・敷地の日当りのよい個所を確認（朝日がよく当たるところ、終日日が当たるところ、西日が当たるところ、日陰になるところなど） ・大規模な計画の場合は気象データも確認する
水	土の乾湿、地下水位、降雨時の水の流れ、水施設	・土の乾湿の状況、水やりのための水道設備の有無 ・雨水が当たるかどうか ・降水時にどこに水が流れ集まるか（土地の勾配・高低差のチェックにもなる）
土	土の乾湿、土壌種類、土壌成分、保水性、透水性	・有機質を含みふかふかで水はけのよい土壌かどうか ・造成切土の場合、有機質を含んでいるかどうか。粘土質の土が出る場合もあるので、土壌改良か入替えが必要かどうか判断する ・埋立て地の場合、どのような土が入っているか分からない。潮の影響のあるところ、産業廃棄物のコンクリートが多く入りアルカリに偏っている土などは、改良や入替えを検討する
通風	—	・風向（特に北風には注意） ・風の強弱

質を含まない。また礫（れき）（石など）が多く混じる場合、粘土質の土が出る場合もある。

海岸や谷の埋立て地は、外部から土を持ち込むため、どのような土が入っているか分からない。造園植物のほとんどは弱酸性の土壌を好むが、潮の影響のあるところ、産業廃棄物のコンクリートが多く入ったものはアルカリ性に偏っている。造成地、埋立て地の植栽土壌は、改良や入替えが必要である。

(4)通風

風が抜けない場所に植栽をすると虫が付きやすくなり、病気になりやすい。しかし、強風が吹く標高の高い山で大きな樹木が育たないように、風が強すぎると植物にダメージを与えてしまう。

建築計画との取合い

建物廻りに植栽する場合は、いくつか注意しなくてはならないポイントがある（**図1**）。以下にその詳細をまとめる。

(1)植物が育つために必要な土厚

土さえあれば簡単に植栽できると思われがちだが、住宅地などの土壌を掘ると、高木を植える深さがない場合が多い。植栽の必要最低土厚は、高木（高さ3m以上）で80㎝。中木（高さ1.5m以上）で60㎝。低木（高さ0.3m以上）で40㎝。地被（高さ0.1以上、芝生）で20㎝以上である。ただし、水やりが不適切な場合などは、前記の数値に10㎝以上加えた土厚が必要となる。屋上庭園の場合はこれに10～20㎝の排水層を設ける必要がある。

(2)雨が当たらないところには植栽しない

雨が当たらないところには植栽する場合、自動灌水設備で水やりを行う方法もあるが、植物は上から水を浴びるのが本来の姿であり、そうでないと具合がだんだん悪くなる。施主に水やりを頼んでも

図1 建築との取合い部分の調査項目

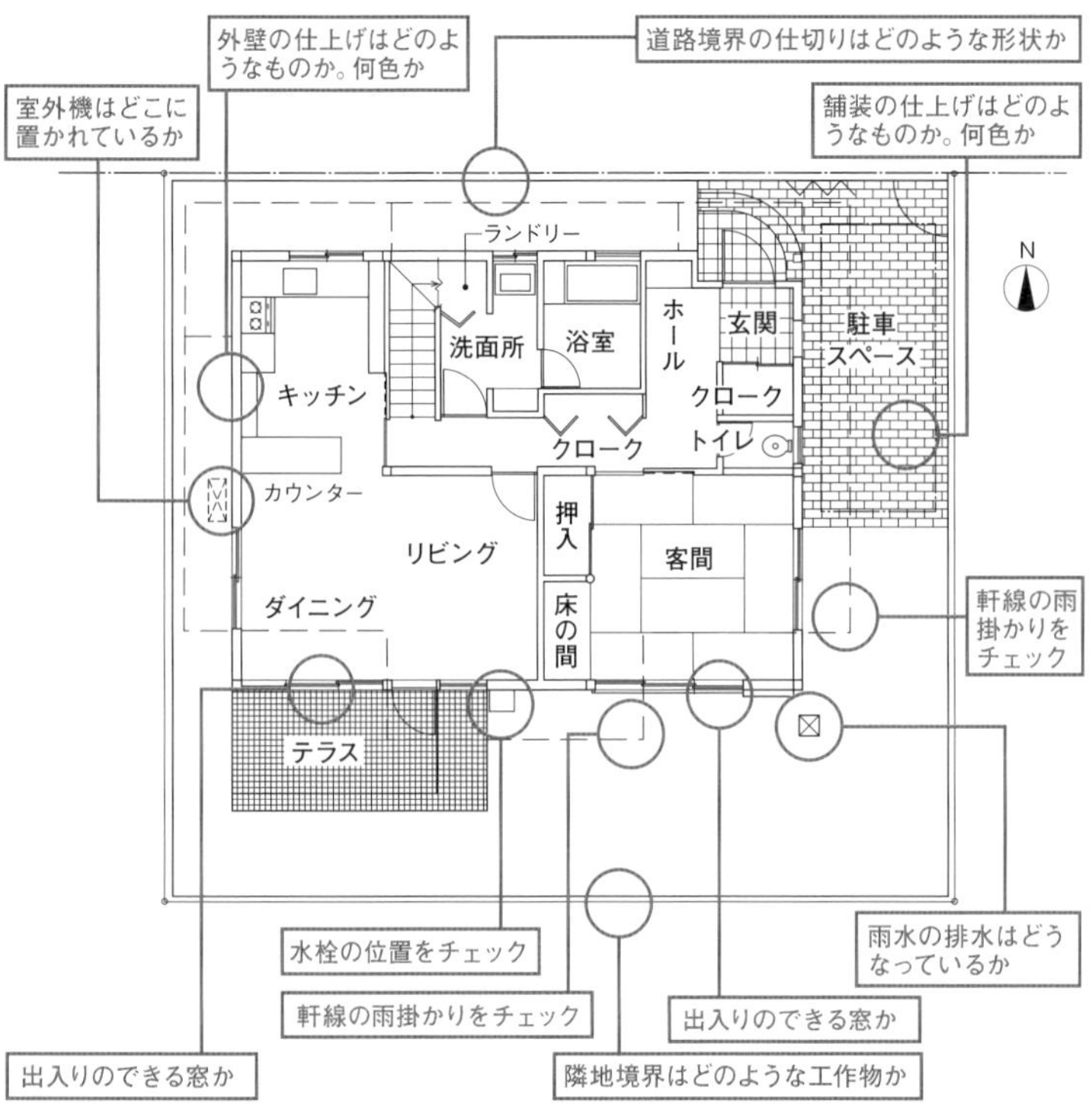

外壁の仕上げはどのようなものか。何色か
道路境界の仕切りはどのような形状か
室外機はどこに置かれているか
舗装の仕上げはどのようなものか。何色か
N
ランドリー
ホール
玄関
駐車スペース
洗面所
浴室
キッチン
クローク
クローク
トイレ
カウンター
押入
リビング
客間
ダイニング
床の間
軒線の雨掛かりをチェック
テラス
雨水の排水はどうなっているか
水栓の位置をチェック
軒線の雨掛かりをチェック
出入りのできる窓か
出入りのできる窓か
隣地境界はどのような工作物か

図2 植栽に適したゾーニング

N
北側には陰樹などを中心に植栽。北側に空間があれば比較的明るいため植栽に適した地となる
5
6
ランドリー
キッチン
洗面所
浴室
ホール
玄関
クローク
クローク
トイレ
駐車スペース
4
カウンター
3
ダイニング
リビング
押入
客間
床の間
テラス
2
1
植栽に最も向く東南方位
数字は1から順に、植栽に適す順を表す
南面、南西面は夏場の西日の強さに注意

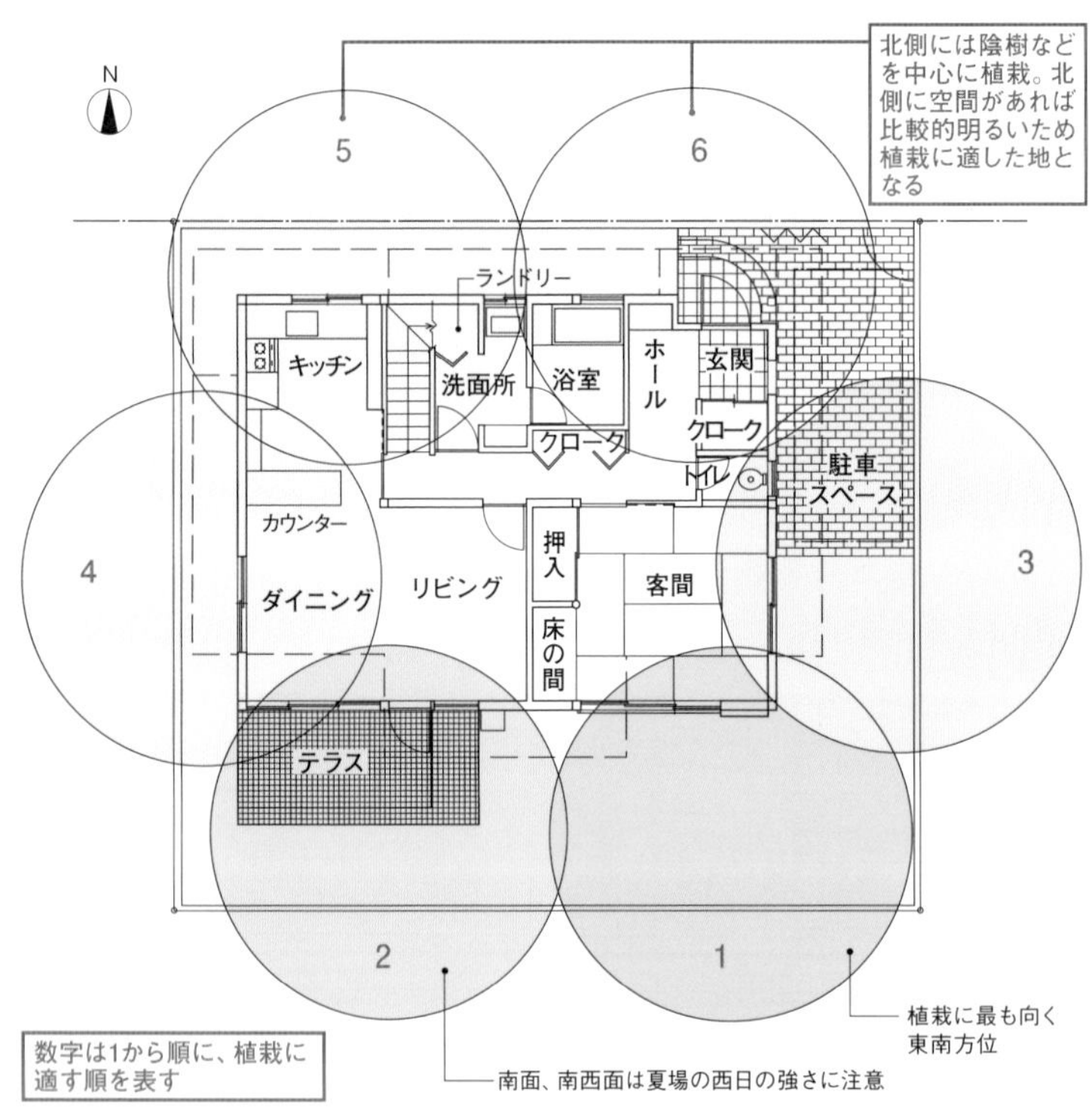

忘れてしまうことが多いので雨の当たらない場所への植栽はお勧めできない。また屋根のある植栽地は枯れ保証が付かないのが通例である。

(3)配線、配管上は樹木を植栽しない

配管の位置は把握しにくいため、事前に設備業者に植栽位置を伝えておく必要がある。管や線の上に植栽すると、将来、根が入り込むことも起こり得る。特に、竹の根は透水性の暗渠のような湿り気があり暗いところを好むため、数年して管が壊されることもある。それを防ぐには、根茎調節資材で保護する。

(4)機械の発する風と温度に注意

配管、配線の位置以上に空調の室外機など外構設備類が配置図から抜けている場合も多い。植物に人為的な風や温度が加わると状態が悪くなるので注意する。

図3 外構空間の目的をもたせたゾーニング

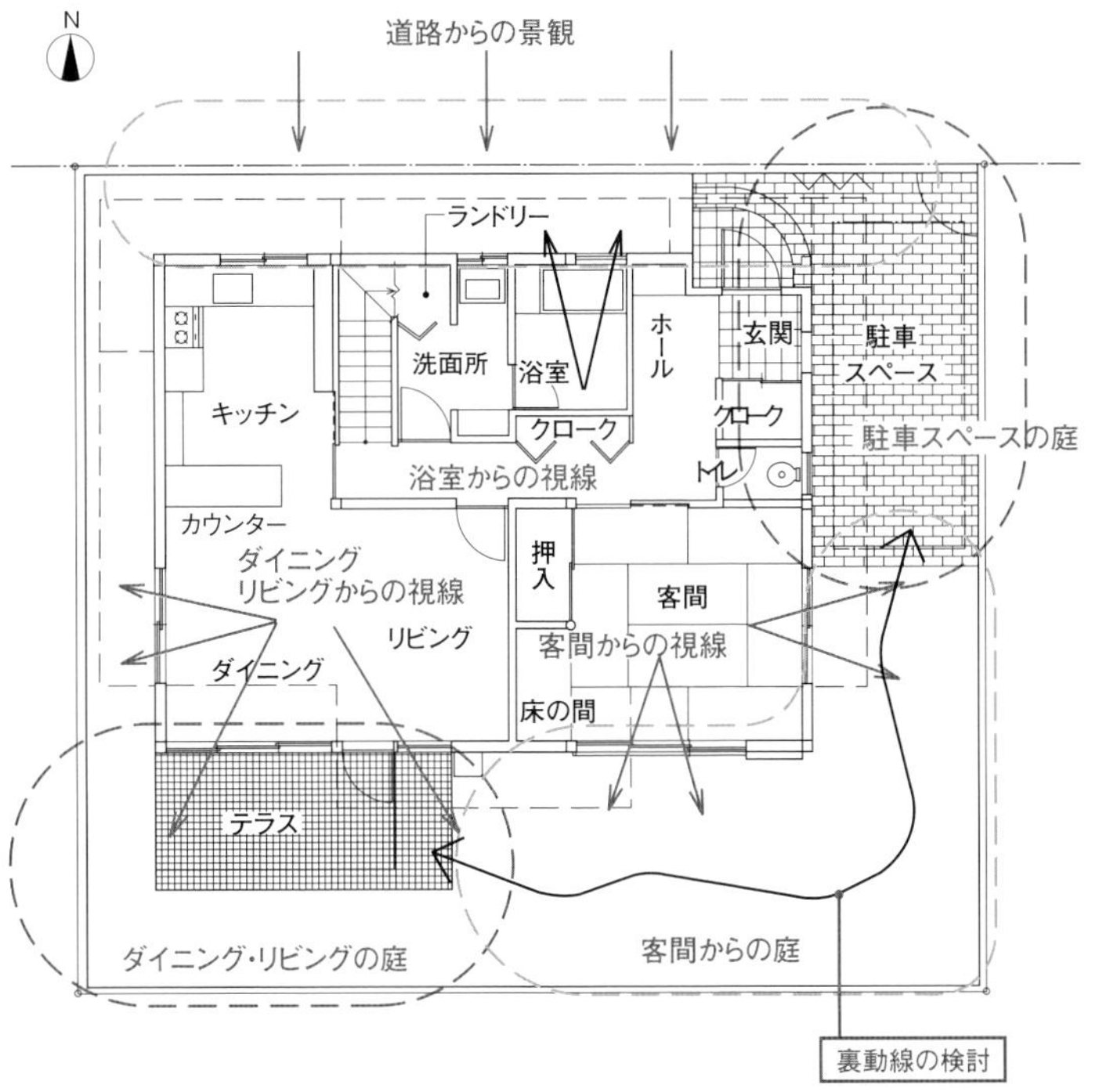

植栽する場所（ゾーニング）

(1)方位と緑地の良好な配置位置

植栽する場所として最も適当な場所は居室の配置と同様、東南、南、東、西、北西の順となる（**図2**）。北、北東は陰になりやすく、冬季の寒風が当たることからあまり良好な場所とならない。しかし、これらは前記したとおり周辺環境、土壌などの敷地環境により変化する。道路や広場が北側に広くある場合は明るく、直射日光も当たらないため建物際でない限りは意外に良好な空間となる。また、ヒートアイランド現象のある都会では南西は日当たりがよすぎて野山に生える樹木では耐えられないこともある。南側のサンルームも夏場に暑くなりすぎるため良好な環境となりにくい。

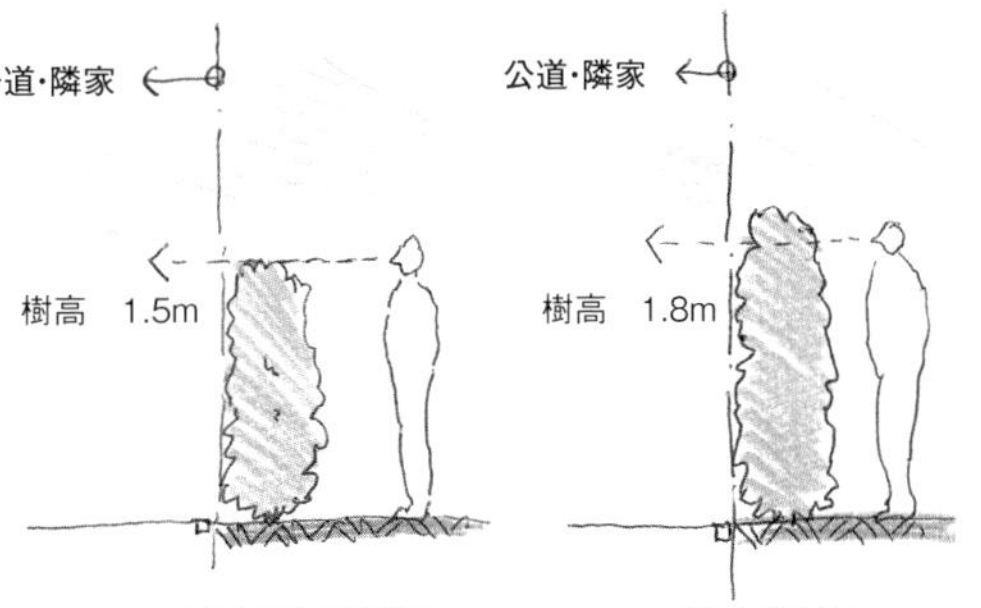

(2)使う庭と見る庭（主庭をつくる）

限られた空間を効率的に利用するためにも、空間の目的をはっきりさせること（**図2・3**）。「使う庭」にするには各部屋とどのようにつなげるかという動線が問題となる。「見せる庭」であれば、部屋からの眺めを座って見る、立って見るかで、植栽ボリュームが変わってくる。なお、南の植栽は、部屋から見ると植栽部分の北側を見ることになり、案外暗い印象となる。

(3)プライバシーと景観

道路や隣家に面した部分は建築工作物で仕切ることがあるが、植栽でそれらをつくれば環境や地域に配慮した良好な環境となる。東京都では敷地面積が1千㎡を超える開発については接道部の緑化を条例化している。目黒区では住宅でも導入しており、世田谷区では条件はあるが、接道部の生垣の設置に対して補助金を出している。視線を遮るための生垣であれば、高さは1.5ｍ、プライバシー性を高めるものであれば1.8ｍ以上とする（**図4**）。また、フェンスや塀を緑化すれば、工作物が裸で見えるより空間を豊かに見せることができる。ただし、隣家に対して蔓や葉が伸びたり落ちたりするので管理が必要である。

図4 生垣高さの目安

計画2

施工者に伝わる植栽図面を目指す

設計者のための植栽図面の描き方

山﨑誠子（日本大学短期大学部）

植栽設計を図面に表現するためには、図面、筆記用具、円のテンプレート、『建設物価』などの物価本、図鑑、庭木のハンドブック、色鉛筆が必要になる。図面では、窓の位置、出入口、部屋の内容を確認するため、平面図以外に立面図も必要で、パースもあればなおわかりやすい。物価本では、価格ではなく寸法を見る。さらに、常緑・落葉、花木などは色分けをすると、イメージを掴みやすい。

図面の植栽表現

図面上の植栽表現に決まりごとは特になく、相手に内容が伝わればよい（**表1・2**）。ここで紹介する方法は筆者が普段使っている方法だが、伝えるべき最低の樹種のイメージは常緑か落葉か、針葉樹か、高木か低木か地被類かであり、これらを描き分けることが必要である。

図面用途によって、樹木の大きさを描き分けることもある。高木、中木の円の大きさは基本的に樹冠（葉張）の広がりで描くが、物価本などに掲載されている寸法は植栽施工時のもののため、この寸法で描くと、竣工時のかたちを伝えるものといえる。こうした図面は役所の申請用の図、施工者への図として利用する。一方、施主には良好に育った3～5年後のイメージを伝えたほうがよいため、葉張を表す円の大きさは、直径を樹木の高さの半分で描く（**図**）。また、サクラ、モミジらは高さと同じ直径で描く。

植栽樹木の指定表（材料表）

植物の形状と総数量を図面内に記入するか別紙に表にまとめる。樹木の形状寸法は物価本などから引用するが、これを標準とし、樹高30cm、枝張10～30cm、幹周は5cm程度増減する。形状寸法の単位は、高さ（樹高）、幹周※（目通り）、樹冠をcmで表す。数量の単位は、高木、中木は「本」、低木や地被類や草本は「株」、芝生は「㎡」、タネ類は「g」とする。

CADの利用

植栽設計は、不連続で不規則な線を描

表1 図面での樹木の描き方

グレード	高木（高さ3m以上の樹木）中木（高さ1.5m以上の樹木）			低木（高さ1.5m未満の樹木）	地被類（地面を覆うもの）	地被類（シバ類）
	針葉樹（常緑・落葉）	常緑広葉樹	落葉広葉樹			
簡単	円のテンプレートを使って円を描き、幹に当たる中心に小さな○や点を打つ			植える範囲を囲む	植える範囲を曲線を囲む	無造作に点々を打つ
ちょっとこだわって	波線で円を描く。幹の部分に○あるいは点を打つ	2つの円を重ねる。幹の部分に○あるいは点を打つ	中心から放射状に単線をかく	植える範囲を雲形線で描く	葉の特徴をとり入れたかたちで囲む	中心から外に向って5角形の点を打つ
樹木の形状をイメージしながら	葉の細さなどをイメージして	縁取り、斜線を入れる	幹だけで表現することも	植える範囲を縁取る	葉のかたちを表す線で囲む	3～4本ほど下から上に並べる

表2 図面でのその他の樹種の描き方

ヤシ類	タケ類	生垣	ササ類、草花	ツル類
幹を太めに。葉をイメージする	竹の太さの丸に葉の広がり分の線を放射状に	間にハッチを入れる	葉の広がり分を線どり、中にイメージするマークを入れる	蔓の曲線に葉を散らばせるように

※　幹周は幹の直径ではないので注意が必要

くためCAD化が遅れた分野で、安価なシステムがなかったが、最近ではエクステリア部品のパーツを主にした庭園の設計ができるシステムが出てきている。

プレゼン資料のつくり方

プレゼン用として一般的なのは、平面図に着色する方法だ。植物は実際のとおり描くと、緑のバリエーションを展開させたに過ぎなく、イメージが伝わりにくい。花や紅葉のイメージを伝えるためには、多少デフォルメ気味に色を付けたほうが効果的である。

また、施主に対するプレゼンでは、パースやスケッチもイメージを伝えやすく有効である。模型では、空間の広さは伝わっても、季節感が伝わりにくい。パースは、部屋からの眺めを優先するのなら、1焦点パースや、2焦点パースがよい。最近はCADで簡単にベースや、植栽の位置を描き表わすことができるので、CADでベースをつくり手描きで詳細を加える方法がよく使われる。CGで作成したパースに樹木の写真を貼り付けたものも、プレゼンによく使われる（**写真**）。ただし、樹木の完成形を入れ込むため、植栽直後よりも立派になりやすい。

図 樹木の葉張を表す円の大きさ

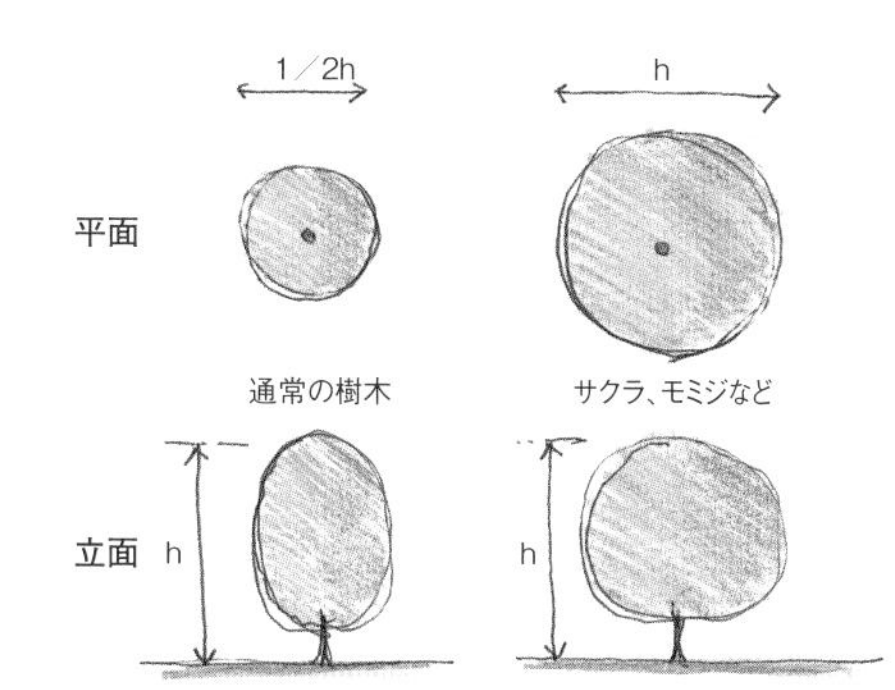
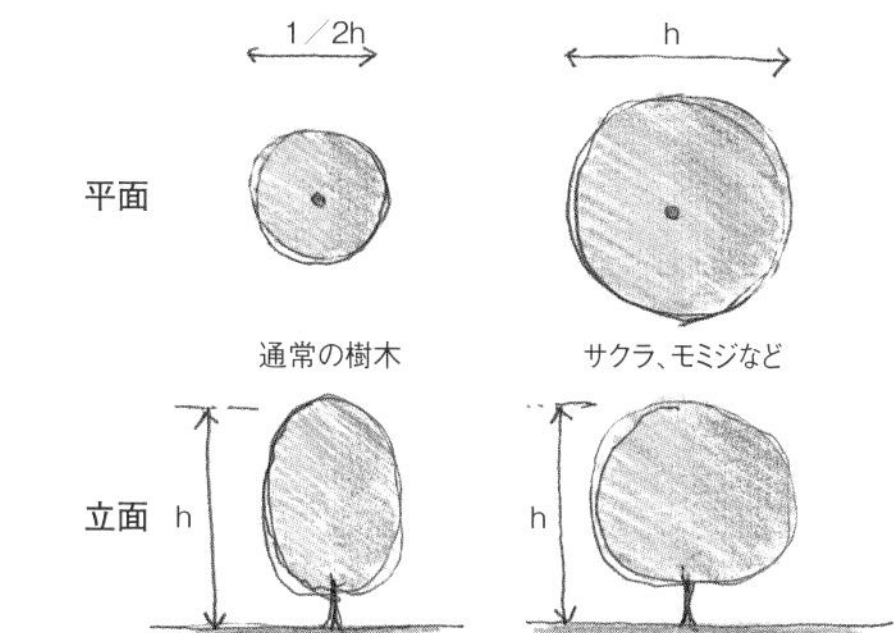

写真 CGに樹木の写真を貼り付けたプレゼン資料

COLUMN

CADでコンタラインを描き自然を表現する

中西道也

図の「地を這う小林邸」は、ポジティブに緑地をつくっていく建築を試み、敷地の地形に盛土を行い起伏をつけ、1階の庭から屋上緑化部分までつなげた住宅である。ある雑誌掲載に伴い、一般読者にこの住宅が自然な感じの起伏で埋まっている様子を理解してもらうため、コンタライン（等高線）の表現に工夫をした図を作成した。

コンタラインはフリーハンドツールで輪を閉じるように描く。建物に接する直線部分は接するなりに貼合せ、切欠きなどの加工で調節する、といった手順である。

幾何学的なソフトでいかに自然が好きか、自然な曲線が好きかを表現しようかと考えた結果である。

図「地を這う小林邸」アクソメ

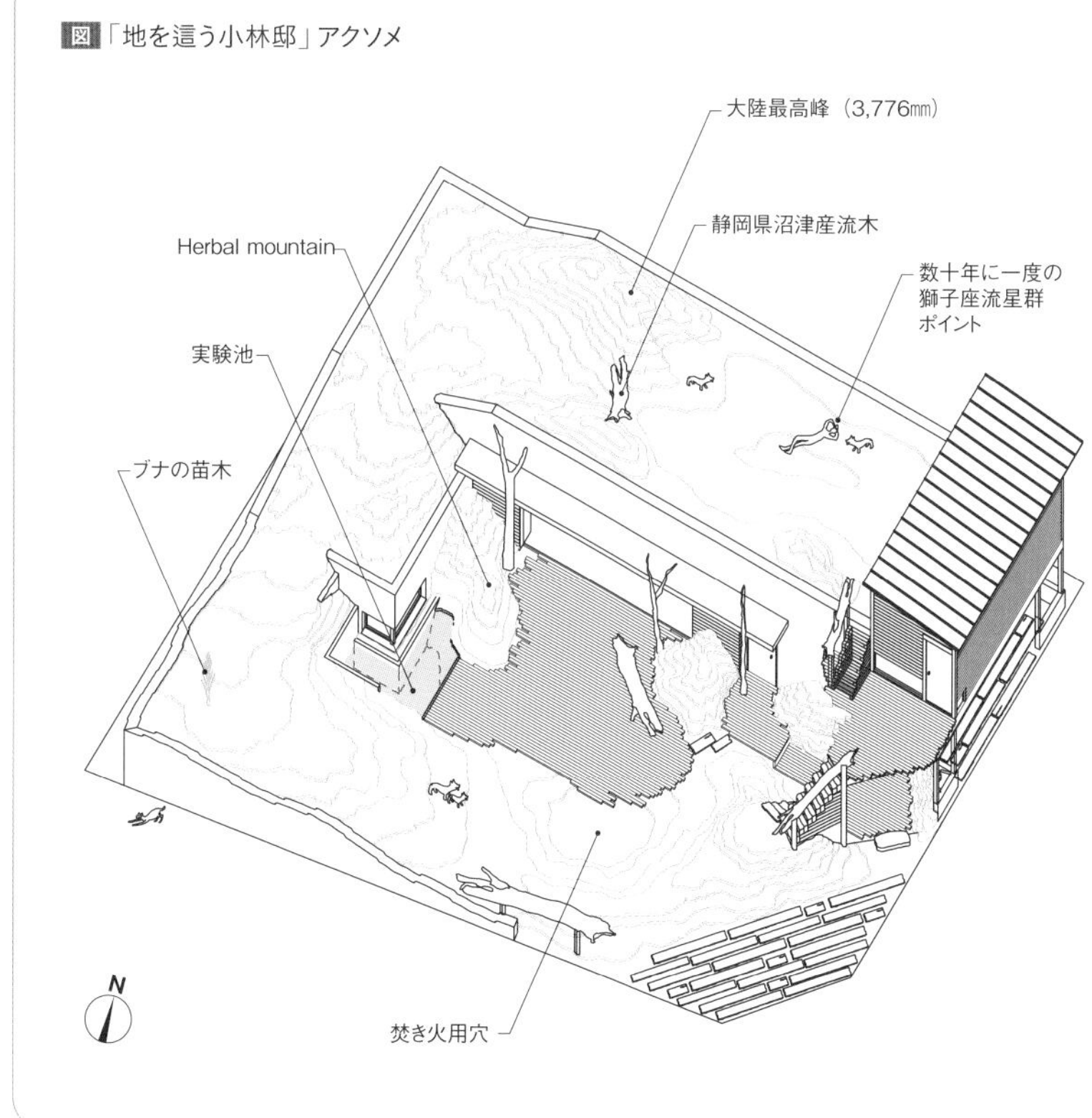

計画 3

利用する人の嗜好性・管理度合いに配慮する 建物用途別の植栽設計セオリー

山﨑誠子（日本大学短期大学部）

植栽設計は建物の用途別に考えることが必要である。個人が利用する戸建住宅と、多数の人が出入りする集合住宅では嗜好性の捉え方や管理範囲が異なる。また、病院、学校では特定の人々が多く利用することから彼らの能力や状態に合わせた、より配慮のある植物選定と構成を考える必要がある。

集合住宅の植栽設計セオリー

集合住宅は、住人の入居時に初期完成度の高い植栽を要求される。特にエントランス廻りは建物の顔。高密度に植物を植える。

(1)植栽密度と完成形

高木のピッチを狭くし、低木や地被はサツキツツジなら通常3～4株／㎡のところを5～6株／㎡にする。しかし、数年後には植栽密度が高くなり過ぎ、剪定や間引きを行う必要が出てくる（**図1**）。

(2)管理体制

通常、分譲集合住宅の植栽管理は管理会社が行う。しかし、最近は管理費を下げる傾向にあることと、緑に関心の高い住民が増えてきたことから、危険を伴わない部分は管理組合によって管理するところも出てきた。そのため、手入れの複雑な珍品ではなく、管理がシンプルで、なるべくなじみのある植物で植栽構成とする（**写真1**）。賃貸集合住宅は、分譲集合住宅とほぼ同様であるが、個人庭の管理はオーナーである施主が行うため、住民の留守中も管理しやすいように、外から庭に入ることができるような管理動線を確保する。

(3)植栽構成

常に植替えを求められる一年草は避け、樹木や宿根草で構成する。1階の専用庭は入居後に住民が使いやすいように、飛砂防止の芝生を入れる程度にする。半日以上日照が得られない部分は芝生の生育が悪いため地被類で覆う。道路、隣地境界部分はプライバシー確保のため高さ1.8～2.0ｍ以上のフェンスか生垣で囲う。

(4)アクセント植栽

エントランス部分は華やかな花木を多

図1 集合住宅の植栽例（S=1：400）

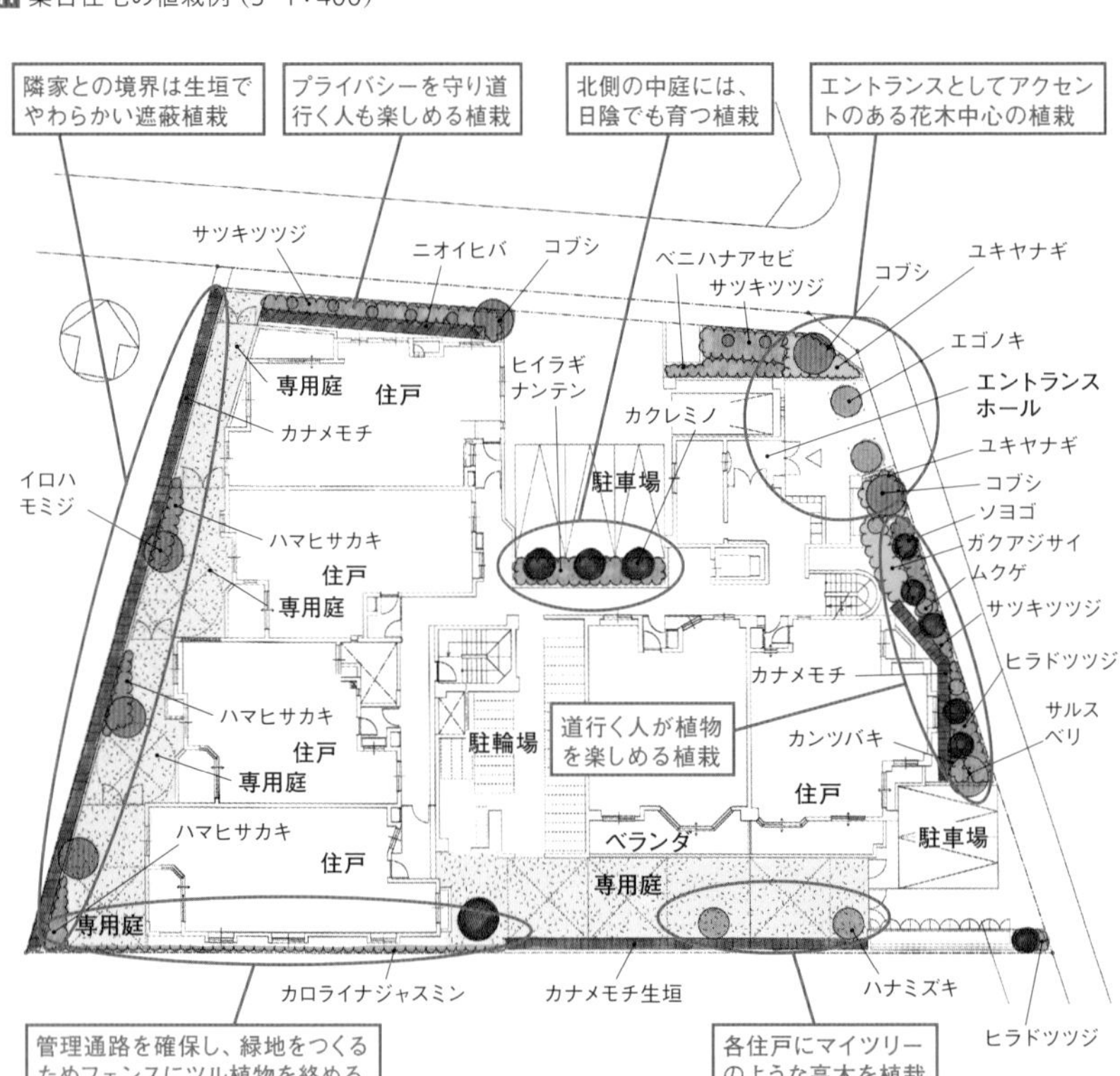

用し、コニファー類のような樹形にインパクトがある樹種を配し、そのほかに大木などで演出すると効果的である。

(5)植栽上の注意点

道路と計画建物の間に高木を植栽する場合、建物に近接させると木を上り人が侵入する可能性もあるため、至近に植えることは避ける。また、ベランダ側にムクノキなどの鳥が好む樹木を多用すると糞の問題が生じる可能性もある。

写真1　管理の楽な常緑樹で緑の壁をつくり、ポイントに季節を感じられる花木を取り入れた例

写真2　施主の子供2人をイメージしたハナミズキと施主が好きな色（白、青など）を基調とした草花

戸建住宅の植栽設計セオリー

(1)植栽密度と完成形

戸建住宅における植栽密度の目安は、3年後に調和がとれる密度で植栽するとよい（**図2**）。ただし、草花（宿根草以外）は1年や季節ごとに植え替えることを前提にするため、2カ月後に完成するような密度で植栽することになる。

(2)管理体制

誰が管理するのか、年に何回管理するかを明確にする。樹木は1年間での生長に限りがあるためそれほどでもないが、草花が咲き乱れる庭を維持するためには、春から秋にかけて毎日数時間庭に入り、雑草取り、除虫、花殻摘み、朝、夕の水やりが必要になる。また、マツや仕立物樹木は経験のある職人が維持する必要がある。

(3)植栽構成

施主それぞれの管理体制を考慮しながら、樹木と草花の構成比を考える（**表1**）。

(4)アクセント植栽

戸建住宅は施主の嗜好性と管理に対する考え方で設計内容が変わる。どんな植物が好きか、植物にまつわる思い出があるかを聞き出し、敷地・環境に合わせたうえで取り入れるようにしたい（**写真2**）。

表1 個人邸における管理度合い別植栽構成例

施主の管理状態	自身はほとんど管理しない	春から秋にかけて週末ガーデナーになる	ガーデナーになる
樹木と一年草の構成比	樹木、宿根草 100%	樹木、宿根草80 〜90％＋一年草 10 〜 20%	樹木、宿根草50 〜60％＋一年草 50 〜 40%
内容	樹木を主にした構成とするが、地被、低木から高木までボリュームに変化を持たせ、季節感を花、実、紅葉などで演出する。草花がなくても十分華やかな空間を演出できる	植栽地の手前部分やプランターなどに季節の草花を植え、それ以外は樹木で構成する。草花は年に２回植え替える程度にし、花期の長い一年草を取り入れ、花も少し楽しめるようにする	バックやアクセントになる部分を樹木で構成し、華やかな演出を草花で行う。背の低い草葉を手前にしながら、背の高い草花、宿根草を中段に、それ以降を低木、中木、高木を組合せとする
植栽断面模式図		 草花を植える範囲 1.0〜1.5m	 草花を植える範囲 2.0〜2.5m

図2 個人住宅の植栽例

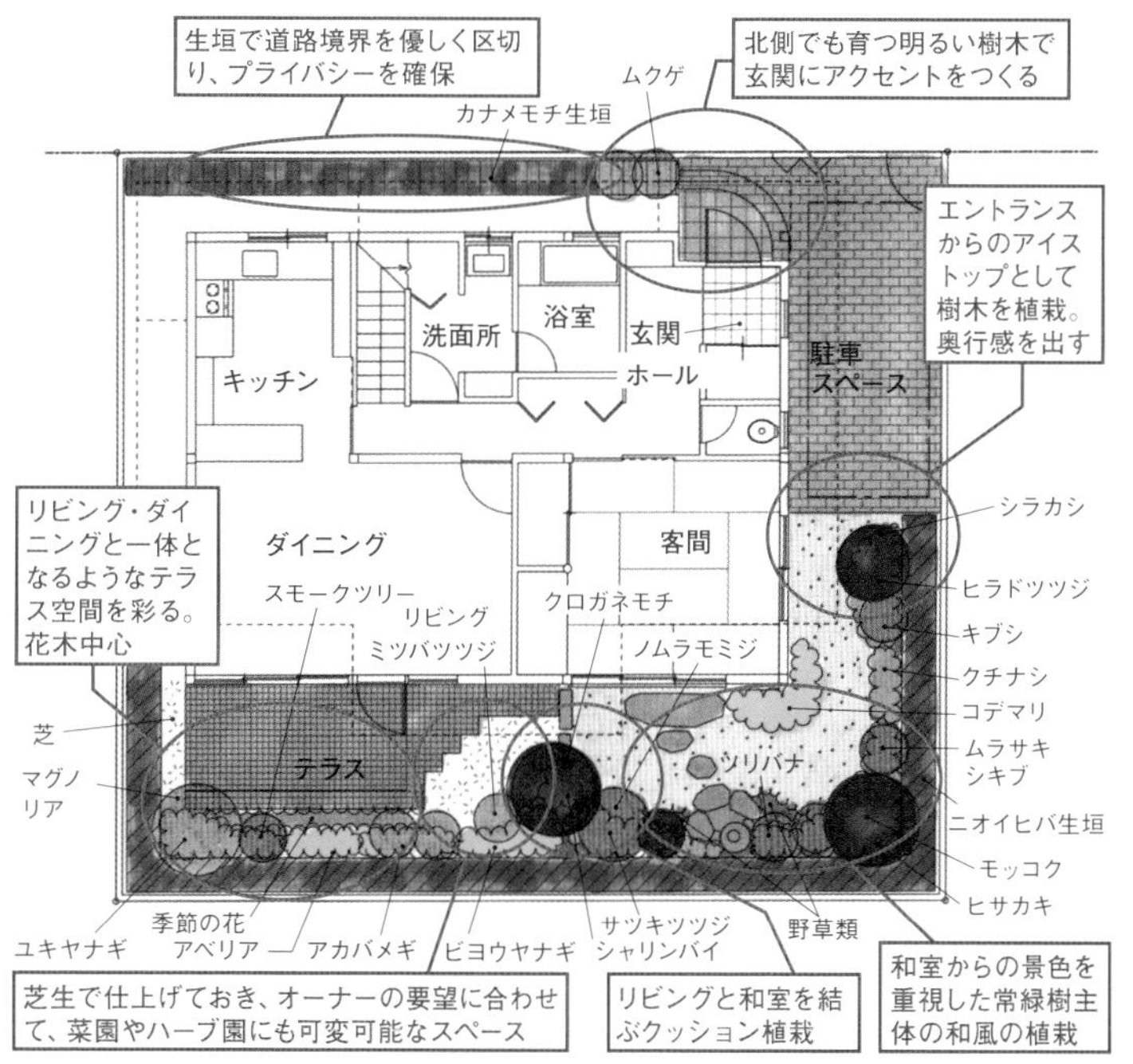

(5) 植栽時の注意点

数年後、流行や施主の生活スタイルの変化などにより、植栽へのニーズが変化することも多い。そのため、修正工事がしやすいように、密度にゆとりのあるデザインとしたい。また、生長が早く樹高が7mを越すような樹木は建物に陰を大きく落とすこともあるので導入には注意が必要である。

病院の植栽設計セオリー

日常とは異なる心理状態で訪れるのが病院。普段は気にならないことでも過敏に反応する場合もあることに注意したい。

(1) 植物構成

色の鮮やかな植物、芳香の強い植物、アレルギー源となりうる植物の採用は十分に検討する（**表2**）。

(2) 植栽密度と完成形

風通しよく、さわやかな印象をつくるために、あまり密に植えすぎないようにする（**図3**）。

(3) 管理体制

一般の管理体制で十分まかなえるが、「園芸療法」という、園芸を通してリハビリを行う病院も出てきた。園芸療法士がいるような病院では草花の管理を患者と一緒に行うこともある。

(4) 植栽時の注意点

車椅子の利用者や高齢者はかがむことが困難であるため、植栽地を地面から少しもち上げるようなレイズドベッド（高床花壇）をつくるとよい（**図4**）。

高齢者施設の植栽設計セオリー

高齢者施設は、施設利用者の層が病院に近く、植栽密度、管理、注意点などは病院に準じるが、花がたくさん咲いて、元気が出るといった効果も得られるので、病院より華やかでアクセントがあり、親しみやすい空間づくりを目指す（**図5**）。

(1) 植物構成

植物は高齢者にとって、共通の話題になりやすいことから、部分的にでも植物を取り入れたい。新樹種や外国の珍しい植物を導入するよりも、昔からなじみのあるものを主体とした植物構成とする。

(2) アクセント植栽

施設内で行われるであろうイベントに合わせた植物を入れるとよい。花見のサクラ、夏のアサガオ、俳句の季語になるような植物、万葉集に出てくる植物。また、縁起のよい植物も話題になりやすい。

【推薦樹種】縁起のよい植物：ナンテン（難を転じるとされる）、ヤツデ、カエデ類（手のひらを連想することから、人を呼び込むことを歓迎する意味にとられ、玄関廻りにあるとよいとされる）。センリョウ、マンリョウ（赤い実が縁起よく、樹種名からお金をもたらしてくれるとされる）。

教育現場での植栽設計セオリー

(1) 植栽構成と基盤づくり

保育園、小学校など低年齢の子供が通う施設は、子供の予想外の行動に配慮し、安全性が第一となる。安全な植栽としては、毒性のないもの、触ってもけがしないもの、病虫害が付きにくいもの、アレルギーを誘発しないものを選ぶ（**表3**）。

表2 病院で過敏になる要素別注意点

要素	色	香り	因習	病気、アレルギー
避ける項目	刺激的な色物	芳香の強いもの	地方によりさまざまな言い伝えがある	症状を誘発するもの
理由	ビビッドな色は気持ちを高揚させるため、刺激を与え疲れさせてしまう可能性がある。赤やオレンジ系は避けるほうが無難。また、病院建築が白系や淡い色の外装が多いため普通の建物より、目立ちやすく色の選択に注意	気分が優れないと普段はよい香りでもそうとは感じ取れないことがある。また視覚が不自由な方は香りに対して非常に敏感な感性をもっているため、多用すると逆効果になる場合もある	・ツバキは花が終わったときに花ごと落ちることから首が落ちたように見える ・ヒガンバナはお墓のイメージがある ・ビワは病気をまねく	最近では植物とアレルギーの関係が非常に問題になってきており、見ただけでも気分を害することなどもあるため注意する
注意したい植物例	赤い花（バラ、サルスベリ、サルビア）オレンジの花（ハイビスカス、マリーゴールド）	キンモクセイ、クチナシ、ジンチョウゲ、バラ、ゼラニュウム	ヒガンバナ、ツバキ、シキミ	スギ、ヒノキ、ヨモギ、ウルシ科の植物

図3 病院の広場の植栽例

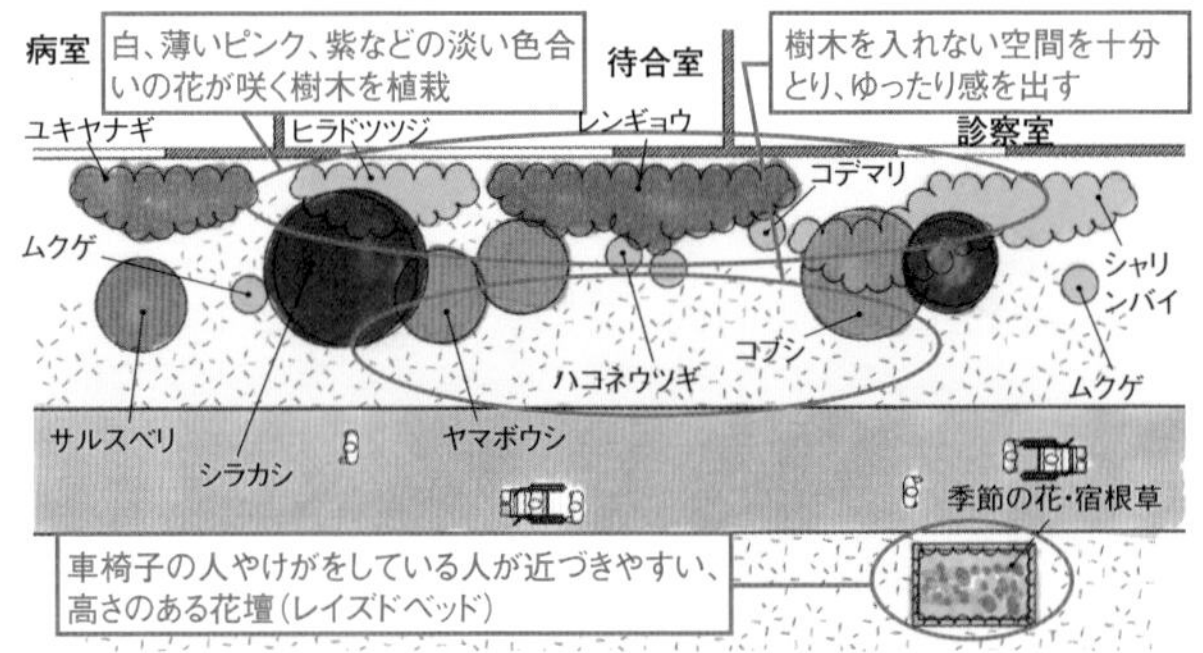

図4 レイズドベッド断面図

通路や建物に植物が覆いかぶさらないような空間づくり
700〜800
窓から景色が見えるように、透けた植栽
車椅子の人やけがをしている人が植物に近づきやすいレイズドベッド

植物以外には、土壌の問題がある。自然の土壌は虫や菌類などの混入もあるので、太陽光によく当てた消毒済みのものを利用したい。また、最近では屋上緑化用の軽量人工土壌が多く見られるようになったが、この材の粉塵がアレルギーやぜん息の原因になることもあるので、導入には慎重な選定が必要である。

なお、人工土壌は普通の土壌に比べて有機物が少ないため野菜が育ちにくく、学級花壇など、子供たちが花や野菜を植えたがる場には向かない（**図6**）。

(2) アクセント植栽

花がきれいな植物を選ぶよりは、果樹植物を優先したい。子供たちに店で売っている野菜がどのようにできるかを見せることができるからである。**【推薦樹種】東京周辺でも植栽可能な比較的管理が簡単な果樹：**イチジク、カキ、キンカン、クリ、ザクロ、ナツミカン、ヒメリンゴ、ビワ、ブルーベリーなど。

また、最近はビオトープのような生物に触れ合う場を積極的につくることが行なわれており、庭木とは違う樹種を選ぶようにもなってきている。地域の自然植生に合わせた生き物が住みやすい植物を選ぶ。餌になる実がなったり、虫がついたり、故意に朽ちたものを置いたりする。東京23区内での例を挙げる**【推薦樹種】生き物が訪れやすい植物・実のなるもの：**ウグイスカグラ、エゴノキ、カキ、ガマズミ、クサギ、サクラ類、ネズミモチ、ヒサカキ、ムクノキ、モチノキ、ヤマボウシ。**花が咲き蜜を出すもの：**サクラ類、レンゲなど。**食餌植物：**クスノキとアオスジアゲハ、ミカン類とアゲハ類、エノキとオオムラサキ、クヌギとカブトムシなど。

図5 老人施設の植栽例

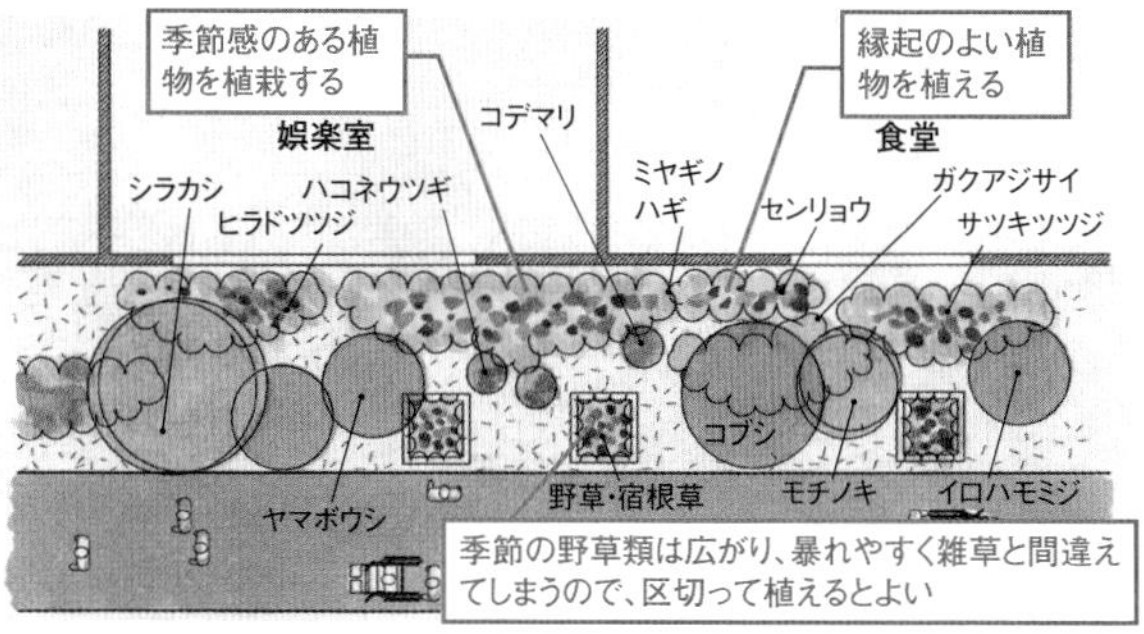

表3 子供に対して注意が必要な植物例

	高木、中木	低木、地被類	草花
毒性のある植物	キョウチクトウ、シキミ	アセビ、レンゲツツジ、キダチチョウセンアサガオ、ミヤマシキミ	ヒヨドリジョウゴ、トリカブト
アレルギー等を誘発しやすい植物	スギ、ヒノキ、ウルシ類	—	ソバ、ヨモギ、ブタクサ
触るとけがをする恐れがある植物	サイカチ、ニセアカシア、サンショウ	バラ類、メギ、ヒイラギナンテン	イラクサ、タケニグサ

図6 教育現場の植栽例（小学校）

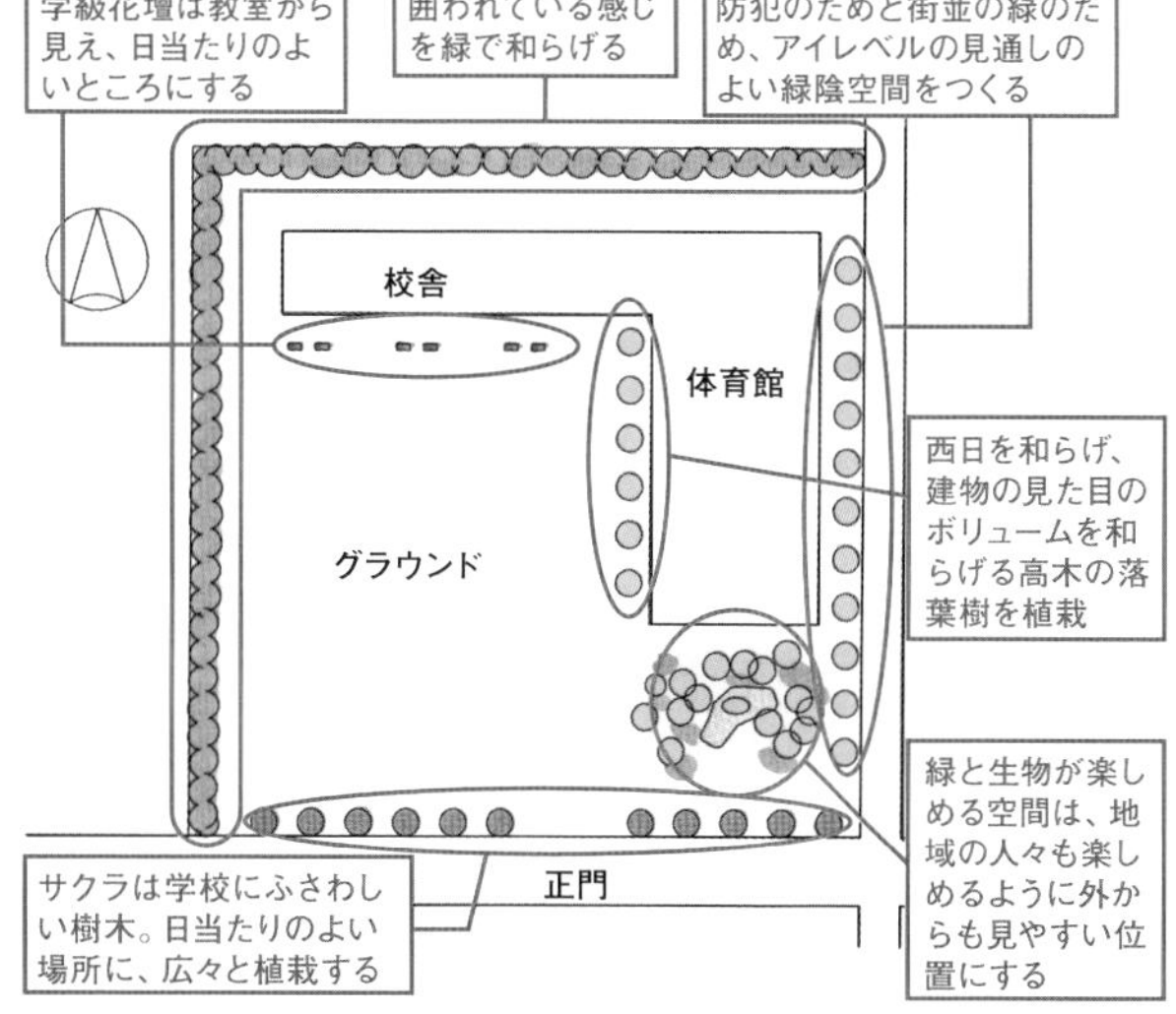

写真3 ヤシ類でコロニアルな雰囲気にした結婚式場

図7 商業施設の植栽例

商業施設の植栽設計セオリー

(1) 植栽密度と完成形

オープン当初から完成形を示すことが求められるため、かなりの高密度で植栽を行う。そのため、すぐに植栽が必要以上に密になり、管理をしっかり行う必要がある。あくまで、主役はその施設の扱う商品やサービスであるため、植物は背景として存在させることを心掛ける（**51頁図7**）。

(2) アクセント植栽

季節の移ろいを感じさせながらも、店舗の雰囲気に合わせた樹種を目を引くところに植栽すると効果的である。たとえば、ある国のイメージを植栽で表現した場合、次のような例が挙げられる（**51頁写真3**）。**【推薦樹種】イタリア風、スペイン風**：オリーブ、ローズマリー、コニファー類、タイム。**中華風**：タケ類、マツ類、シダレヤナギ。**和風**：タケ類、マツ類、モミジ類、ツツジ類、ツバキ類。**熱帯風**：カナリーヤシ、ワシントンヤシ、ドラセナ、アメリカデイゴ。

工場の植栽設計セオリー

工場での植栽には大規模な建物を緑の景色で覆うことや、防音・防塵効果、延焼防止効果などの機能面の充実が求められる。そのうえ、休憩時間にそこで働く人々がゆっくりくつろげるような空間であることも必要である（**図8**）。

防音・防塵などの機能をもつのは、葉自体がしっかりしている常緑広葉樹である。植栽帯の幅が厚いほどその効果があり、最低10m幅にする必要がある。実際、防音効果は計器の数値ではあまり顕著でない場合でも、緑があるという心理的な部分が大きく作用し、防音に近い効果はあるようだ。防塵効果を果たすためには、植物が煙害に強いこと、大気汚染に強いことも必要となる（**34頁参照**）。

図8 工場における植栽帯の植栽例（S=1：400）

COLUMN

ヒーリングガーデン

松崎里美（JXDA）

あるガン患者の集う施設で「ヒーリング」と聞いて連想する言葉を皆で言い合ったことがある。そこでは、安寧、希望、再生、変化、平和、緑、愛、生長、死、痛みなど、数え切れない言葉が連想された。何をヒーリングと捉えるかは十人十色であるが、ヒーリングの表現しきれない奥深さとともに、我々は生命のためにこうしたものを求めているのだという声なき声を聞いたようで、とても胸に迫るものがあった。

古来、人々はヒーリングの対象を泉や森、何か特別な岩や洞窟などに求めた。それは単なる疲れやストレス解消の場というよりも、自然と一体であった人間をどこか客観視して新たに自分をつくり直すための場であった。やがて、人間は権力と自然の脅威から、自らの土地を囲うようになる。庭とは英語でガーデン、ドイツ語でガルデンと囲われた場を意味する言葉からできている。庭は、自然から隔絶された囲いのなかの安寧の場所で、理想郷であり、それゆえにヒーリングの対象となった。

医学が自然科学として発達して医療となり、その対象はヒーリングを受ける「心」と「体」に分かれ、さらに現代は、外科・内科・薬科あるいはガン・痴呆など医療が多くの専門分野をもち、細分化された医療施設が発達してきた。これに同調するかのように'90年代から少しずつ施設ごとの医学的裏付けをもったヒーリングガーデンがつくられるようになった。

ヒーリングガーデンの計画には、以下を満たすことが求められる。

①日ごろのストレスによって緊張し萎縮した心を解き放つ、安心させる
②自分で選択をしているという制御感覚
③自分にできることがある、社会と繋がっていると思える社会性
④身体機能を保つ運動ができる
⑤五感で自然を楽しむ

もちろん、ヒーリングガーデンの要は植物で、その効果は科学的にも、そして心理的にも大きなものがあるが、最大の魅力は、鮮やかな色であったり、可憐な花であったり、生きている生命の躍動感ではなかろうか。動物ほど動的でないにせよ、自分のなかに何か生命の息吹を吹き込んでくれる。人は、それを自分のエネルギーへと変換できるのである。そこで、ヒーリングガーデンでは、数々の医療的かつ安全的制約のなかで、植物の魅力を最大限に生かす工夫が必要である。色・形・質感・触感・音・味と人間の五感に合わせた植物の選択は欠かせない（**写真**）。

さらに大事なのは、メンテナンスの継続性だ。枯れてしまったり、見苦しくなったら、人はそこにありうるかもしれない自分の将来を重ねてしまう。管理計画が必要とされる所以である。

写真 緑は目に優しい、マイナスイオンを出すなどさまざまな効果があるものの、その鮮やかな色が生命の躍動感をもたらす

施工 1

植栽工事現場でやってはいけないこと

造園業者が訴える土中の悲惨な現状

百瀬 守（SOYぷらん）

最近の一般住宅では、庭は植木鉢のなかにあると思ってよい。ブロックで敷地を囲っており、日照や通風など、植物にとってはほとんどが悪条件であるためだ。しかし、建物の設計、施工、外構、造園関係者すべてが1つになり、よいものをつくるという気持ちでやれば問題も減らすことができる。そのためにも、ここでは、筆者が造園工事を手掛けるうえで、日々感じている問題点を紹介する。

敷地を掘ると建設廃材だらけ

我々、造園工事を手掛ける者に現在立ちふさがる最大の問題は、建設廃材の敷地内不法投棄である。特に、コンクリートの塊（ガラ）が地中に埋めてあることが多い（**写真1**）。そのほかにも配管材、ボルトナット類なども見受けられる。コンクリートのガラを地中にそのままにしておくと、もともとアルカリ性であったコンクリートが酸性になり、植物の根が枯れる要因となる。これは、最終的には施工者のモラルの問題となるので、建築設計・施工業者、外構工事業者の徹底した管理が必要である。

ガラの処分は、建設残土を捨てる業者か産業廃棄物処理の業者がいるのでそこにもち込むが、各県で処分費用の条件が多少異なる。現状としては、無筋のコンクリート塊が平均30cm以下で5千円／t前後、30cm以上で7千円／t前後、有筋の場合、30cm以下で8千円／t前後である。また、木くずや鉄くずなどの混合廃棄物を処分しなければならないことも多い。そうなると、運搬に2tが車1台ほど必要となり3～5万円の費用がかかる。さらに、それに関わる人工が費用に加算されるので実質的には4～6万円以上の費用が施主負担となる。

ガラなどの廃材によって悪くなった土壌は、土を入れ替えて改良する。我々の場合、たとえば「アクアソイル」（イケガミ）[※1]といった屋上緑化用の人工軽量土壌を使用する場合が多い（**写真2**）。これらを使うと、樹木がその土壌の中で根を張るので、狭い敷地の多い現代に合った改良剤だといえるだろう。[※2]

配管と配線の設置位置に問題あり

実際の現場には、植栽しようと思うところに配管が入っている例が多い。そのほかに、雨水桝が排水管と連結していない、玄関アプローチのなかに集水口と生活排水口が見えている、ガス管電線管水道管がすべて地上に見えている、といったことも多く見受けられる。これらのことは住宅をつくるうえですべての業者が責任をもって施工してさえいれば問題になることは少なくなるはずだ。たとえば雨水桝を動かす場合、一基当たり5万円以上の費用負担を施主に負わせることになる。

土地の勾配に問題あり

最近よく見かけるのは、なぜかは分からないが、家側に土の勾配を切った住宅である。何年か経つとデッキ下部分などの土の湿気がひどく、デッキ材が腐り、取替えを余儀なくされている。このような場合、我々はまず暗渠配水か側溝などを設置する（**写真3**）。

また、普通の宅地であっても暗渠や側溝を設けると水環境が良好になり、植物の生育や人間の住む環境自体もかなりよくなる。

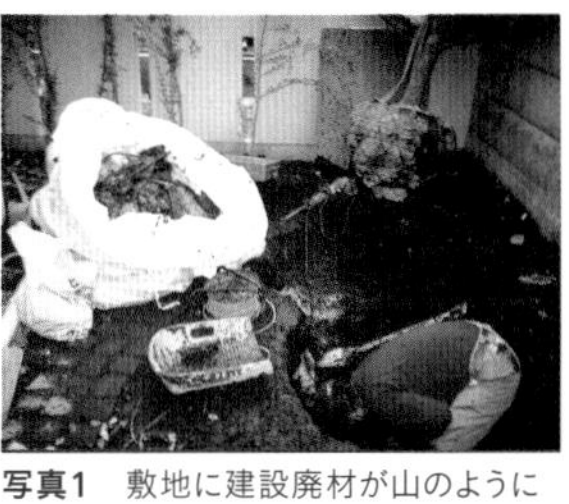

写真1　敷地に建設廃材が山のように埋められていた現場

写真2　アクアソイルで部分的な土壌改良を行う

写真3　暗渠の設置

※1　イケガミ問合せ先TEL：03-3418-5840
※2　そのほか、土壌の改良には、腐葉土と木炭をすき込む方法もある。炭の孔により、有用微生物が活性化して養分のある土になり、水はけ・保水性がよくなる

施工 2

大きな視点で植物のための環境を考える

［空気・水・土］環境改善工事の手法を学ぶ

矢野智徳（杜の学校）

筆者が取り組む環境改善工事とは、ひとことでいうと土壌改良の問題であるが、通常いわれているものとは内容が異なり、土壌の水と空気が対をなして円滑に行き交う様を想定している。なぜ、そのような工事が必要であるかをまず述べる。

植生および住空間のための土壌改善

そもそも植物にとってどのような土壌が望ましいか。こうしたテーマについて考える際、水や肥料は取りざたされるが、空気については、話題になることが少ない。植物は水がなくてもすぐには枯れたりしない。むしろ、土のなかの腐敗による有機ガスが多量にこもった状態のときに水をかけると、ガスの溶けた水を根が吸って瞬く間に葉はしおれて枯死することすらある。

同じ視点で、土壌と建物・住空間の関係を考える。日本の至るところで、海岸のコンクリート護岸や都市と農村漁村を結ぶ道路網、都市部を中心としたコンクリートの建物などにより、大地の水脈、空気脈の動きは大きく遮断されていることに社会の目が向けられていない（一般的にも、専門的にも）。つまり、排水という点は考えられても、〝通気〟（空気の通り道）という点はほとんど考えられていない。

地中に雨水が円滑に浸透していたものが、地下でコンクリートとその重圧で空気の動きが鈍くなると、土中の浸透水も停滞し始め、土圧と水圧によって土壌の隙間がだんだん詰まることによって締まり、結果的に、土壌の雨水浸透は低下する。したがって、水や空気の動きが遮断された人工構造物の周辺には、相対的にその遮断する量に見合った通気、排水網をつくり、物理的に地面に対して通気・排水（通水）の安定した状態を保つ必要がある。これが、ここでいう土壌改善の大事なポイントである。

大・中・小・微環境で調査

工事の前にまず環境調査を行なう。調査項目は次のようになる。まず⑴大地の

図1 環境改善工事のための流域視点の環境調査項目
＜４つの環境分野―⑴大地 ⑵生物 ⑶気象 ⑷宇宙＞

8つの環境ファクター①表層地質、②土壌、③地形、④動植物相、⑤生活相、⑥水、⑦空気、⑧宇宙エネルギー

①大環境（流域本流）
地域、県、地方レベルの各環境ファクターを調査。縮尺10万分の1、100万分の1レベルの地図を参照する。事例では富士山地域、静岡県、山梨県

②中環境（流域中支流）
市、町、村レベルの各環境ファクターを調整。縮尺1万分の1の地図のほか、5万分の1、2万5千分の1縮尺の地形図、都市計画図、土地利用現況図、土地分類基本調査図などを参照。事例では富士吉田市周辺、富士山裾野林地

③小環境（流域小支流）
大字、小字レベルの各環境ファクターを調査。字図、公図などを参照。事例では上吉田字熊穴、現場の特別養護老人ホーム施設周辺

④微環境（流域細支流）
住環境またはその周辺地の各環境ファクターを調査。現場造成前地形図、開発計画図、配置図、ボーリング地盤調査図を参照。事例では現場敷地内

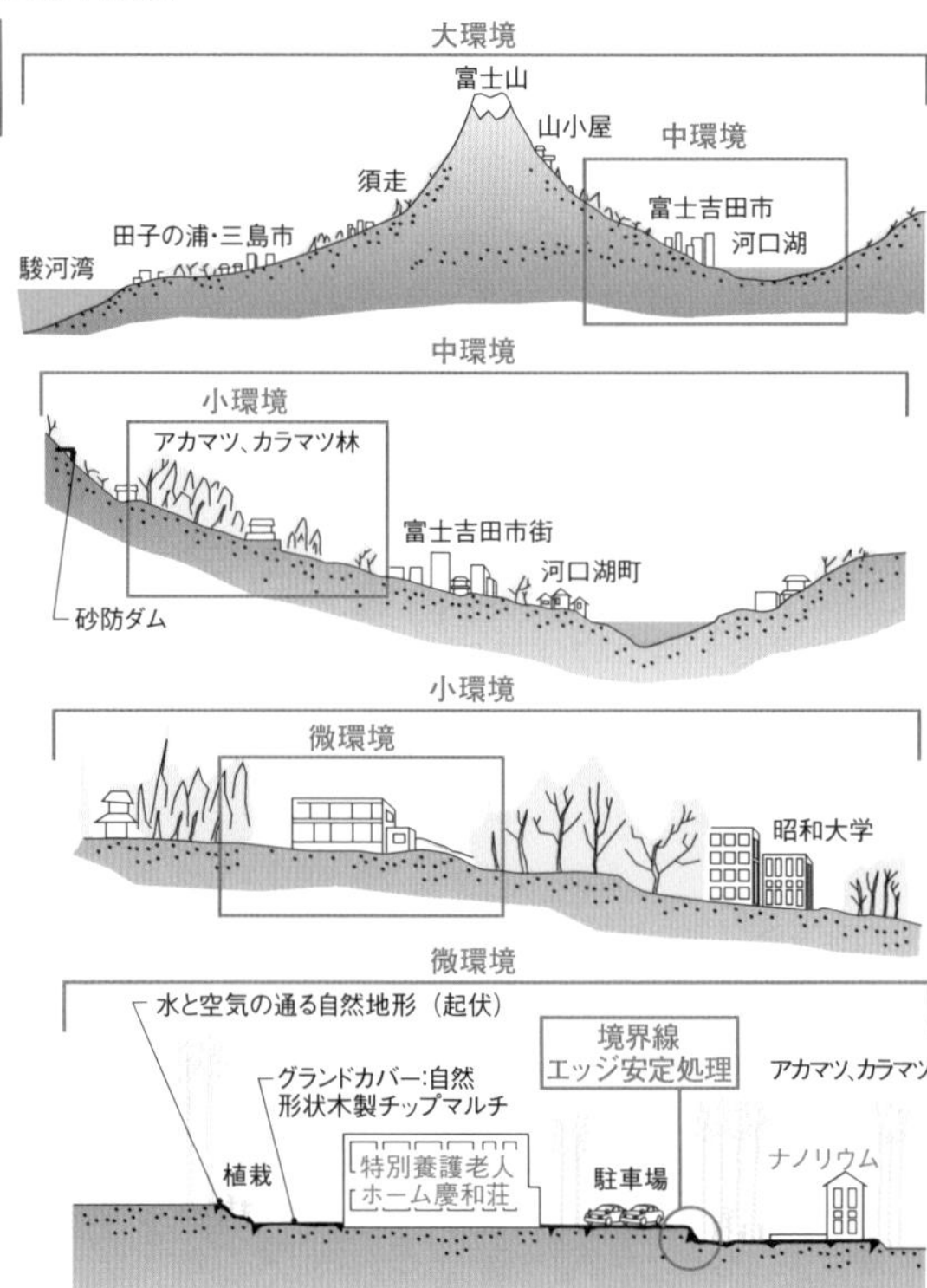

環境を①表層地質、②土壌[※1]、③地形[※2]の3つに分け、⑵生物環境を④動植物相、⑤人間の生活相の2つに分ける。それに対して⑶気象環境である⑥水[※3]と⑦空気[※4]という大きな2つのファクターを流域という空間軸で捉え座標軸の縦軸、横軸の関係で考察する。最後に頭の片隅に地球、月、太陽、銀河系などの⑧宇宙エネルギーを生む⑷宇宙環境も念頭に置くことが不可欠。これらの合計8つのファクターを、大環境、中環境、小環境、微環境といった流域空間に分け、順を追って調査を行う（図1）。

環境改善工事の内容

ここで、事例に則して環境改善工事の内容について解説する。工事の依頼は、山梨県のアカマツ林の中に建つ「ナノリウム」というギャラリー。ここに隣接する（標高が上に位置する：上流側）敷地に、特別養護老人ホーム「慶和荘」が建設された。造成と人工構造物の荷重転圧や通気遮断により、大地の通気構造が崩れ、至るところに水や空気のよどみが発生してガスや腐った水を生み、生態系が壊れ、アカマツ林は傷み始めていた。この現状を改良するための工事がエッジ安定処理と法面安定処理である（図2）。

⑴エッジ安定処理（気脈造成）

「エッジ」とは敷地の境界線であり、地形的に急な斜面から緩やかな斜面に移る斜面変換線のことをいう。まず敷地境界線に深さ1.5mの素掘り側溝を施し、1m内外の根株（現場で伐採されたもの）を投入。その上に、幹（長さ4m程度）を敷き込み、隙間に溶岩を砕石程度に砕いたものと、RC砕石、さらに透水性アスコンをブレンドしたものを投入して全体骨格を強くする。それにより、このラインに沿って空気抜き層がつくられ、地面（土壌層）の水と空気の循環が促される。

⑵法面安定処理

造成時に盛土された法面を、エッジ安定処理に続き発生土と合わせて谷・尾根形状の自然形の起伏地形に造成し直す。そして、植物を植え（常緑・落葉樹混植）、その根で土中の水脈をガードし、その表層を自然形状の粉砕チップでマルチング（グランドカバー）する。時間の経過とともに、移植した植物を含め、周辺の植物の根が発達し、表土の安定とともに法面全体の通気が保たれ、安定した通気地盤が形成される（生態系機能の再生工）。

環境改善工事の普及を願って

土壌の悪化がどの程度進行しているのか、また、それをどの程度改良するかによって工事費用は大きく異なる。筆者の場合、目安として対象の地面を深層、中層、表層の3種類に分け、断面的に施工プランを設定する。そして、現場の状態と予算を見比べながら、その3種のどこから改善の手を差し伸べていくかを検討する。根本的な改善工事の予算が見込める場合は深層から、見込めない場合は表層部からの改善を考える。その場しのぎの工事ですますと、かけた費用は「焼け石に水」となってしまうことを念頭に置いていただきたい。

環境改善工事は環境と向き合い、手をかけたことへのさまざまな反応を見ながら、次の手を投げかけるといったような、環境とのキャッチボールをしていくことになる。木1本の環境を整えることは、これまで提示してきた多種多様なファクターで建物全体の建築環境を捉えなくてはならない。相対的には、建物全体が1本の木のように大地に根を張り、呼吸し続けるように、地上と地下の空気と水の対流循環を意識し、設計される必要が不可欠だと考えられる。環境改善への理解は、まだまだ現実的な問題が山積みではあるが、環境改善工事とそれを育む定期的なメンテナンスの普及の道が開かれることを望んでやまない。[※5]

図2 環境改善工事（山梨県富士吉田市での事例）

ネットフェンス
フェンス擁壁
透水性アスファルト舗装
転圧造成土
通気土壌
エッジ安定処理
溶岩砕石、RC砕石、透水性アスコン、根株、幹などを投入。枝や根株の腐食とともに、周辺の植物の新根が生長し、土圧を支え、通気のとれた法面を形成する
法面安定処理
発生土と合わせて谷・尾根形状の自然形の起伏地形に造成し直す。そして植物を植えてその根で土中をガードし、転圧造成により遮断されていた通気を確保する。また、表層を自然形状の粉砕チップでマルチングする
①、②
③
隣地境界線
泥水（微粒土壌）
浸透雨水
有機ガス（主に炭酸ガス）

①エッジラインを1.5～2m掘削し、通気材として根株を投入　② ①の上に幹を敷き込む　③敷地表層安定処理。敷地にチップを敷いて雨水浸透促進、泥水の抑制を高める

※1　表層地質の上部を構成する｜※2　表層地質と土壌で形成される｜※3　水脈、雨、水蒸気など｜※4　空気脈、風など｜※5　〈追記〉その後、我々の「空気と水の環境改善」は、新たな局面を迎えることになる。それは、土の中の空気が滞る最終的な要因は泥水の発生に伴う土壌の隙間の目詰まりにあり、その解消には自然の有機物である植物有機材と、それから生まれた炭の活用が不可欠であるという点にたどり着いたことである

テクニック1

木の植え方の基本ルールを知る

まずはここから！植栽基本配植テクニック

山﨑誠子（日本大学短期大学部）

木は、ただ感覚的に植えればいいというものではない。植え方によっては、空間に奥行が広がるなど、与える印象が異なってくる。また、配植密度は植物の生育に影響を及ぼすので、必要最低限のスペースを把握する必要がある。ここでは、植栽の基本的な配植ルールを説明する。

木の並べ方（配置の基本）

木をそろえて植えるとその空間が狭く感じられることがある。同じ大きさのものを等間隔で植えると空間がきれいに切り取られ、その空間以上の大きさに見えなくなるためだ。敷地の大規模な欧米ではそうした形式も成り立つが、敷地が限られた日本では、空間をより広く伸びやかに見せる工夫が必要であろう。樹木の大小、かたちを考えながら樹木の間隔に変化を付けるとよい（図1）。

また、自然風に見える雑木の庭も、デザイン構成をよく考えて植えられている。自然の森でも樹木1本1本は、生きるためにある程度の間隔で生えているが、完全に一直線に並んでいるところはない。庭の配植もそれに倣い、3本以上の木が並ばないようにする（図2）。

常緑樹と落葉樹を組み合わせる

常緑樹と落葉樹を組み合わせると、立体感を出すことができる。有名な秋田県・角館のシダレザクラはサクラだけで見事に見えているのではない。黒い屋敷塀と常緑樹のモミが背景をしっかり押さえて

図1 木の配置（植え方と奥行感の関係）

広く感じる平面パターン

不等辺三角形をつくる

広く感じる立面パターン

樹木の形状を変え、間隔を違えて配置。
空間が広がるようなラインをつくる

狭く感じる平面パターン

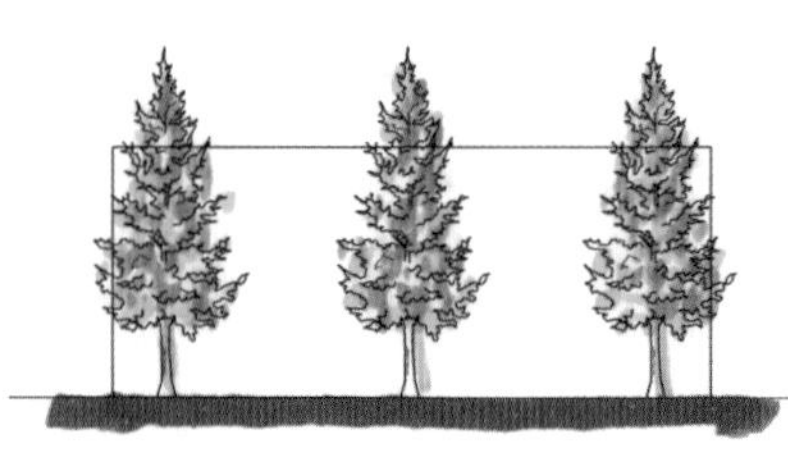

3本以上直線で並べる

狭く感じる立面パターン

同じ形、寸法のものを等間隔で並べる

図2 3本以上の木の配置（規則的とランダム配植）

規則的なパターン

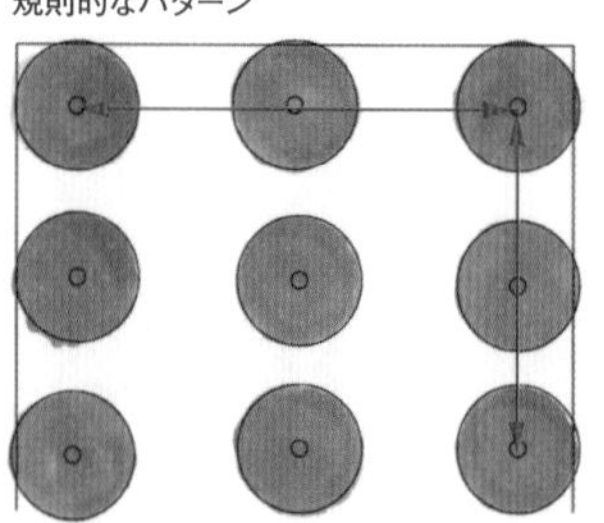

3本以上等間隔に直線で並べる

ランダムなパターン

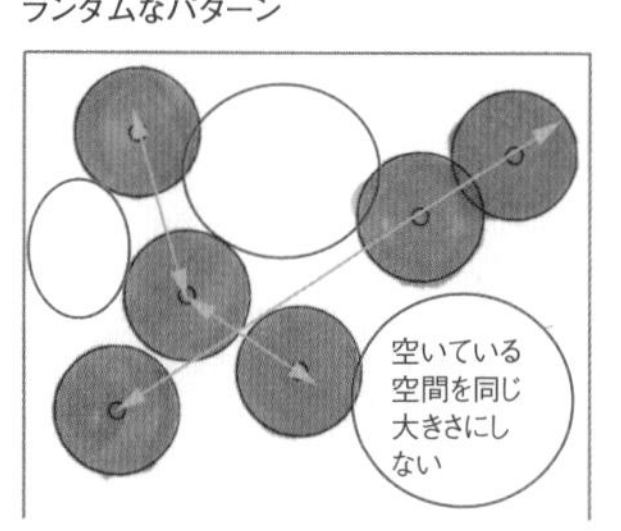

3本以上直線で並べない

いるので、淡いサクラの色が映えているのである。このように花や紅葉を生かした庭をつくるなら、常緑樹の緑を背景にしっかりつくり、その手前に花物や紅葉物を添えると、それぞれの木々のよさを生かした立体的な植栽となる（**写真1・2**）。

植栽の密度と間隔

ここでは、樹木の配植の基本的な密度と間隔を具体的に紹介する。

(1)雑木風の植栽の場合

自然の森の樹木の間隔は2.5m以上～4mぐらいとなっている。雑木風に植えるのであれば、それをイメージしながら、大体3m前後をピッチとして植えるとよい。1本1本違うものを並べるのではなく、同種類をある程度まとめて植えると、よりそれらしい雰囲気が出る。

(2)並木と高木の単独樹の場合

並木や、高木を単独樹として見立てたいときは、高さと同じぐらい葉張が出てくるため、理想としては樹高分離れているようにしたい。樹木を高さ5mぐらいに育てるなら幹と幹を5mぐらい離すようにする。ただし、植栽時は葉張がそこまで育っていないことから、高さの70%ぐらいの間隔でも大丈夫だが、数年で込み合うようになる。単独樹として扱わず、緑の面として見せるのであれば高さの50～70%を間隔とするとよい。

(3)低木と地被類の密度

大きさにもよるが、標準的な密度は**表1**のとおり。これらの寸法よりも密度を上げると植栽直後に完成形に近くなるが、数年で込み合い、剪定や間引きが必要となる。また、これより密度を下げると、最初の3年は寂しいが5年ぐらいで1本1本が大きく育ち、豊かな緑になる。

植穴の確保

樹木を植えるには、最低限の植穴面積が必要である。樹木の根の大きさ＋客土分がそれになる。盆栽を見ると分かるように、小さく育てるには小さいところに植え、根の生長を抑える。よって、大きく育てるには広い場所に植え、根を大きく張れるようにする（**図3、表2**）。

写真1　常緑樹のヒマラヤスギの前のマグノリア・サヨナラ（京王フローラルガーデン／アンジェ）

写真2　常緑針葉樹の前に植栽された落葉樹のハクウンボクの黄葉

図3 根鉢の寸法の計り方

幹周
根元径
根鉢
根鉢高さ
植穴深さ
客土
根鉢径
植穴径

表1 おもな低木と地被の密度表

高さ	形態	樹種名	形状寸法 高さ	形状寸法 葉張	形状寸法 コンテナ径	平均密度（株／㎡）	高密度（株／㎡）	低密度（株／㎡）
低木類	常緑広葉樹	アベリア	0.6	0.4	—	4	6	3
		カンツバキ	0.4	0.5	—	4	5	3
		サツキツツジ	0.4	0.5	—	5	6	4
		トベラ	0.6	0.5	—	4	5	3
		ヒラドツツジ	0.5	0.5	—	4	5	3
		ハマヒサカキ	0.5	0.4	—	6	9	4
		ヒイラギナンテン	0.6	3本立	—	4	6	3
	落葉広葉樹	アジサイ	0.5	3本立	—	3	5	2
		シモツケ	0.5	3本立	—	6	9	4
		ヒュウガミズキ	0.8	0.4	—	4	6	3
		ユキヤナギ	0.5	3本立	—	4	6	3
		レンギョウ	0.5	3本立	—	4	6	3
地被類	常緑	コグマザサ	—	3芽立	10.5㎝	44	70	25
		シャガ	—	3芽立	10.5㎝	36	64	25
		タマリュウ	—	5芽立	7.5㎝	44	70	25
		フッキソウ	—	3芽立	9.0㎝	36	64	25
		ヤブラン	—	3芽立	10.5㎝	36	64	25
	ツル物（地被として使えるもの）	ヘデラヘリックス	L＝0.3	3本立	9.0㎝	25	49	16
		ヘデラカナリエンシス	L＝0.3	3本立	9.0㎝	16	36	9

表2 根鉢・植穴表

幹周（㎝）	基本仕様 根元径（㎝）	根鉢径（㎝）	根鉢高（㎝）	樹高（m）	根鉢容積（m^3）	根鉢重量（t）	根枝重量（t）	樹木重量（t）	植穴径（㎝）	植付け仕様 植穴深さ（㎝）	植穴床堀り土量（m^3）	埋戻し土量（m^3）	残土量（m^3）
25以上	9.5	51	38	4.0	0.078	0.101	0.012	0.113	93	47	0.318	0.240	0.078
30以上	11.4	58	42	4.3	0.111	0.144	0.018	0.162	102	52	0.424	0.313	0.111
40以上	15.2	72	47	4.9	0.191	0.248	0.037	0.285	118	57	0.622	0.431	0.191
50以上	19.1	86	53	5.5	0.308	0.400	0.066	0.466	135	64	0.913	0.605	0.308
60以上	22.9	100	59	6.0	0.463	0.601	0.103	0.704	152	70	1.267	0.804	0.463

『公共住宅屋外整備工事積算基準　平成9年度版』（監修：建設省住宅局住宅整備課　編集：公共住宅事業者等連絡協議会　発行：創樹社）
※平成9年度版は今現在、使用されていないため、参考資料としてご利用下さい

テクニック2

日射・水・風をコントロールする
環境に対応し環境を活用する植栽方法

小出兼久・ASLA（日本ゼリスケープデザイン研究協会）

環境を考えた植栽を行うにあたって

地球温暖化が進み世界規模で気候が変動している。ビルの乱立、緑地の減少、舗装面の増加など都市特有の気候を生じさせる要因には事欠かない。局部的な気候は敷地にさまざまな現象をもたらし、利用者の快・不快を左右する。そこで、こうした微気候などの敷地固有の環境条件に対応し、植栽を行うことが必要となる（**26頁参照**）。環境に適した植栽が望まれる一方で、植栽は新しく環境をつくり出す力ももっている。2つの力のバランスを取りながらよりよい空間の創造を目指すことが必要である。

太陽に対応する植栽

(1)太陽の動きを知る

太陽高度は地域によって異なるが、いずれも、夏の太陽が高い角度から射すのに対し、冬の太陽は低い角度で差し込む（**図1**）。このため、夏の影は短く、冬の影は長くなり、南側の窓からは、冬は夏よりも奥まで日が射し込むことになる。

(2)落葉樹を活用する

太陽を利用する一番簡単な方法は、落葉樹を植えることである。落葉樹は、夏には緑陰を提供し、冬には葉の落ちた枝の隙間から光を通す（**図2**）。日射エネルギーを冬に利用できれば、暖房費の節減にもなる。

問題は、植える位置であるが、一般に、夏の間建物の南側に影を落とすためには、建物から6m離れた場所では、10m以上の高さの樹木が、3m離れた樹木では、6mの高さの樹木が必要となる（**図3**）。望む樹木の高さによって、建物からどれだけ離して植えるのかが変わってくる。また、周囲環境により、日射が理論通りに入るとは限らないため、数式はあくまでも目安である。いずれにせよ、計画時にこうしたことを検討することで自然のエネルギーを効率的に利用できる。よりよい利用には、太陽光は裸の枝でもその間を通過するとエネルギーの25%を失ってしまうため、冬の太陽高度を知り、

図1 季節ごとの太陽高度

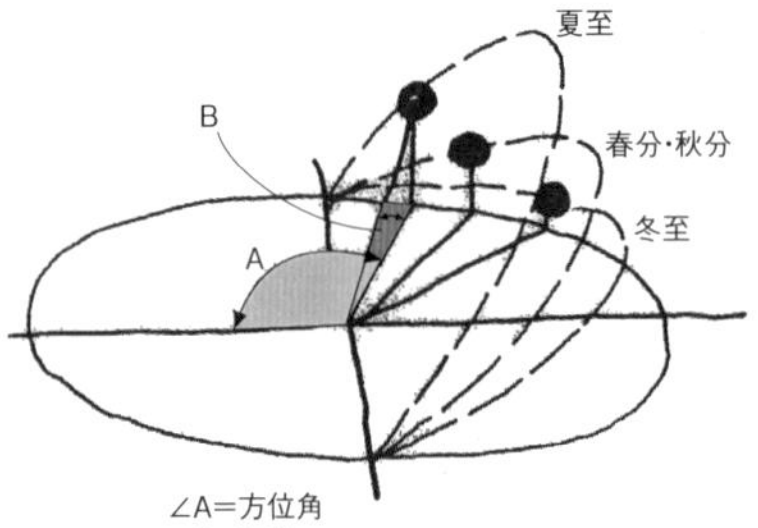

夏至
春分・秋分
冬至
B
A
∠A=方位角
∠B=高度

図2 落葉樹の効果的な植栽

夏
冬

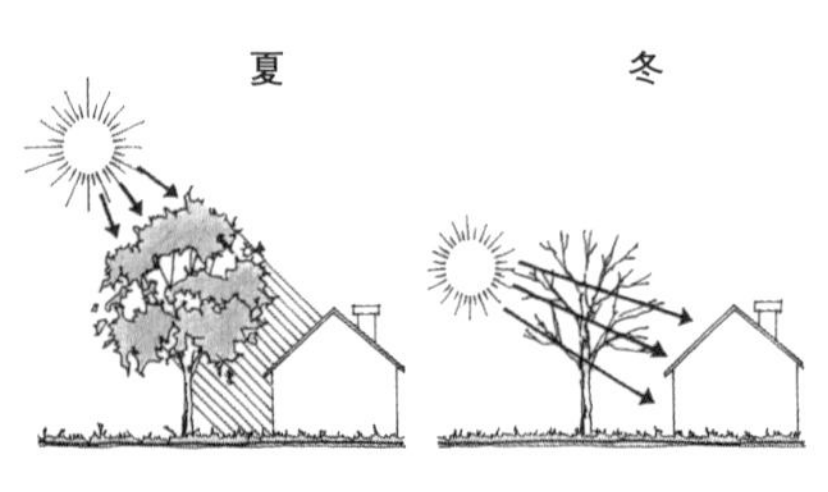

計画的に落葉樹を植えることにより、夏には暑い太陽を遮り、逆に冬には太陽を入れる

図3 樹木の高さと植える位置の関係

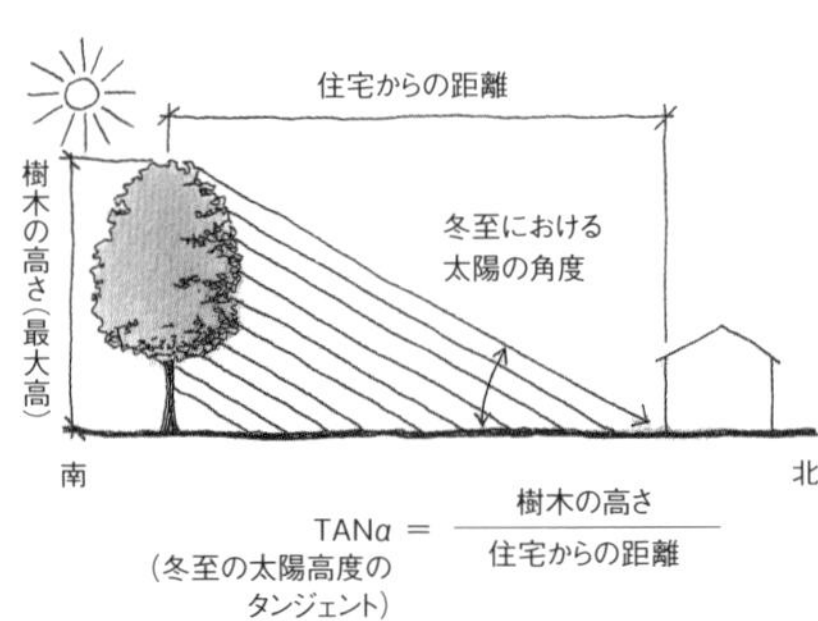

住宅からの距離
樹木の高さ（最大高）
冬至における太陽の角度
南
北
TANα ＝ 樹木の高さ / 住宅からの距離
（冬至の太陽高度のタンジェント）

図4 樹木の剪定方法

剪定する枝

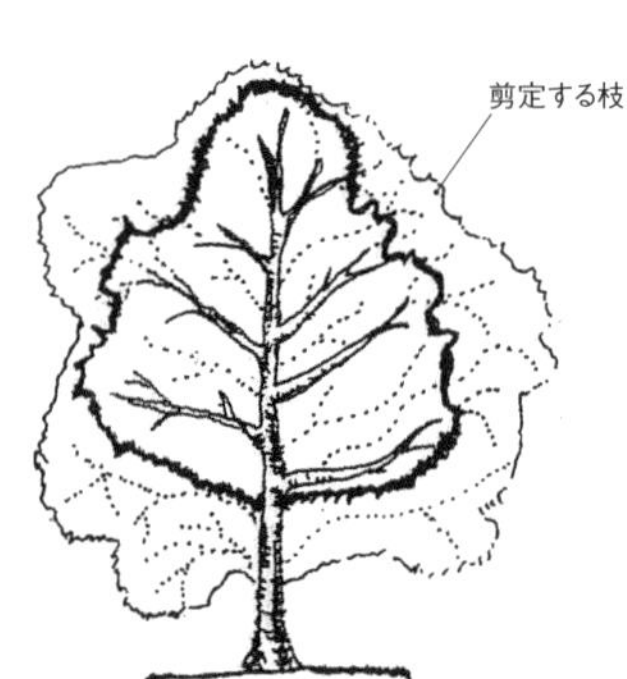

下の枝を剪定するとよい。

(3) 常緑樹の活用

常緑樹は、1年中枝に葉が付いているため、機能植栽（日隠しなど）に使うことができる。建物の南側に植える場合は、冬の日射の妨げにならないよう、落葉樹と同様に冬の太陽高度を調べて植える。そして、それより大きく生長しすぎたら、剪定するようにしたい。

(4) 緑陰の調整

枝が密集している樹木は、内部が蒸れて内側の葉から枯れ見苦しくなったり、必要以上に日陰をつくってしまうことがある。こうしたとき、樹冠※を透かすことにより、その陰の濃さを調節することができる（**図4**）。枝透かしは、古い枝を伐採し更新をはかることで樹木の健康を増進し、かたちがまとまって嵐に対して強固にもなるので、2～3年に一度は行うとよい。

(5) 都市に向く木

木は高ければ高いほど、また建物に近ければ近いほど、窓だけでなく屋根にも影を落とす。しかしあまり近くに植えても害が生じる。たとえば、生長の早い木は根が配管に進入しやすく、木質も軟らかく強風で倒れやすい。このため建物の側に植えるのは避ける。

陰の落ち方は樹種によって異なる（**図5**）。高く円柱状に繁り、あまり幅が広がらない樹木と、高さはあまり高くならないが葉張に幅がでる樹木の夏と冬の陰を比べると、高く円柱状に広がる樹木のほうが建物に陰を落とす面積が大きい（**表1**）。また、こうした樹木は都市の限られたスペースへの植栽に適している。ただし1mの葉張になるまでに相当な時間がかかり、その間の緑陰も小さいので、ある程度広い緑陰が必要な場合は、まとめて植えたり、大きなものを最初から植えたり、幅が広めにでる品種を選び、適時枝透かしをするなどの工夫がいる。

(6) 都会風がいいのか

都市では、葉が密に付かない雑木風の樹木や、同じ品種でも株立のものが好まれる。前者は、その透け感から限られたスペースにも遠近感を出せ、後者はその効果に加えて単幹のものより大きくなるのが遅いという特徴が多くのデザイナーに好まれているようである。しかし、敷地は十人十色の目的と環境をもち、それにオールマイティな木はない。やはり目的に適した樹木を選ぶことが基本である（**表2**）。

(7) 熱とまぶしさの調整

芝生、リュウノヒゲ、ビンカ・ミノール、フッキソウなど地被類は、熱やまぶしさを緩和するのに役立つ。日射の多くは植物に吸収され、光合成に消費され、蒸散で水の放出に使われてしまう。植栽面は、舗装面よりも反射光が少なく、まぶしさを防ぎ、熱として地中に蓄積される分も少ない。冷却効果は、地被類より樹木の方が高いが、地被類で覆われた地面は**図6**のような利点がある。

図5 樹形による陰のでき方の違い

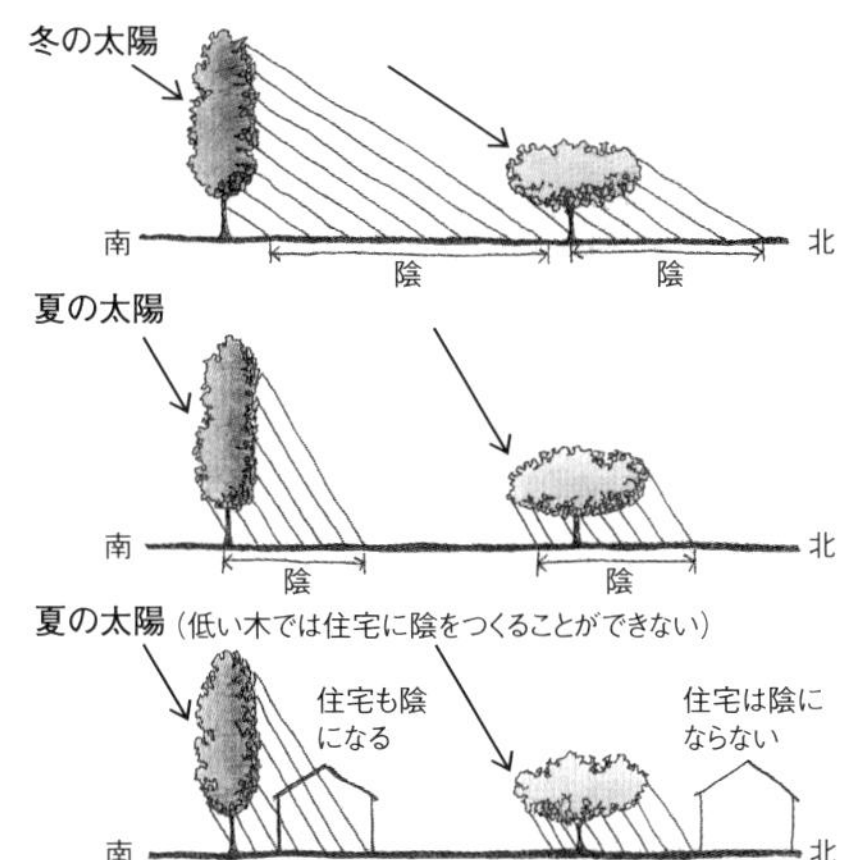

表1 円柱状になる樹木リスト

主な植物
イギリスナラ‘ファスティギアタ’
イチョウ‘ファスティギアタ’
ウラジロハコヤナギ‘ピラミダリス’
オオシマザクラ‘アマノガワ’
オオヤマザクラ‘コルムナリス’
サトウカエデ‘コルムナーレ’
ニレ‘グリーンフェルト’
ノルウェーカエデ‘コルムナーレ’
ベニカエデ‘コルムナーレ’

図6 表面材料により異なる熱吸収

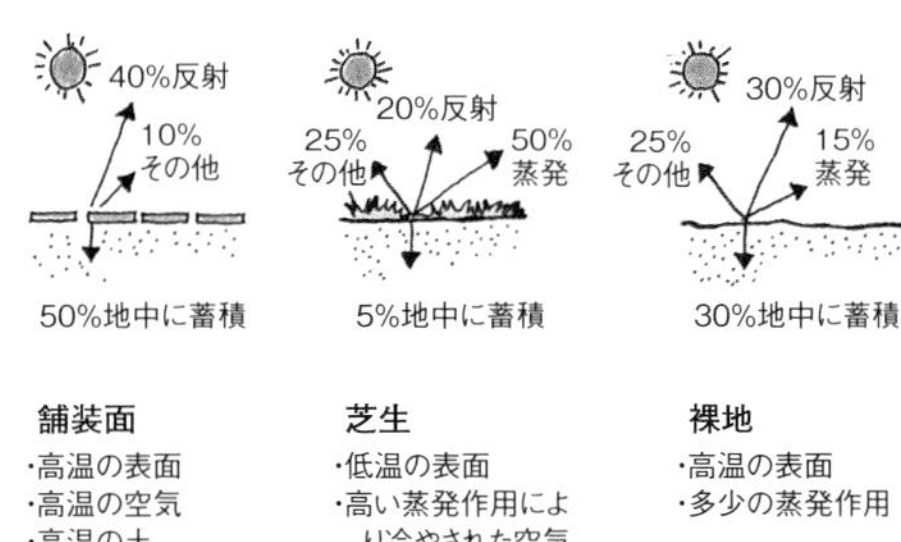

表2 日向と日陰に向く植物リスト

日照	樹木	低木	地被類	草花
日向	アメリカザイフリボク	スモークツリー	オレガノ	ラベンダー
	ヒメシャラ	メギ	マンネングサ	キャットミント
	ヤマボウシ	アベリア	ファウンテングラス	アガパンサス
	オリーブ	マキバブラシノキ	ベアグラス	アスター
	クスノキ	モチツツジ	リシマキア・ヌンムラリア	ルドベキア
	シラカシ	ヒサカキ	オレガノ	ペンステモン
日陰	イロハモミジ	アジサイ	カレックス・ブキャナニー	シュウメイギク
	エゴノキ	ヤマブキ	フウチソウ	ユリ
	トネリコ	クサボケ	ツボサンゴ	アスチルベ
	オガタマノキ	アオキ	ギボウシ	ヘメロカリス
	ソヨゴ	ガマズミ	フッキソウ	アカンサス・モリス
	クロガネモチ	コクチナシ	キチジョウソウ	クリスマスローズ

注　ここで取り上げている種は一例である

※　1本の樹木のうち、葉が茂っている部分全体のこと

水保全の植栽：ゼリスケープ

ゼリスケープとは、美的に緑化された空間内で水を保全するための系統的な概念で、1981年にアメリカ・コロラド州デンバーで最初に始まった。ゼリスケープ（Xeriscape）という単語は、いまだにミススペルや誤って発音されることが多いが、それはこの単語が、ギリシャ語の「ゼロス＝乾燥」と「ランドスケープ」を組み合わせた造語で、なじみがない、つまり、ゼリスケープがアメリカでもまだ普及途中ということを示している。

ゼリスケープというと、言葉の構成上、乾燥地帯でのランドスケープ、サボテンやユッカによる景観という印象があり、最近では、ゼリスケープという言葉の代わりに「ウォーターワイズ＝賢明な水使用」という言葉も多く使われている。そして、灌水が少なくてすむ植物を「ウォーターワイズプランツ」と呼んでいる（**表3**）。いずれにせよ、両者の本質は、地域にかかわらず水資源の有効利用を軸に、植物の仕組みを知り活用することにある。このため現在では、全米で広く実践され始めている。水道局・水保全局などの水を供給する行政（民間委託もある）は、「水は限りある資源なので、保全し有効に利用すべき」と一貫しており、そのコンセプトが、設計者やランドスケープアーキテクト、デザイナーにまで徹底して伝えられている。

一方、日本は高温多湿で気候分布では温暖湿潤気候という環境にある。従来、日本人は水を豊富な資源と捉えてきたが、それは誤りである。日本人1人当たりの水資源賦存量は年に約3200㎥で世界平均の半分以下である。その中でどれだけの量が緑の管理に使われるのか。酷暑といわれる今年、街路の落葉樹は一部の葉を枯れ落とし、屋上などあちこちで緑の枯れる姿が目に付いた。緑によって我々の生活に豊かさと快適性をもたらしてほしいならば、緑の育つ環境にも配慮しながら、緑の美観を維持するべきである。

ゼリスケープの手法

ゼリスケープでは、従来のデザインプロセスに水管理を組み込む。敷地の水がどこから来てどこへいくのか、雨水や上水などの水源から雨水管・下水管への接続までの水循環サイクルを明確に捉え、より多くの量を敷地内に保全する、またはその流出を遅らせようというのが主眼である。そしてその水を用いて植物の美観を維持する。用いる水の量と植物の耐乾性の組合せによってさまざまなスタイルが生み出されるため、ゼリスケープは一見して分かる固有のスタイルをもっていない。ただ、どの敷地においても水の使用量は根拠のある量に抑制される。水保全には、雨水浸透・貯留のための透水性舗装材や集水・貯留システム、集中豪雨処理のためのスプレッダーや排水デザインが欠かせない。基本は、植物ごとの必要水分量を知り、高・中・低とグループ化し、微気候・目的・維持管理という3つの条件のなかでどのグループをどのくらい、どうデザインして用いるかということにある。それは、水やりをまったくしないとか、維持管理手間をまったくかけないという極端なものではない。適度に水を与え、機能を維持するために消耗しないデザインをする、それがゼリスケープである（**写真**）。実践すると、高温が続く夏のような環境でも、美しく健康で快適な空間が保てる。

ゼリスケープには誰もが実践できる7つの原則がある。

①水保全を考えた計画・デザインを行う
②保水力や保肥力を高める土壌改良を行うか、現況土壌に植物を合わせる
③芝生は多くの水と管理を必要とするため、極力面積を減らし管理のしやすいかたちと大きさにする
④自動灌水システムを導入した適切で効率的な水やりをする。植物・環境・土壌・季節に応じて灌水器具の種類とプログラムを変更する
⑤気候にあった植物を選択し、必要水分量ごとに配置する
⑥土壌の蒸発抑制・浸食抑止・雑草防御・根の保冷のためにマルチングを行う
⑦定期的にメンテナンスを行う

これらの原則をふまえ、個人の庭をゼリスケープによってリニューアルした例を紹介する（**図7**）。

表3 ウォーターワイズプランツ

分類	主な植物
常緑高木	ブンゲンストウヒ、コロラドモミ、マツ
落葉高木	オオキレハカエデ、オーク、カラコギカエデ、ニレ、ハリエンジュ、マメナシ
常緑低木	コトネアスター、ハイビャクシン、ヒイラギナンテン、ピラカンサ、マサキ、ユッカ
落葉低木	カリオプテリス、コルクウィッチア・アマビリス、シモツケ、スモークツリー、メギ、ライラック
多年草	アキレア、ガイラルディア、ガウラ、ジャーマンアイリス、セントランサス・ルブラ、ペンステモン
1年草	カリフォルニアポピー、ゴテチア、ストック、ヒマワリ、ポーチェラカ、メキシカンポピー、ヤグルマギク
ツル性植物	イングリッシュアイビー、クレマチス・リグスティシフォリア、スイカズラ、ツタ、フジ、ブドウ

計画前
計画後

写真　病んで枯れた大木の伐採を契機に上の写真のようにリニューアルした。芝生と草花でまったく違う印象になった

(1)目的の整理

計画したい敷地の、用途（目的）・管理手間・水管理・スタイルについて希望を書き出す。水管理の問題も考える。プランニング前の敷地では、フロント・バックヤード共に芝生の量が多く多大な水を消費し、維持管理も大変で荒れ果てていた（**図7①**）。

(2)現況の分析

そこで、敷地の現況をさらに細かく分析する（**図7②**）。まず、日照（色分け部分）、冬の風、住宅からの視界、隣家からの視界など、微気候・環境条件を調査する。次に既存の植栽を調査する。やはり敷地の水環境に対して芝生の量が多い。カリフォルニア大学の研究によると芝生の水使用量を8とすると、樹木は5、低木と地被類は4という結果が出ている。樹木は葉からの蒸散のために多くの水を使うが、これは人間の快適性にも貢献するものだ。一方で、**図7②**のシャクナゲや高山植物のように、植物は合わない場所での生育にも、より多くの水を使い、また生育不良になることもある。これらを改善する必要があった。

(3)プランニング

(1)と(2)を元に、プランニングをする（**図7③**）。事例では、フロントヤードは芝生から地被類とハーブ、低木の手間のかからない植え込みにし、バックヤードでは、遊び場として管理しやすいかたちで芝生を残し、菜園を設け（これは水を高使用

図7 ゼリスケープの計画とその手法

①プランニング前

ゼリスケープでは、おおまかに3つの段階で考える。②では敷地の微気候など、現況の問題点の調査を行う。③では、夏の水使用量を考慮に入れた、それぞれのエリアのプランニングコンセプトを考える。④ではそれぞれのエリアのコンセプトにもとづいた具体的な植栽を決定する

夏の水使用
高
中
低

②現況の調査

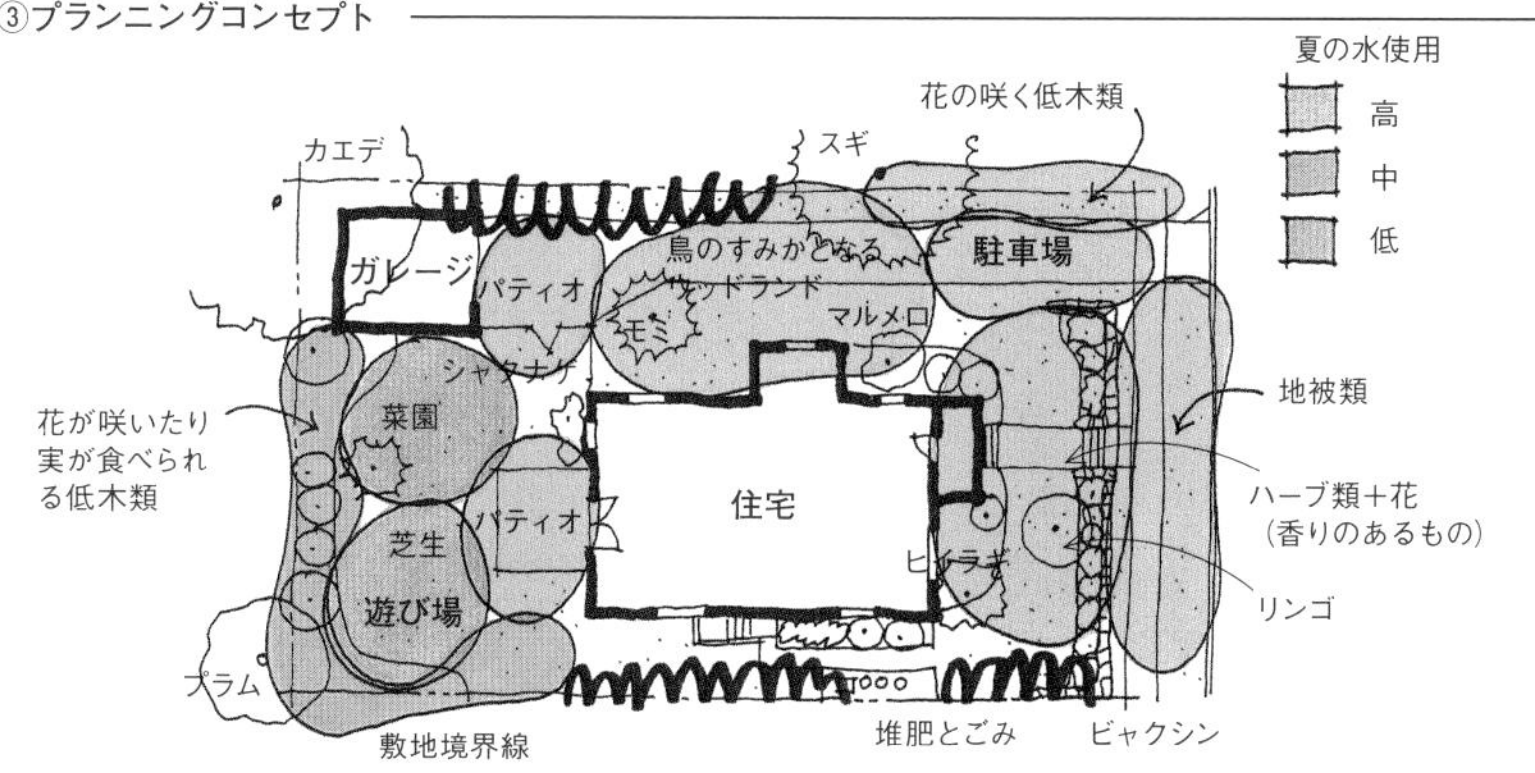

③プランニングコンセプト

夏の水使用
高
中
低
花の咲く低木類
カエデ
スギ
ガレージ
パティオ
鳥のすみかとなるウッドランド
駐車場
モミ
マルメロ
シャクナゲ
花が咲いたり実が食べられる低木類
菜園
地被類
住宅
パティオ
ハーブ類＋花（香りのあるもの）
芝生
遊び場
ヒイラギ
リンゴ
プラム
敷地境界線
堆肥とごみ
ビャクシン

④植栽のデザイン

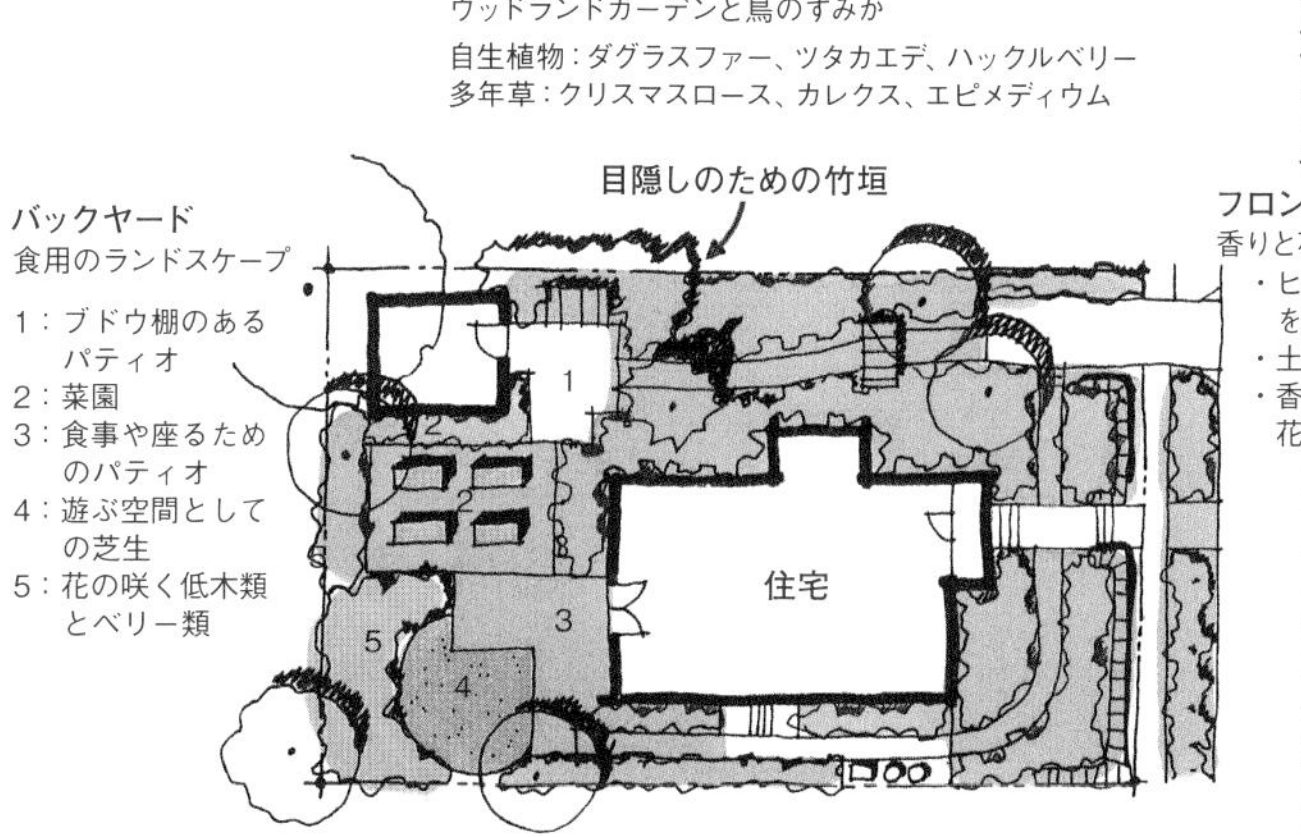

するが灌水と管理がしやすいようにかたちを区切ってある）、残りをパティオに、周囲は樹木、バラなど花の咲く低木、地被類、多年草の手間がかからない植栽にした。こうして、比較的水を使用するゾーンは、全体の敷地面積の1／3以下に抑えられ、維持管理の労力をどこに中心的に注いだらよいのかが明確に分かるようになった。

④植栽エリアのデザイン

それまでの現況分析を再度確認したうえで、つくった骨格をさらに具体的にしていく（**61頁図7④**）。つまり、芝生・パティオ・菜園、ほかのエリアなど、それぞれのかたちをデザインしていく。こうして、水使用の高いエリアがさらに減らされた。

⑤具体的に植物を選択

ここでさらに、庭のテーマ、スタイル、水使用ゾーン、微気候に合わせてそれぞれのエリアごとに、植物を絞り込む（**61頁図7④**）。水使用を減らす目的で全体を計画しているから、当然ウォーターワイズプランツが多くなる。菜園のエリアに1年草の花壇をつくり、年に2回ほど植え替えて楽しんでもいいだろう。

風に対応する植栽

風の調整は、植物によって容易にできるが、風の利用と調節を考える前に、まず、以下のような風の性質を理解する必要がある。

・容易には方向転換をしない
・遮るものがないかぎり直進する
・暖められると上昇する
・冷やされると下降する
・接触したものを冷却する

敷地の風の調査

次に、敷地に吹く風の特徴を知る。ある地域で、ある期間内に最も吹きやすい風のことを、恒風（こうふう）または卓越風と呼ぶ。その風向きは、地域に一番近い気象台の発表するデータを参考にするが、地域としての卓越風は、敷地の卓越風の風向きと一致しないこともある。風は、建物、樹木、丘、谷などで曲がり、跳ね返るからである。

そこで、敷地ごとに風を調べること、特に中庭や建物の間など微気候としての風も調べることが大切となる。布きれを縛り付けた1.5～1.8mの棒数本を、家の北、西、南側、その他よく風の吹く場所に、しっかりと固定して立てる。夏と冬の時期、数週間分ずつ調べられれば理想的だが、地方気象台の資料も参考にしながら、1日でも現地を調べ、煙草の煙のたなびき方や雪や落ち葉、ゴミの吹き溜まりなどから、どこからどこへ風が抜け、どこに溜まるかを判断するとよい。筆者は気象観測機により一定期間のデータを計測している。

図8 風を導く・風をそらす

風の調節

卓越風の方向が分かったら、冬の時期には風を住宅からそらすために、樹木や生垣を使って、風の方向転換を図る。夏には、微風の風上から風の道（通風筒）をつくり、住宅やその周囲に導くようにする（**図8・9**）。一般的に、冬の冷たい卓越風と、冷却効果のある夏の微風は、幾分異なる方向から吹くため、このような調整ができる。敷地の大きさによって、また気候帯によっては、どちらか1つの効果にしぼることも必要となる。夏の空調経費を節減したり、ある場所の湿度を軽減することが優先的なのか、冬の冷たい風を避け、暖房費を節減することが優先的なのか、より必要度の高いほうに合わせて植栽を行っていく。

沿岸部では強風が問題になりやすい。気温が異常に高い日には、日中は海からの大変な強風に悩まされ、夜半には逆のことが起こる（**図10**）。放射冷却は、どこでも起こっているが、沿岸部ではそれが顕著である。この風を防ぐ手段として、高木や低木による防風林をつくるのもよいが、素晴らしい視界を遮ってしまう可能性のあること、木々が風により生長が阻害され希望どおりに育たないことがあることには留意する必要がある。この代替案としては、強化ガラスやプラスチックをフェンスとして利用することが考えられる。また、樹種の選択には、植物の耐潮性を考慮する。

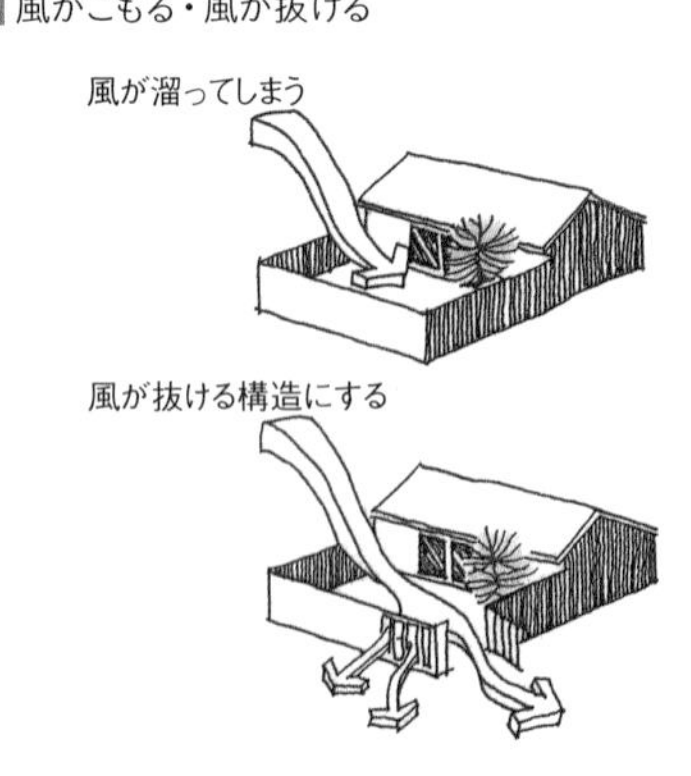

図9 風がこもる・風が抜ける

風と障壁

風が障壁を通ると、障壁のすぐ後ろには、無風地帯（空気の停滞する空間）ができ、無風地帯の前後に微風地帯をつくり出す（**図11**）。障壁のデザインによって、風は、方向をそらされ、分散され、弱められる（**図12**）。卓越風のための障壁には、常緑樹が適していて、落葉樹の場合よりも60％ほどその効果が高くなる。

常緑樹が実用に適さない場合は、小枝がたくさんあり密度の濃い落葉樹がよい。雪国では、落葉灌木類に雪が積もったものも、よい障壁となる。そして、常に風にさらされている場所というのは、生育条件としては非常に過酷なため、最初から防風林に向いている丈夫な木を、苗木ではなくある程度の大きさで移植するほうがよい。この場合、移植の時期・方法には十分留意する。

都市の敷地では、防風林はあまり必要とされない。高層ビルの周辺などでビル風が予測される場合や、冬の北風が吹き付ける露出面があるときは防風対策が必要となる。そして、むしろ、視線を遮蔽するなど外観的な理由で高い壁を設けようと考えることが多いので、その壁による通風と採光への影響に気をつけたい。通気性が悪い場所、空気の停滞する場所は、湿度が高くなり、植物や土壌の健康にも悪影響を及ぼす。適度な通気性は、植物を健康にし、ひいては美観の向上にもつながるので、境界壁などを設ける場合には、ブロック、レンガ、木製フェンス、スチールフェンス、生垣などの材質と形状の選択肢から吟味する。

植物への風害と対策

風は、枝葉から水分を奪う。非耐寒性の植物や風のストレスを受けやすい植物は、風にさらされるだけで、枝葉が乾燥し、小枝や新芽の立ち枯れ病が発生したり、損傷を受ける。また、浅根性の樹木は風により倒木の危険がある。一般的に樹木は、生長の早いものほど木質が軟らかい傾向にある。特に傷みやすいのは、ギンヨウカエデ、ポプラ、ヤナギ、ヒロハハコヤナギ、ノニレ、ユリノキなどで、こうした軟質の樹木は、建物の倒壊を防ぐためその近くに植えるのは避ける。また、植え方として、住宅と大木の間に小さめの木を植えるという方法もある。こうすると、もし大きな木が倒れたとしても、その木は、家の屋根などに深刻なダメージを与える前に小さな木の上に倒れ落ちることになる。もちろん、この小さな木は軟質な木ではだめである。

植物は、常に風にさらされていると、必要な水分量が増大する。そして、この水分が補われないと、砂漠の植物のようにゆっくりとした生長となり、幹や茎が太り、葉が小さく育つ。そして、通常よりも低い丈で花を咲かせ、残りのエネルギーを種子をつくり子孫を残すことに費やす。高温で乾燥した場所ではこの現象がさらに促進される。都市の街路樹やルーフガーデンでよく見られる現象である。植物みずからが、その場所では長く生きながらえないと悟った結果なのだが、こうして、せっかくの植栽が短命で枯れ、新たな植栽が必要となってしまっては、エネルギー効率も費用も高くついてしまうことになる。この場合は、自然降雨以外にも水を補給する灌水計画を加えるべきであろう。

図10 沿岸地域の風の動き

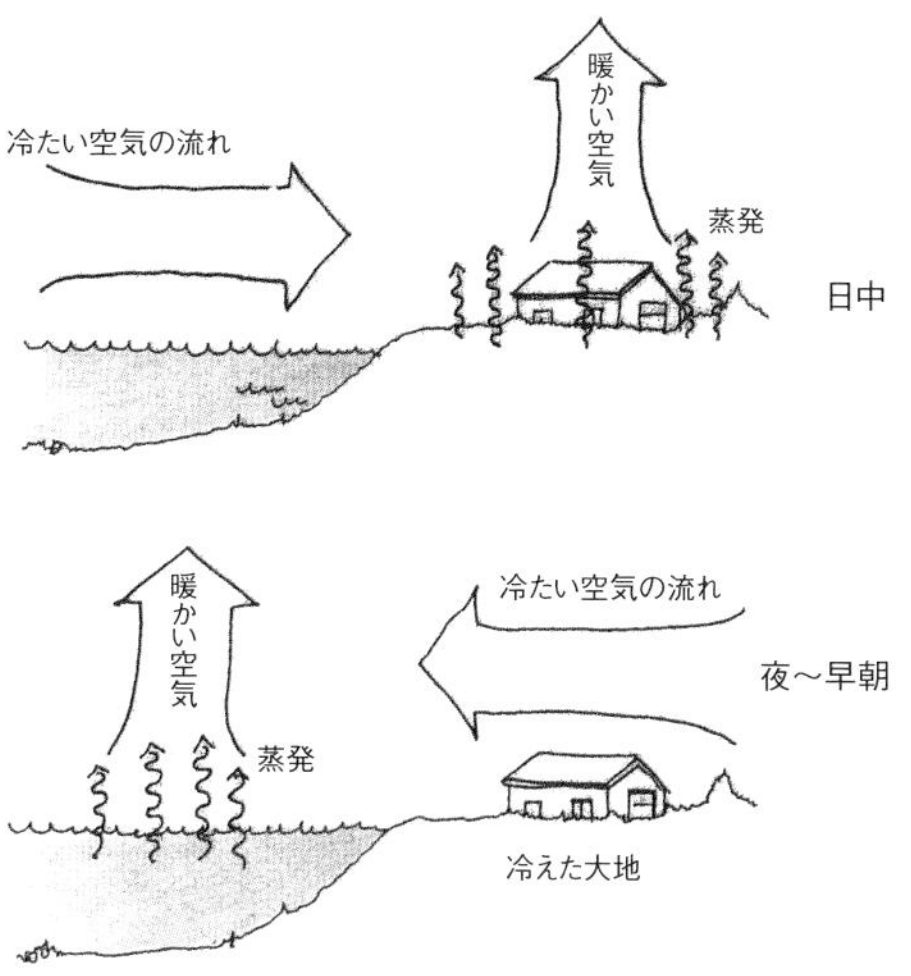

図11 障壁後に生まれる緩やかな風の空間

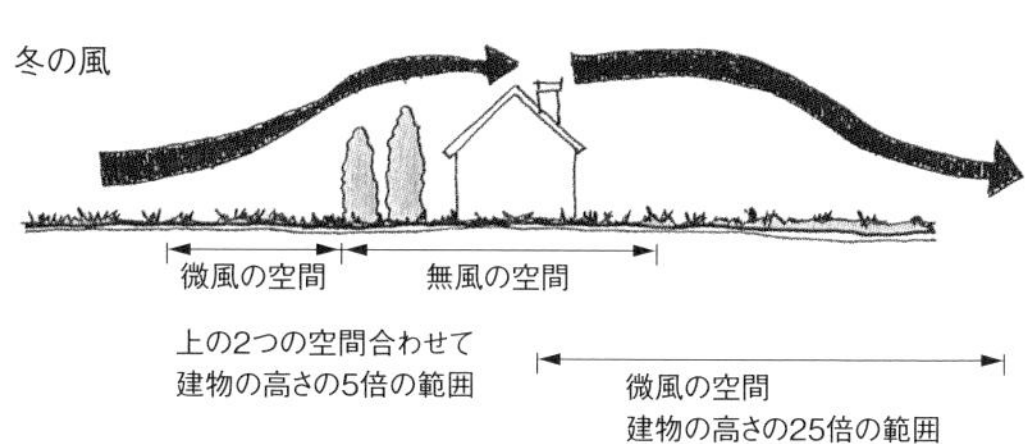

図12 障壁素材による風の流れの違い

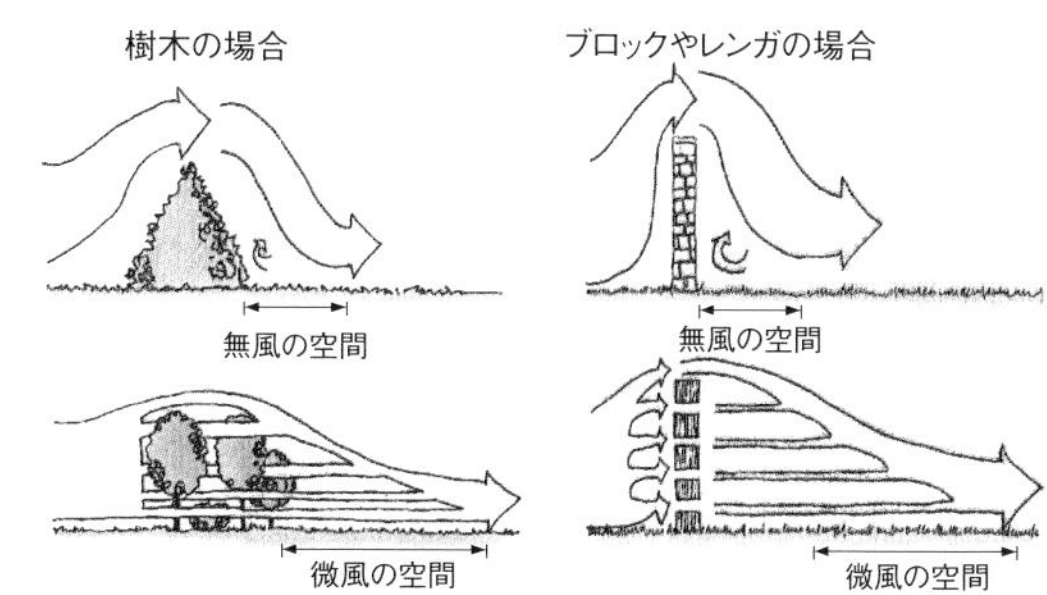

テクニック3

組合せや樹種の選定がポイント
目隠し・防犯・延焼防止の機能をもつ植栽テクニック

山﨑誠子（日本大学短期大学部）

緑の壁づくりで目隠し植栽

目障りなものを隠したい、プライバシーを確保したい、しかも塀や壁よりもやわらかい印象の緑で囲みたい。これらの要望に応える植栽手法を紹介する。

(1)植物単体だけでしっかり隠す

高さ1～7mぐらいまでの樹木を生垣や列植として工作物や障害物を隠す（**表**）。ただし、植栽工事直後は葉がまばらなため、しっかりとした壁になるには2～3年はかかる。また、隠すものがエアコン室外機やボイラーの場合、熱風が排出される部分を避け、最低60cm以上離す。

(2)高垣の機能（3m以上）

埼玉県や群馬県では山から吹く冬の寒風を防ぐために、敷地の冬風が入る方向にシラカシなどの常緑樹で高い生垣（高垣）を設置することが多かった。高垣は施工数年後には隣地にも葉が広がり、高さも増すので、高所作業の管理動線を取る必要がある。**【推薦樹種】**イヌマキ（**写真1**）、カイズカイブキ、コウヤマキ、ヒマラヤスギ、ウバメガシ、サンゴジュ、シラカシ、ヤマモモ

(3)目隠しの程度と植栽密度

しっかりとした緑の壁をつくるには、常緑の葉をよくつけたものを樹冠が少しかぶさるような形で植栽する（**図1**）。厚い緑の壁をつくるには2列以上植栽する。向こうが少し見える程度の壁をつくるには、落葉樹を少し混ぜたり、植栽のピッチを少し広めにとる。

植栽幅が広くとれない場合、工作物にツル植物を絡めて緑の壁をつくる（**写真2、95頁参照**）。ツル植物は市販されている状態が直径9cmのポット苗で、蔓の長さが30cm程度である。そのため、早期に高い壁面を緑化するには向かない。種類によっては蔓の長さが1mぐらいのものもあるが割高である。密な緑をつくる場合、ポット苗のピッチは、15～20cmだが、通常は25～40cm程度でよい（**図2**）。

防犯対策を考えた植栽

不審者の侵入防止を目的とする場合、

表 生垣に向く樹種一覧

高さ		0.5m～1.3m未満	1.3以上～3.0m未満
きっちりとした	常緑	キャラボク、コノテガシワ、カンツバキ、クサツゲ、チャ、チャイニーズホーリー、トベラ、ネズミモチ、ハマヒサカキ、ヒサカキ、ヒラドツツジ、マサキ	イヌマキ、カイズカイブキ、コウヤマキ、コノテガシワ、サワラ、ニオイヒバ、アラカシ、イヌツゲ、ウバメガシ、カナメモチ、キンモクセイ、ゲッケイジュ、サカキ、サザンカ、サンゴジュ
	落葉	ハクチョウゲ、メギ	カラタチ
ふわっとした	常緑	アオキ、アベリア、トキワマンサク	アオキ、キョウチクトウ、トキワマンサク
	落葉	ウメモドキ、エニシダ、ドウダンツツジ、ニシキギ、ピラカンサ、ボケ、ユキヤナギ、ヤマブキ	イボタ、イロハモミジ、セイヨウイボタ、ピラカンサ、ムクゲ
花を楽しむ	常緑	アベリア、カンツバキ、トキワマンサク、ヒラドツツジ	キョウチクトウ、キンモクセイ、サザンカ※、ツツジ類
	落葉	エニシダ、ドウダンツツジ、ボケ、ユキヤナギ、ヤマブキ	ムクゲ
実を楽しむ	常緑	アオキ、チャイニーズホーリー、ピラカンサ	サンゴジュ、ピラカンサ、ソヨゴ
	落葉	ウメモドキ、ボケ	カラタチ
紅葉を楽しむ	落葉	ドウダンツツジ、ニシキギ	ナナカマド、モミジ類

※　サザンカ、ツバキ類はチャドクガがつきやすいので注意する

写真1　イヌマキによる高垣

図1 生垣と列植のピッチ

標準的な生垣のピッチ

1mに3本

高さ1.8m、葉張0.4mのものを1mにつき3本植栽。葉の密度があるものを選ぶとある程度植えた当初から緑の壁がつくることができる

列植に近い生垣のピッチ

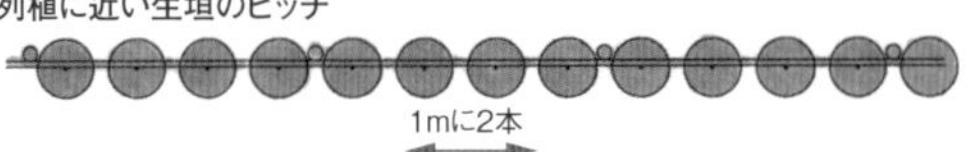

1mに2本

高さ1.8m、葉張0.4mのものを1mにつき2本植栽。隙間がかなりあるが、植物が育つ環境が整っていれば、3年くらいでかなり隙間がなくなる

万全ではないが植栽でもある程度の効力は得られる。植栽帯の幅を厚くしたり（二重以上にする）、生垣をつくる際に支柱のピッチを密にしたり、支柱を四つ目垣に組むと侵入しにくくなる（**図3**）。また、トゲのある植物は、それを掻き分けて侵入することが難航することから密に植栽すると効果的である。**【推薦樹種】**ノイバラ、ハマナス（暖地では植栽不可能）、ピラカンサ、ボケ、メギ、ヒイラギ、ナンテン。

火事の延焼対策を考えた植栽

阪神淡路大震災の折に、樹木が火災の延焼を防いだことからも、樹木に延焼防止効果があることは知られるようになった。水分を含む葉が多く付いている樹種が効果的といえる。配置としては、風であおられた火の粉が降ってくることもあり、隣家に近い部分に植栽地を設ける。2階部分まで葉がよく繁っていることが必要だ。**【推薦樹種】**イチョウ、ナギ、アオキ、アラカシ、キンモクセイ、シラカシ（**写真3**）、キョウチクトウ、サカキ、サザンカ、サンゴジュ、スダジイ、タブノキ、ツバキ類、ヒメユズリハなど。

管理が容易な植栽

管理にあまり手がかからない植栽は大まかに以下の3タイプがある。

(1) 常緑樹主体の植栽

樹木は1年サイクルで生長するため、その度合いが草花より遅い。なかでも常緑樹のほうが落葉樹より生長が遅い。樹木をある一定のボリュームで長く維持することを考えると、常緑樹主体の植栽をするとよい。

(2) コニファー主体の植栽

コニファー類は、病虫害が少なく、比較的生長がゆっくりで、花や実を付けていてもそのままにしておけることから、手間がかからないといえる（**写真4**）。

(3) 素人が管理できる植物主体の植栽

剪定に技術を要しない樹木であれば、気の向いたときに管理ができるので、あまり手間がかからないといえる。剪定のコツは時期と個所。落葉樹は葉を落としたときに行い、常緑樹は猛暑の時期と寒い時期を避ける。剪定に慣れていないときは、飛び出している枝と込み合う枝を切る程度にする。以下に剪定に強い庭木を挙げる。**【推薦樹種】緑を楽しむ**／アラカシ、イヌツゲ、カナメモチ、ヒサカキ、マサキ、レイランディーヒノキ、シャリンバイ。**花を楽しむ**／ウメ、キンモクセイ、ハコネウツギ、ムクゲ、アジサイ、アセビ、アベリア。**実を楽しむ**／ウメモドキ、ピラカンサ、ムラサキシキブ、ユスラウメ。**紅葉を楽しむ**／イロハモミジ、ドウダンツツジ、ニシキギ。

写真2 カロライナジャスミンによる壁面緑化

写真3 シラカシによる延焼防止植栽

写真4 コニファーガーデン。葉の色が黄色で明るいヨーロッパゴールド。葉が細かく樹形がペンシル型になるスエシカなど、葉の色や樹形の違いを生かして立体的に組み合わせる

図2 ツル植物による緑の壁づくり

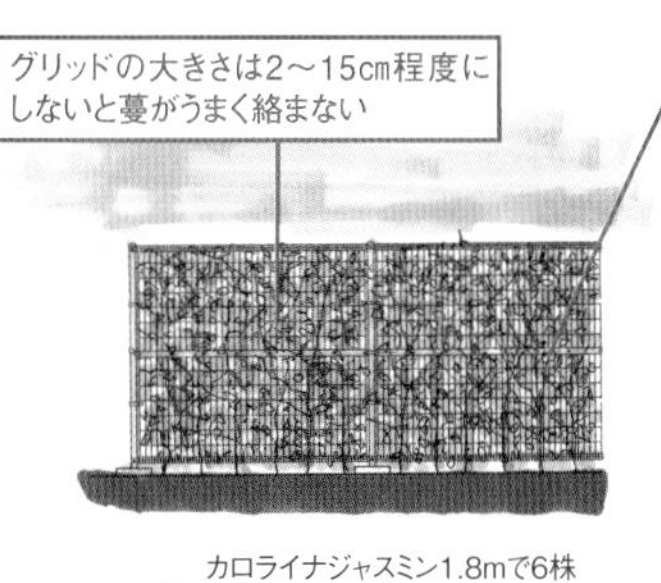

ツル植物の植える間隔は20cm（葉の細かいもの、生長が遅いもの）～50㎝（葉の大きいもの、生長が早いもの）

図3 四つ目垣で支柱をつくる方法

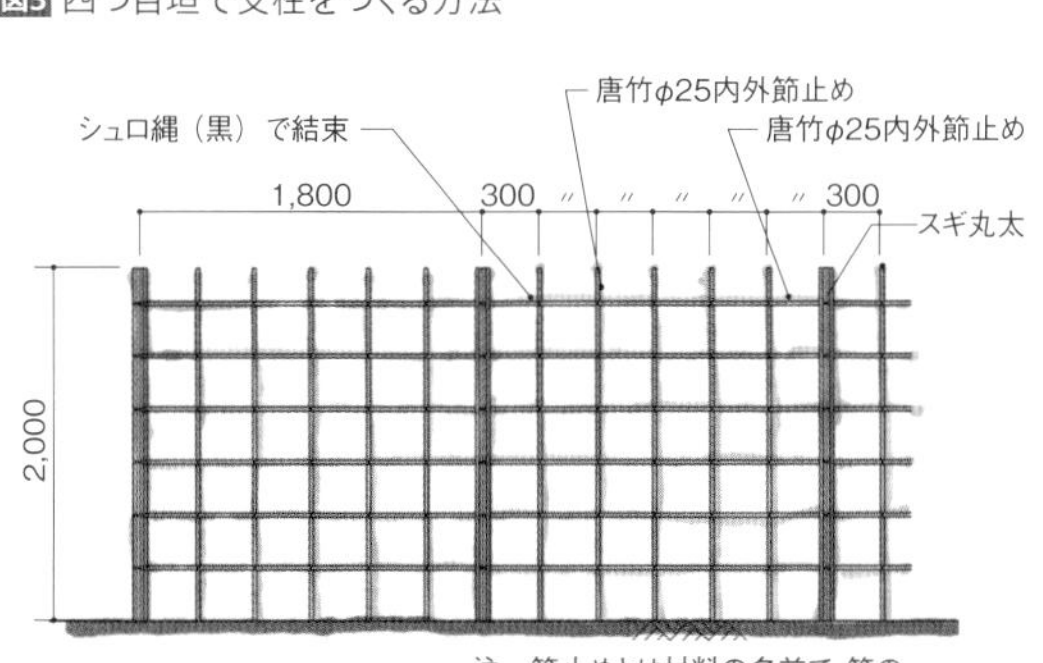

注　節止めとは材料の名前で、節のところで竿を切り取ったもの

テクニック 4

敷地形状と特殊な環境に対応した植栽

狭い、傾斜地、室内などの特殊環境を活かす

山﨑誠子（日本大学短期大学部）

狭小地に効果的な植栽

ここでは狭小地において効果を発揮する植栽テクニックを紹介する。

(1)縦に細長いみどりをつくる

木造3階建てなどに対応した、3階部分でも緑を感じられる植栽へのニーズが増えている。その場合、高さ5m以上の樹木を植えるためのスペースは、樹種にもよるが直径2mは必要である。ただし、無理して植えているので1～2年ごとに剪定などの手入れは必要。

①日当たりが悪い：モウソウチク

タケ類は1本当たりの占有面積が少なく、狭い敷地に有効である（**図1**）。ただしタケノコが思わぬところに出現するため、範囲を限定させる場合は根茎調節資材※を施工しておく。なお、タケ類は地下茎が7年周期で生え変わるため、新たなところから生えてくるなどして配植当初の見た目が数年単位で変化する。

②日当たりがよいところ：イチョウ

樹形が比較的縦に細長いことと、剪定に非常に強く萌芽力があるため、樹形を整えやすく、狭い敷地に耐えられる。また、ニオイヒバ、レイランディーヒノキ、コニファー類などもお薦めである。

(2)普段使わない駐車スペースの緑化

緑化ブロックという舗装ブロックの中に芝生や地被類を植え込む、「舗装兼緑地」という手法が出現したが、うまくいっている事例は少ない。その原因は日射

図1 縦に細長い植栽方法

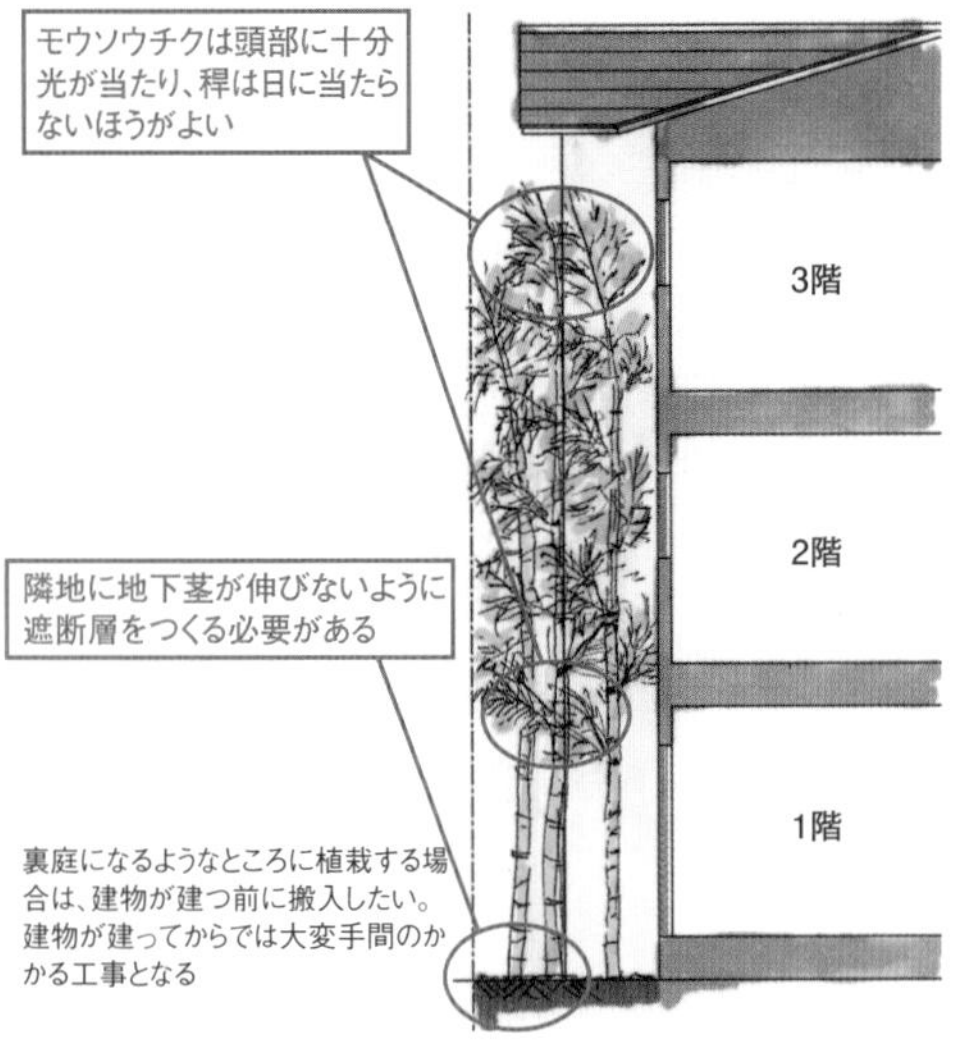

モウソウチクは頭部に十分光が当たり、稈は日に当たらないほうがよい
3階
2階
1階
隣地に地下茎が伸びないように遮断層をつくる必要がある
裏庭になるようなところに植栽する場合は、建物が建つ前に搬入したい。建物が建ってからでは大変手間のかかる工事となる

図2 駐車場の植栽方法

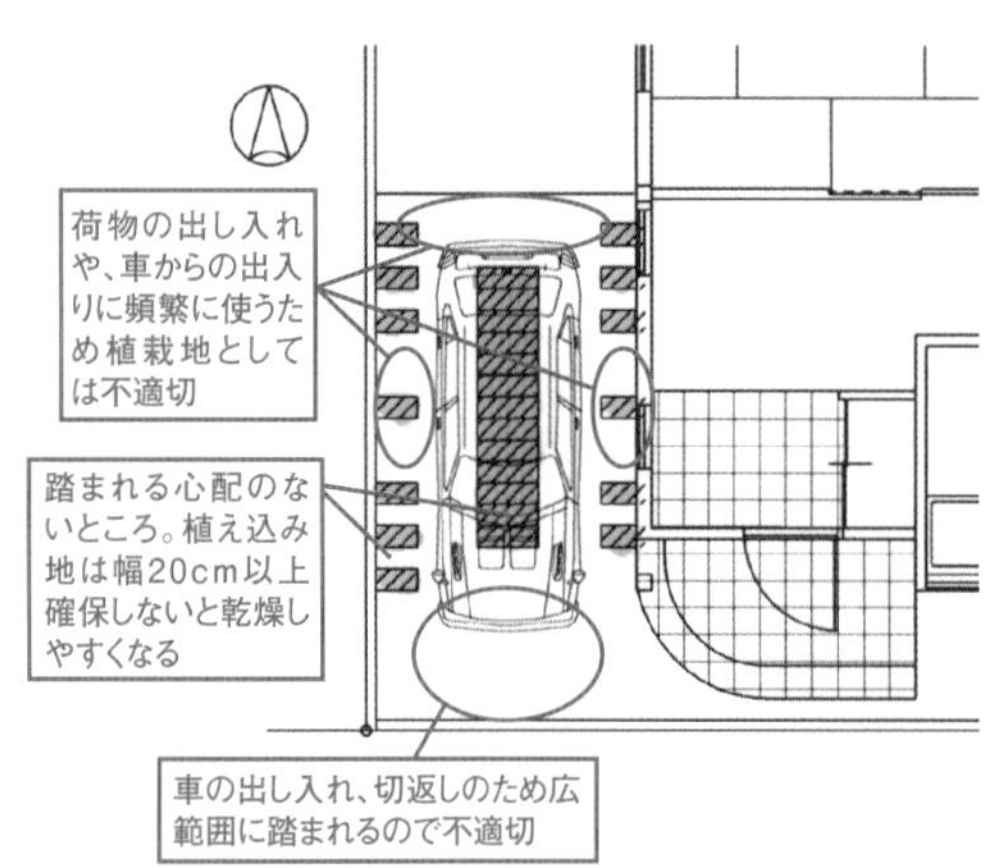

図3 道路沿いをオープンに植栽する方法

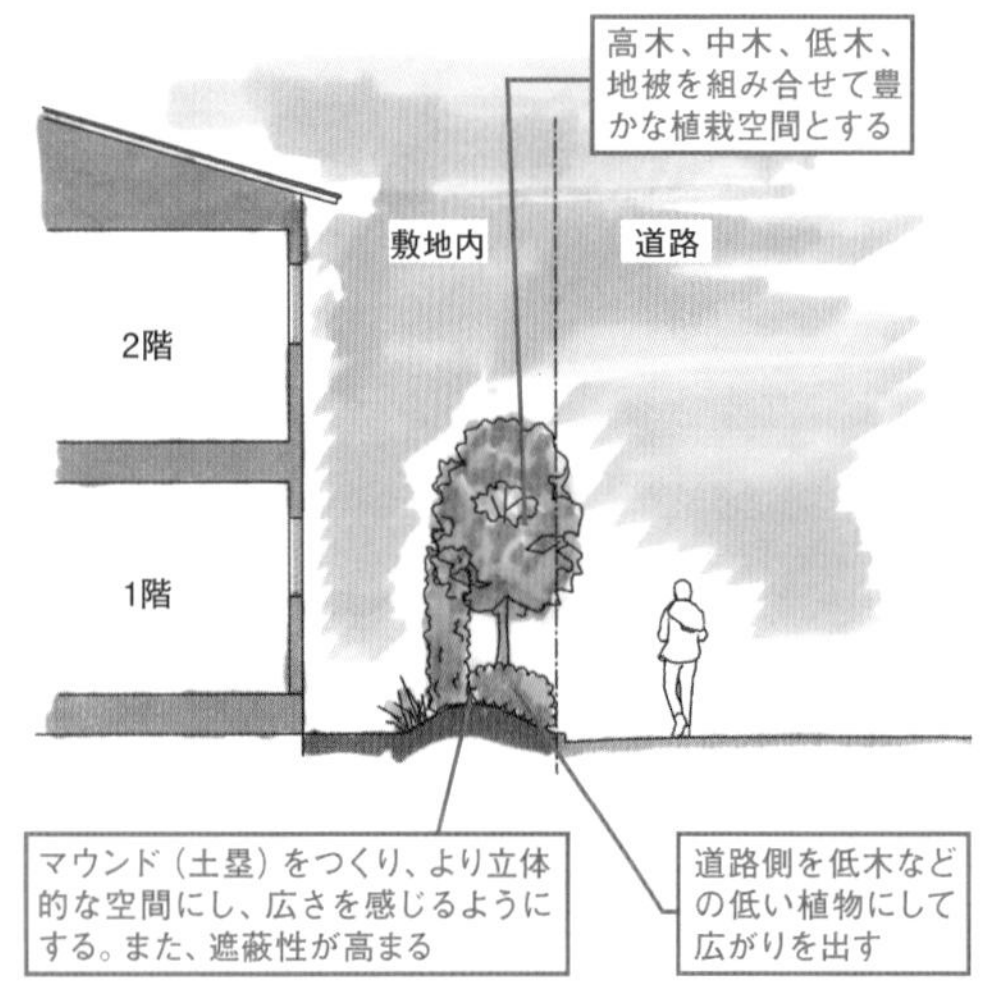

※ 根茎調節資材とは、不織布に根の生長を止める剤を注入したもの

不足と管理のしにくさである。本来、日射が足りないところに芝生は避けたほうがよい。植える条件としては、昼間駐車スペースが週の半分以上空いていることが原則。また、日当たりがよくてもブロックの中などの狭い部分に無理に植えるため、乾燥しやすく頻繁な水やりが必要となる。そのうえ、芝刈り機が使えないため手で刈らなくてはならない。日当たり、日陰に耐える地被類で連続した植え込み地をつくって植栽する方法もある。

駐車スペースに植栽するときはタイヤの軌跡を考慮して全体には緑化しないようにする（**図2**）。芝生は踏まれても生育するが、タイヤの切り替えしなどには耐えられない。**【推薦樹種】**タマリュウ、ヘデラ類、ヤブラン（フイリヤブラン含む）。

なお、駐車スペースの上部にパーゴラなどで緑化するのもよい。ただし、樹木から樹液が垂れる、葉が落ちる、パーゴラにとまった鳥の糞で車が汚れるなどの問題が発生する場合がある。

道路沿いに開けた空間をつくる

道路沿いはフェンスや擁壁で囲わずに、大小の植物を組み合わせて柔らかな緑の壁をつくりつつもプライバシーを守るという、周囲に対してオープンな雰囲気な植栽を行うとよい（**図3**）。

法面の植栽

法面の勾配により植栽できるものが限られる。植栽工事をするときの難航さと管理のしやすさがポイントとなる。

(1)高木は勾配15度未満・樹高2mまで

高木は15度未満勾配までは植栽可能。斜面に植え込むための職人の足場の確保、運搬が斜面では非常に困難なため、高木は樹高2m前後の苗木クラスのものを植栽する。

(2)低木は勾配30度未満

低木の植栽は法面の勾配が30度以下であれば可能。しかし、法肩（法面上部）と法尻（法面下部）では水分条件が異なり、法肩のほうが乾燥しやすいので、上部は乾燥に強いものを植える（**図4**）。

(3)地被類は勾配45度未満まで

地被類は管理をどの程度やるかが問題。勾配45度未満まで植栽可能だが、勾配がきつくなるため、植込みや管理に危険が伴う。そのため、芝生など施工しやすく、管理しやすい植物を選ぶ必要がある。

室内で育つ緑

室内の環境は1年を通して温度差があまりなく、比較的暖かく、直射日光を受けないことから、熱帯地方の樹林の下にあるような植物（いわゆる観葉植物）が適しているといえる。室内の気温を、およそ10℃以上に保てるようであれば問題ない（**図5**）。以下に比較的管理の楽な観葉植物を挙げる。**【推薦樹種】樹高1.2m～2.5m**／ガジュマル、カンノンチク、クロトン、ゴムノキ、シェフレア、シュロチク、パキラ、ベンジャミンなど。**樹高1m以下**／アンスリウム、オリヅルラン、クッカバラ、シマオオタニワタリ、タマシダ、モンステラなど。

観葉植物をうまく育てるコツとしては、熱帯地方の気候を再現することが必要で、日照、湿度、通風の3つの要素が大事になる。室内は意外に乾燥気味なので、鉢への水やりのほかに葉に霧吹きを行う必要がある。

また、水やり、太陽光に当てる、病虫害の発生による消毒ということも考慮し、コンテナ植栽にしておいたほうがよい。なお、北側の立地で日照が確保できないときは植物育成用のランプを使うとよい。植物が必要な光量は、明るいところが好きなハイビスカスなどで2000lx、耐陰性のあるアグラオネマやモンステラで300lxとなり、植物の種類によって必要光量が違うため、得られる光量に合わせて植栽構成を考える必要がある。

図4 法面の植栽方法

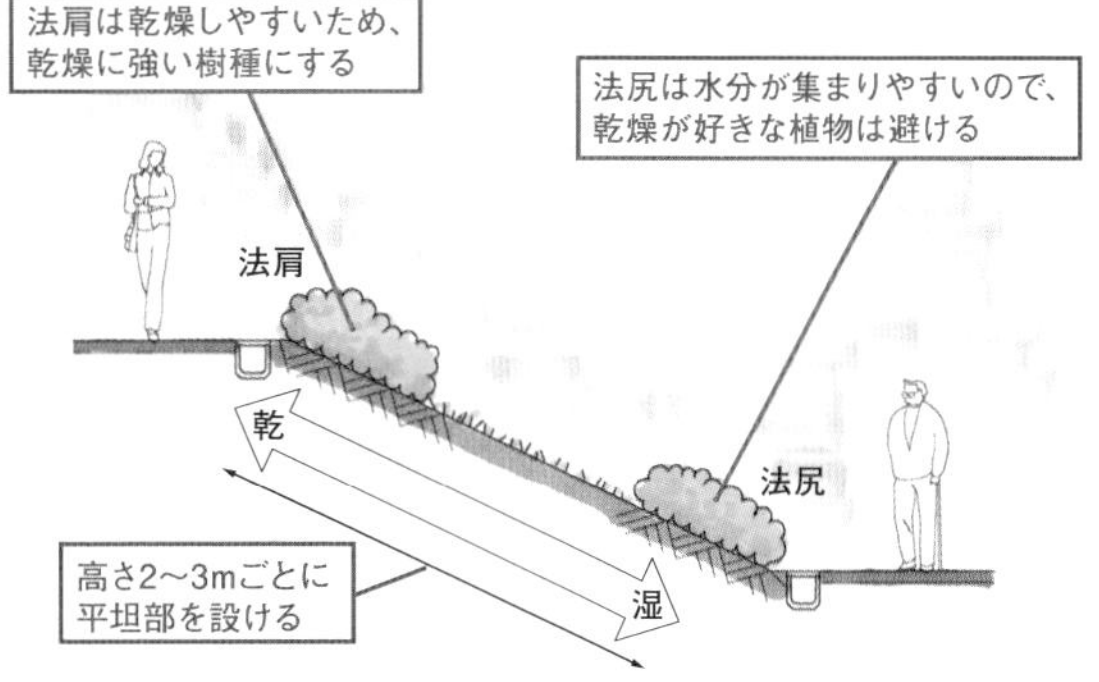

図5 室内における植栽方法

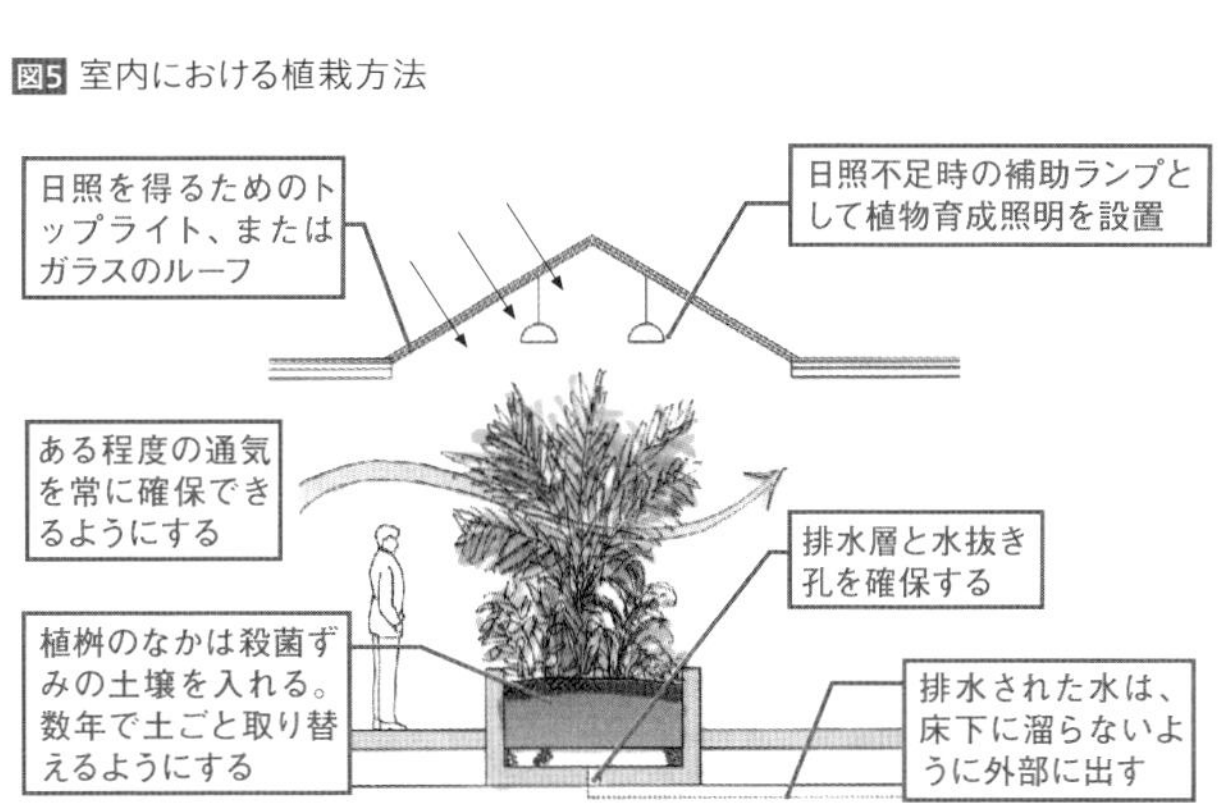

テクニック5

和風・洋風・アジア風・和洋風・見せ方いろいろ

テーマのある植栽で建物に雰囲気を与える

山﨑誠子（日本大学短期大学部）

植栽で建物に雰囲気を与える

つくりたい建物、店、庭にどのようなイメージをもたせるかを把握したうえで、その傾向を理解し植栽計画する必要がある。これから紹介する植栽パターンは、はっきりとしたイメージをもたせたうえで、日本の気象、自然環境でも植栽可能なものである。また管理負担も大きくならないものを中心に考えてみた。

（1）自然林に近づけた植栽をする場合

あまりにも自然風の植栽を都会の建物の側においても似合わない。うまくなじませるには、建物に近いところの空間はあけ、離れるに従い自然風の粗野な感じに仕上げる（**図1**）。具体的には、建物廻りは、花や葉が鮮やかな園芸品種や外国種などある程度管理するようなものを入れ、離れるに従い、山野に見られるような、コナラ、カシ、ムラサキシキブ、ヤマツツジなどを不規則に入れるようにする。

（2）ツツジ類・カエデで和風植栽

西洋庭園の大多数では、針葉樹以外に常緑樹が見られない。たとえばイギリスの大きなガーデンを見ていてこれは日本的だと思わせるのが、常緑のツツジ類と繊細な葉模様のカエデが出現したときである。そのようなことからかたちのよい高木常緑のモッコク、モチノキ、シラカシなどと刈り込まれたツツジ類でしっかりと常緑のベースをつくり、カエデ類で

図1 自然風植栽の配植パターン

植物が育つことを考慮し、ゆとりの空間をとる
建物際は密度を高めに仕上げる
低木、地被類も加え林床も演出
冬場に寂しくならないように常緑広葉樹を点在させる
落葉広葉樹主体に2本以上揃えて配置しない

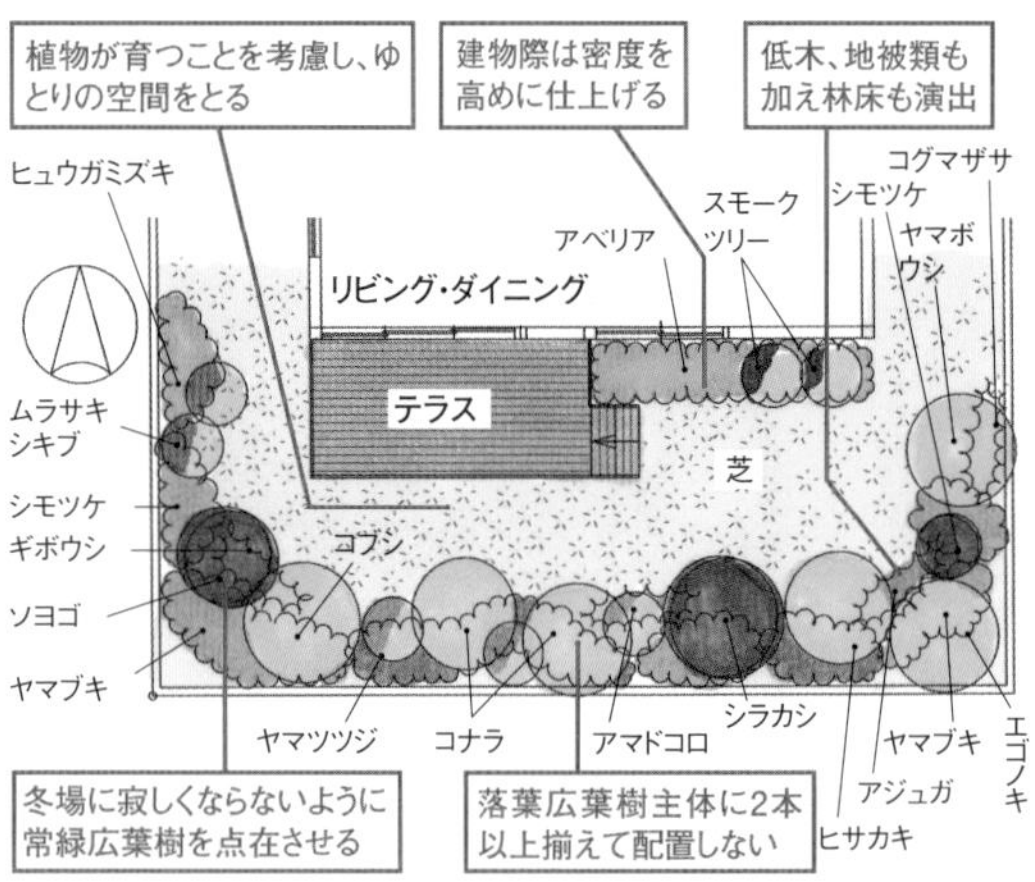

図2 和風植栽の配植パターン

落葉樹を集め、四季の変化を楽しむ
建物際にポイントになる樹木を配置
常緑樹主体として、曲線を意識してまっすぐ並べないように配置
蹲踞とともに部屋からの眺めのポイントになる樹木を配置

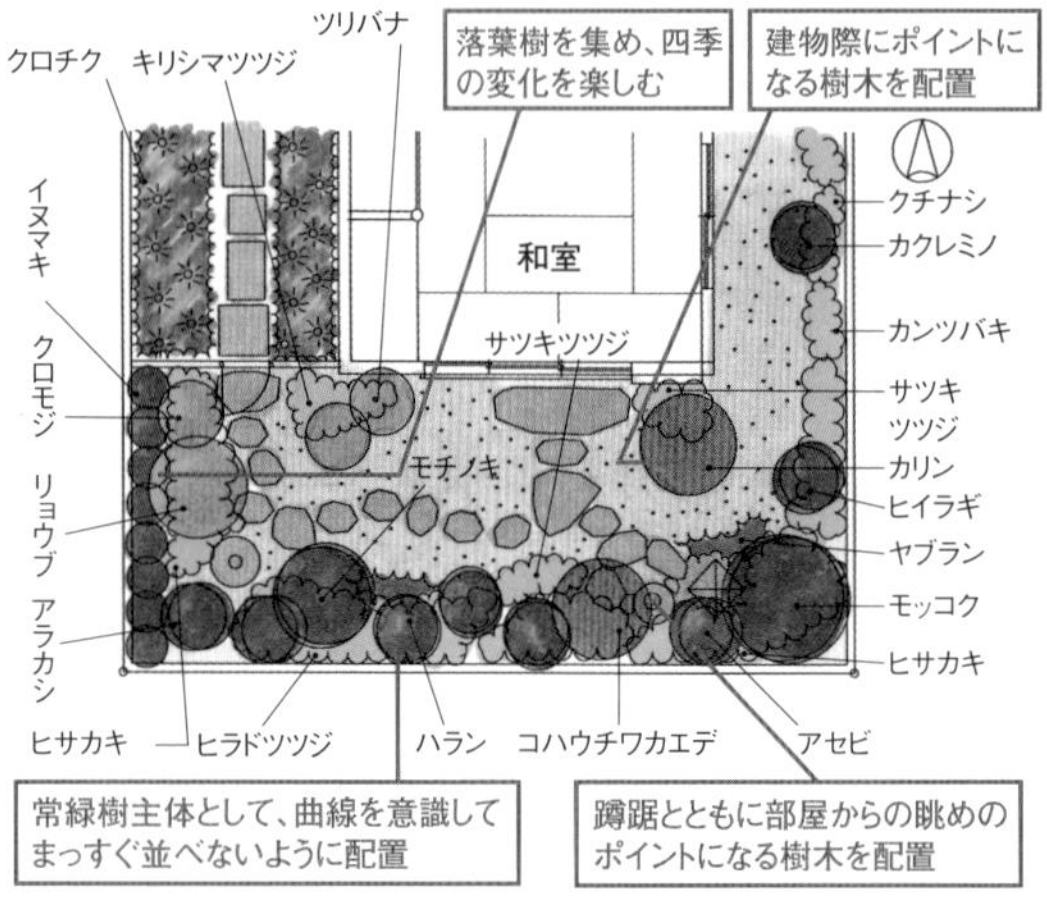

図3 洋風植栽の配植パターン

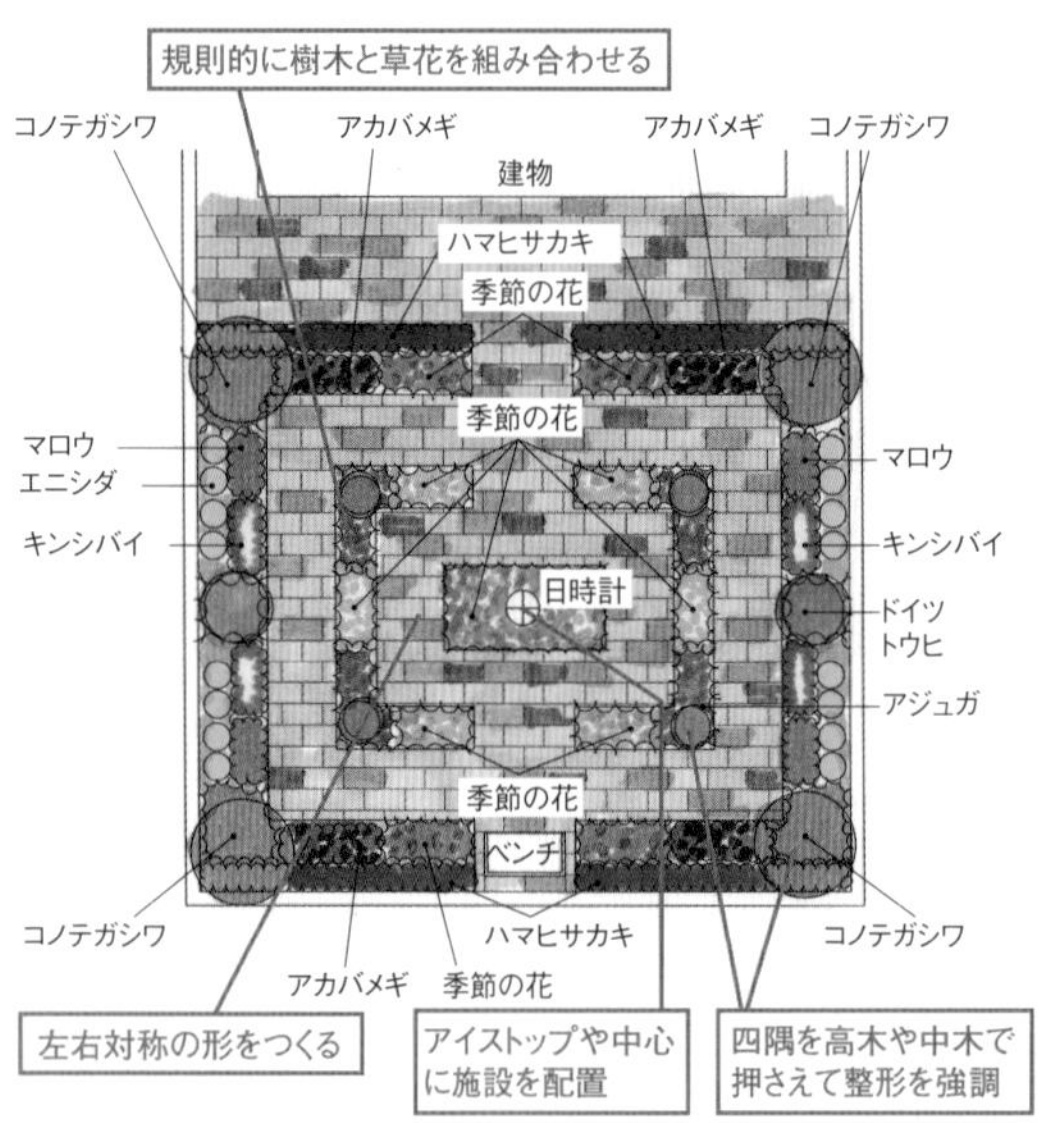

秋の風情をつくるようにすると和風になってくる（**図2**）。少し変わったパターンでは、雑木の庭というのもあり、コナラ、クヌギ、リョウブ、シデなどの落葉樹を粗野な雰囲気に植え、ササ類で下草をつくる。ただし、雑木類は概して生長が早く、粗野な雰囲気をつくりながら剪定するには技術がいる。また、ある程度の空間がないと雰囲気が出ない。

(3)西洋風は南と北で違う

西洋風といってもいろいろある。南欧風は常緑樹、柑橘類、北欧風は落葉樹、リンゴ類がイメージしやすい。植え方は、左右対称、いわゆる整形に植えるのがそれらしく、ツゲ類で縁取りをしっかりとり、樹木を均等に植えるようにする（**図3**）。以下に、西洋風の樹種を紹介する。

【推薦樹種】南欧風（イタリア、スペイン）／オリーブ、キョウチクトウ、オレンジ、ローズマリー、ミモザ（フサアカシア）、サイプレス、カイズカイブキ、マロウ。**中欧風（フランス、イギリス、ドイツなど）**／シナノキ（セイヨウボダイジュのかわりとして）、モミジバスズカケノキ、バラ類、ノルウェーカエデ。**北欧風（スウェーデン、ノルウェー）**大型のコニファアー類、ヒマラヤスギ、モミ、プンゲンストウヒなど。

(4)しっとり感のあるアジア風

ホテルなどで目にするのがアジア風。植栽というよりは、ベンチ、壁掛け、鉢などの素材でそれらしいものをつくるほうが多い。熱帯や亜熱帯のイメージであるから、観葉植物を取り入れるとそれらしくなるが、屋外で利用できる種類は限られる。また、樹高があるもの、低いもの、葉が大きく変わったかたちをしているものを使い、色鮮やかな花が咲くものを添えると雰囲気が出る（**図4**）。配植はランダムにする。**【推薦樹種】樹高1.5m以上**／アメリカデイゴ、カミヤツデ、シュロ、ソテツ、トウジュロ、バショウ、ホウライチク、ワシントンヤシ。**樹高1.0m以下**／アメリカフヨウ、パピルス、ハラン、ブッソウゲ、ブルーンバコ、ムラサキゴテン（いずれも東京周辺で植栽可能なもの）

(5)和洋を組み合わせるには

和洋のつなぎをひと工夫すると異種の庭をうまくつなぐことができる。その場合、小さな芝生広場を挟み、緑で一呼吸おいて次の空間に移行するようにつくる（**図5**）。または、小さなフェンスや生垣で区切り、アーチや門で一度縁を切る。緑のエッジをつくり空間を一区切りするか、ただし、前述の方法よりも空間が狭く見えるので広い庭向きである。

「緊張感・ゆとり」心に働きかける庭

枯山水は日本独特の庭で、石や砂に島、陸、緑、水のイメージを抱かせ、大きな

図5 和洋をつなげる植栽パターン

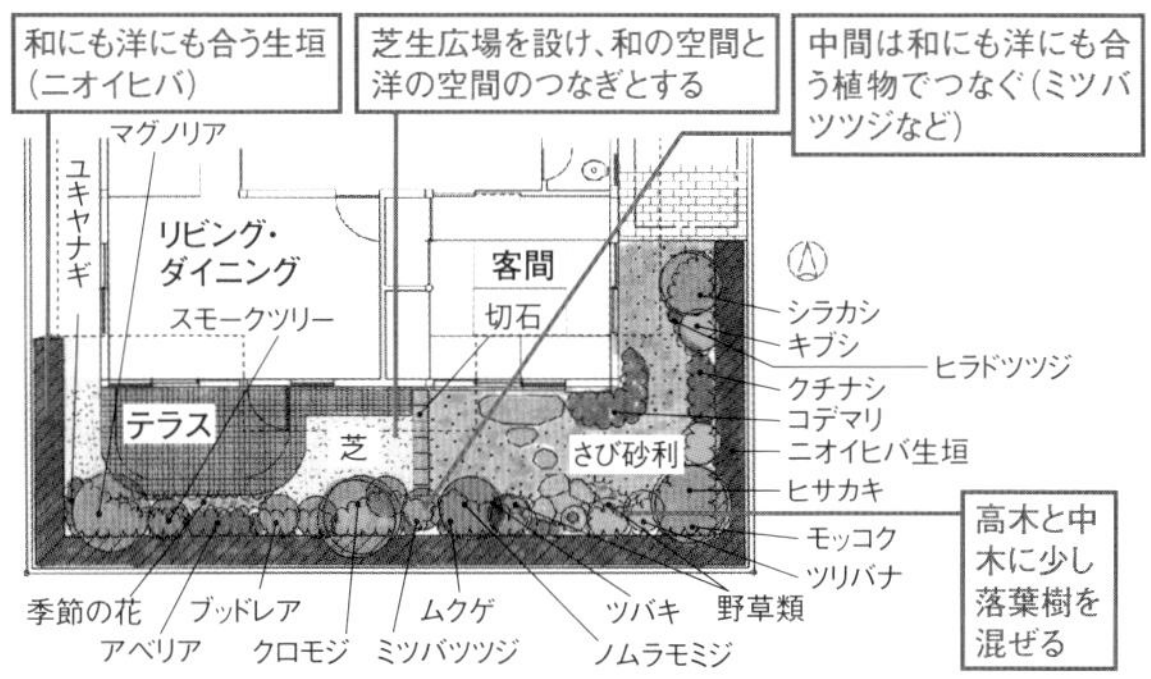

和にも洋にも合う生垣（ニオイヒバ）
芝生広場を設け、和の空間と洋の空間のつなぎとする
中間は和にも洋にも合う植物でつなぐ（ミツバツツジなど）
高木と中木に少し落葉樹を混ぜる

図4 アジア風植栽の配植パターン

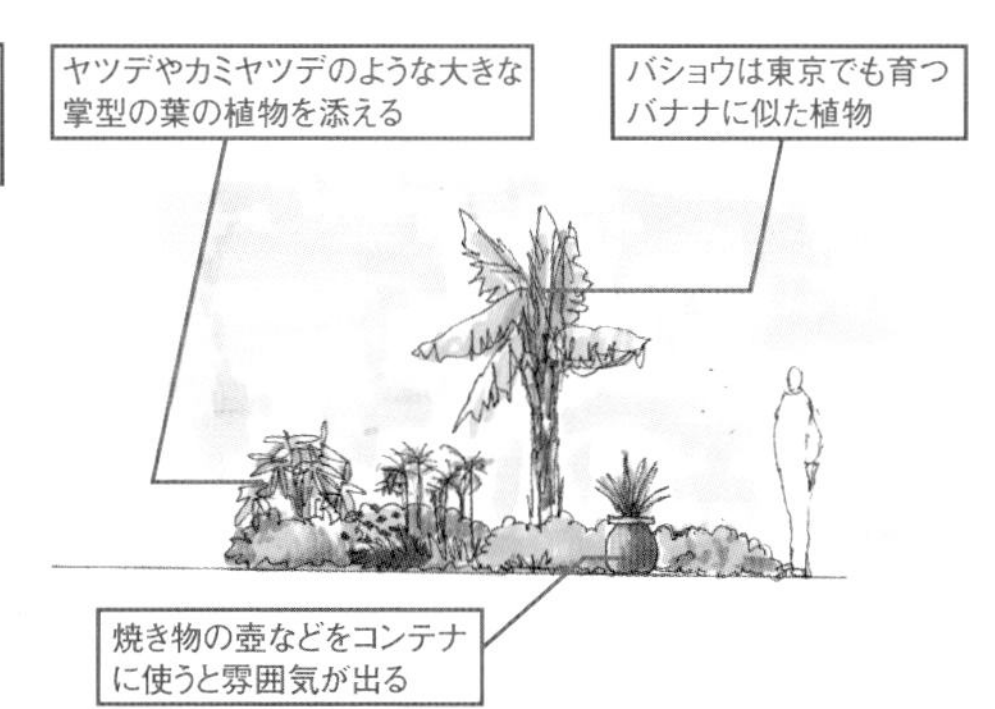

図6 緊張感・ゆとりのある植栽パターン

空間を感じ、まるで謎解きをさせられるような、思考する場となる。このように、緑や土、水が少なく水気がなくなると緊張感のある庭になる（**69頁図6**）。その反面、ゆとりのある庭は自然形の緑や水が多く広場がある空間もゆとりのある庭となる。園路や植込みの配置を直線より曲線にするとより伸びやかな感じになる。

花が主役の庭（宿根草や季節の花）

最近はガーデニングブームも手伝って、草花を生かした庭の需要が高まっている。草花は樹木に比べ管理に手間がかかるので、導入する植物の種類や量を管理に費せる時間を考えながら決定する。デザイン的に注意を払うのが、花の色、開花時期、葉の色、かたちで、季節が変わるごとに花の色や葉色が変化するかたちをとらえて配植していく。イングリッシュガーデンの花の色は白、紫、黄色が多く、ビビッドな色より淡い色で構成される。濃い赤い花より淡いピンク色が好まれる。これらを基調とした色合いで、季節により赤やオレンジのきかせ色を入れるようにすると雰囲気がでる。

草花のボリュームと構成に関しては、同じ種類の草花を1㎡以上を単位に、きちっと揃わないように植える（**写真1**）。また、花の時期は限られるので、葉のかたちや色が面白いものを混ぜながらつくると、花の季節のハザマも楽しい感じに仕上げることができる。

土を見せない植栽方法

なるべく土を見せないようにしたいとの要望が多い。竣工当初から土を見せないようにしたければ、マルチング材や舗装材で覆う方法がある。ここでは、設計者にはあまり馴染みのないマルチング材を紹介する。

素材はバークチップ（樹皮）やチップ材（樹木粉砕）などがある。バークチップは小面積に向く（**写真2**）。覆う土を完全に隠すことができるが、風や雨に移動しやすく、水が溜まるようなところではカビが生える。バークよりは割安で繊維質があるチップ材は、絡みあって風や水に流れにくく、広い面積に向く（**写真3**）。しかし、土に近い感じの仕上げとなり、美観性はやや劣る。また、燃えやすいため、公共性のある部分での使用は注意が必要（難燃性の製品もある）。経年変化でチッ素過多になることが指摘されているので注意したい。このほか、砂利や発泡煉石（ハイドロカルチャーなど）で覆うこともある。

なお、植物を高密度に植えて土を隠す方法もあるが、高木とその下に植物（低木、地被、芝生）を際まで植えると、夏場の水分補給の際に高木とその下にある植物との取合いになり、どちらかの調子が悪くなることがあるので注意する。

写真1　花のあふれるガーデン（京王フローラルガーデン）

写真2　バークチップでマルチング

写真3　チップ材でマルチング

植栽と照明との組合せ

クリスマスイルミネーションに凝る住宅を多く見かける。樹木に絡み付けるパターンも多い。しかし、植物は夜は休むのが普通なので、一晩中照らすことは避けたい。本来は太陽光を葉の表に浴びることが普通であり、樹木のライトアップも、葉裏から長時間当てることは避ける。

さらに、照明は熱を帯びるものが多く、樹木の生長に影響を及ぼすうえ、夜間は虫が集まりやすくなるため、直接植物に当てないようにする（**図7**）。

図7　植栽の照明を当てる際の配置例

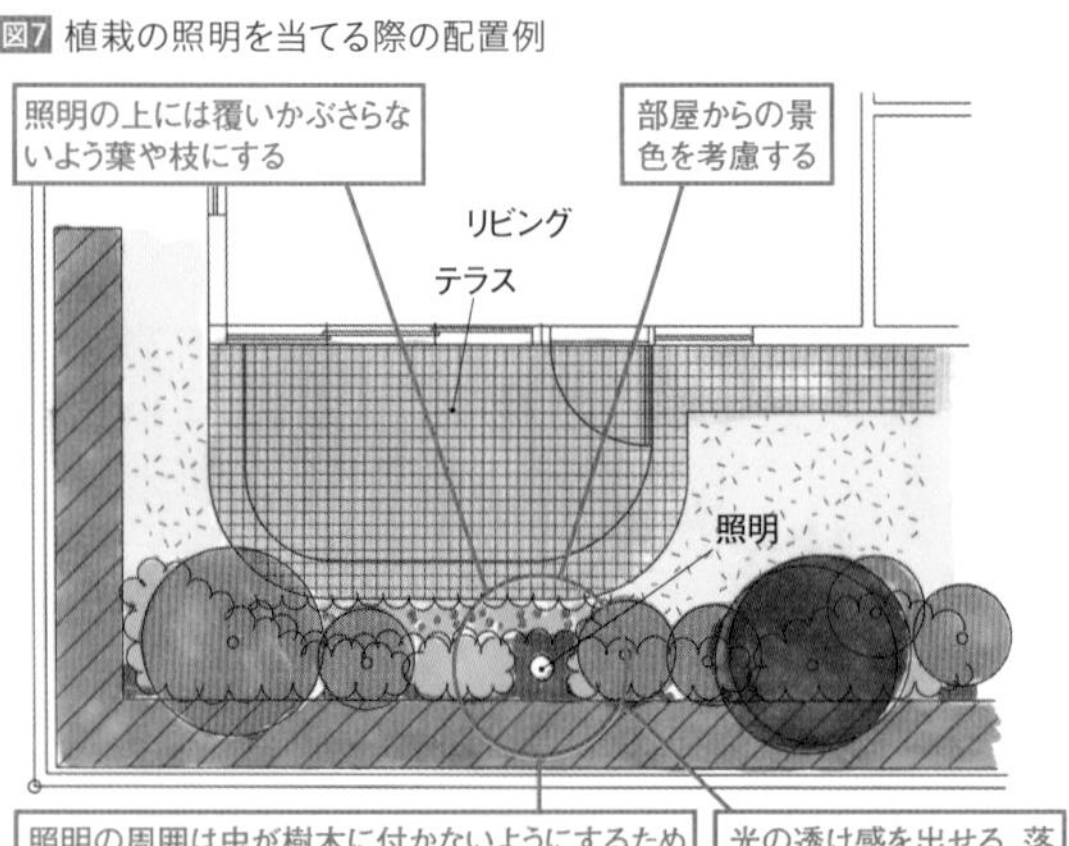

テクニック6

伝統のセオリーを知って正しくアレンジ
和モダンエクステリアのデザイン手法

荒川淳良（株式会社 岩城）

和モダンに求められるもの

日本文化は「クールジャパン」という言葉で海外で評価され、庭の世界でも「和」の風情が再び見直され始めている。それは「和む」という言葉の通り、日本人にとって本能的に心地よいと感じるものが「和風」の庭にあるからであろう。

和モダンの庭と、伝統的な日本庭園。その手法や意匠に、大きな違いがあるわけではない。日本の庭が常に建築とともにあり、庭と建築がともに引き立て合うという関係は今も昔も変わらない。では、建築がシンプルで明るく軽快な方向に向かっているなかで、和モダンの庭に求められる条件とは何か。

①シンプルである、②メンテナンスが楽である、③狭いスペースに対応できる、の3点といえるであろう。和モダンのデザインを考える場合、伝統的な日本庭園のセオリーを理解した上で、これらの条件に対応していきたい。**（写真1）**

露地と坪庭

ここでは、伝統的な日本庭園のスタイルのなかで、住宅と特に密接な関係をもつ「露地」と「坪庭」を紹介する。

「露地」とは茶の湯のための庭である**（図1）**。もともとは、茶室に入るための

写真1　最低限の植栽でも、見せ方によって潤いと余韻のある空間をつくることは可能である

図1 伝統和風の露地庭の構成例（S=1：200）

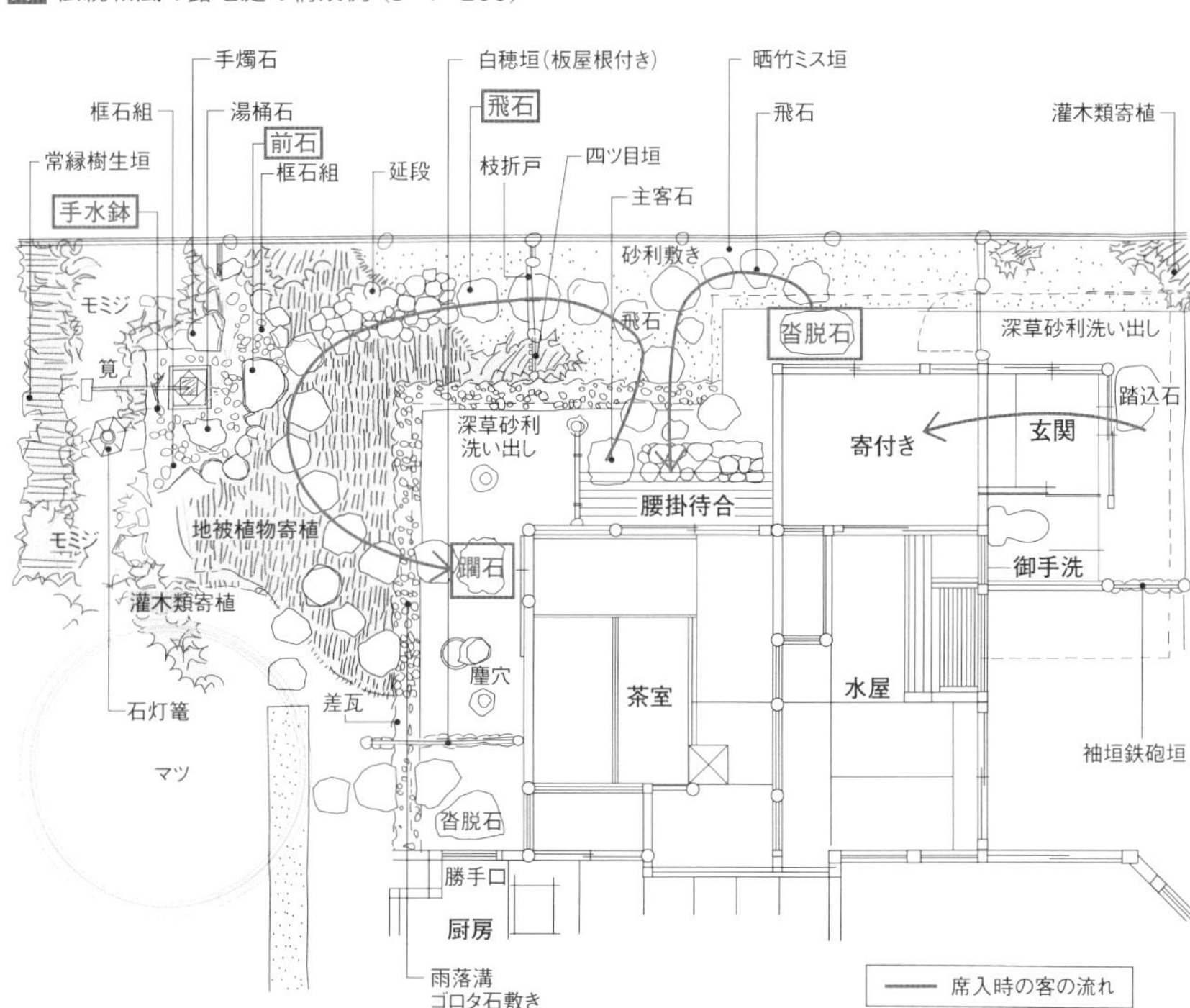

特別な通路「脇坪ノ内」が発達したものといわれ、席入りするまでの「道すがら」の庭として現在のようなスタイルを確立したのは、江戸時代以降である。露地は、もちろん見た目にも美しい庭ではあるが、基本的には席入りをするための「使うための庭」である。約束ごとは多いが、その完成されたスタイルは、先人達の培った「粋」の結晶ともいえる。

「坪庭」の歴史は露地よりもさらに古く、もともと「壺」や「局」という字が当てられていた。これは周囲を仕切られた場所という意味で、禁中にある「桐壺」などは、建物に囲われた一区角に桐が植栽されていたことを意味する。これが後に露地の原型である、「坪ノ内」へと発展していく。「坪庭」として最もイメージしやすいものは、京町家の「坪庭」であろう。薄暗く細長い町家のなかにつくられた空間は、採光と通風を確保するための知恵であり、要素を削ぎ落とした庭の意匠は、シンプルかつ奥深いものがある（**図2**）。

和モダンの添景

「露地」と「坪庭」の意匠と美意識は、狭小や密集など、現代の住宅事情に暮らす我々にさまざまなヒントを与えてくれる。そこに見られる伝統的な庭の添景を紹介し、是非取り入れていただきたい。

（1）蹲踞（つくばい）

席入りする前に手と口を濯ぎ（すすぎ）清めるためのものだが、筧（かけひ）から落ちる水音や、清く張られた水面は、庭に静けさと清涼感を与える（**図3**）。手水鉢には自然石のものや、石造品を加工した「見立物」などさまざまな意匠のものがあり、設置場所や客数によって使い分ける。景色としてのみ置く場合には、ステンレスや陶器などで軽快なイメージにするのもよい（**写真2・3**）。

（2）伝い

伝いとは歩くためのしつらえのことをいう。庭の伝いや敷石などの形式は「真行草（しんぎょうそう）」という言葉で分類することがある（**図4**）。これは、もともと書道の書体を表現したものだが、真が最も格式が高く、草がカジュアルである。ひなびた草庵を模すことを基本とする露地の場合、格式ばった「真」のつたいを配することはほとんどない（**写真4・5**）。逆に、客を迎える玄関などの最も格を重視すべきところに、飛石（草の伝い）を使うことはあまり好ましいとはいえない。

（3）犬走りと雨落ち

雨樋を取り付けない際の納まりとして、雨落ちの手法がある。犬走りと庭の間に溝をつくって雨水を排水するもので、なかに丸く大きめの砂利（ゴロタ石）を撒くことで水の撥ねを防ぐ（**写真6**）。犬走りを砂利の洗い出し、雨落ちをゴロタ石、縁を石や瓦で止める。これだけで庭の景色がぐっと引き締まって見える（**写真7**）。

図2 和モダンの坪庭の構成

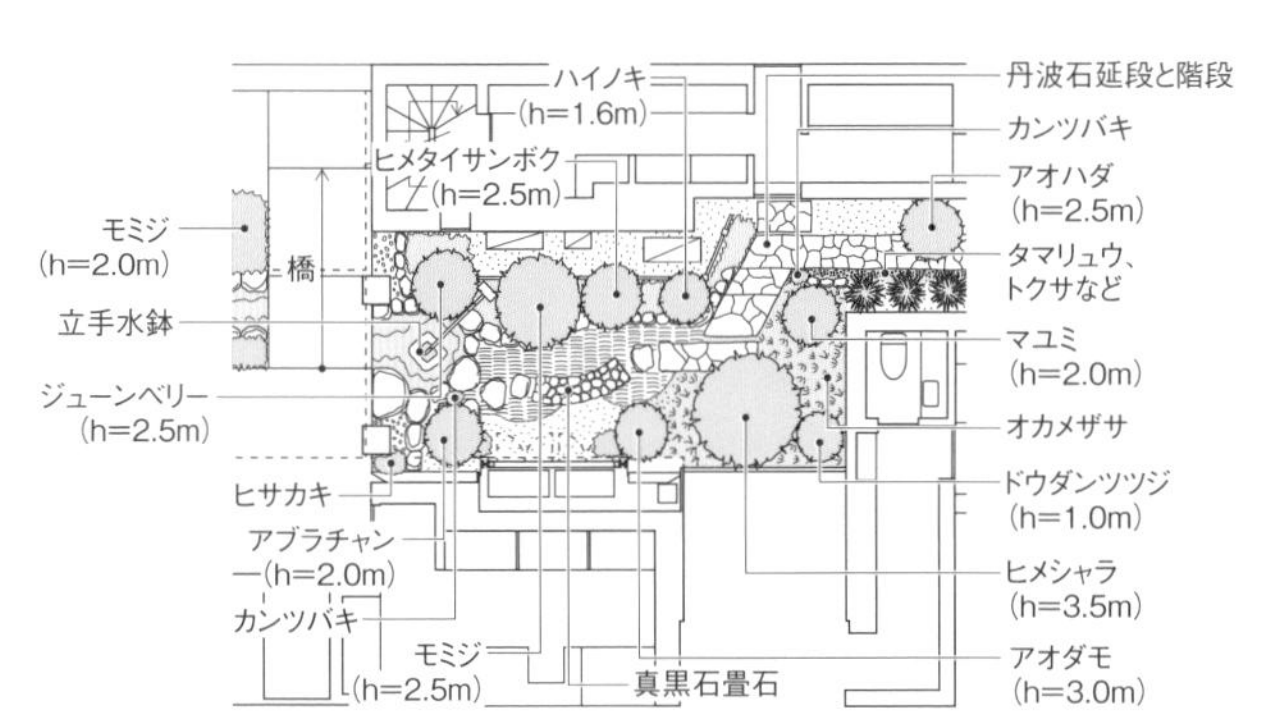

図4 伝いと敷石の「真行草」

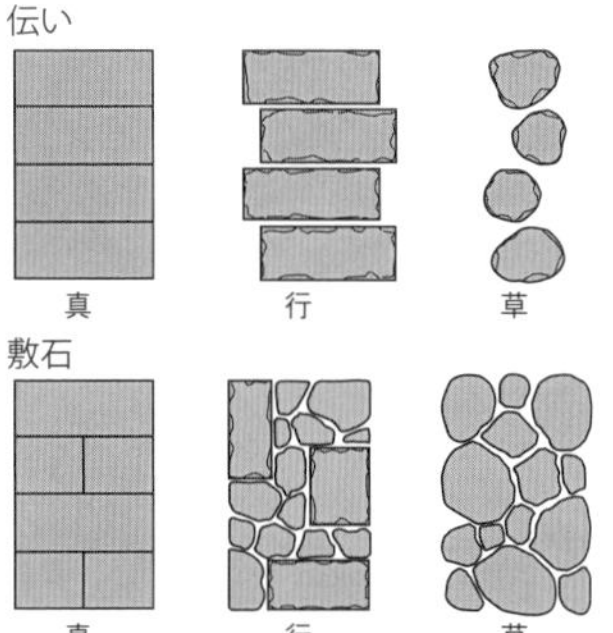

図3 蹲踞の構成

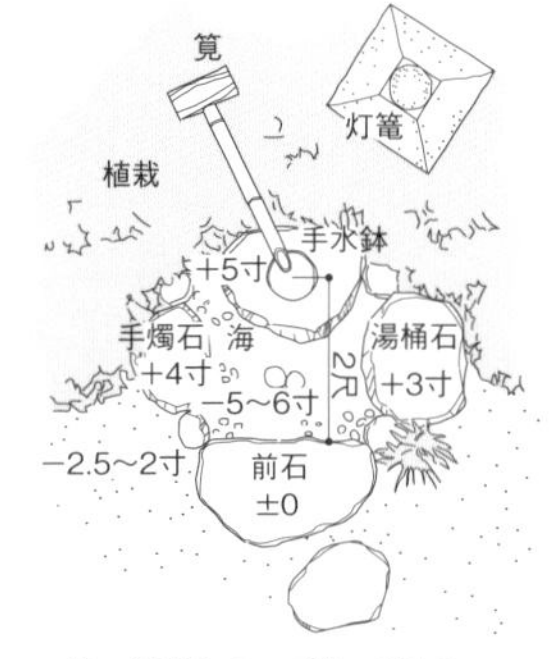

注　流儀によって違いがある

写真3　室内の露地。黒御影の手水鉢に、積層ガラスを用いた灯篭と延段

写真2　ステンレスの水盤を中心に、瀬戸内の海を表現した坪庭。石材は瀬戸内産の花崗岩を使用し、明るい雰囲気を演出

写真撮影（写真2）：佐藤振一

(4)敷瓦

もともと屋根の葺き替えにより不要となった瓦を、庭に再利用した伝統的な手法である（**写真8**）。組合せの意匠の面白さから、近年専用の瓦も販売されており、使いやすく利用範囲が広まった。

和モダンの植栽ポイント

和モダンにおける植栽であるが、ローメンテナンスという観点からも、伝統や様式にとらわれず、より自然で季節感のある植栽が好まれる（**写真9**）。

①新葉や紅葉の美しい樹木、花や実のなる樹木を用い、季節感を演出する

②狭い庭には、細い幹が何本も立つ「株立」の樹木を使うと林のような奥行き感が出て効果的である

③樹木と下草を組み合わせ、自然の林に近いような植栽にすると、メンテナンスの手間があまりかからない

④樹木は不等辺三角形に配置し、主木以外は2～3本の群として植えると自然な雰囲気に仕上がる

最近好まれる樹木をいくつか挙げる。

【葉の美しい木】カツラ、アカシデ、マルバノキ、モミジ、ナツハゼ、リンボク

【花や実のなる木】ウメモドキ、ガマズミ、エゴノキ、ザイフリボク、アズキナシ、マユミ、ヒメシャラ、ヤマボウシなど

【株立の木】アオダモ、アオハダ、イヌシデ、クロモジ、ソヨゴ、ハイノキ、マツラニッケイなど

庭の周りには、隣家・塀・生垣などがあり、南側といえども、足元は暗く、湿度も高いことが多い。このような厳しい条件のなかで、力強く生育し庭に彩りを与えてくれるのが下草である。下草とは、山野草などを園芸的に栽培したもので、庭の足元を彩るアイテムとして、積極的に取り入れたい（**写真10**）。

【面的に使える下草】アジュガ、キチジョウソウ、ササ類、シャガ、リュウノヒゲ（玉竜）、フッキソウ、ヤブランなど

【花や実の付く下草】エビネ、ケマンソウ、シュウカイドウ、ツワブキ、フイリヤブラン、ホトトギス、ヤブコウジなど

【葉の美しい下草】ギボウシ、ヒューケラ、シダ類、イワヒバ、ハランなど

【湿地に適する下草】セキショウ、トクサ、ユキノシタ、ハンゲショウなど

竹の下には、笹やシャガなどの丈の長い下草を植栽すると、落葉が気にならない。また、下草の足元は堆肥や腐葉土で覆うと、乾燥と雑草を防ぐ効果がある。

植栽するときに、「和風でお願いします」などといわれることが多いが、樹木や草花そのものに、和や洋があるわけではない。肝心なことは、配置の仕方や組合せ方によって、和風にも洋風にもなり得るということである。

写真4　手前に下りてくる小路は、水の流れのような印象を与える

写真5　格式の高い門には、格式の高い伝いが求められる

写真6　犬走りの縁石の硬い印象を自然石や苔のテクスチュアが和らげる

写真7　延段と砂利を同系色にしてエッジをぼかすと、柔らかな印象になる

写真8　荷重制限のあるバルコニーでも応用が利く敷瓦のデザイン。波型・半円・一文字。配置や組合せにより敷瓦はさまざまな意匠が可能

写真9　日陰に適するシダや苔などは、モダンな住宅とも相性がよい

写真10　ホワイトクローバーは、ナチュラルな印象をつくるのに手軽なグランドカバーだといえる

TOPICS

プロが勧める植栽との相性がよい外構資材

百瀬 守（SOYぷらん）

住宅外構廻りの舗装は、機能性、デザイン性の両方を併せもつことが必要とされる。また、それに加えて、植栽との組合せ、植物との質感の相性や、透水性などの機能についても注意が必要である。外構は建築より後回しとして考えられてしまうことが多いなか、そのような考え方を見直して、建築計画と同様に注力したい。そこで、筆者のお勧めの外構舗装材を紹介する。

砂岩（ダイナストーン㈱※1）

石目に沿って割はがした手はつりのため、ザラッとした質感が温もりを感じさせる石である。また表面が平らではないので、スリップしにくい素材ともいえる。乱形や420×570㎜のダイナミックな大きさがあり、これらを組み合せてテラスにすると面白い。色味についてはベージュ系を主にした色が揃っている。珪藻土の外壁や木製のトレリス、窓枠を使用する建築が多くなってきているので、これらの素材と、ベージュ、茶、ミントなどのアースカラーの砂岩はよく合う（**写真1**）。

砂岩は強く主張しない石なので、植物との相性がよく、お互いを引き立たせる。砂岩のテラスの周囲には何もないより、多くの植物の緑があるといっそう砂岩の味わいが深まる。砂岩のなかには、採取した地域によっては、採取する山での硬度材質が微妙に異なるため黒く変色するものがあるので注意が必要である。しかし、同社の製品は、その心配はない。

イタリア斑岩ピンコロ

イタリア、ジェノバ産のイタリア斑岩ピンコロ石。石の国、ヨーロッパによく見られる石畳を思いおこしてもらえれば、雰囲気はお分かりだと思う。

イタリア斑岩ピンコロ石は石のなかでも硬度が高く比重の大きな石である。10×10㎝×高さ10㎝内外の大きさで、1個が3kg近くある、重みのある高品質な石である。ホームセンターなどでよく売られている御影石ピンコロとは違い、かたちも整形ではなくまちまちで色も深みのあるバイオレット。石の一つひとつに表情がある。このイタリア斑岩ピンコロ石は、どんな雰囲気にもピタッと納まる。

たとえば、今ではあまり好まれない昔ながらのツゲ、キャラ、ツバキなどの植栽部分にこのピンコロで小さな園路をつくっただけでまるで昔からあったかのように既存の植物に調和する。和洋を問わず、建物や植物との一体感をつくり出してくれるのはこのイタリア斑岩ピンコロ石の大きな魅力である（**写真2**）。

エコグローブ（東京福幸※2）

エコグローブは、真砂土を原料とした舗装材である。前述の石製品は、工事費用が高くつくので気楽に使えない。その点、エコグローブはアイデア次第でいろいろな使い方ができ、経済的な材料だといえる。

また、皆を悩ます雑草対策にも一役買ってくれる。高齢化社会になり、老夫婦2人の生活で庭の雑草取りが体力的に辛くなってきたのでなんとかしてほしいという相談が多くなってきたが、定期的に造園屋に頼むには費用がかかるため、いっそコンクリートで固めてしまいたい、という笑えない現実がある。そういう場合に、エコグローブは土の感触があり、透水性に優れ、自然な色合いで使いやすい材料である。水で練って使うためコンクリートのように固まるが、ザラザラした質感と透水性があるため、日光の照り返しも軽減される。見た目も土のようなのでコンクリートのような味気のないものにはならない。また廃材となっても砕いて土壌に還元できるため、環境に気を配る現代社会に合った素材といえる。

一般の住宅ではエコグローブだけでは単調になるので、そのなかにレンガや石をデザインして入れると表情豊かなテラスや園路などとなる。アイデアで楽しみ方が広がる素材だ（**写真3**）。

デッキ材の素材選び

最近デッキを設ける住宅は多い。そのなかでも木材によるものがとりわけ多いが、筆者の場合、予算により素材の選び方を分けている。予算にゆとりがあるときは、当然、性能の高い樹種を選定する。不燃処理が施されたもの、耐候性の高いイペ、ジャラ、ウリンなどを使うことがある。そのなかでもウリンは、多量のポリフェノール成分を含み、防腐性能が高く、薬剤塗布や含浸が不要であり、注目している（**写真4**）。なお、ウリンは重量があるので、長さ3m前後が作業性はよい。

写真1 珪藻土仕上げの外壁や木製の門扉に合わせた砂岩の玄関ポーチ

写真2 キャラボクなど和のイメージの強い樹種と優しい雰囲気のある落葉樹の雑木の植栽にイタリア斑岩ピンコロ園路をつくった庭

写真3 エコグローブに耐火レンガを入れてアクセントにした長い園路。透水性や雑草対策にも一役買っている

写真4 ポリフェノール成分が雨水で溶け出し色落ちすることがあるが小口面に撥水剤を塗布することである程度防げる

※1 ダイナストーン㈱問合せ先TEL：03-3468-4169
※2 東京福幸問合せ先TEL：0556-22-3121

数年前まで街路樹の流行はハナミズキだった。その理由は、春は花を楽しみ、秋は紅葉と実が楽しめる鑑賞価値と、葉が少なく樹高が抑えられる（7m程度）などの管理が比較的楽なことと、サクラほど病虫害が頻繁にでない、そのうえ生産しやすく比較的安価に供給できること、などである。

ハナミズキのように街路樹に適している樹木は実は意外と少ない。ただし、もともと水分が好きな性質であるため、アスファルトなどの夏の照り返しが強いところは嫌う。そのため、温暖化が進む都市部では病気が発生しやすくなっている。

環境にもよるが、街路樹として樹木を選ぶ際は、ハナミズキのような性質をもつものが望ましい。

TOPICS

街路樹の選び方とその設置方法

山﨑誠子（日本大学短期大学部）

支柱・樹木根囲い保護材

街路空間は往来を基本とするので、街路樹を支える支柱と根元の仕上げが大事になる（**写真1・2**）。支柱にはそれぞれメリット・デメリットがあるため、場所や樹種に合わせて選びたい（**表1**）。

また、「ツリーサークル」（福原商事[※1]）、「ルーツグレード」（北勢工業㈱[※2]）などとメーカーで呼び名が違うが、樹木の根元を保護する材がある。舗装レベルとほぼ同レベルで仕上げ、その上を歩行できることがメリットとなり、空間を広く使える。駐車場の中に樹木をシンボル的に配置したい場合も有効だ。

街路樹の植桝のデザイン

前述のような樹木根囲い保護材は、歩道や広場の舗装空間と一体となった状態といえる。一方、植栽桝で高木、低木をバランスよく配置し、植栽帯を形成することも多い（**表2**）。植栽桝を大きく取り、土の面積が多いと、植物はよく生長し、乾燥もしにくい。

道路（私道は除く）に付帯する歩道の植栽帯は、特別に許可がある場合を除き、ベンチやゴミ箱などを置くことはできない。ベンチのようなものがあるとしたら、それは植栽桝の一種と捉えられている（**写真3**）。

表1 支柱の種類一覧

	特徴	コストの目安（材工共）	デメリット
木材や竹を使った支柱	標準タイプは木材を使った支柱となる。鳥居タイプと八つ掛タイプがあり、鳥居タイプのほうが、大面積をとらず支柱が目立たないが、耐風性は八つ掛タイプのほうがある。根付けば2年後ぐらいから取り外すことができる	3,000円～20,000円／㎡前後	竣工時は支柱ばかりが目立つ。風化すると見苦しい
ワイヤー支柱	大木など、支柱を大きく設置できない場合、近くの工作物から基礎をとり、ワイヤーで固定する。街路空間ではあまり使われない。視認できにくいため公の空間では導入しないほうがよい	50,000～200,000円／㎡前後	強風で外れる場合がある
鋼管を使った支柱	都会的な空間をつくるときに利用。街灯などを組み込むことができる。幹を保護する役目もある。基本的に根付いても取り払わない	70,000～300,000円／㎡前後	樹木の幹が生長したときに取り外すのが難しい
土中支柱	支柱が見えない支柱。根鉢を土中でワイヤーなどで固定する。ワイヤーが時間が経つと土に還るようなエコタイプも出てきている	50,000～300,000円／㎡前後	施工手間が一番かかる。一度施工すると、移動しにくい

写真1 丸太による八つ掛支柱。大型の樹木や風が強いところで一番使われる（富士見女子学園）

写真2 土中支柱。支柱が地上になくなるため、竣工時から開放的な街路空間をつくることができる（セ・パレル中央林間）

表2 街路樹の植栽桝の寸法目安

	樹高	植栽桝直径	植栽桝深さ
高木類	3m前後	75㎝以上	60㎝以上
	4m前後	90㎝以上	75㎝以上
	5m前後	120㎝以上	90㎝以上
	6m前後	150㎝以上	120㎝以上
中木類	1.5～2.0m	60cm以上	50㎝以上
低木類	0.3～1.2m	40㎝以上	40㎝以上
地被類	0.3m以下	20㎝以上	30㎝以上
芝生	0.2m以下	10㎝以上	20㎝以上

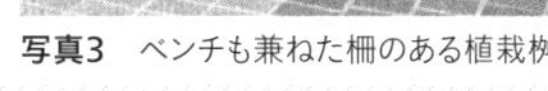

写真3 ベンチも兼ねた柵のある植栽桝

※1 福原商事問合せ先TEL：048-252-3351
※2 北勢工業㈱問合せ先TEL：06-6723-0471

「地球のたまご」計画 浜名湖に新たな水源をつくる

田瀬理夫（プランタゴ）

写真1　「地球のたまご」全景

写真3　貯留池の水を揚水する風車

写真2　観察池1。水質の観察を行う

「地球のたまご」はOMソーラー※1の単なる社屋建設ではなく、同社のシンボルであり、研究・開発の拠点であり、また情報発信基地として構想された施設である※2（写真1）。

浜名湖畔の1万坪を超える用地を活かして、どのようなことが実現できるか。ランドスケープは「湖岸の再生」を目指し、建築は「住まい」のスケールで、OMソーラーをはじめさまざまなパッシブ要素技術が実施されている（表）。

計画地は静岡県浜名湖村櫛半島東部に位置し、高さ約2.5mの石積護岸に囲まれた養鰻場跡の埋立地である。敷地面積約3万2千700㎡に及ぶかつての養鰻池は周辺一帯を含め、バブル期に埋め立てられ、放置されていた。市道、石積護岸で区画され、陸から湖への地形、水系の連続性は失われていた。

3年間にわたって行った浜名湖流域における動植物のロケハンは、在来の植生や生物が生息する場所を求めて、敷地周辺部から流域の最上流部にまで及んだ。しかし除草剤や農薬の散布によって水田や休耕田のあぜ道の植生は極端に貧弱で生物の気配がなく、また山林は竹の侵入により薮と化していた。さらにお茶やミカンの生産量を誇る浜名湖流域では、農薬によって水質の悪化が進行していた。ロケハンを通じて無農薬・無除草剤の水田を目にすることができたのは、浜名湖の主流である都田川水系の最上流部の愛知県との県境にほど近い集落などわずかであった。こうした厳しい現状を認識したうえで、同計画はこの地が浜名湖の新たな水源となることを目指し、流域の環境を再構築することを意図した試みでもある。

水源をつくる敷地内の水系の構築

計画地は養鰻場の跡地であり、約2m下に防水のための粘土層がある。この粘土層まで掘削して貯留池とし、またその発生土を盛土し、平坦な埋立地に敷地西側の旧陸地の樹林や、北側の遠い山並に呼応するような地形をつくっている（図1）。また、敷地に降った雨はすべて、水路や凹地、湿地などを設け、限りなく長い経路をたどって貯留池に流入させている（図2）。水路、凹地、湿地、貯留池の水辺には、敷地に繁茂していたヨシ、クサヨシ、チガヤなどの草のターフを移植し、築山上には浜名湖の流域で採取した在来植物の実生苗、挿木苗などの在来の植物を植栽している。在来植物による植生で覆われれば、この敷地は「保水された雨水が植物や微生物によって浄化

表　地球のたまごで取り入れているパッシブ要素技術

パッシブ要素技術	特徴
バイオマストイレ	汚水はバイオマストイレという微生物の働きでし尿を分解し、自然蒸発させる処理装置付きの循環式水洗トイレを採用しているので、貯留池には流入していない。処理水は洗浄水として循環する
酸化チタンスクリーン	コリドールや事務室トップライトでは酸化チタン光触媒を塗布したスクリーンに散水し、涼を得る。使用井戸水は池に流入する
ソーラールーフ	集熱屋根、ハンドリングボックスなどがユニット化された OM ソーラールーフ
ベトナム換気扇	風力のみで熱気を排出するベンチレーター。ベトナム製
草屋根	アルコーブ、閲覧室、職員玄関などの屋根にはアクアソイルを用いた草屋根
アースワーク、草土手	フトンカゴを活用して（82 頁参照）、発生土を中詰めしてノシバやチガヤで壁面を緑化した。建物を取り囲むようにしてつくられた土手は植生で覆われた、夏涼しくて冬暖かい緑のパッシブウォール

写真 4　在来種のターフが植えられた土手

※1　空気集熱式パッシブソーラーシステムをはじめとする環境共生技術の普及につとめる。地球のたまご（OMソーラー）問い合せ先TEL：053-488-1700㈹

図1 地球のたまご配置図

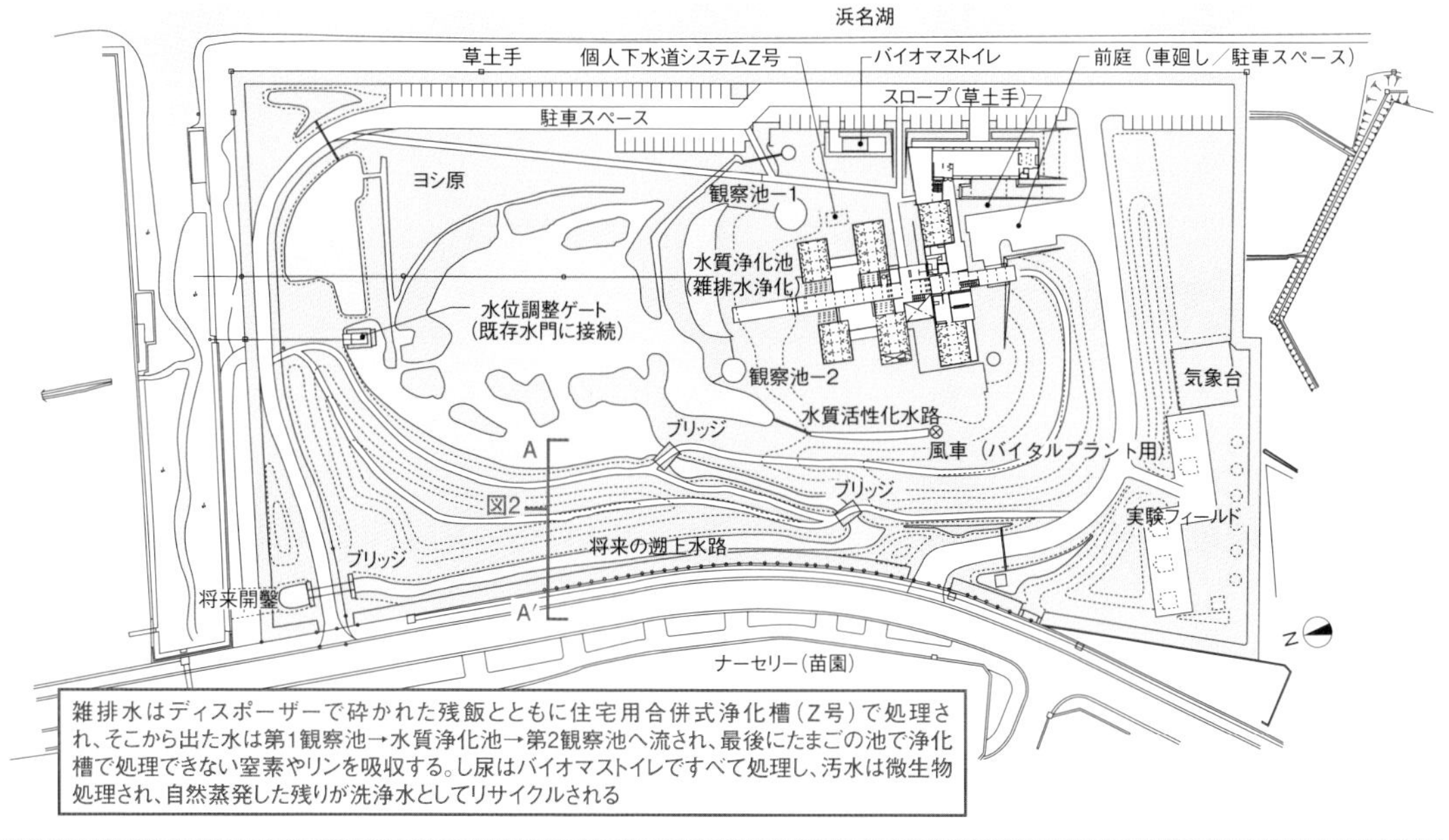

図2 地球のたまご断面図（S=1：300）

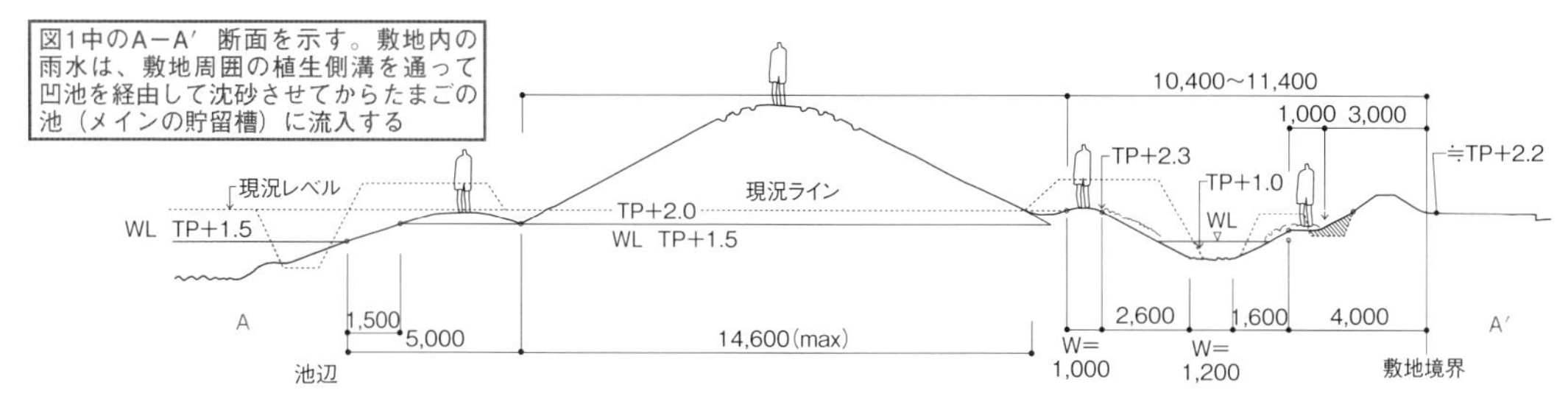

され、季節変動によって流出する」水源地としての機能をもつことになる。

施設の雑排水は、個人下水道システムZ号という合併処理浄化槽で処理され、処理水は水質観察池を経て水質浄化池でヨシ、クサヨシなどの植物により浄化された後、自家用水田を通過して貯留池に流入する（**写真2**）。また、揚水風車で汲み上げられた貯留池の水は、ガマやヨシなどの水生植物による植物浄化と、バイタルエンザイムマテリアル（VEM）の水処理プラントを併用した水質活性化水路で活性化し、水質の向上をはかっている（**写真3**）。

貯留池は浜名湖より1.8m高いレベルにオーバーフローを設けてある。よほどの大雨時に余剰水は水位調整ゲートから管路で浜名湖へ放流されるが、将来敷地内の水質の安定を見極めて、石積護岸の一部を撤去し、開水路で放流することを予定しており、浜名湖の生物が遡上する水路となることが可能な縦断勾配を備えた水路が用意されている。魚類が遡上すれば湖岸の修復が達成されたといってよいだろう。

どんぐりプロジェクト

ここでは、ノシバを除いた植栽材料はすべて地域の在来種でOMソーラー協会のスタッフが実生や挿木から育てたり、敷地内の自生植物を移植した。木本類計46種類以上に及ぶ親木は、浜名湖や周辺の都田川水系に古くからあったアラカシ、スダジイなどの樹々である。これらの取り組みを、「どんぐりプロジェクト」と呼び、現在も育成管理が続いている（**写真4**）。

浜松市の開発許可申請では、緑化計画は竣工時（'04年6月）が完了ではなく、'06年までの作業計画としていた。地球のたまごに野鳥、トンボ、バッタ、カニ、カエルなどさまざまな生き物が棲み始めている。在来植物の育成が進めば、湖上からの眺めは背後の丘の樹林と一体となって浜名湖岸らしいランドスケープとなるだろう。

我々を取り巻く状況をよく観察すれば、どこの産地のものだかわからない建材で埋めつくされつつあるヒートアイランドの都市、化学肥料や薬剤漬けの農村、放ったらかしで薮化する山の環境を修復していかなければならないときにきていることが分かる。建築は環境への負荷を限りなく抑えたパッシブなものに。ランドスケープは自然の多機能性、多様性を備えて年々それらをストックし、豊かさを増していくアクティブなものに。それも地域ならではの「らしさ」が大切である。

※2 建築概要：建築設計／永田昌人+OM研究所、設備設計／科学応用冷暖房研究所、ランドスケープ／プランタゴ、施工期間／2003年6月〜2004年5月。関連図書：『新建築』2004年10月号（新建築社刊）、『LANDSCAPE DESIGN』No.39（マルモ出版刊）

植栽事例2

住宅街・密集地で街との関係・距離をつくる植栽

伊礼 智（伊礼智設計室）

屏風（ヒンプン）ハウス

この住宅は東京・国立市の閑静な住宅地にある（写真1）。南側道路に面し、3方を隣家に囲まれた、洋風な建物が立ち並ぶ、少しゆったりした区画である。日ごろ感じていたことだが、東京の街並みは国籍不明で、そのうえ、閉鎖的である。防犯対策として高い塀で囲み、少しでも大きな家に住みたいと敷地いっぱいに家を建てる。おかげで、出窓も大きな開口部もカーテンが閉められ、庭は樹木を植える余地もない状況である。

住まいが高断熱・高気密化へ進み、家づくりが建物自体の性能で語られ、外壁の内側のことだけ考えられているのではないか？　それが、街並みへの配慮に欠けた家づくりへとつながっているように思えて仕方がない。そこで、この家では沖縄の民家によく見られる、屏風（ヒンプン）廻りの外部空間のシークエンスを持ち込んで見ようと考えた。

ここで屏風の説明をする。沖縄では路地と屋敷内との間に衝立のように存在する壁がある。これを屏風という。目隠しと魔よけを兼ねたものである。街と屋敷内を分節し、街（外部）から室内へグラデーションを描くように空間を引き込んでいくのが屏風の役割のひとつである（写真2）。

また、屏風を右に曲がるとハレの空間で、離れや客間があり、左に曲がるとケの空間で炊事場や井戸があった。コミュニケーションのヒエラルキーを司る装置として働き、街から内への空間へのグラデーションと相まって、コミュニケーションのグラデーションをつくり出す。そして、街と応答する外部空間をつくり出しているように思う。このような沖縄の民家に見られる外部空間を都市にもち込むことが、都市の中で街とどう関わるかという点で有効に働くのではないかと考えた。

敷地と街をつなぐ植栽

20㎜厚の目透かし張りの木塀（ベイマツ）の外にできた空間を予備の駐車スペース、自転車置き場として利用し、街に幹を見せるように高さ2.5ｍの株立のシャラと同じく高さ2.5ｍのハナミズキを植えた（図1）。予備のカーポートはコンクリートのスリット打ち。スリットは土を残し、そこへは施主の好みの草花を植えてもらった。

この木塀を右に回れば玄関ポーチ、そこからさらに玄関と勝手口へと振り分けられる。木塀を左に回れば駐車場、そこから中庭的なデッキへとアプローチできる。木塀の裏の中庭には、夏の遮熱や視線の遮蔽を目的とした高さ4ｍの株立のカツラを植えた。太陽光線で透けて見えるハート型の葉がきれいで、熱的なバッファーともなっている。カツラは生長が早く、数年で大木となる。屏風ハウスでも2年の間に、すでに1度剪定したとのことだった。屏風を右に廻り、さらに左の縁側的中庭の入口には、高さ2.5ｍのヤマモミジを配置した。ヤマモミジのアーチをくぐって、中庭に入る演出である。カツラは夏のデッキの遮熱、ヤマモミジは秋の楽しみでもある。

街から室内までの「間」に外部から内部へのグラデーションを描き、そこへ、段階的に樹木を植えている。それに、多くの動線を重ねることで、街との距離に機能をもたせている。屏風のつくり出す空間が、ほどよいバッファーゾーンとなって、プライバシーを守りつつ南島的解放感がつくり出せたと思っている。植栽計画の際、樹木の選定だけに目がいきがちであるが、街との関係をつくり、植物をそのためにどのように利用するかということが大事だと思う。

写真1　屏風ハウスの建つ一帯

写真2　ベイマツ目透かし張りの屏風

図1 屏風ハウス平面図（S=1：200）

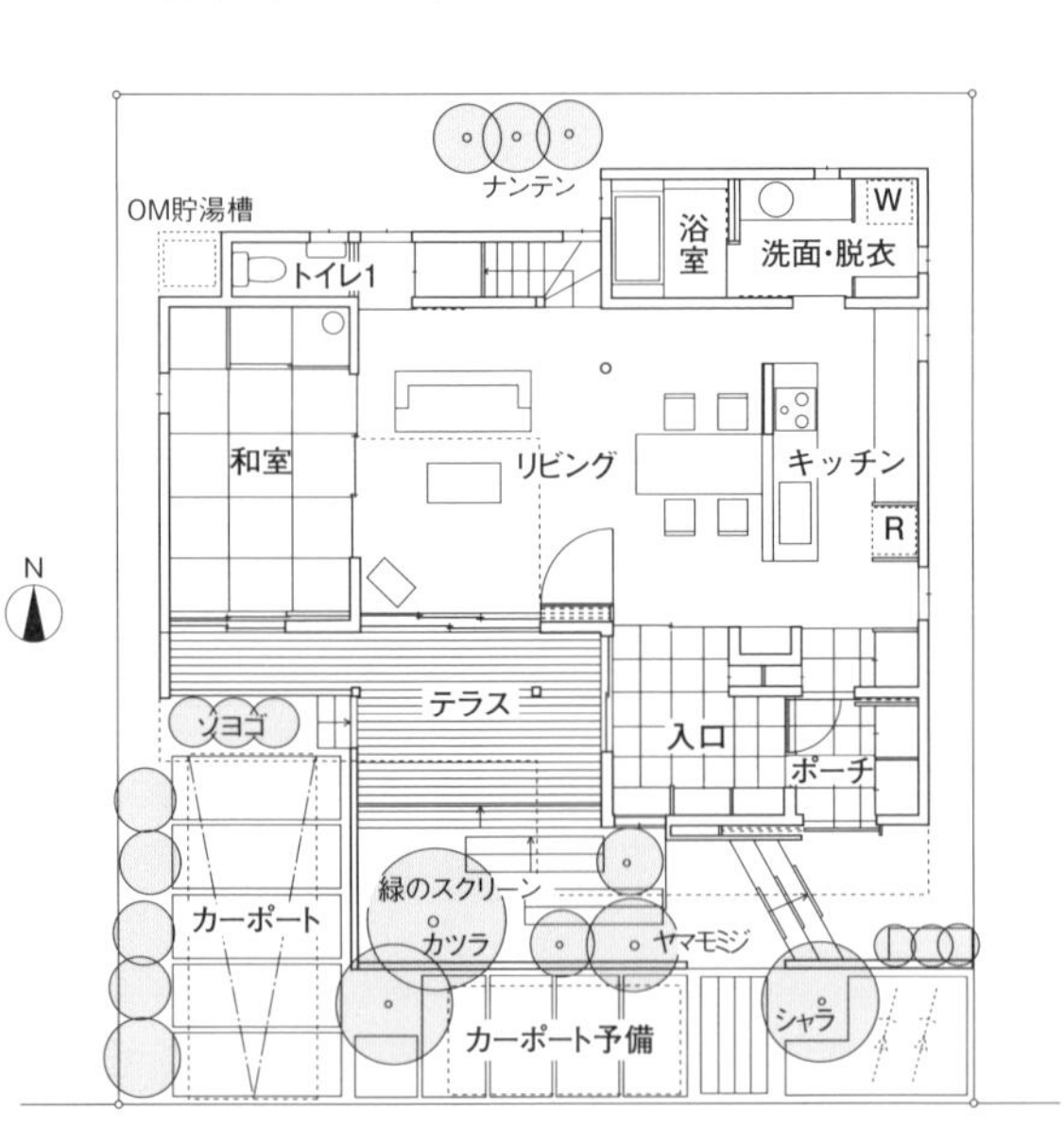

東京町家

東京都・江戸川区に建つこの家は、敷地面積60・72㎡と狭小であるにもかかわらず、建ぺい率50%、容積率100%という厳しい条件である（**写真3**）。与条件としては車1台に自転車3台の駐車スペースを要求された。私道の奥には、奥さんの実家があり、おばあちゃんが家族のようにいつも出入りしている。南側は駐車場があり視界が開けるが周辺はどう見ても合法とは思えない住宅に囲まれ密集状態である。駐車と駐輪のためのスペースを確保した、残り半分の土地が建ぺい率ぎりぎりの約9坪。この範囲のなかで何ができるだろうと思うと途方に暮れる感じだった。

しかし、エスキースを重ねていくと、ごく普通の家として解いても成り立つのでは？　と思えるようになった。住まい手は奇抜さや斬新さを望んでいるわけではない。このような極端に小さな家というのは、住まい手の「住む力」に頼らざるを得ない。結局、無駄をしないこと、広く感じること、寸法を吟味することなど、「合理」に添って設計を組み立てた。

この家は完成後、幸いにも多くの方々の共感を得られ、このような小さな家づくりを積極的に展開していこうということになり、「東京町家」スタイルと名付けられた。

都市住宅は閉鎖的になりがちで、狭小住宅なら、なおさらそうである。東京町家のコンセプトの1つは、街との関係・距離をもう一度再構築しようということでもある。小さな家こそ、街とかかわって存在したほうが心地よいはずだ。

1本の木で街と家の距離を取りもつ

この家は角地であるが、北側半分に家を建て、南側半分を開けた。そこへびっしりと枕木を敷き詰めてカーポートとし、車のないときはフラットな小さな広場となる。つまり、この地域の角地をオープンにして、道路も含めて視界が抜けるようにした（**図2**）。そうすることで近所も開放感が生まれ何より自分こそが視界が開けて、小さな家が拡張された感がある。犬走りには、木製のベンチと鉢植えが並べられている。玄関アプローチ横には、高さ3mのカツラを1本植え、足元にオカメヅタを這わせた（**写真4**）。樹木はこれ1本だけである。

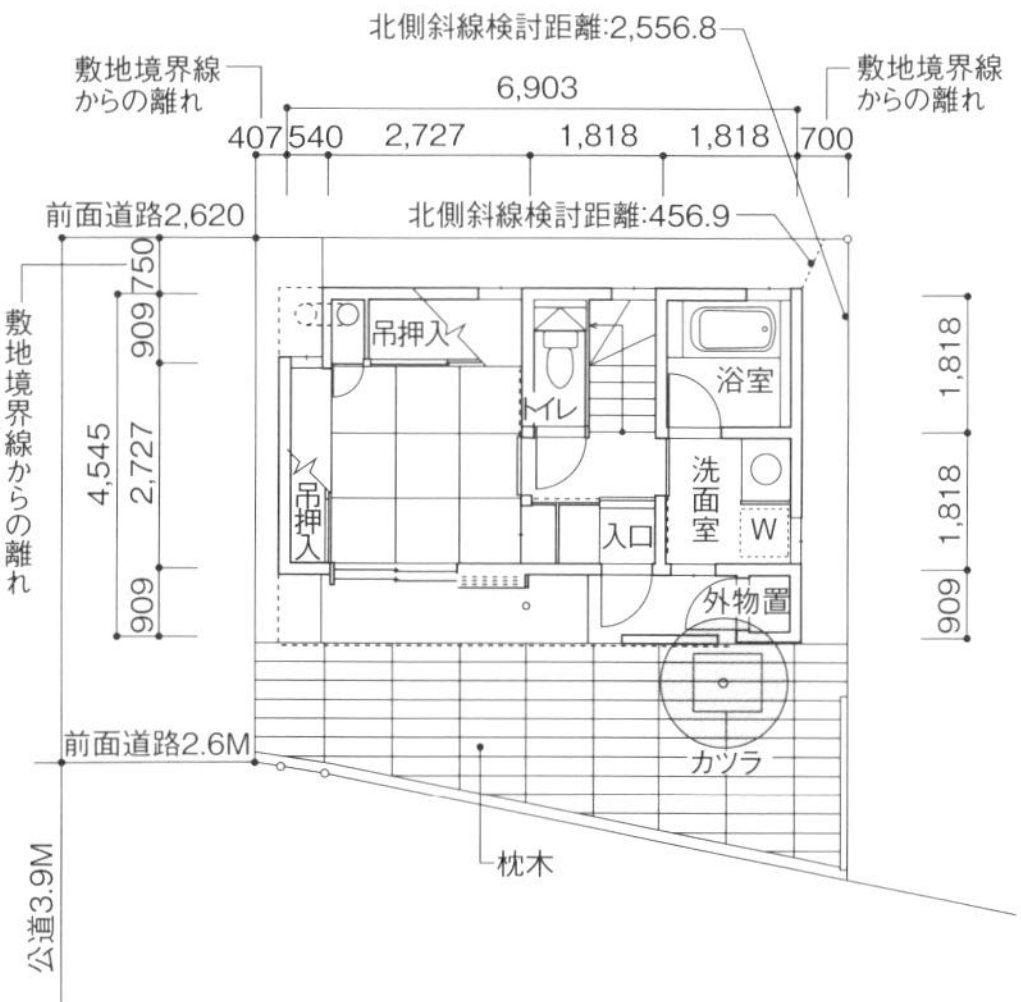

毎日出入りするとき、このカツラの樹幹をくぐり、たった1本の木であっても、天気や季節によって毎日、意識することだろう。カツラの木は2階リビングのダイニングの窓下にあり、食事のたびに目にすることになる。数年と待たず、カツラはその窓の高さまで生長し、夏の遮熱効果をもたらし、2階の定位置（ダイニングテーブル）と街との間にスクリーンの役割を果たすだろう。小さく建てることで空地ができ、そこへ木を植えることで微気候が整えられる。つまり街と家の間を考える（デザイン）ことができて、身近なよい環境が得られる。

小さく住むということはお互いが心地よく住める手法だと思う。この1本のカツラは街と住まいの距離を取りもつ、「東京町家」スタイルの重要なコンセプトなのである。

もう1つの「東京町家」での植栽の例を示す。東京都・杉並区、敷地面積が19坪、建坪10・75坪の住まいである（**写真5**）。この家も3方を近隣に囲まれ、南側のみ道路に面する。ここでは、外構は緑のスクリーンのみで街と対座する（**写真6**）。目隠し的に常緑樹のソヨゴで、高さ2mの壁をつくり、アプローチにヤマボウシとヤマモミジでアーチのように配置し、緑のファサードとした。それだけにもかかわらず、緑のスクリーンが街と家のバッファーとして心地よく存在し、建築の機能を十分果たしているように思える。植栽をまとうことは大事なことなのである。

写真3　東京町屋・江戸川の家

写真4　カツラの足元にオカメヅタ

図2　東京町屋（江戸川の家）（S=1：200）

写真5　東京町家・杉並の家

写真6　ソヨゴのスクリーン

植栽事例3

みんなで取り組む団地の植栽

柳原博史・三好あゆみ（マインドスケープ）

アクティビティとしての植栽

植栽は、計画から工事を完成させて終了するものではなく、そこから維持管理が始まり、その如何によって植栽の良し悪しが変わるといってもよい。

植物の維持管理は、とかく身体的または経済的負担を伴い、面倒なものと捉えられがちである。しかし、この維持管理を専門業者にすべて任せてしまうのではなく、自らの手で楽しみながら行うアクティビティ（楽しむ活動）として捉えられれば、その様相は大きく変わる。ここでは、アクティビティとしての植栽維持管理の可能性を、とある大規模団地での例を通して考えてみたい。

集会所の新築を契機に、団地全体の植栽の未来を考えることに

この団地は、築約50年、敷地面積8.2haに、39の住棟、約700世帯が暮らすマンモス団地で、植栽地の面積も広大である。これまで、植栽管理は基本的に造園業者に一任していたが、植栽に対する住民の関心の薄れが懸念され、委託費用の見直しと共に、住民ができる部分をやってはどうか、という意見が上がり、その方向性が模索されることとなった。

この動きに先立ち、団地の中心部にあった給水塔が撤去され、2021年、代わりに木造平屋の新しい集会所が新築された（**写真1**）。集会所の周囲にはベンチやテーブル、縁台などを配し、一部外構の改修も行った。これが、団地の外部環境全体を考え直す契機ともなった。

この外構工事に際しては、住民の外構環境への関心を高めるために、記念植樹会や芝張りの体験会も開催され、アクティビティとしての植栽の素地を整えていった（**写真2**）。

団地の植栽を巡る3つの課題

この団地の植栽に関する課題は、大きく3つある。

①花や低木類の維持管理
②広大な芝地の維持管理
③巨大化する桜をはじめとする高木群をどうするか

①については、これまで各棟の住戸入口付近に一年草や球根草花などを植え替える住民のサークル的活動は行ってきたが、団地全体としての植栽の在り方や今後の方向性に基づくものではなく、あくまで局所的な演出に留まっていた。また、団地内の広範囲に当初から長く植えられていたツツジ、アジサイなどの低木類、さらに所々に植栽され、一部衰弱や枯損しているウメ、キンモクセイ、サンゴジュなどの中木類は、これまで業者に委ねられてきた管理の範疇であった。今後、これらを長期的にみてどうするか、全体計画を描くことが課題となっていた。

②団地内住棟の周囲には広大な芝生地があり、これまでは年2回の芝刈りを行ってきた（5年前までは年3回、10年以上前は年4回の芝刈りを委託して行ってきたが、費用を抑えるため、近年2回まで減らしてきた）。年2回とはいえ、面積が広いため費用がかかり、その割に、年2回では夏などはかなりの草丈となり、景観的に問題視する住民もいたという。

③広大な敷地の団地内には、50年前の完成当初に植栽されたソメイヨシノ、ケヤキ、イチョウ、ユリノキ、クスノキといった高木が多数あり、これらは樹高15m以上に達するものもあった。一部は根が広がり、場所によっては園路や擁壁などの周囲の構築物に影響を与え、樹冠が一部の住戸の眺望や日差しを遮るなどの問題も生じていた。また、ソメイヨシノを中心としたサクラは、敷地全体に約80本植えられ、春は団地全体が花に包まれ、シンボリックな景観として団地内外で認知されていた。しかし、そのほとんどが巨木化し、独特の樹形で縦横に広がっていた。また、60年程度ともいわれる寿命が迫り、約半数に衰弱が見られ、倒木などの危険性も指摘され始めていた。

団地の植栽維持管理を住民自らの手で

住民との話し合いにより、各課題についての大まかなグランドデザインと方向性が策定された（**図1**）。

①花や低木類の維持管理：団地全体のグランドデザインのなかで、中央通りに面した部分を開放的な植栽でつくり変えた（**写真3**）。そして、その部分を含め、低木類を住民による自主的管理で試行する。低木の剪定や施肥などは、植物の成長と変化、土壌特性や場所ごとの差異などを実感するため、最初から方法を限定せず、いくつかの方法を並行し、違いを観察するというやり方を取ることとした。

たとえば、これまで効果が分かりにくいとされた施肥は、ツツジ類の一部を使って化学肥料、有機肥料（寒肥）、無施肥区を定め、施肥効果を比較する実験が住民の手で行われた。アジサイなどは剪定講習会を開き、これまであまり考慮されていなかった樹種ごとの適切な剪定時期に行うこととした（**写真4**）。

写真1　新しい集会所

写真2　芝張りの体験実習会

写真3　開放的につくり変えた中央通り

図1 計画平面図

写真4　アジサイの剪定講習会

写真5　ロボット芝刈り機

②芝地の維持管理：芝刈り費用や回数、景観的不満を解決するために、2021年、まずロボット芝刈り機1基を試験導入し、1棟分の周辺を1年間試行した。この芝刈り機は毎日一定の範囲内の芝刈りをし続けるため、刈り草処分などの手間が省け、短い草丈が通年で維持されるため、景観的な効果は抜群であった。さらに、それにも増して、思わぬ波及効果が生じた。それは、団地内ほぼ全棟の住民から導入要請が相次ぎ、しかもそれをスマートフォンで管理するというIoTへの強い興味関心から、多くの住民がそれを楽しむような交流の輪が生まれたのだ（**写真5**）。

③桜などの高木群：団地のシンボルでもある多数の桜を含む高木群に関しては、議論の末、時間をかけて順次伐採、植え替えすることとした。全個体の衰弱度を診断し、特に危険な状態のものから更新をする。また、現在桜はソメイヨシノが大半を占めているが、環境に適合する多様な種を取り入れることとしている。さまざまな品種によって多色（白、桃色、濃い桃色、新芽の緑など）が折り重なる里山のような風景を目指すこととした。なお伐採は、住民自らの作業が困難なので、林業者に委託することとした。また、伐採した巨木はチップ化してマルチングとしたり、薪にしたり、材木としてイスやテーブルなどにつくり変えたりするなど、団地内で活用できないかが検討されている。

生垣は伐採するか否かで住民内の意見が分かれたため、景観的に見苦しい部分を撤去。同時に、敷地内に何種類かの生垣を見本的に植え、生垣の景観をさらに時間をかけて考えることとしている（**写真6・7、図2**）。

人の集い、動き、交流が美しい植栽と景観をつくる

アクティビティとしての植栽は、景観としての視覚的な美しさの創出に加え、常に人が活動をしている雰囲気を内外に示すことに意義がある。団地全体の改修には費用も時間もかかるため、より効果を実感するためにも、都度、全体のグランドデザインに立ち返り、優先度を決めて進めていくプロセスも重要である。

住民にとってはなじみの生活風景だった植栽に自らが手を入れることがまずは新鮮で、第一段階のこれまでの企画の評判は上々であった。持続性を保つことと、参加者の層を拡大することが次段階以降の課題である。概して参加者の大半は時間的に余裕のある高齢者が多くなりがちなので、若年層や子どもなどが参加しやすい企画を考案することも必要となるであろう。

植栽の完成形はまだ当面先ではあるが、アクティビティが継続し、人が集う姿が絶えなければ、景観としては途上であっても充実したものに見えるはずである。

図2 桜の植え替え立面図

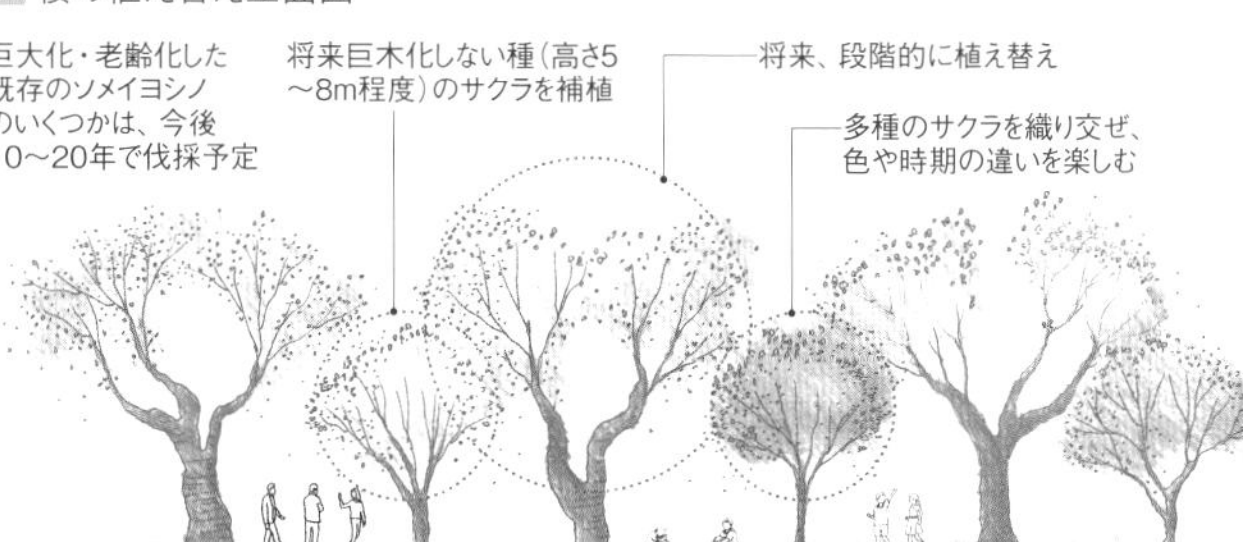

写真7　サクラの伐採後の植栽の様子

写真6　サクラの巨木

図・写真：マインドスケープ

植栽事例4

フトンカゴを応用した「5×緑（ゴバイミドリ）」で立体造形の植栽が実現

田瀬理夫（プランタゴ）

立体造形工法の誕生

30年ほど前に集合住宅の中庭のデザインをする機会があった。1階と2階の一部はギャラリー、上階は賃貸住宅という3階建てのコートハウスで、地階は駐車場になっており、中庭やそのアプローチ部もすべてスラブ上にある。そこに「緑あふれるコートを」というのがリクエストであった。人工地盤にありがちなコンクリートで固めた乾いて冷たい「広場」にはしたくはない。建物のなかはギャラリーでさまざまなアートが展示されるので、コートは植物による生々しい庭ではなく、緑による空間としてデザインしたかった。

思案のあげくフトンカゴに人工土壌をつめて、上面も側面もツル植物を植栽する緑の「立体造形工法」とでもいうべきディテールを考案した。住宅のアプローチ、中庭などをスラブ上に造成し、ソロやイチョウの木立を植栽した、COURT HOUSE KUNITACHI（1994年竣工）が誕生した（**写真1**）。

写真1　COURT HOUSE KUNITACHIの中庭へのアプローチ

鉄線[※1]でできた「フトンカゴ（GABION）」はもともと土木工事、特に河川の護岸や治山工事に雑石を詰めて使う資材であったが、内貼材を工夫することで土を入れることが可能になる。すると柔構造の緑化ブロックとなり、緑は植栽地という平面から3次元の立体へとデザインする対象が大きく広がる。さらに保水性の高い人工軽量土壌を詰めることで軽量緑化ブロックとなって建築デザインとの融合が可能である。特に防水層との取合いなど、屋上という何かと制約の多い環境への緑化に有効なことが数多くの事例により実証されてきた。

また、植物の種類が極端に少なく、随伴する生物も異常に偏っている現在の都市環境に対して、植栽する植物を多彩にすることで、都市のエコロジー・緑のエコロジカルな連結を復活させる可能性も視界に入ってきている。ここではフトンカゴによる緑の立体造形工法の発展型の1つである「5×緑（ゴバイミドリ）[※2]」について紹介したい。

5×緑（GOBAIMIDORI）とは

フトンカゴでつくった長方体のカゴのなかに人工軽量土壌「アクアソイル」を入れ、植栽を施したものが「5×緑」の基本形である（**図1**）。この方式により、従来のプランターやコンテナではできなかった4つの側面にもツル植物やシバなどの緑を植え込むことができるようになり、上部のみの1面の緑化だけでなく、4側面も緑化できるものとなった。同じ設置面積でも5倍の緑化が可能になる。それが「5×緑」というブランド名の由来である。

奥行きの狭いフトンカゴをフレームにはめ込んだり、金網を壁面などに設置し植物を這わせれば「植生ルーバー」や「植生ウォール」がつくれる（**図2**）。さらに、強化金網によってL字型の土留を製作すれば、草屋根をつくることも容易である（**写真2**）。そのほかにこの工法は、次のような特徴をもっている。

①側面も植物で覆うので、植生の器そのものを緑化できる
②スペースやデザインに合わせてさまざまな形や大きさのものが製作可能（**写真3**）
③軽量なので、屋上やベランダなどにも設置可能（**写真4**）
④コンクリートの地面にも置くだけで簡単に「庭」ができる
⑤積み重ねたり壁面を利用することが容易なので、立体的な緑化ができる
⑥フトンカゴそのもので塀や植栽スペースをつくることができるので、コンクリートやブロックなどの工事が不要
⑦フトンカゴは置くだけなので、植生をそのまま移動することが容易（**写真5・6**）

この自由度と簡易性をもつ工法により、パブリックスペースや大規模な施設だけでなく、個人の住宅1軒1軒のベランダや屋上や屋根や庭にも、里山の自然を容易に導入できるシステムとなった。5×緑は、多くの個人が緑を身近に楽しむことにより、都市に本来の植生が蓄積し、社会の豊かさにつながっていくことを可能にするシステムである。

剪定は植栽2～3年後からは年に1回程度。東京での目安として、水やりは小さいもので夏の渇水期には3日に1回程度、冬は1週間に1回程度。水やりはたっぷりと時間をかけるようにする。大きいものほど頻度は小さくなる。

図1　5×緑の構成

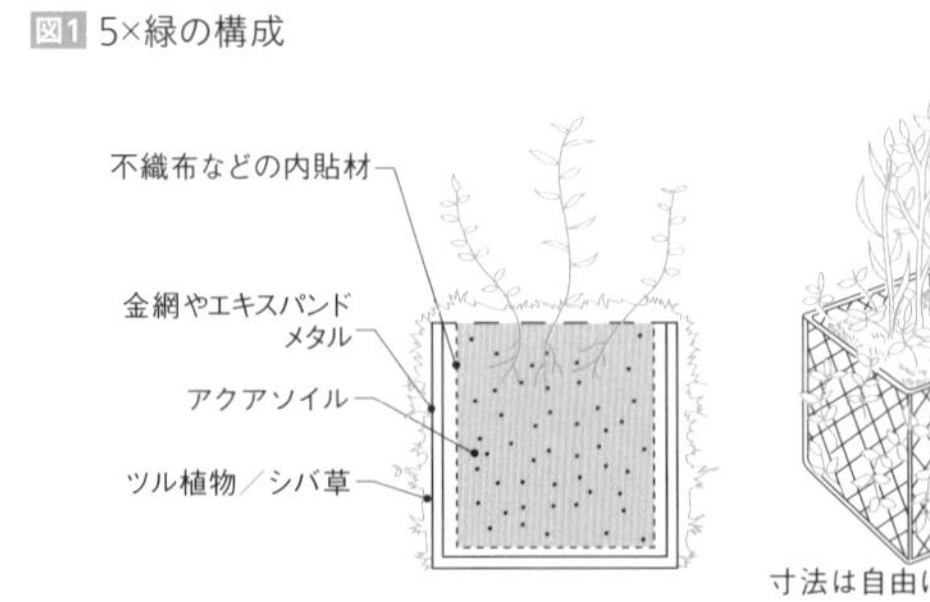

都市と里山の環

5×緑のシステムの根幹は、植物である。もちろんどんな植物でも、気候に対応できれば植込みは可能であるが、都市の環境回復と、私たちにとっての心の癒しということをテーマとするとき、自ずと植栽に対する基本スタンスは定まってくる。それは、高度成長期前には私たちの身近にあって、環境に対して実は大きな役割を担っていた里山やあぜ道の植生である。その植生の大きな特徴は、長い時間をかけて日本の気候風土に適した在来種であることと、単

※1　鉄線は非めっき線、亜鉛めっき線、亜鉛アルミ合金ぬき線などいろいろある
※2　株式会社ゴバイミドリ（https://www.5baimidori.com/、TEL：03-5362-3399、FAX：03-3226-2572）「ゴバイミドリは、志を共有できるプロジェクトを求めています。私たちの考え方やシステムに共感していただけるなら、建築家とのコラボレーションによって環境デザインから施工、メンテナンスまで一貫して行います。また、置き式のユニットを使って、より簡単に緑のスペースをつくることもできます」

位面積当たりの種類の多様さである。単純な植生は、その種を好む虫や細菌の大量発生を招く危険性をはらむ。その予防、防除のために、化学薬剤を散布する場合がほとんどで、それでは、せっかく緑を増やしても環境的にはかえって悪影響を及ぼすことになりかねない。5×緑のシステムは、都市的な生活を否定することなく、人間と自然が共存していた日本本来のよさを回復しようとするものである。

5×緑の基本は、フトンカゴの4側面にテイカカズラなどのツル植物を植え、上部の「地」の部分にはあぜ道の植生をモデルに在来の草本類を、「図」の部分には在来種を中心にした木本類を植えるというものである。里山の植物の生産は、関東地方では、首都圏近郊でいわゆる里山と呼ばれる在来の植生が多様に残っている希少な地域である福島県や栃木県などで行なっている。

今、減反や過疎化などにより、従来人の手が入ることによって守られてきた里山やあぜは放置され、都市ばかりでなく全国的に環境の悪化が進んでいる。都市に里山の自然を回復することは、その生産地の経済を活性化し、里山自体を守り育てることにつながる。

北海道から沖縄まで日本の植生は気候条件などでおおむね10に区分されるが、各植生区分で在来植物が生産され、その地域で植栽され、地域のエコロジーと景観を回復していくことが求められている。

5×緑のシステムは、都市と里山の双方向の環境を回復することを目指したものなのである。

図2 パンゲアソラリウム中庭断面図

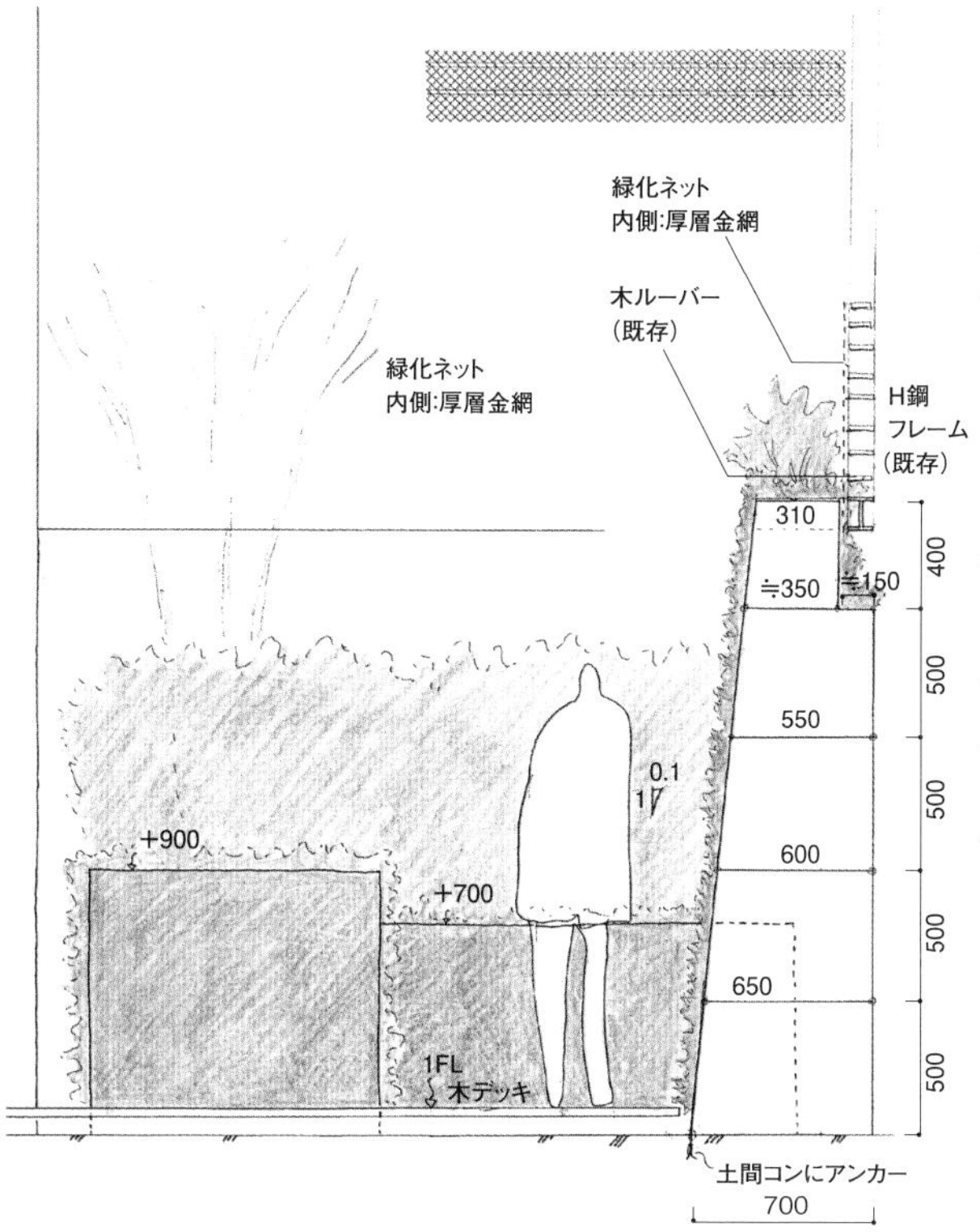

写真4　ガレージの上の草屋根。家に向けて勾配をつけている。草屋根ならではのポジティブな発想。ぐっと庭に奥行感が広がる

写真3　わずかな敷地を利用して町並をつくる2つの庭

写真2　5×緑による草土手と草屋根がつくる景色

写真6　デッキの切込みに置かれた5×緑。デッキと同じレベルとすることで広がりは倍増する

写真5　玄関廻りの草土手や階段に立体的な緑をつくることができる

参考図書：『LANDSCAPE DESIGN』No.15（マルモ出版刊）、『Detail』vol.151「都市のエコロジーを探る」（彰国社刊）、『マイガーデン』2002年秋号（マルモ出版刊）

TOPICS

施主に伝えたい 庭木のメンテナンス方法

山﨑誠子（日本大学短期大学部）

庭はできたときがスタートライン

庭園は植栽工事終了後、時間を置いてから開園することが多い。時間の経過が庭をよくし、時間をかけることで完成形がつくられるからである。また、イギリスの庭園における考え方の1つに、歴史を感じさせるほうがよい庭園であるというものもある。新しいものをわざと汚れさせて、歴史を感じさせるように見せる工夫（エイジング）もするし、中古のテラコッタが新品よりも高く売られているところもある。

しかし、単純に時間をかければよいというものではなく、管理をしっかりとして植物が良好に生長するようにしなくてはならない。特に春から夏にかけて、水やり、病虫害チェック、花殻摘み、施肥、整枝、剪定、とそれぞれの植物の特性や気象に合わせたメンテナンスが、その後の庭の良し悪しを左右する。

メンテナンスの基本は水やり

「庭の植物が枯れた」と連絡を受けると、まずこちらが疑うのが水やり管理の問題。次に土壌の問題、3番目ぐらいで植物自身の虚弱さの問題を考える。2000年代に入ると、毎年のように夏は例年にない異常な暑さが続き、街路樹や公共空間に植栽が枯れてしまった例が多くみられた。雨水だけではもはやこの暑さは乗り切れなかったのである。自然のなかでは、水辺、地下水、湧水、空中湿度、そして雨といった各種の水の要素が絡み合いながら、植物への水の供給を行っているが、ヒートアイランド化した都会では、雨水と人為的な水やりにしか水の供給は望めない。昨今の不安定な気候では、水やりを怠ると、植物はとたんにダメージを受ける。

水が不足がちになると、植物は弱まり、虫や病気の標的になりやすくなる。また、水やりは徹底的にしないと、大きな樹木では水をしっかりと吸収できない。たとえば1mの深さまで水が浸透するのは相当量の水が必要である。一方、水をやれば土が乾くまで水はやらなくてよい。強弱をつけた水やりを行うことが大切である。逆に乾きもしないうちから水やりを続けると、根の発達が未熟なまま背ばかりが伸びるもやしのようになり、病虫害にかかりやすい弱い体質になるので注意したい。

自動灌水システムを補助利用する

どうしても水やりをできないときは簡単な自動灌水システムを設置するとよい。水やりは基本的には状態を見ながらホースで行うのがよいが、忙しいときには、自動灌水装置を補助的に使うのも手であろう。最近は乾電池で動く簡易なタイプもあり手軽に導入できる（**写真**）。ただしこのようなシステムのほとんどが地面にホースを沿わせたり、地面に挿したりするもので、植物の根には水が浸透するが葉や幹や茎には水が行かない。そのため、降雨が少ないときは自動灌水だけに頼らず、必ず葉や茎に水が当たるように植物の上から水やりを行うようにする。

施主にメンテナンス方法を伝える

筆者の場合、庭の竣工後、完成図とともに植物の取扱い説明書のような「お手入れマニュアル」を渡すようにしている。植物の開花期や性質を明記し、発生しやすい病虫害などを解説し、その対処法も書き加えておく。

施主の管理とプロに頼む管理

水やり以外のメンテナンスでも施主が行えるものは、まず下草取りだ。生長する前の小さなときに行うと楽にできる。下草がたくさん出てきて困るようであれば、マルチング材の導入も効果的である（**70頁参照**）。次に、小規模な剪定である。飛び出た枝、絡み枝を切る程度でやり過ぎないこと。面倒だからと樹木を丸坊主にしている手入れをみることがあるが、痛々しい。樹木は幹に直射日光があたると火傷を起こすし、風が当たりすぎれば風邪をひく。人間とほとんど変わらない。

病虫害の対処方法としては、毎日チェックし、素早く対処する以外にない。そして、施肥については、果樹のように栄養分が必要なものは有機系の肥料を根に直接当たらないようにし、春か秋に与える。多くの樹木の野草は腐葉土を秋に敷き詰める程度でも十分である。

このように簡単な手入れであれば施主自身で行えるが、これ以外の高所作業や消毒作業のように危険が伴うものや、木を動かすような力作業、樹木の姿の仕立てはやはりプロの手を借りるべきだ。

プロに頼むメンテナンス費用の目安だが、作業に日数、人数がどの程度かかったという労務費と、使用した消毒薬や、剪定した枝の処理費、交通費や養生などの諸経費の合計となる。最近はゴミ処理が有料になっている自治体が多いことから、ごみの処分費が馬鹿にならない。

植栽手入れ費＝労務費＋機材費（機械使用料、消毒薬ほか）＋ごみ処分費＋諸経費（養生費、交通費ほか）となる。

大概は職人が1人来ると諸経費すべて含めて3万5千～7万円／日、キャリアがないとその半分、キャリアがあるとその倍かかると思っていればよい。

写真 乾電池による簡易自動灌水システム。水栓と接続し、点滴ノズルを植物の土壌にセットする

第3章

屋上・壁面緑化編

Introduction――ランドスケープアーキテクト・大橋鎬志氏に尋ねる

今、屋上緑化の本質を問う

個から全体へ

建築緑化空間の多層化、立体化の概念は、紀元前メソポタミア、バビロンのハンギングガーデンが起源だと言われている。屋上緑化としては、古代建築の構造の一部を成す草屋根、近代建築の発展に伴う建築単体のアイデンティティ追求の時代を経て、今、都市負荷の軽減、都市生態系ネットワークの形成など、地域全体に波及する環境のアイデンティティが期待されている。個々の建物における修景、省エネ効果、施工コスト、維持・管理の研究や開発は、人工軽量土壌、給排水システム、豊富な植物素材、施工・メンテナンス技術の向上となって今や屋上緑化は定着し、機は熟した。

しかしヒートアイランド現象の緩和、雨水の貯留、大気の浄化といった効果は、点的な屋上の緑が連続して線となり、さらに面へと拡大することにより達成される。それには、建物の配置と風の道、土の大地や地下水や河川など、都市を自然科学の目で計画すること。さらに、屋上を含めた都市緑地の地域における位置、規模、質への配慮と植物素材の選択、植栽方法、メンテナンス技術が大きな鍵を握ることとなる。

人工地盤との上手な付合い方

安定した生態系は、竣工直後の人工地盤ではほとんど望めない。しかし計画段階において、メンテナンスまで考慮することで、さまざまな弊害は避けられる。筆者が外構を設計し、メンテナンスを20年余り請け負ったことのあるヒルトン東京お台場での試みをもとに、人工地盤との上手な付合い方を探ってみたい。

(1) 天敵の存在意義

土壌生態系のまだまだ安定しない竣工3年目、複数の植物の葉や根が、天敵のいない人工土壌の中で大量発生したコガネムシによって激しい食害を受けた。だがホテルではガーデンで収穫したオリーブの実やハーブ類などをお客様にも楽しんで頂いている（**写真2**）。そこで化学農薬を使わず、当時芝地専用の生物農薬「昆虫寄生性線虫」を一般植栽地に試した。線虫の取り扱いは、散布時期、天候、気温、土質、散布前後の散水などかなりの注意を要するのだが、2年にわたり散布、調査、再散布を実施。状況は安定した。化学農薬を最小限に抑えたメンテナンスにより、セグロセキレイやメジロ、草地ではミミズやコオロギなどが見られる。

(2) ノーメンテナンスは可能か？

安価でノーメンテナンスといわれるセダム類。確かに雨水がかかるところであれば枯れることはない。だがそれで安心はできない。土厚がわずかであろうと雑草は生える。1つの解決策として、ここでは設計時から草地管理をコンセプトとした。暴れる・背が高くなりすぎるもの以外は芝やマンネングサと共存させている（**写真3・4**）。メリットは、管理の軽減だけではない。雑草とみなされるカタバミも、黄色い花を楽しむ野草、ヤマトシジミの食草として環境を形成し生態系を支える。

ヴィジュアルに優るもの

人間にとって快適な環境創造に用いられる多くの植物たち。建築空間においては、強風、照り返し、乾燥、日照不足、限られた土壌、病虫害など、苛酷な環境圧を強いられている。緑の効果を期待するのであれば、個々の植物の特性をよく把握し、最良のコンディションで生長できる「育つ環境」を整えることが先決である。

人工地盤というもう1つの大地への、緑や野鳥といった生命の導入。それは本来ある大地の姿を自らの感性で実体化し豊かな環境に改変しようとする原点回帰の行為であろうか。そのとき、屋上緑化に求められるもの。それは見た目の美しさのみならず、目的に応じて求められる質への追求である。

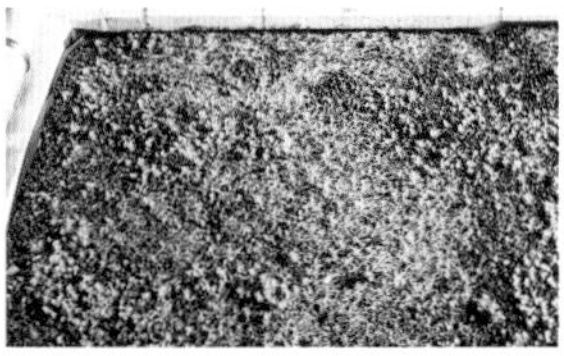

写真1　一般的に多く見受けられる屋上緑化の失敗事例。セダムの被覆が少なくなり、基盤の土壌が飛散して下地の立体網状体が露出している

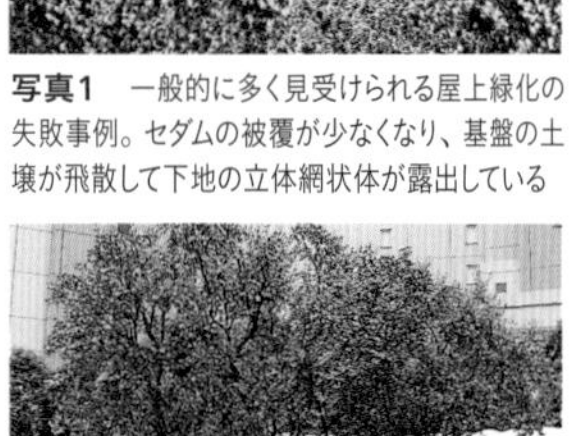

写真2　人工地盤上の実用の庭。ホテルのレストランで用いるため、収穫を目的としている。乾燥にも病虫害にも強い

写真3　通常、雑草とみなされ除去されるカタバミも、ここでは芝、マンネングサ、マツバギクと共存させ、芝と一緒に刈り込むようにしている

写真4　荷重制限の厳しい屋上のデザイン。周辺の島の景観に合わせ、砕石を薄く敷き均し、太洋に浮かぶ緑の島をマツバギクで表現した

写真提供：緑花技研（写真1）、大橋鏑志（写真2・3・4）

屋上緑化

屋上緑化設計テクニックと設計資料

荷重・防水・排水・土壌・基盤・樹種etc.

藤田 茂（緑花技研）

経験価が足りない屋上緑化設計の現状

これまでに、屋上を緑化したことによるトラブルがいくつか発生している。多いのは、植物の根が直接防水層を破損するのではなく、ルーフドレンの詰り、防水立上がりの上まで土壌を盛ったことなど、単純ミスによる漏水事故である。また、避難経路遮蔽、積載荷重オーバー、風による樹木の転倒・飛散など危険なものも見受けられる。屋上緑化が広く認められてきたにもかかわらず、建築物上にあることを何も認識せずに緑化を行っている場合がいかに多いかが分かる。

新築時の屋上緑化設計ノウハウ

ここでは、新築時における、屋上緑化設計のポイントを詳説していく。

(1) 緑化計画（目的・部位・荷重）

緑化計画を具体化する際には、緑化の目的に応じて、その効果を最大限に発揮できるようにデザイン、植栽基盤、植栽計画などを計画する。また、超高層、高層、傾斜屋根など緑化する場所位により緑化の形態、利用目的、緑化可能重量等が異なってくる。立ち入っての利用の可否、室内からの眺望、利用者の違いなどを考慮する。

なお、緑化に使用できる重量により植栽できる植物、デザインなどは大幅に制限されてくる。重量別におおよその緑化形態を決めて計画に取りかかることで、荷重オーバーなどによる手戻りを少なくする（**写真**、**表1**）。RC、SRC造の建築物は、工夫次第で多大な経費増加を伴わずに、積載可能荷重を増加させることもできると考えられる。建築面積1千㎡で9階建ての建築物で床の荷重を建築基準法の最低基準180kgf／㎡から、1千kgf／㎡にアップさせた場合、建設費が1％アップするとの試算がある。同様の建築物で床荷重を300kgf／㎡にした場合、0.1％のアップとの試算例もある。本来、緑化を前提とした新築の場合は、緑化の荷重を固定荷重としてあらかじめ組み込んだ構造設計とすべきである。

(2) 排水

排水は、狭い屋上においても最低2カ所のルーフドレンを設けることとされている。ルーフドレンの管径はHASS-206※で定められているが、中層階屋上の場合、屋上に接している建物の壁面の面積を考慮する必要がある（**88頁図1、表2・3**）。

(3) 防水

屋上緑化用の防水層を選定するに当たって留意すべき点として、水密性、耐久性、耐根性、耐衝撃性、耐荷重性、耐薬品性、耐バクテリア性が挙げられるが、いずれも防水層そのもので対処できない場合、何らかの資材でその機能を満足さ

写真　荷重120kg／㎡以下の屋上緑化事例

表1 緑化重量による緑化計画

緑化重量	緑化計画のポイント
60 kg／㎡以下	セダム類による緑化が主体となるが、コンテナ型芝生の底面灌水工法などでは、灌水管理を頻繁に行えば可能。極軽量な舗装材を使用するなどデザインを工夫すれば、局部的に草花や低木を交えることは、灌水を頻繁に行なうことで可能となる
120 kg／㎡以下	軽量土壌を使用すると、灌水装置を備えた芝生主体の緑化ができる。デザインを工夫すれば中木を点在させ、低木、草本類を使用した緑化も可能
180 kg／㎡以下	軽量土壌を使用し、芝生などの面積を広くすると、高木を点在させ低木、草本類を使用したデザインも可能。既存の建築物では、屋上で緑化に使用する面積を少なくしても、この程度が限度となる
250 kg／㎡以下	軽量土壌を使用し、芝生などの面積を広くすると、周囲に高木を列植することも可能。低木を主体とした緑化が可能。ハーブ園、バラ園、本格的菜園が可能
500 kg／㎡以下	軽量土壌を使用すると、3m程度の高木を全面に植栽することも可能。デザインを工夫すれば、ビオトープ池などを製作することが可能
1,000 kg／㎡以下	軽量土壌を使用すると、5m程度の高木を全面に植栽することも可能。デザインを工夫すれば、大地の上と変わらない緑化ができる
1,000 kg／㎡超え	本格的な高木による樹林が可能となる。軽量土壌を使用すると、高さ6mを超える高木の植栽も可能。自然石を使用した日本庭園、本格的な池なども可能となる

※　㈳空気調和・衛生工学会規格による給排水設備基準

せる必要がある。防水層の改修は大規模改修となるだけでなく既に緑化を行っているとそれを撤去しなければならず、できるだけ耐用年数の長い防水仕様を選ぶ。ライフサイクルコストも考慮し、簡易的な緑化で20年、本格的な緑化を行う場合は50年の耐久性を確保したい（**図2**）。

防水立上がり高さが、外周部より室内出入口の方が低いと、万一屋上がプール状になった場合室内に水が流れ込む危険があるため、外周と同じ高さとする。それが不可能な場合、室内側防水立上りより低い位置にオーバーフロー管を設けるか、出入口に近い位置に排水用ルーフドレンを増やす（**図3**）。シート防水や塗膜防水など露出の防水工法の場合は、工事中や維持管理の作業中に防水層を傷付ける可能性があるため、必ず衝撃防止層を設ける。

（4）風対策

予想される風荷重に対し、緑化では対処できない部分は、防風スクリーンなど、建築側による対処を検討する。また、高木や高さのある構造物の設置が考えられる場合、パラペットなどの建築躯体に丸環などをあらかじめ設置しておく。

（5）屋上の建築構造

屋上緑化が建築計画の初期から検討されている場合、屋上の建築構造を屋上緑化に合わせることも可能である。造り付けの植栽、二重床、アプローチの方法などを検討する。アプローチは屋上の利用に合せ検討するが、屋上を公開空地として利用する場合は、建築内からだけでなく外部からもアプローチできる外階段などが必要となる。

また、人が利用する屋上では安全のため、人止めの手摺の設置が義務付けられている。その高さは1.1m以上とされているが、利用目的、利用者の年齢構成なども考慮に入れる。

（6）給水・電気設備

上水は植物の灌水に必要なだけでなく、清掃・洗浄などにも不可欠であり、直径13～20㎜程度の給水管が必要となる。水栓は灌水用のほかに散水・清掃用水栓を2カ所は設置したい。手洗いなどの設備を設けた場合、汚水の設備・配管も必要となる。電源は夜間の利用、屋上での作業などを考慮した場合必要である。大規模なスプリンクラーなどの設備がない限り、一般的には100Vで十分であるが、必ず屋外用の防水型コンセントを防水の立上がり高さより上に設置する。

メーカーの屋上緑化システム選び

屋上緑化では基盤の軽量化が最も重要であり、技術や製品の開発はこの一点にあったといっても過言ではない。このためメーカー各社は最下層の保護層から土壌および植物までをシステムとして開発し軽量化と高性能化を図ってきた。最近はセダム類による軽量緑化システムが多く開発されている。また、平成になり現場で積み上げる施工方法でもメーカーにより基準が決められ、緑化防水工法など、システム工法とされている例が多く出現している（**表4**）。しかし、最近のシステムのなかで、セダム類による緑化の事例では、植物そのものが風などにより大部分消滅してしまう事例さえ起こっている。

図1 雨水排水管の寸法の計算方法

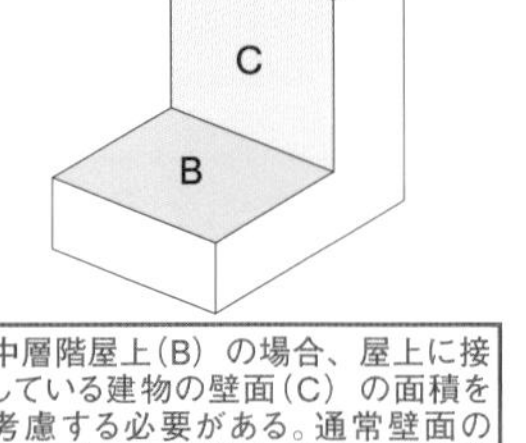

中層階屋上（B）の場合、屋上に接している建物の壁面（C）の面積を考慮する必要がある。通常壁面の1／2を屋上面積にプラスして算出するが、その計算は、Bの雨水計算上面積＝Bの実面積＋C／2となる

表2 雨水縦管の管径（HASS-206）

管径（㎜）	50	65	75	100	125	150	200
許容最大屋根面積（㎡）	67	135	197	425	770	1,250	2,700

表3 雨水横管管径（HASS-206）

管径（㎜）	許容最大屋根面積（㎡）配管勾配			
	1／25	1／50	1／75	1／100
65	127	90	73	—
75	186	131	107	—
100	400	283	231	200
125	—	512	418	362
150	—	833	680	589
200	—	—	1,470	1,270
300	—	—	—	3,740

図3 オーバーフロー管の構造

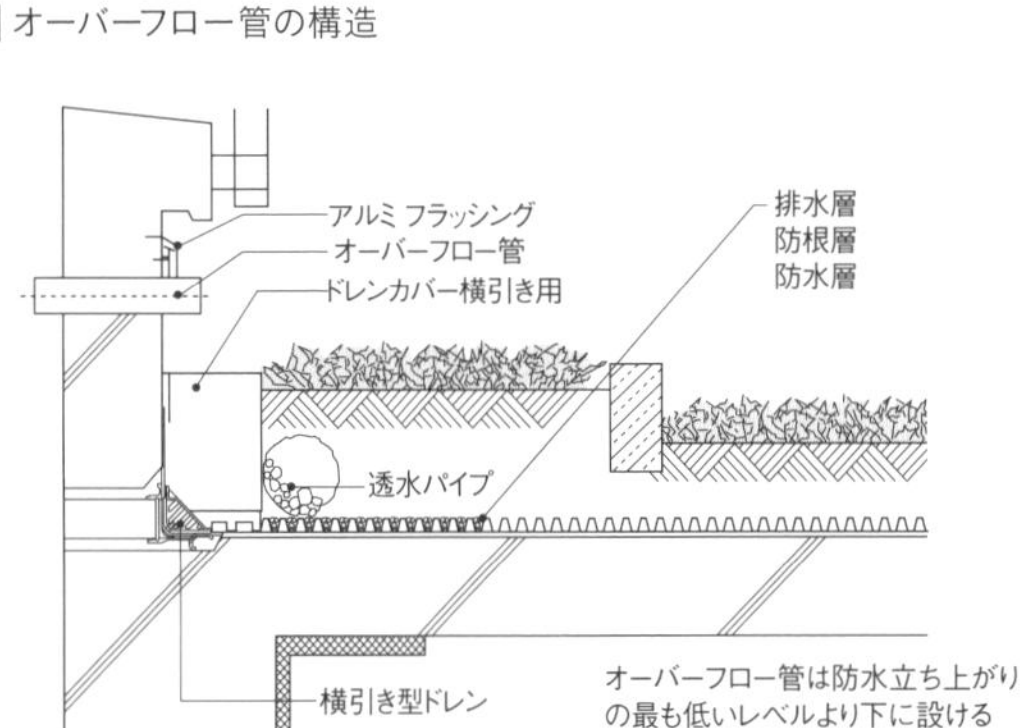

図2 緑化防水工法の構成

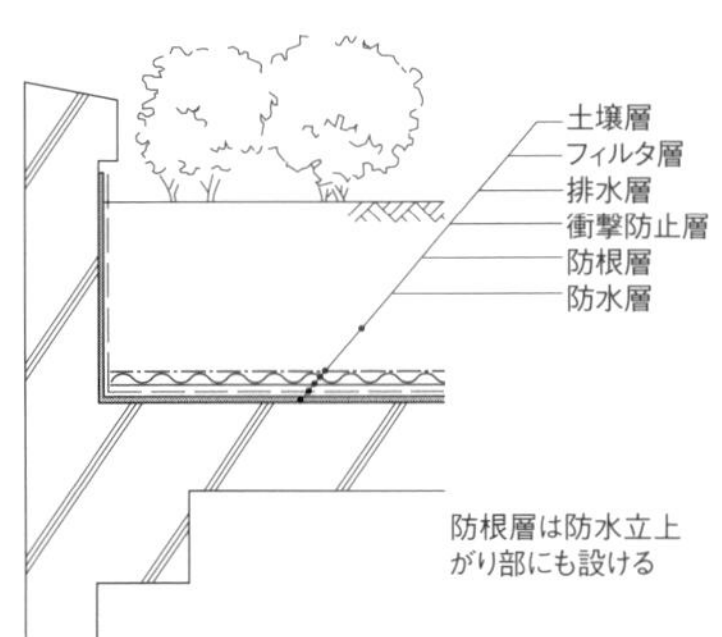

植栽基盤のつくり方

屋上緑化では、防水層を保護するための防根層、衝撃緩衝層、排水層、上部の土壌を排水層に入れないためのフィルター層、土壌を入れる容器としての縁およびコンテナなど、それに本体ともいえる土壌の組合せが必要になる。このなかで特に重要な防根層と土壌について詳述する。

(1) 防根層

植物の根が防水層に直接触れると、防水層を傷める場合があり、特にシート相互の継ぎ目に根が侵入すると成長により隙間が押し広げられ漏水の危険が起こる。必ず防根材を敷き込み、防根層をつくることで植物の根が防水層に直接触れることを防ぐ。透水性シートの場合、排水層の上に敷き込みフィルターの代わりとしても使用できるが、土壌の質によっては目詰まりのおそれがあるため、排水層の下部に敷き込む。化学物質で根の生育を止めて防根するシートもあるが、ほかの資材と比較すると高価である。

防根材の種類は、①不透水性防根材、②透水性防根材（物理的防根）、③透水性防根材（化学的防根）などがある。土木用にも防根シートと呼ばれるものがあるが、こちらは細い根は通すがその根が肥大することを防止するシートであり、屋上緑化用の防根材には使用できない。本来「防根シート」の名称が不適当であり、「制根シート」と呼ぶべきである。

(2) 植栽基盤としての土壌

樹木の重量は、植物の生育による荷重増も見込んでおく必要がある。しかし、なかでも最も重量がかさむものは土壌であり、土壌の軽量化が屋上緑化の鍵ともいえる。

屋上緑化の場合は、保水と排水という矛盾した点を解決する必要があるが、土壌厚を厚くすることは、建築構造に多大な負荷をかけるためおのずと制限される。土壌の厚さはその中で生育する植物の根の成長や働きが十分である事が必要で、あまり薄くすると水分や温度の激しい変化や、無機塩類の不足などが生じる。したがって、荷重条件から土壌層を薄くする場合は、土壌そのもののポテンシャル（機能）を上げておくことが必要になる。

土壌に要求される機能としては、水分を保持する能力、不要な水分を排水する能力、通気を確保できる能力、養分を保持できる能力、養分をスムーズに植物へ渡せる能力、それに現在保持している養分の量となる。

土壌は使用場所、植栽の利用目的によって使い分ける必要がある。コンテナ内の土壌、庭園の土壌、芝生の土壌、菜園の土壌、粗放管理の草原の土壌、粗放管理のセダム類の土壌などで土壌に要求される性能が異なってくる。従来は自然の土壌かそれを改良した土壌が使用されてきたが、近年は人工軽量土壌を使用する例が増えてきた。現在開発されている多

表4 緑化システム選定の目安

分類	システム名	タイプ	総厚(cm)	使用植物	重量(kg/㎡)基盤分類は植物別	概略の評価 踏付け	耐久性	施工性	寸法調整	灌水装置	管理性	備考
植物による分類	コケ緑化	現場施工	3	コケ類	30	△	△	△	○	不	○	コケの鮮度に注意
		ボード	0.3~0.5	コケ類	10	△	×	○	○	不	△	ボードの剥離・飛散に注意
		シート	1.5	コケ類	15	△	△	○	○	不	△	シートの剥離・飛散に注意
		マット	3	コケ類	20	△	△	○	△	不	○	活着までの養生に注意。高価
		人工芝	1	コケ類	10	△	△	○	△	不	△	活着までの養生に注意。高価
	セダム緑化	茎葉播き	3~5	セダム類	30~50	×	△	△	○	不	△	管理での追い播きに使用する例が多い
		シート	3~5	セダム類	30~50	×	△	△	○	不	△	シートの剥離・飛散に注意
		プラグ播き	3~5	セダム類	30~50	×	△	△	○	不	△	管理での追い播きに使用する例が多い
		ポット植え	5~10	セダム類	40~80	×	△	△	○	不	△	基盤厚、重量に注意
		マット	3~5	セダム類	30~50	×	△	○	△	不	○	セダムの衰退に注意
		ボード	3~5	セダム類	30~50	×	△	○	×	不	○	セダムの衰退に注意
		ユニット	5~7	セダム類	40~60	×	△	○	×	不	○	セダムの衰退に注意
	芝生緑化	マット	3~7	芝類	30~100	○	○	○	△	要	△	過湿に注意。西洋芝は管理に注意
		ボード	5~10	芝類	50~100	○	△	○	△	要	△	過湿・クッション性に注意
		パネル	5~10	芝類	50~100	○	○	○	×	要	△	パネル構造と灌水手法は一体
	マット型植物緑化	根茎マット	5~7	多年草・低木	50~100	×	○	○	△	要	×	灌水に細心の注意が必要
		補助資材マット	5~7	多年草・低木	50~100	×	○	○	△	要	×	灌水に細心の注意が必要
		不織布＋土壌	3~5	多年草・低木	50~100	×	○	○	△	要	△	通常下地基盤を別途敷設
基盤による分類	マット・ブロック・ボード基盤	ヤシ類	10未満	芝・多年草	60	×	△	○	△	要	△	中身が飛散しやすい。排水に注意
		有機質	5~10	芝・多年草	40~80	×	△	○	△	要	△	経年による嵩・質の変化に注意
		保水剤入り	7~10	芝・多年草	60~100	△	△	○	△	要	△	過湿、排水に注意
		固化土壌	5~10	芝・多年草	40~100	△	△	○	△	要	△	元土壌（主に無機質）の質に注意
		袋状	10	多年草	80	×	△	△	△	要	△	植栽は袋を切り裂き行なう。排水に注意
	ユニット型緑化	パネル	5~10	芝・多年草	50~100	△	○	△	×	要	△	パネル構造と灌水手法は一体
		コンテナ	10~20	芝~低木	100~200	△	○	△	×	要	△	コンテナ構造と灌水手法は一体
	薄層積層型緑化	貯水型	20程度	芝~低木	170	○	○	×	○	要	△	従来より一般的に行なわれてきた緑化手法。基盤部材ごとに検討
		非貯水型	20程度	芝~低木	160	○	○	×	○	要	△	
	汎用積層型緑化	貯水型	20以上	全ての植物	170以上	○	○	×	○	要	△	
		非貯水型	20以上	全ての植物	160以上	○	○	×	○	要	△	
	屋上緑化防水	アスファルト防水	20以上	全ての植物	170以上	○	○	×	○	要	△	新築・改修時に防水から一体的に施工
		塗膜防水	10~20	芝~低木	100~200	○	○	×	○	要	△	

注　緑化システムは開発メーカーによる差が大きいため必ず確認してから使用する。セダム緑化においても、灌水装置を敷設し長期の無降雨時等に灌水することが望ましい。
凡例）○：優れる　△：やや劣る　×：劣る

くの人工軽量土壌は、土壌の物理性において、保水性、通気性、透水性を考慮してつくられている（**表5**）。しかも、湿潤比重は約0.6～0.9と自然土壌の1／3～1／2程度の軽さになっている。しかし、軽量化しすぎると、土壌の飛散や樹木の支持に問題が起きる。軽量人工土壌を、内容別に大別すると、無機系、有機系、有機無機混合系がある。

植物の選び方

屋上では植物の大きさが他の要素を規定する重要な鍵となる。大きな樹木を植える場合それに見合った土壌量を確保しなければならず、緑の高さもそれにより異なってくる（**表6**）。また、大きな樹木が倒れないよう支柱も必要になり、水の必要量も多くなる。

また、樹種の選定においてはその環境で生育するか否かが重要である（**表7・8**）。日当たり、温度、雨量・雨が当たるか否か、風の強弱、潮風などを検討する。次に目隠し、強調、修景のほか実利を兼ねた果樹、野菜、ハーブ、さらに微気象のコントロールなど植物による機能を検討することも重要である。環境や利用性だけでなく、灌水など管理に掛けられる手間を含めて検討し、その計画地に適した植物を選定する。

(2) 植栽構造

環境条件とその緩和策、観賞性、緑化目的、要求機能（防風、目隠し）維持管理作業などから植栽構成を検討する。植栽地が広い場合、外周部は低木、中木、高木を組み合わせて密植し、植栽地の内部に風を入れないようにする。この外周部の樹木は耐乾、耐風性のある常緑樹とし、秋に大量に葉を落とす樹木、耐乾・耐風性の弱い植物は中央部に植栽する。

狭い屋上の植栽地では無理に大きな樹木を植栽せず、中木、低木、草花などで構成したほうがよい。また、土壌表面を露出させないように、地被植物やマルチング材で被覆し、乾燥、土壌の流出・飛散を防止する。

管理との調整

維持管理計画は、緑化目的、利用形態などを考慮し、管理体制、管理内容、植栽管理形態、植栽管理方法、植栽管理水準などを検討し、緑化計画時に合わせて計画する。

(1) 集約的管理か粗放管理か

維持管理には、大きく分けると集約管理と粗放管理があるが、その混合型もあり得る。それぞれの管理型においても程度の差があり、作業基準、作業頻度を設定する必要がある。

表5 屋上緑化用土壌選定の評価項目と基準

	評価項目	単位・基準	自然土壌目標値	人工土壌性能目安	評価基準			
					優れる	やや優れる	やや劣る	劣る
土壌の物理性	搬入重量	kg/㎡			0.2 >	～0.5	～1.0	1.0 <
	湿潤重量	pF1.5t/㎡		軽量土＝1.0 >	0.7 >	～1.0	～1.5	1.5 <
	加圧圧縮率	%	（施工時の目減り）		10%>	20%>	30%>	30%<
	有効水分保持量（保水性）	pF1.5～3.0 ℓ/㎡	80～300	100 < 200 <優	200 <	～120	～80	80 >
	飽和透水係数（通気・透水性）	m/sec	1×10^{-3}～1×10^{-6}	1×10^{-5} >	1×10^{-3} <	～1×10^{-4}	～1×10^{-5}	1×10^{-5} >
土壌の化学性	pH		4.5～7.5	5.0～7.5	5.6～6.8	5.0～	4.5～	4.5 >
						～7.5	～8.0	8.0 <
	塩基交換容量（CEC、保肥性）	me/100g	6以上	（施肥間隔に影響）	20 <	～10	～6	6 >
	電気伝導度	EC dS/m	（ECを左右する物質の存在、肥料・塩類等）		0.8～1.2	0.5～	0.1～	0.1 >
						～1.5	～2.0	2.0 <
その他	開袋時の飛散		（施工時のトラブル要因）		無い	有る	多い	極多い
	粒子の浮沈		（降雨時の土壌流出）		全て沈	僅か浮	多く浮	全て浮
	樹木支持力		（重量と土壌粘性が関係）		優	良	普通	悪
	踏付減量	減量率%	（芝生等踏込み利用時）		10%>	20%>	30%>	30%<
	質的変化		（物理・化学性の変化）		無い	有る	多い	極多い
	耐久性		（減量、質変化の時間）		20年以上	20年程度	10年程度	10年未満
	施工性		（スコップの入りやすさ等）		優	良	普通	悪
	初期散水量	土壌体積比%	（pF1.5程度の土壌水分にするために必要な水量）		20%>	40%>	80%>	80%<

(2)集約管理

庭園、菜園、花壇、芝生など緻密な管理を必要とするものであるが、通常の屋上緑化は程度の差があるにしても、集約管理型となる。ビオトープも粗放管理では目標を維持できないため、集約的な管理が必要となるが、ボランティアの協力や教育の一貫として管理作業そのものを目標とすることもできる。

(3)粗放管理

セダムなどは管理作業を極力減らしたものであるが、植物は生き物であり、最低限の管理は必要だ。施肥（毎年でなくとも）、大きくなり過ぎた植物の除去、冬季の枯草刈り、全体が枯死した際の新たな植栽、極端な無降雨日が連続した場合の灌水作業などは行うこと。

表6 植物の大きさと土壌の厚さ・重さの目安

		セダム類	芝生	低い草花	中位草花	潅木	中木	高木
植物の高さ(㎝)		5〜10	5〜10	10〜50	50〜100	50〜100	100〜200	200〜400
土壌の厚さ(㎝)		5	10	15	20	25	30	40
自然土壌		—	160	240	320	400	480	640
土壌荷重	軽量土壌(kg／㎡)	40	80	120	160	200	240	320
	超軽量土壌(kg／㎡)	30	60	90	120	150	180	240

注　灌水を行うことを前提とした最低限の土壌厚（セダム類は灌水なしで可）。自然土壌は比重1.6で計算。軽量土壌は比重0.8で計算。超軽量土壌は比重0.6で計算。荷重は土壌部分のみの重さであり、計画を進めるうえでは排水層・緑材・植物・そのほかを加えて計算する

既存建築物緑化の留意点

既存建築物では、建築躯体構造、防水仕様、積載可能荷重、風荷重、利用可能スペース、施工スペースおよび微細自然環境、周辺環境を把握する。また、避難経路、安全・管理組合規定、近隣との関係なども把握しなければならない。特に、建築物自体の調査・診断が重要である。

(1)建築物の調査・診断項目

傾斜屋根や陸屋根で、人止めとしての手摺がない場合は、基本的に人が立ち入って利用する庭園などの緑化はできない。15年以上経過した建築物では、屋上の防水層を改修する必要があるが、この場合既存防水層を撤去せず、新たな防水層を被せる露出工法が採用されることが多い。

(2)新耐震法以前の建物の荷重に注意

現状での地震荷重、梁荷重、床荷重と建築竣工年を確認する。1950年に建築基準法（旧耐震法）で荷重規定が設定されていたが、'81年に改訂（新耐震法）された。旧耐震法と新耐震法では、地震後の建築物の存続程度に大きな違いがあるため、'81年以前に建てられた建築物は十分な検討を行なってから計画する。

(3)利用可能・不可能なスペース

屋上やバルコニーは、そこにあるスペース全体を使用できるとは限らない。配電室、空調室外機、給水用貯水槽、太陽光利用施設など種々の設備が屋上に配置されている例が多く、これらへの配管スペースを含め調査する。さらに、外壁清掃のためのゴンドラ移動経路など緑化に使用できないスペースが意外と多い。

(4)設備関係

水・電気といった設備関係の供給の可否、コンセント・水栓の位置などを確認する。水は上水の供給管径、水圧などを、中水や雨水の利用が可能であれば水質・供給量などを確認する。電気関係では供給ワット数・電圧などを確認する。

表7 屋上緑化に適した植物の特性一覧

植物名	生育型	特性他 文献耐乾性	耐風性	耐陰性	病虫害	市場性	無降雨耐性	備考
アガパンサス	常緑草本	△	○	△	少	□	◎	品種により大きさが異なる。数年に一度、株分けをする
アベリア	常緑低木	○	△	△	少	◎	◎	誘蝶
イソギク	常緑草本	○	○	×	少	○	◎	背丈が伸び過ぎた場合切り戻す
オオベンケイソウ	常緑草本	○	○	△	少	□	◎	ロウ質光沢の明るい緑色の葉と、紅色を帯びるピンクの花色が特徴
オキナヤブラン	常緑草本	○	○	○	少	○	◎	フイリヤブランとも呼ばれる
ギボシ	冬枯草本	△	△	○	少	◎	◎	多くの品種がある。斑入りの葉もある
コウライシバ	冬枯草本	○	○	×	中	◎	◎	耐潮性大。年間刈込み3回以上。ほふく性
コトネアスター類	常緑低木 ほふく茎	○	○	△	少	◎	◎	種により、形状、生育型が異なる。誘鳥
ジャーマンアイリス	冬枯草本	○	○	△	少	□	◎	品種により花色が異なる
セイヨウキヅタ	常緑木本	○	○	○	少	◎	◎	斑入り、葉の変化など品種が多い
セダム類	常緑草本	○	○	×	中	◎	◎	耐乾性が特に高い。 種により生育型・開花期が異なる
タイカンマツバ	常緑草本	○	○	×	少	□	◎	ほふく性
タイム類	常緑小低木	○	○	×	少	○	◎	耐暑性が弱い。料理用ハーブ
チェリーセージ	常緑草本	○	○	△	少	○	◎	背丈が伸び過ぎた場合切り戻す
ツルニチニチソウ	常緑草本 ほふく茎	○	○	○	少	◎	◎	葉の大きいマジョール種と小さなミノール種がある。下垂させることも可
ツルマサキ	常緑木本 ツル性	○	○	△	少	○	◎	耐寒性大。斑入り種は、白〜紅まで変化がある
ノシバ	冬枯草本	○	○	×	中	◎	◎	耐潮性大。年間刈込み1回以上
ハイビャクシン	常緑針葉樹	○	○	×	少	◎	◎	耐潮性大。ほふく性
ヒペリカム類	常緑低木	○	○	○	中	◎	◎	種により形状、性質が少し異なる
ピラカンサ	常緑低木	○	△	×	少	◎	◎	有刺、誘鳥
ヘメロカリス	冬枯草本	△	○	×	多	◎	◎	多くの品種がある 。1つの花は1日でしぼんでしまうが次々に開花する
ヤブラン	常緑草本	○	○	○	少	○	◎	栄養状態がよいと花が多く、目立つようになる
ユキヤナギ	落葉低木	○	△	△	少	◎	◎	乾燥が続くと落葉するが枯死しない
ローズマリー	常緑低木	○	○	×	少	○	◎	ほふく性の品種がある。葉に芳香あり。料理用ハーブ
ロニセラ・ニチダ	常緑低木	○	○	△	少	○	◎	葉が密に繁る

注　市場性：□＝園芸業界で流通　無降雨耐性：◎＝土壌厚15㎝で無降雨30日以上に耐えて生育した実績のある種

表8 屋上に向かない植物

急激に生長し荷重増となる樹木	
アカシア類	常緑
イチョウ	落葉
クスノキ	常緑
ケヤキ	落葉
サクラ類	落葉
トウネズミモチ	常緑
トチノキ	落葉
ヒマラヤスギ	常緑
プラタナス	落葉
ムクノキ	落葉
メタセコイア	落葉
ユーカリ類	常緑

風で折れたり・倒れやすい樹木	
アカシア類	常緑
カロリナポプラ	落葉
ゴールドクレスト	常緑
シダレヤナギ	落葉
シラカバ	落葉
プラタナス	落葉
ユーカリ類	常緑
ユリノキ	落葉

その他	
ササ類	常緑
タケ類	常緑
ニセアカシア	落葉

鳥や風で種子が運ばれ生長が早い樹木		
アカメガシワ	落葉	鳥
イイギリ	落葉	鳥
カジノキ	落葉	鳥
キリ	落葉	風
クスノキ	常緑	鳥
ケヤキ	落葉	風
サクラ類	落葉	鳥
シンジュ	落葉	風
トウネズミモチ	常緑	鳥
ナンキンハゼ	落葉	鳥
ムクノキ	落葉	鳥
ユリノキ	落葉	風

屋上・屋根緑化

戸建住宅を屋根緑化する目的と構造ごとの設計ポイント

経験者に学ぶ戸建住宅の屋上緑化設計

善養寺幸子（JFIT-Link）

戸建住宅の屋上緑化

1996年に屋上緑化を手掛けたのが、筆者のエコ住宅への興味の始まりだった。近隣商業地域の密集地という立地で、庭がほしいというオーダーに、S造で屋上緑化を試みたのである。このときは、スキップフロアの建物の屋上を緑化し、リビングの延長上に中庭のある建物とした（**写真1**）。人工土壌を40cm盛り、その上に黒土を5cmほど入れ、アンズの木を植えた。日当たりがよいとはいえない中庭であるが、現在もアンズのジャムが毎年数瓶できるほど実をならしている。当初は視覚的な庭を目的とする屋上緑化であったが、屋上緑化がつくる、建物への温度環境改善は、予想以上に体感でき、建築の環境づくりの要素として大変面白みを感じる結果であった。通風で入ってくる風の温度もバルコニーを抜けたものとは涼感が違い、屋上緑化した中庭の下室の温度環境は安定している。

写真1　「墨田の家」スキップフロアの屋上を中庭に。人工土壌の保水性のよさと、壁面からの照返しの熱射でゴールドクレストなどヨーロッパの植物は育たない

植物選び1：熱の緩和を目的とする場合

筆者の場合、そもそもの緑化の目的が何かと問えば、メインは夏対策として、屋上遮熱に放射冷却のクーリング効果で建物の温度上昇を緩和しようというもの。もう1つは冬対策。屋上緑化で建物直接の放射冷却を防ぎ、断熱としようというもの。その点から考慮すると、仕様はそれぞれで異なる。遮熱だけが目的なら表面だけでも温度上昇せずに日陰をつくるものがあればよい。放射冷却まで求めるなら水分を多く放出する植物が必要であろう。冬の断熱まで求めるなら土の量が重要になり、少なくとも15cm、理想的には20cm以上必要で、冬でも枯れない植物で表面を覆うことが望ましい。

求める性能からいうと、セダムは、遮熱効果はあるが放射冷却という点では劣るようである。放射冷却を取るなら芝のほうが性能はよい。放射冷却を起こす植物は当然水分を多く必要とする。コケも常に水分を含ませ、ラジエターとして使うのであれば効果はあるかもしれない。しかしながら、いずれも薄肉の土壌の上に施すのであれば、それは夏対策のみのことである。夏冬兼用であれば、土は厚く盛る必要がある。

植物選び2：メンテフリーを望む場合

（1）植物の適正

メンテナンスフリーという点では、芝は向かない。下手に刈り込んで、刈り込んだ葉を放置すると、病気になり全滅してしまうこともある。また、セダムもまったく何もせずというわけにはいかない。筆者の経験だが、時間の経過とともに植栽当初のセダムはほとんど寂しい状

COLUMN

菜園で屋上緑化に楽しみをもたせる

善養寺幸子（JFIT-Link）

都市部では庭をもつような敷地環境は経済的に難しい。また、住宅密集地などの庭では日射量が足りず、植物が育たないという問題もある。そのような状況から「屋上菜園」という屋上緑化を望まれるケースも出てきた（**写真**）。

この傾向は望ましいと思う。毎日、誰かが屋上へ足を運ぶことになるからだ。目が行き届くことが屋上緑化の大きなトラブルを未然に防ぐ重要な要素だ。どんなに完璧につくっても自然の植物や動物が相手である。排水が詰まって漏水を起こす可能性もあるうえ、水を湛えることで過積載となる可能性もある。常に見ていれば変化に気付き、トラブルが起きないようメンテナンスを続けることになる。屋上緑化に楽しみをもたせることは重要だ。

写真　川崎の家　木毛セメント板の廃材を粉砕した人工土壌を採用した（竹村工業）

態になり、まったく関係ない近所中にセダムが自生し満開の花を咲かせていたことがある。近隣の生態系を崩してしまったような罪悪感を覚えた。コケは枯れても保水されれば元に戻るからメンテナンスフリーと謳っている。しかし、それでは緑化する根本的目的を達していないのではないだろうか。

(2) 何も植えない屋上緑化

せっかくつくり込んだ庭が、招かれざる客の到来によって乱れ、植えた植物は枯れてしまう。なぜ、うまくいかないのか。それは植物の生態と環境が合っていないからだ。1年目は合っていたとしても、植物が栄養を吸って育ってしまうと土壌の環境は変化する。それを調整し続けないと同じ植物は保てない。その辺のことをこなすには、かなりの知識が必要であるし、こちらも専門外である。一方で、皆があまりにメンテナンスフリーを連呼することもあり、最近は何も植えない屋上緑化をお勧めしている。

実際、この方法が一番植物が育つ。そのときどきで、勝手に環境に合う植物に入れ替わる。植物が来るのを待たないと緑化が完成しないとなると、何が来ても嬉しい。同じ都内においても地域で生え方に差がある。また、生育する植物はざっと20種類くらいはあるので、なかなかのボリュームである。それを見ると、その敷地の現在の植生が分かる。

勾配屋根も陸屋根も土だけを載せ、何も植えずに雑草で全面緑化した住宅をつくった（**写真2**）。人工土壌と黒土を合わせて20cm入れた状態で、施工して数週間経った表面には小さな双葉が芽吹き始めていた。

戸建住宅への屋上緑化の設計ポイント

屋上緑化では、木造、S造、RC造ととりあえず一通りの経験はある。最も古い物件では10年以上経ち、その経過を見てきた。防水＋緑化の組合せは今まで、ほとんど自分のオリジナルの仕様であった。考え方は単純である。まず、防水層はプールとなっても大丈夫なものにする。次に、排水方法を考える。排水口の

写真2 杉並の家の屋上菜園。残念ながらカラスに目が届かず、野菜の被害を受けている

図2 S造屋上緑化部分断面図（S=1：60）

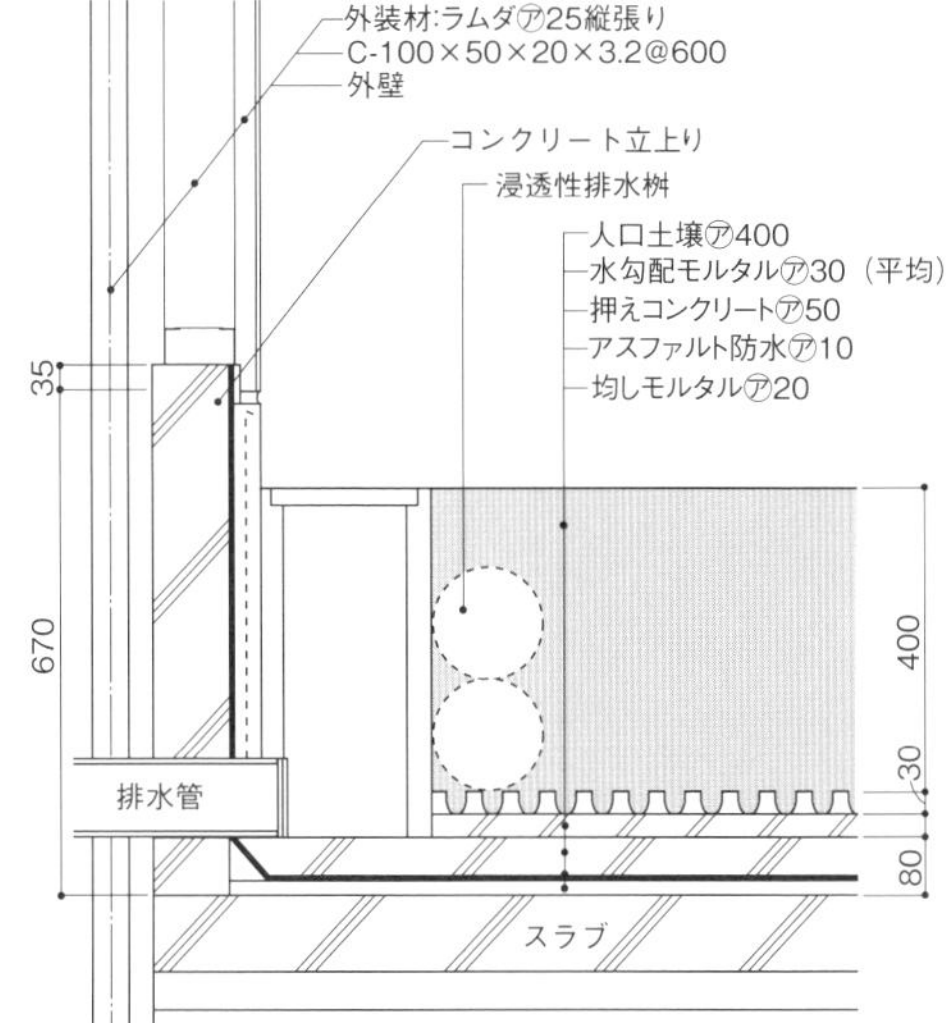

図3 RC造屋上緑化部分断面図（S=1：60）

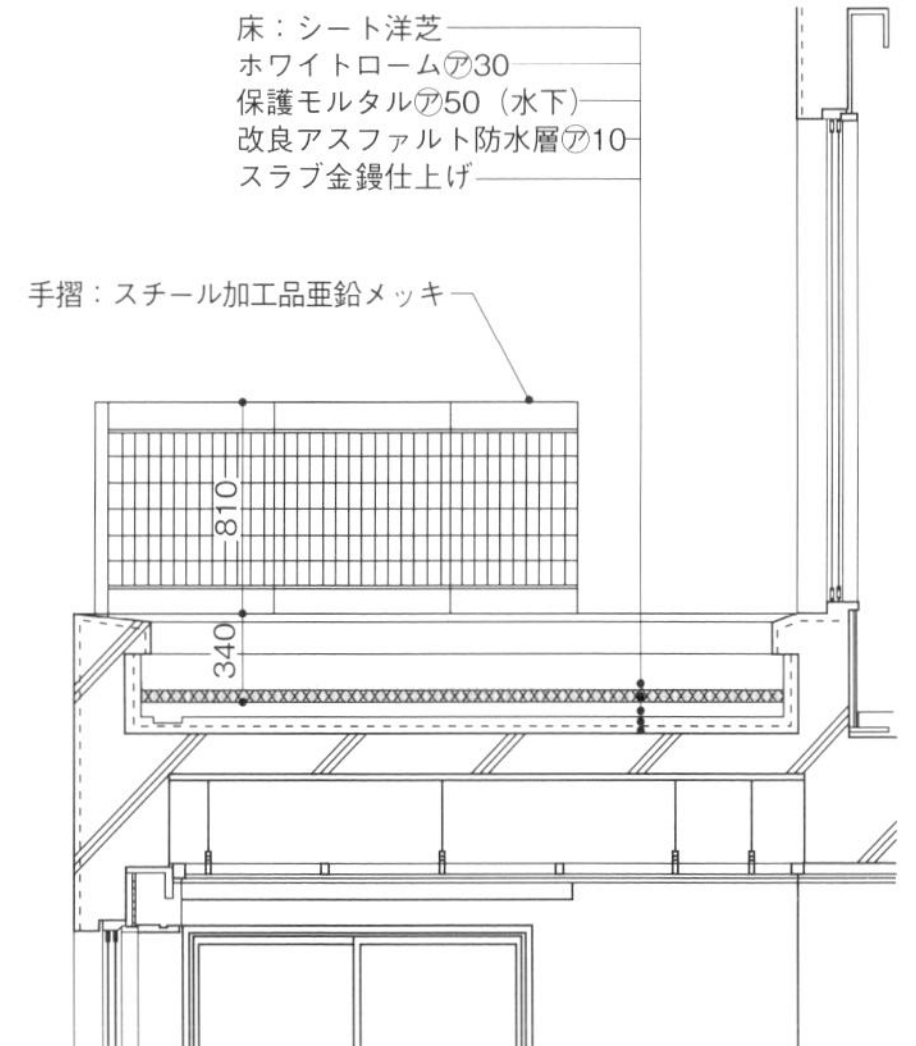

図1 木造屋上緑化部分断面図（S=1：60）

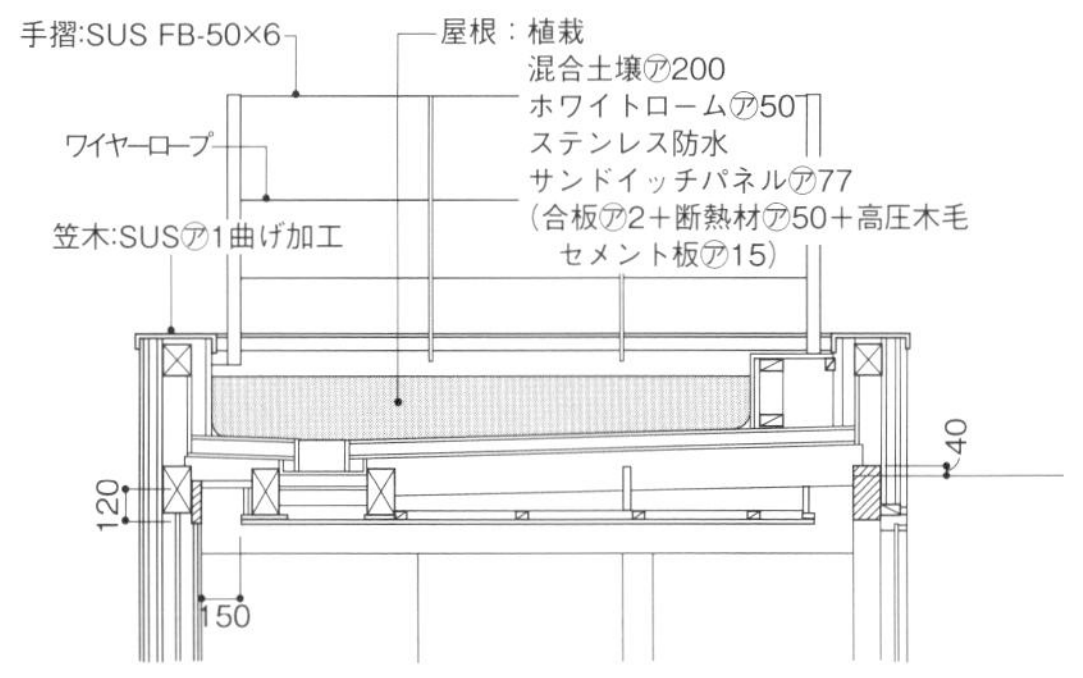

※ 余談になるが、この事例にまつわるエピソードを1つ。行政の補助制度を申請したが、現場審査で「雑草だけでは完成された植物が植えてられていないので、屋上緑化とは認められない」と回答してきた。そもそも補助金の目的は何か？ ヒートアイランド現象の抑制が目的ではないのか？ それなのに雑草では屋上緑化の目的を果たさないという。窓口が公園緑地課のくせに、緑のことも分からないのかと腹が立った。結局のところ、施主にも怒られたようで、当然のことながら補助金は支払われた

メンテナンスができるディテールにする。雨水のオーバーフローを考える。これらの点をふまえ、それぞれの構造における設計ポイントを解説する。

(1)木造の場合

木造の場合、筆者は、耐根も兼ねたステンレスのシート防水の上に混合土壌を載せたオリジナル工法としている（**93頁図1**）。排水口にはパンチングメタルの籠を逆さにかぶせたようなものを設置し、土壌流出などを防いでいる。

今まで、この工法で漏水したことはない。なお、防水に関しては常に水張り試験を行っている。施工は防水部分は防水業者が行い、土壌・緑化部分は施主みずから、または造園業者が行う。

また、木造の場合、人工軽量土を20㎝入れた場合の積載荷重を180kg/㎡とし、冠水時には200kg/㎡となることを想定し、構造計算を行って安全を確認している。

土壌の搬入については、必ず建物が竣工してから行う。理由は、土が搬入中に必ず室内にこぼれるため、養生が必要になるうえに、内装工事の邪魔になるからだ。搬入は人力で行う場合もあれば、トラックからクレーンで直接屋上へ運ぶこともある。人力の場合は、通常、10kg詰の小袋の土を搬入するが、たいていの場合、土がこぼれて室内が汚れる。搬入はしやすいが、後始末を考えると、可能であれば、クレーンでトラックから屋上へ直接運びたいところである。

(2)S造の場合

初めて手掛けたS造の屋上緑化で、集中豪雨の際に、黒土の透水性が悪く、水が溜まりはじめ、施主が雨の中で表面を傘で突つき、人工土壌に水を染み込ませて応急措置をした、というトラブルが生じた。その後の対応として枡の蓋を格子蓋としてオーバーフローが直接流れ込むように改善した。このときの床を構成するスラブのつくり方は、QLデッキのスラブに指し筋をして鉄骨の躯体とは絡まない位置で立ち上がりをつくり、風呂桶状のスラブとしてそのなかを、アスファルト防水した（**93頁図2**）。アスファルト防水はコスト面でも選びやすい。

(3)RC造の場合

RC造の場合も、S造の場合とほぼ同様である。立上がりを設け、アスファルト防水、もしくは無機防水を行う。排水廻りをメッシュにし、土壌の層構成は、一番下に粗いパーライト、その上に人工土壌、その上に表土の黒土という仕様になっている（**93頁図3**）。RC造のときも、コストが許せばステンレス防水を採用したいと考えている。耐根シートに関しては、どこまでその効力を考えればいいか結論が出ていないが、RC造の場合は、念のため耐根シートを敷くようにしている。

COLUMN

屋上緑化の落とし穴 [漏水事故]に注意

善養寺幸子（JFIT-Link）

防水工事の欠陥で漏水事故

初めて、メーカーの緑化工法を仕様そのままに採用した。システムは、ステンレス防水工法である。これには勾配屋根工法と、陸屋根工法とがある。両方ある物件だったので、不安もあったが工程の問題もあり、陸、勾配のセットで採用した。

その結果、陸屋根部分が漏水した。施工の不具合の個所もあるのだが、そもそもの工法的問題が大きかったようだ。この工法は勾配屋根も陸屋根も、金属を折り曲げ挟み込んだハゼ工法でジョイントする。そのため、入隅、出隅、立上がりなどの個所はハゼでは形がつくれず、結局のところシーリングを頼りとした納まりとなってしまう（**写真**）。そのうえ、ハゼの締めの甘いことや、熱収縮で金属が暴れ、シーリングが浮いた場所から水が浸透してしまった。

事故後のメーカーの対応

事故後、メーカー側の言い分として、排水溝を設けなかったことが漏水の原因とし、溝を設ける改修をするといってきたが、彼らがもってきた施工図の溝は普通の屋根唐草と軒樋の納まりのような仕様で、深いところで、深さ8㎝程度しかなかった。これでは集中豪雨が起こったら唐草から直接漏水してしまうことは目に見えていた。曲げ加工ではなく溶接して、土壌上端まで冠水しても漏水しない仕様にしてほしいとお願いしたが、受け入れられなかった。そのうえ、漏水によって水浸しになった断熱材を張り直して改修してほしいという要求も、そのままにしてその上に改めてもう1層葺くと譲らず、平行線のまま時間だけが経過した。

10年保証のあるシステムということであったが、これではないも同然。このままでは施主に迷惑が掛かると判断し、こちらで全額負担し、ほかの工法で補修を行った。トラブルが発生してから判明したことだが、同工法における陸屋根の木造やS造での実践例はなく、実践としてはRC造の防水のできているベランダでの実例しかなかった。防水というより耐根＋土留めのための受け皿という程度の性能しかないようである。

このトラブルで被った被害額は、新築時の防水、手摺も含む屋上緑化の費用が200万円満たないのに対し、足場、解体、処分費、大工工事、内装被害も含めると580万円と大きなものになった。これに弁護士費用も掛かって、とんだ災難である。気を付けないと、屋上緑化の問題だけではなく、10年保証の矛先が設計監理者に向くことがあるので、保険には加入しておいたほうがよいとつくづくお勧めする。

写真　立上がり部分で漏れが見受けられた

壁面緑化

恒久的な壁面緑化を目指す
壁面緑化のバリエーションと失敗しないための設計術

大橋鎬志（M&N環境計画研究所）

水平思考から垂直思考へ

建築における軒下、前庭、ピロティ、ドライエリア、ベランダ、テラスなどの中間領域は、外界（街路や自然生態系）とのつなぎの空間であると同時に、周辺環境との関わり合いなど、建築の内と外に与える影響が大きい。これらの空間における壁面の緑化は、移動空間としての動線の景観演出のみならず、視線や侵入者対策などプライバシーの確保、日照・採光・風などの環境コントロールなど、用い方次第で大きな効果が得られる空間でもある。そのため、緑化の目的を的確に把握すると同時に、目的に最も適した植物の選択により、効果はさらに高まる。

壁面緑化の設計術

壁面緑化の主役は植物である。設計にあたっては、自然科学からの目、植物側からの発想、場づくりの精神が大切である。壁面という特殊環境においての植栽

表1 壁面緑化における植栽基盤の種類

	特徴	適する植栽部位	コスト
土の大地	最も安定した植栽基盤。場所の状況により、土壌改良、客土、排水設備などの検討が必要な場合もある。通常苗木を植栽するため、完成までに3年、5年、10年を要するが、安定した土壌生態系であれば根系の分布範囲には制限がないので、大規模壁面や恒久的緑化には適している	一般住宅から大きなビルまで適用範囲は広い。ただし場所はグランドレベルに限定される	イニシャルコスト・ランニングコストともに、ほかの方法に比べて安い
人工地盤	可能な限り土壌容量を確保することにより、大地植栽に近づけることができるが、限界はある。長期的には、根系の過密化と土壌構造の変化から、土の入替えを必要とする。建築構造と深くかかわるため、後付けは困難	荷重制限はあるが、上層階をはじめ場所の自由度は高い	通常地上植栽の約3倍をみておくとよい
コンテナ	植木鉢、プランターなど、大小形態はさまざまであるが、土量が限られるため、植物の種類や仕立て方、寿命には制限がある。ただし可動というメリットから、草花から樹木まで、別の場所で植え込み育てたものを持ち込めるため、竣工時の完成度は高い	日陰、軒下であっても時々置き換えて、日に当てれば生育は可能	コンテナの材と形状によりコストは大きく異なる
植栽パネル	人工土壌を袋や容器に詰め込んだ可動式のパネルやポットに、あらかじめ工場などで植物を植え込み、ある程度まで生長させたものを壁面や垂直フレームに取り付ける工法。壁面全体を同時期に早期緑化できるメリットはあるが、コンテナ同様土壌の量に制限がある。取付けフレームおよび植栽パネル、自動散水装置のイニシャルコストは高くつく。取付場所によっては雨水の有効活用システムを取り入れることも可能である。長期緑化・恒久的緑化を目的とする場合は、少なくとも300㎜以上の土壌厚のパネルとし、搬入・取付けの利便性と安全性、個々のパネルの一体化など工夫が必要である	竣工時の完成度の高さから、園芸博やイベントなど期間限定の早期緑化には適している	4～15万／㎡と幅がある

場所や植物、植栽基盤の選定といった設計にあたっては（**表1**）、日照、雨、夜露、風、気温などの気象条件や空調機やダクトからの風、車のマフラーからの熱風などの環境圧、そして植栽植物が必要とするメンテナンスを十分に把握しなければならない。また、建築物や植物のメンテナンスを想定した安全な足場や通路の確保も計画に入れておくとよい。

代表的な壁面緑化のデザインバリエーションとしては、壁面登攀（とうはん）型、格子登攀型、果樹垣、下垂型が挙げられる（**表2**）。いずれの場合も、壁面緑化を成功させるには、植栽基盤と土壌、壁面と植物、そして給排水設備など、テクニカルバックアップシステムも重要なファクターとなる。さらに、照明や散水装置のための一次側電源の供給など、建築計画と並行して検討しなければならない。計画次第で、竣工時の緑の完成度、コスト、緑化の規模や形態、メンテナンスの難易度、植物や植栽基盤の寿命などが大きく異なってくる。そのためプロジェクトの目的に適合した使い分けが必要となる。

(1) 植栽基盤の種類

植栽基盤は、自然の地盤へとつながる土の大地と人工的な植栽基盤（人工地盤、コンテナ、植栽パネルなど）との大きく2つに分けられる（**95頁表1、図**）。土の大地は雨水を貯え、気温をコントロー

表2 壁面緑化のデザインバリエーション

壁面緑化手法	特徴	適用樹木
壁面登攀（Climbing） 	吸着根により植物自らの力で粗い壁面を這い上がるタイプ。苗木から育てるようにする。壁の湿り具合や植物の種類にもよるが、RC 打放し以上の粗面であれば吸着は可能である。タイルの場合は、1～2m高さまではモルタル目地に吸着するが、それ以上は困難。ただし灌水などにより壁面に湿り気を与えたり、ナツヅタと混植することにより可能性は増す	**常緑**：フィカスプミラ、セイヨウキヅタ、一部のヘデラ **落葉**：ツルアジサイ、ナツヅタ
格子登攀（Trellis,Screen） 	トレリスやスクリーンに巻き蔓、巻きヒゲ、棘などを絡ませて這い上がるタイプ。種類によっては、2～3mに生長したツル性の植栽も可能。ツル性の花木も多く、花や実の美しさも観賞できる。建築壁面意匠のパンチングメタルやエキスパンドメタル、トラスなど、さまざまなものに絡ませることが可能である。壁面との距離は建築壁面と植物の両方のメンテナンスを考慮に入れて設計する	**常緑**：ムベ、ビグノニア、カロライナジャスミン、ビナンカズラ、モッコウバラ（半常緑）、テイカカズラ、ハトスヘデラ、トケイソウ（東京以南）、ツキヌキニンドウ（東京以南） **落葉**：アケビ、ノウゼンカズラ、ツルウメモドキ、ツルバラ、クレマチス、ラズベリー、フジ、フレモントデンドロン・カリフォルニアグローリー
果樹垣（Espalier） 	エスパリア。もともとは果樹を垂直面に誘引して仕立てた垣を意味するが、一般の樹木にもその手法が用いられるようになった。苗木を植栽し、目的とする形やパターンに長年かけて仕上げていく。そのため枝や蔓を固定・誘引するためのフックやワイヤーをホールインアンカーなどにて壁面に取り付ける	**常緑**：ピラカンサ、ソヨゴ、シラカシ、アラカシ、タイサンボク、カリステモンほか多数 **落葉**：フジ、ブドウ、カリン、ハナカイドウ、ハコネウツギ、ザクロ、サルスベリ、ツルバラ、ボケ、キングサリ、ほか多数
下垂（Hanging） 	巻付く強い力をもたないツル性、ほふく性植物を上方から下垂させるタイプ。風の強い場所ではワイヤー等を張り、長く垂れ下がった蔓を部分的に固定させるとよい。可動式のコンテナやハンギングバスケット、植栽パネルなどを用いると多様な草花による多様な場での緑化が可能となる	**常緑**：ツルキキョウ、テイカカズラ、ヘデラ・ヘリックス、コトネアスター、ハツユキカズラ、ローズマリー

ルし、植物が恒久的に居着くことのできる「育つ環境」である。それに対し、人工的な植栽基盤は「育てる環境」であり、大量の灌水やランニングコストなどの大きな負担を必要とすることが多い。我々はできる限り植物が自らの力で生育できる「育つ環境」の創造を心掛けなければならない。

(2) 土壌

人工的な植栽基盤には、建築の荷重制限や運搬を容易にするため、人工軽量土壌を用いる。そのほとんどは岩石を原料とした無機質土壌のため、土中の微生物による物質の循環の機能が著しく低く、生きた土とはいえない。生きた土とは、安定した土壌生態系を有していることであり、病虫害の異常発生を抑制し、バクテリアにより有機質肥料の分解を早め、ミミズなど土中生物の生育を可能にする。そのため、人工軽量土壌の単用を避け、有機質のピートモス、腐葉土、バーク堆肥などを混入して用いる。また、土の量は、可能な限り厚く広くしたい。

(3) 給・排水設備

大地から切り離された植栽基盤は、植木鉢同様、灌水を必要とする。雨水の有効活用システムや保水層、保水剤の混入によりその頻度は軽減されるが、十分とはいえない。散水装置にはさまざまなシステムがある。一般的には、管に孔のあいたドリップ方式[※1]、多孔質ゴム製チューブしみ出し方式、コンテナや植物の根元へ細いパイプでそれぞれに配管して灌水する分配方式などが主流である。

上水はすべての散水装置に用いることができるが、逆流防止のため、一度屋上水槽に揚水してから2次側を接続しなければならない。また、中水を利用する場合、空中に水の飛び散るスプレー式、スプリンクラー式は、人に衛生上の被害をもたらす可能性がある。設計に際し、保健所の指導と建築の一次側給水システムに注意を要する。また、散水栓も一定の間隔で設置しておくとよい。

排水については、底部に保水層を設け、灌水に用いた水はできる限り貯えるようにする。また余剰水や雨水は、そのまま

図 人工地盤と土の大地における壁面緑化の仕組み

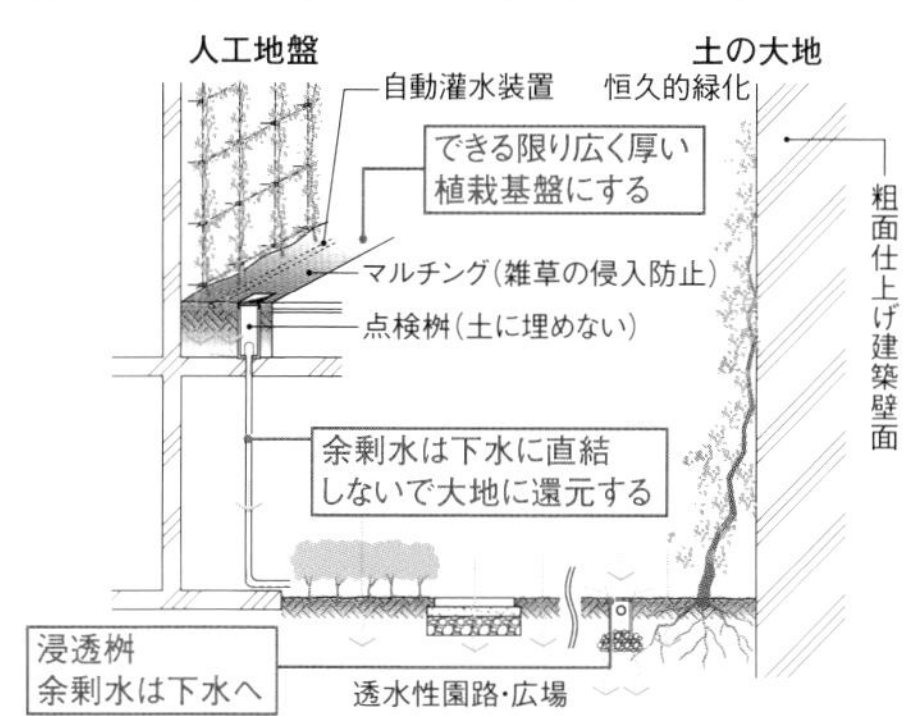

表3 特殊条件におけるメンテナンスのポイント

目的	対策
植栽基盤	・限られた土壌内では根の分布や量が十分ではないため、状況に合わせて地上部の伸長を制御する ・根の密度が土の密度を超えてしまう前に根の切詰めや部分的な土壌の入れ替え、補充を5～10年に1回必要とする ・人工地盤の場合は、建築の防水耐久年数と運命をともにするので、長寿命の防水工事とともに、建築のメンテナンスに合わせて植栽基盤のメンテナンスも行う
根や蔓の肥大生長と伸長	・ルーフドレンは、埋めずに常時点検できるようにする ・防水層は、直接根に触れないよう、また、工事の時スコップなどで傷付けないよう、シンダーコンクリートでしっかりと保護する。差し筋やホールインアンカーを打ち込む場合も、防水層を傷つけないよう深さに注意 ・地上部においては、レンガや石張りの深目地や建築の隙間に入り込んだ吸着根やツルは、やがて肥大生長し、周辺を破壊する場合もある。常にメンテナンスのなかでコントロールが必要
灌水	・土の大地の場合は、植栽後2年も経過すれば、根系が発達し自然の降雨だけで十分だが渇水期には注意する ・10年程度経過すると、ドリップパイプの劣化や、管やフィルターの目詰まりなどが発生する。装置の正常な運転と合わせ、日常の点検が必要である ・タイマー式自動散水装置は、植物の生長と季節に合わせた朝・昼・夕・夜間などの設定と、運転時間の変更を行い、無駄を省き効率的な使用を目指す ・冬期は凍結を避けるため午前中に灌水し、夏期は強い日射によるロスを少なくするため早朝に行なう
除草	・人工土壌をコンテナや袋に詰め、垂直フレームなどに固定した植栽基盤では、竣工後1年間は問題ないが2～3年目ごろから雑草が侵入し、特に高所の壁面の除草は困難を極める。それらを予測した計画が必要 ・雑草には春草、夏草、秋草があるのでそれぞれ種子の落ちる前の除草が効果的である
剪定・整枝	・植物を仕立てる範囲は、梯子、高所作業車、建築内部からや特設のメンテナンス足場から届く範囲とし、目的とする範囲を超えたツルなどは早急に取除く ・壁面から離れて伸びた枝や蔓も、早期にカットする

※1　外径17㎜程度の管に、小さな孔が30～50㎜間隔に開いている

下水道に直結しないで地上の大地に還元する浸透方式を取る（**97頁図**）。そのうえで余った水のみを下水へ流すようにする。乾いた都市の大地を潤し、ヒートアイランド現象緩和の一助にもなる。

また、人工地盤におけるルーフドレンは、常時点検できるように設計する。土壌に接していると、細かい土砂や水を求める根系によって、塞がれてしまうからである。点検桝やドレンカバーを必ず設置するようにしたい（**97頁図**）。

必要不可欠なメンテナンス

灌水、病虫害対策、施肥、剪定、清掃など、一般樹木のメンテナンスに準ずるが、特殊条件におけるメンテナンスのポイントを示す（**97頁表3**）。設計の工夫によりローメンテナンスは期待できるがノーメンテナンスはあり得ない。多少の湿り気があるところには雑草は必ず侵入するからである。

また、人工地盤の場合は、建築の防水耐久年数と運命をともにする。建築のメンテナンスに合わせた植栽基盤のメンテナンスを行いたい。

COLUMN

エスパリアのできるまで

大橋鎬志（M&N環境計画研究所）

筆者の事務所建物の壁面をエスパリアにした事例[※2]を紹介する。

窓もなく無表情なRC打放しの北側壁面。街路境界との隙間は28㎝と、一般的な生垣は不可能である。そこでピラカンサの苗木（高さ30㎝）を植栽し、格子状に仕立てることとした。

枝を誘引・固定する骨格は、壁面に縦横60㎝間隔で孔をあけ、カールプラグを打ち込み、長さ9㎝のヒートン管を取り付けた。そこへビニル被覆の支柱[※3]（10㎜径）を格子状に取り付けた。壁からの距離は5㎝、地上から高さ1mまで連続した生垣にするため、苗木は30㎝間隔で植栽した。

1mまで達したところで、格子近くの元気のよい枝を1本だけ選び、結束し縦に伸ばしていく。

1年目の春、横枝も格子近くの1本を選び、左右へ水平に誘引していく（**写真1**）。格子の間に出る枝は、付根から5㎝でカットする。2年目の春、エスパリアの原形がほぼ完成（**写真2**）。後は毎年出る枝を、年に4～5回切詰める。

5年目の春、完成（**写真3**）。純白の花や、赤い実が道行く人を楽しませる。

写真1　1年目。ピラカンサは日陰に強い　**写真2**　2年目　**写真3**　5月には純白の花、11～1月には赤い実を楽しむことができる

※2　このエスパリアは世田谷区緑化コンクールで賞をいただいた
※3　支柱は園芸店で求めた

第4章

住宅用植栽100のテクニック

［凡例］各見出し下のは、第１章　原寸大｜緑の見本帳の頁を示しています
樹高区分は、高木 4m 以上、中高木 2―3m、中木 1.5―2m、低木 0.3―1.2m を目安としています

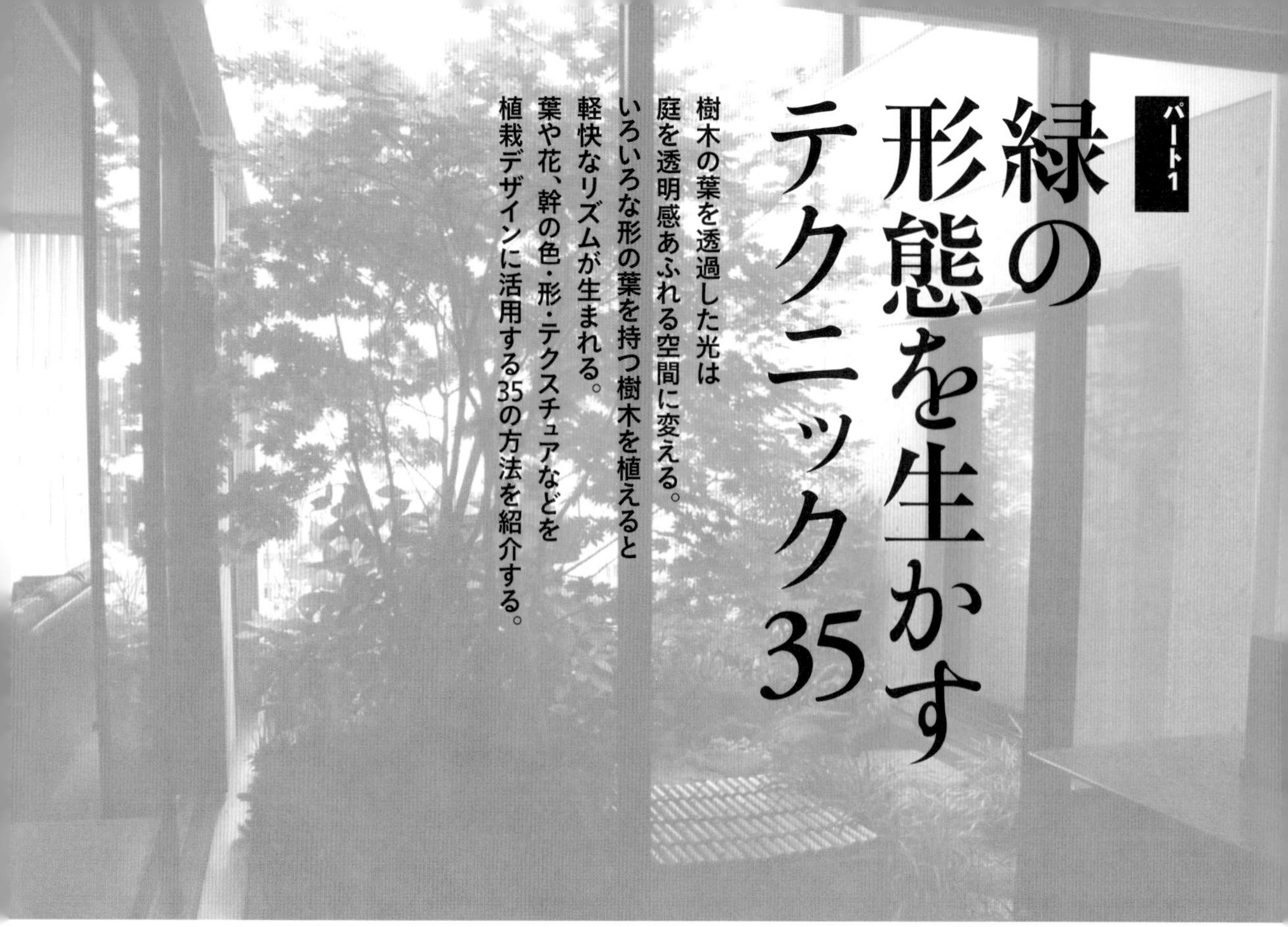

パート1

緑の形態を生かすテクニック35

樹木の葉を透過した光は庭を透明感あふれる空間に変える。いろいろな形の葉を持つ樹木を植えると軽快なリズムが生まれる。葉や花、幹の色・形・テクスチュアなどを植栽デザインに活用する35の方法を紹介する。

透ける葉で庭をつくる

>>p.080

光で葉が透ける樹木で庭を構成すると、軽く明るい印象になる。ナツツバキやハクウンボクなど、葉が薄い樹木は、光を特に透しやすい。樹種ごとに差があるものの、ほとんどの落葉樹の葉は薄いので、軽さや明るさが求められる庭は、落葉樹を効果的に使うことがポイントとなる。

葉に光を透過させる場合、朝日などの東から南にかけて差し込む日差しと、西日など南から西にかけて当たる日差

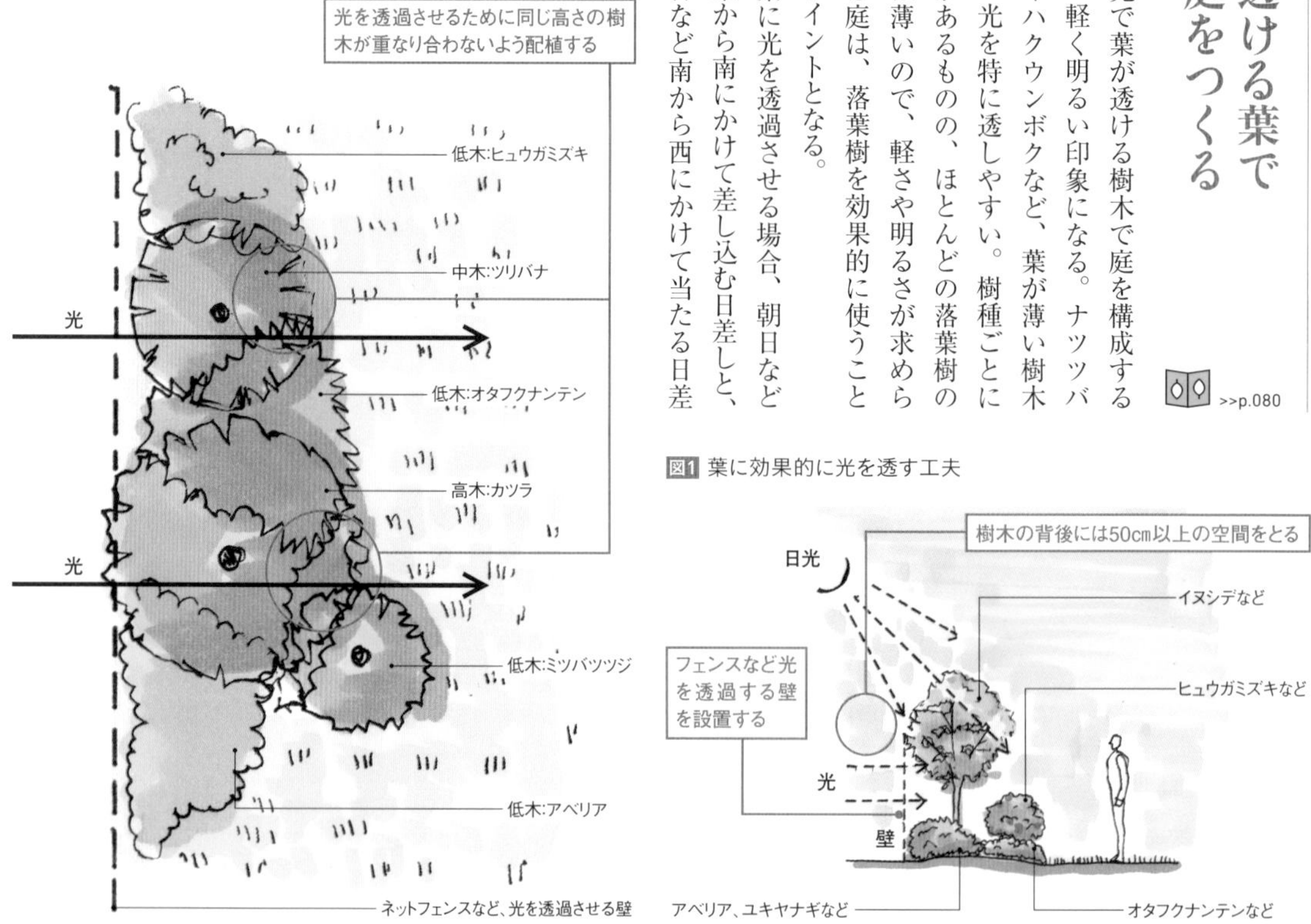

図2 光を透すための配植のポイント

図1 葉に効果的に光を透す工夫

緑の一口メモ イヌシデ　落葉中高木。芽や新葉に短毛が密生し白っぽく見えるので「シロシデ」という別名を持つ｜セイヨウイワナンテン　常緑低木。斑入り種が多く使われ、葉に黄白、紅など不規則に斑が入る「レインボウ」などがある｜ビヨウヤナギ　常緑低木。ヤナギに似た細く美しい葉が垂れ下がる。6～7月に3～6㎝の黄色い花が咲き、長い雄しべが群がって立つ

しに分けて検討する。どちらの光を取り込むかで印象は大きく変わる。柔らかな光を透し、落ち着いた印象の庭をつくる場合、西日より朝日が葉を透過するように配植する。

葉の透明感を効果的に演出するには、光を透過させたい樹木の背後に、反射をうまくさせるために常緑の樹木や壁を設置し、そこから50㎝程度離すことによって樹木全体に光が当たるように配植する［**図1**］。

複数の樹木を配植する場合は、樹木を見る位置と光が透過する線上に、同じ高さの樹木の葉が重なり合わないようにするなどの工夫が必要［**図2**］。

代表的な樹種
中高木
アカシデ、アブラチャン、イヌシデ、エゴノキ、カツラ、カエデ類、クロモジ、シナノキ、ジューンベリー、ツリバナ、ナツツバキ、ハクウンボク
低木・地被
アベリア、オタフクナンテン、キンシバイ、ビヨウヤナギ、ヒュウガミズキ、ユキヤナギ、ヤマブキ

明るい葉で庭をつくる

樹木は、花が咲いたり、紅葉したりするなど、1年を通してさまざまな色を見せるが、ほとんどの期間は緑の葉を付けている。したがって、配植デザインでは、緑の明るさを意識して樹木を選ぶことが重要になる。

葉の明るさは、葉色の明度や彩度のほか、光を反射しやすい葉質であるか否かで決まる。葉色は、色が薄いほど光を反射し、明るく感じる。葉質は、葉のテクスチュアが光を反射しやすい革質のもの（照葉樹）ほど、明るく輝いて見える。照葉樹については**106頁**で触れるので、ここでは葉色の明るさによる印象の違いに限定して話を進める。

シラカシなど、薄い色の葉を持つ樹木で庭を構成すると、庭は明るく、軽やかな印象になる。たとえば、建物の陰で暗くなりがちな北側の空間でも、明るい葉の樹木を使うことで、ほのかな光が差し込んでいるような印象になる［**図3**］。

明るい色の葉の樹種には、オーレア［※1］や斑入りといったものがある［※2］。たとえば、サワラの園芸種であるフィリフェラオーレアやシルバープリペット（セイヨウイボタノキの斑入り）などがそれに当たる［※3］。

図3 明るい葉を使った庭の配植例（北西の庭）

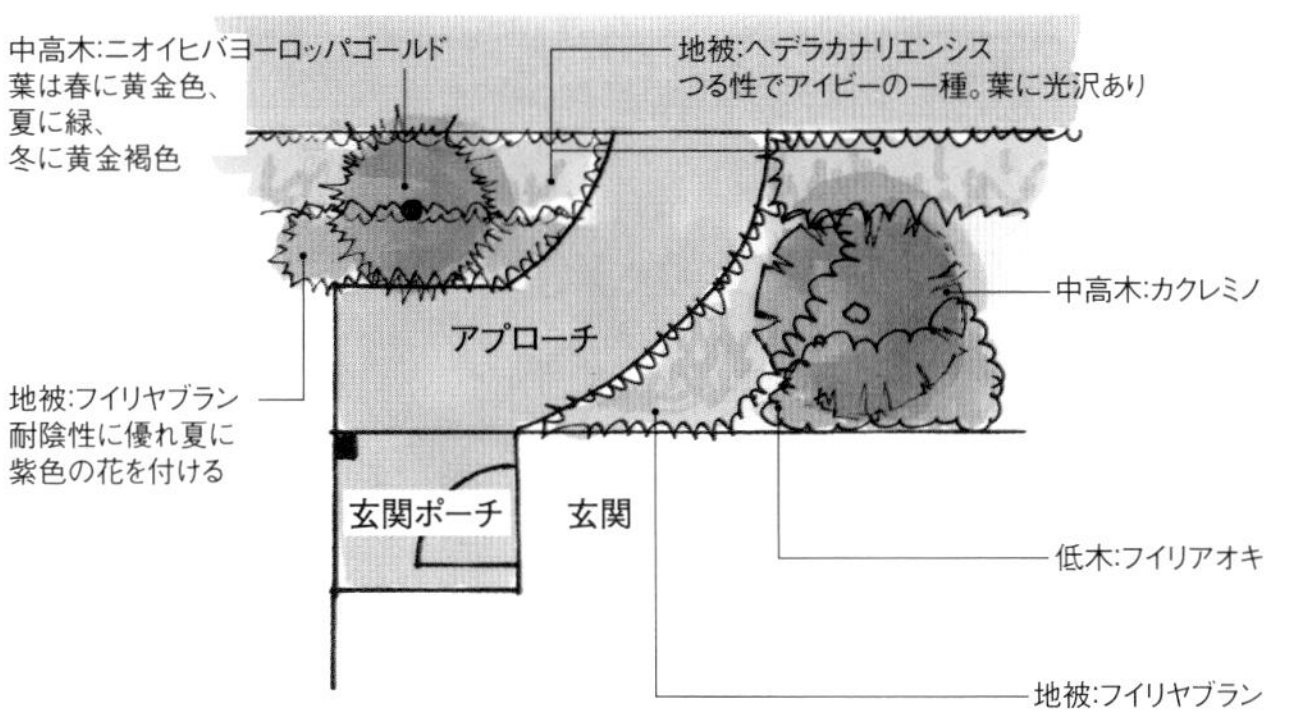

代表的な樹種
中高木
カナメモチ、シラカシ、マサキ
低木・地被
セイヨウイワナンテン、ヒラドツツジ
オーレア（黄色）系
キンマサキ、キンメツゲ、フィリフェラオーレア
斑入り系
グミギルドエッジ、シルバープリベット、フイリアオキ、フイリヤブラン、ヘデラカナリエンシス

色の濃い葉で庭をつくる

濃緑色の葉の樹木を比較的多く使用すると、落ち着いた印象になる。ただし、葉色の濃い樹木は、多用しすぎると庭全体のイメージが重くなり、陰気な空間にもなりやすいので注意する。葉色の濃い樹木は、庭木全体の80％以下に抑えること。

濃緑色の葉を持つ樹木は、うまく配置することで、狭い庭に奥行き感を出せる。たとえば、庭を見る場所を基準に、一番奥にイヌマキなどの暗い色の葉を持つ樹木を置き、順にキンモクセイなどの明るい葉色の樹種を配植すると、庭が広く感じられる［**図4**、※4］。

代表的な樹種
中高木
アラカシ、イヌツゲ、イヌマキ、ゲッケイジュ、スダジイ、タイサンボク
アラカシ、イヌツゲ、イヌマキ、ゲッケイジュ、スダジイ、タイサンボク
低木・地被
コクリュウ、タマリュウ、ハマヒサカキ、ハラン、マメツゲ、リュウノヒゲ

図4 葉色の濃淡を利用した奥行き感の演出

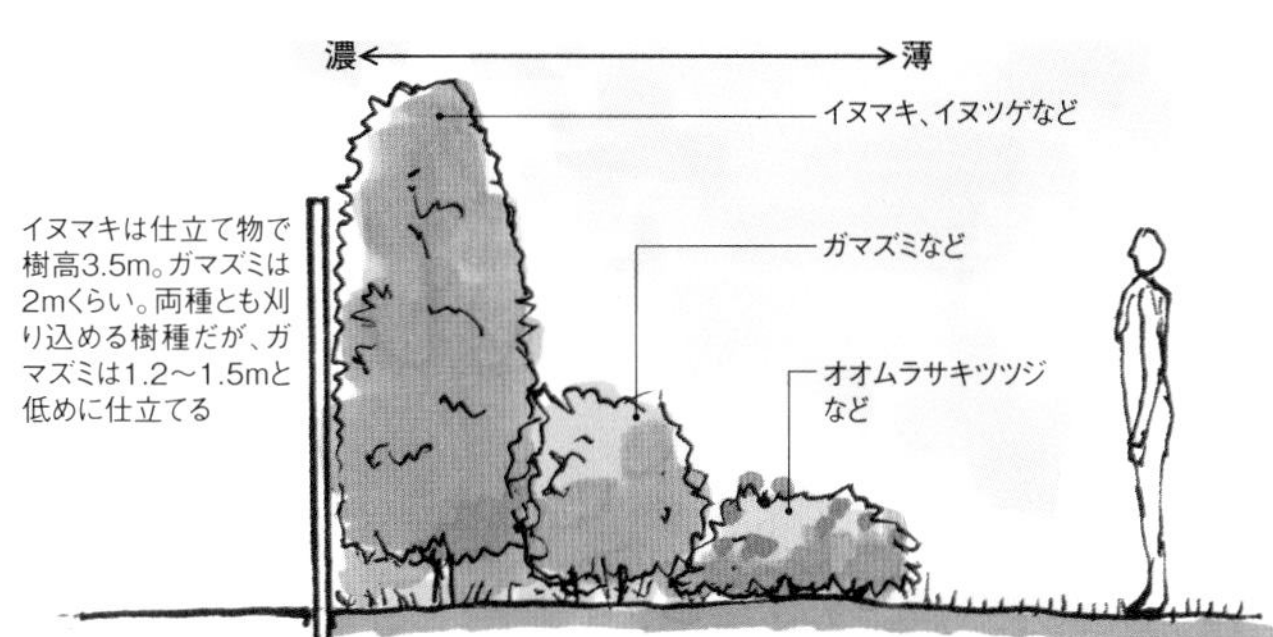

視界の奥から手前に向けて、段階を追って明るい色の葉にすると奥行き感が出る。
さらに高さも手前に近づくにつれて低くなるようにするとより効果的だ

※1：オーレアとはラテン語で「黄金色」を意味する。106頁参照｜※2：斑とは、葉の表面に入る白や黄色の斑点や線のこと。斑入りの葉は103頁参照
※3：これらは、本来はあまり明るい葉色のものではないが、突然変異や掛け合わせによって園芸的につくられたものである
※4：濃緑色の葉で庭をつくると、和風の庭のイメージに近くなる。たとえば、イヌマキやリュウノヒゲなどを配植すると、灯籠などの添景物を入れなくても、和風テイストな庭にすることができる。和風の庭の植栽は151頁参照

紅葉・黄葉が楽しめる庭

>>p.012

秋の紅葉は、春の花期に比べて期間が長いため、庭をデザインするうえで重要な要素となる。実際に、日本庭園の多くは、春の花よりも秋の景色を重視した配植になっている。

紅葉は、赤くなる「紅葉」と黄色くなる「黄葉（おうよう）」の2つに大別できる。ただし、より細かく見ていくと、赤茶色（シマサルスベリ）や赤銅色（カキノキ）、薄黄緑色（コシアブラ）に色付く樹木もある。

植栽する際は、同色の濃淡だけでなく、赤色と黄色など、異なる色を混ぜると立体的になり、「綾錦（あやにしき）」といわれるような空間になる。また、紅・黄葉の背後に常緑樹を配置すると、色の対比がよりはっきりとし、見映えがよくなる［**図1**］。

樹木を美しく紅葉させるコツは、1日の昼夜で寒暖の差があること、土壌に水分が十分にあることなどである。昼夜問わず暖気や照明が当たる所や、乾燥気味の所ではきれいに紅葉しないので、植栽は避けたい［**図2**］。

図1 紅葉が映える配植例

図2 きれいに紅葉しない環境

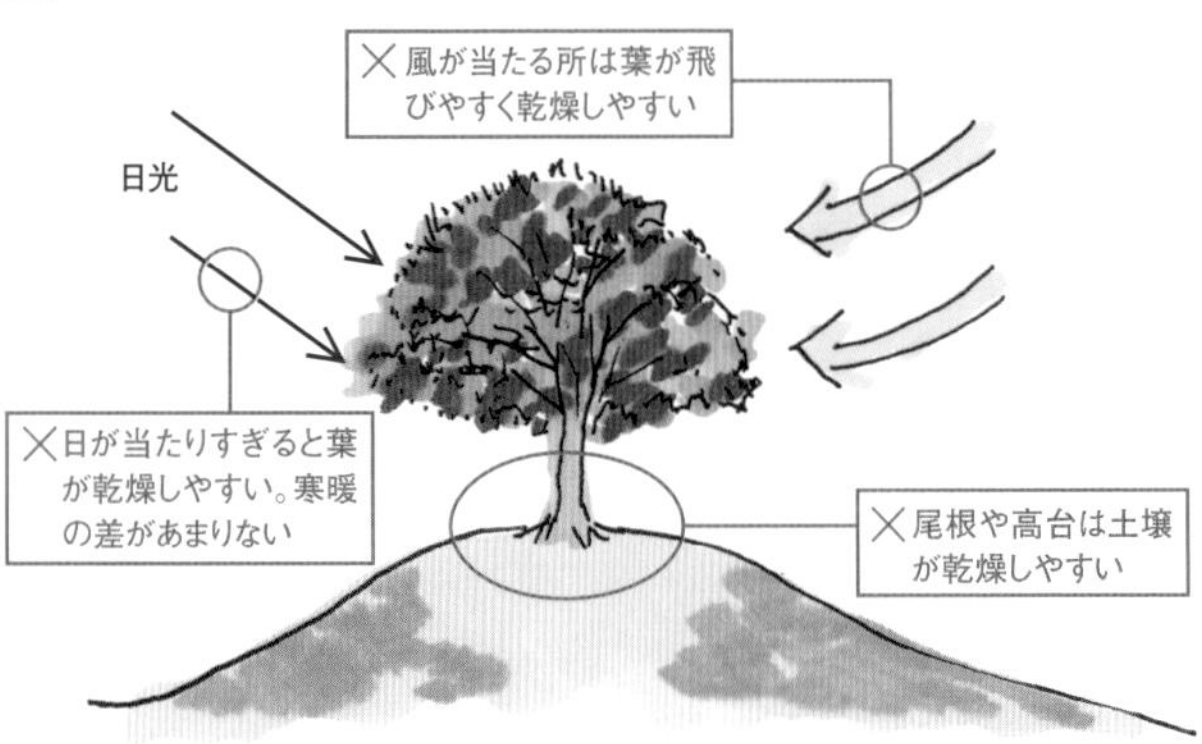

×風が当たる所は葉が飛びやすく乾燥しやすい
日光
×日が当たりすぎると葉が乾燥しやすい。寒暖の差があまりない
×尾根や高台は土壌が乾燥しやすい

代表的な樹種

赤色
イロハモミジ、カキノキ、ナナカマド、ナンキンハゼ、ニシキギ、ハゼノキ、ハナミズキ、メグスリノキ、ヤマモミジ

黄色
イタヤカエデ、イチョウ、カツラ、ドロノキ、マンサク

赤茶色
シマサルスベリ、カラマツ、メタセコイア

新芽が美しく映える庭

落葉樹の新芽の多くは、明るく淡い緑色をしている。したがって、新芽が映える庭をつくる場合、落葉樹を基本構成とするとよい。特に、カエデ類は、葉の切れ込みや薄さに変化があるため、より美しく感じるものが多いだろう。

新芽の美しさを際立たせるためには、樹木を見たときにいつも新芽に日が当たっているような場所に配植することがポイントになる［**図3**］。ただし、いくら日が当たるからといって、屋上庭園にこうした樹木を植えると、新芽は柔らかく薄いため、屋上に吹く風で乾燥してきれいな色にならない。

新芽の色は、緑色だけでなく、変わり葉もある。たとえば、カエデの園芸種であるウコン［※1］は、芽吹きから春にかけては黄色をしており、夏になると緑色に変わる。また、同じくカエデの園芸種であるノムラカエデは、春の新葉は赤く、夏はやや緑がかり、秋に再び赤色になる。これらを庭に取り込んで、新芽の色の変化を楽しむのも面白いだろう［※2］。

代表的な樹種

中高木
アカシアフリーシア、カエデ類、ケヤキ、チャンチンフラミンゴ、カナメモチ、セイヨウカナメモチ

低木・地被
アジサイ、アセビフレーミングシルバー、イイジマスナゴ、ウツギ、ナンテン、ヒュウガミズキ、ヤマブキ、ユキヤナギ

図3 新芽がきれいに見える環境

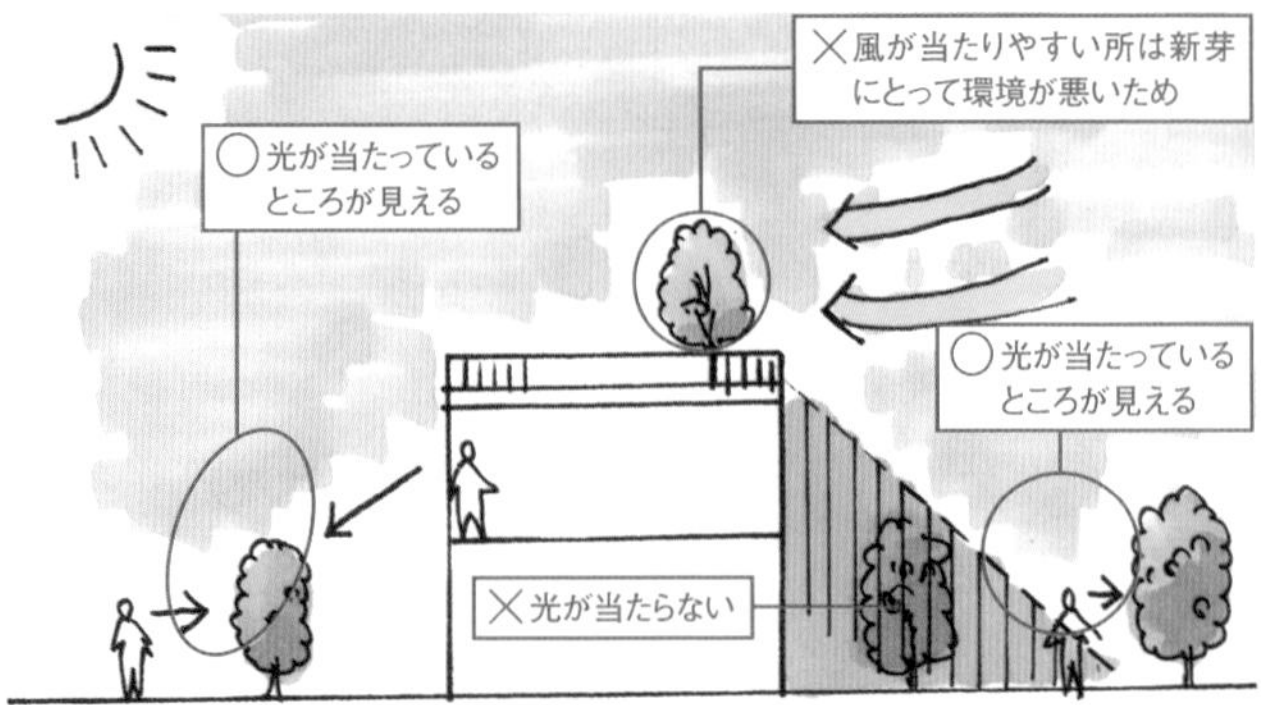

※1：漢名の「鬱金」の字音「ウッコン」が音変化した名前。漢名は「鮮やかな黄色」を意味する
※2：常緑広葉樹では、カナメモチやセイヨウカナメモチは、春の葉が紅色になるので、春に紅葉しているような使い方ができる
※3：日本人はカラーリーフに慣れていないため、病気になった木だとか、弱くなった木だという印象を与えることがある。植栽に使う際には、建築主に樹木の特徴を説明しておいたほうが後々トラブルにならない ※4：コニファーガーデンは146頁参照

いつも葉色が楽しめる庭

樹木の葉の色は、緑に限ったものではない。日本庭園ではあまり扱われないが、1年を通して、秋の紅葉のように葉が赤や黄色の樹木がある。これらの葉は「カラーリーフ」と呼ばれるもので、ヨーロッパの庭園ではよく使わる。日本でも、イングリッシュガーデンが注目されるようになってから比較的使われるようになった［※3］。

カラーリーフの色の系統は、大きく分けて青色系・銀色系・黄色系・赤色系の4つになる［**表**］。厳密にいえば、赤色系でも実際は銅色やパープルなどもあるが、個人住宅規模の植栽では4つの系統があれば十分だろう。

カラーリーフは、緑色の葉のなかに少しだけ入れることが配植のポイントである。色の対比で、緑の葉がより鮮やかに見えるようになる［**図4**］。また、塀の近くなど、植栽が集まることで平面的な緑の壁に見えるような場所でも、カラーリーフを入れることで立体的に見せることができる。

コニファーは、葉の色のバリエーションが多いため、カラーリーフをテーマにした庭をつくる際に適した樹種である［※4］。ホルトノキやテイカカズラは、所々赤い葉が出るので、カラフルな印象となる。

葉の模様を楽しむ庭

斑(ふ)入(い)りなど、葉に模様がある樹木を植栽する場合、花をあしらうように、常緑樹のなかに混ぜて配植する［**図5**］。こうすることで、暗く重い印象になりがちな常緑樹主体の庭に色のリズムが生まれ、庭の雰囲気が明るく軽い印象になる。

斑のバリエーションはさまざまで［**図6**］、葉の緑が緑以外の色になるものに、ヘデラバリエガータ（白色）、グミギルドエッジ（黄色）などがある。また、葉のなかに点々と斑が入るナカフアオキや、葉の半分が白くなるハンゲショウ、葉の色が白とピンクとなるハツユキカズラなども斑入りの樹木である。

代表的な樹種
中高木
トウネズミモチトリカラー、ネグンドカエデフラミンゴ、フイリアジサイ、ヤナギハクロニシキ、キンマサキ
低木・地被
オロシマチク、グミギルドエッジ、ナカフアオキ、ハツユキカズラ、ハンゲショウ、フイリアオキ、フイリテイカカズラ、フイリピンカミノール、フイリヤブラン、ヘデラ類

表 カラーリーフの4系統と代表的な樹種

色	中高木	低木・地被
青色系	ジュニペルススカイロケット(コニファー)、ジュニペルスブルーヘブン(コニファー)	ジュニペルスブルーパシフィック(コニファー)
銀色系	プンゲンストウヒ(コニファー)、ギンヨウアカシア	アサギリソウ、サントリナ、フェスツカグラウカ、ラムズイヤー
黄色系	アカシアフリーシア、ニオイヒバヨーロッパゴールド(コニファー)	シモツケゴールドフレーム、フイリフェラオーレア(コニファー)
赤色系	スモークツリーロイヤルパープル、ノルウェーカエデクリムゾンキング、ノムラカエデ、ベニシダレモミジ、ベニバスモモ	アカバメギ、アジュガ、ニューサイラン、ベニバナトキワマンサク、ムラサキツユクサ

図4 色の対比を生かした配植例

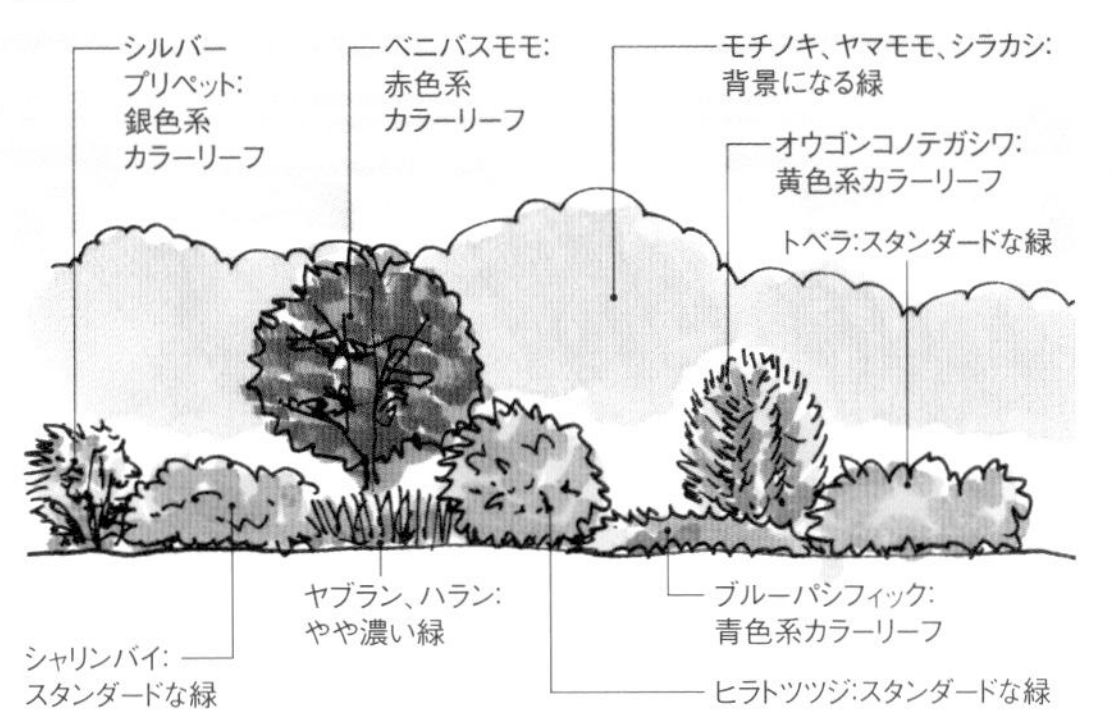

図5 斑入りの配植例

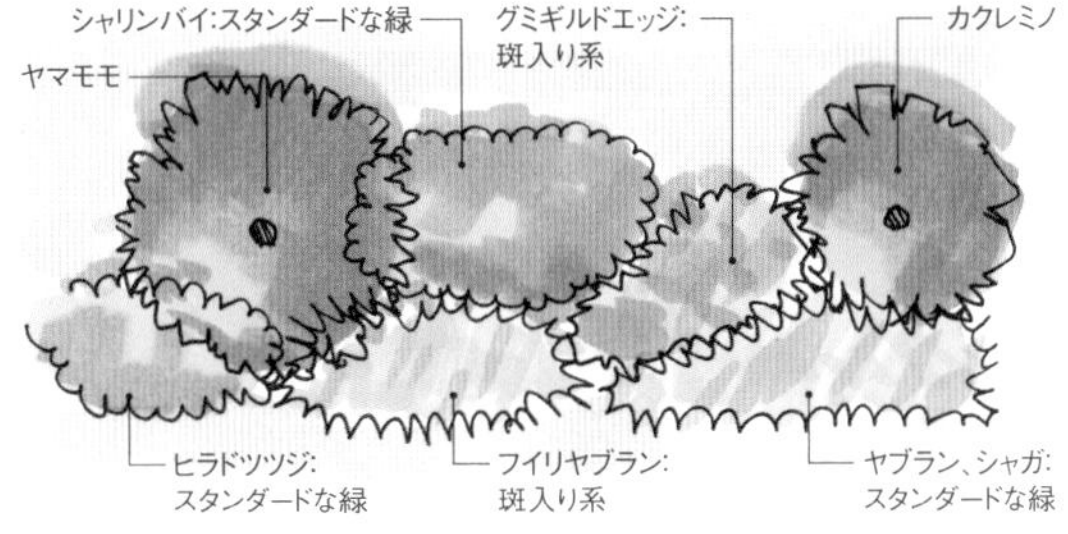

図6 代表的な斑の入り方

①葉の縁に斑が入る
グミギルドエッジ
(11頁参照)
フイリピンカミノール

②葉の中に斑が入る
ナカフアオキ

③葉の脈上に斑が入る
フイリテイカカズラ

④葉の縁や脈上に斑が入る
フイリヤブラン
オロシマチク

緑の一口メモ アカシアフリーシア　ライムグリーンの葉が美しい落葉中高木｜アセビフレーミングシルバー　常緑低木のアセビの白斑品種で、新葉は赤色、ピンク色、クリーム色、緑色の順に変わる｜ウツギ　落葉低木。5～6月に白い花を多数垂れ下げる｜チャンチンフラミンゴ　落葉中高木。中国では新葉を食用にする。新葉は濃いピンク色で生長と共にクリーム色、緑色に変わる

葉の形を楽しむ庭

>>p.016

多くの樹木の葉は、楕円形で葉のなかほどが膨らんだ卵形をしている（特に広葉樹）。しかし、葉の形はこれ以外に、丸いものや細長いもの、縁がギザギザでノコギリのような形をしたもの、カエデのように切れ込みがあるものなど、多種多様だ［**表**］。これらの形状の違いを植栽デザインに活用することで、庭の印象は大きく変わる。

(1)ハート形の葉

ハート形の葉［**図1①**］の樹木を植栽すると、庭の印象が優しく柔らかになる。ただし、花やグランドカバーまでハート形の葉で統一するとややくどい。そこで、グランドカバーにはヤブラン［※1］など、細長い線形の葉を持つ樹種を配植して、引き締まった雰囲気をつくり、メリハリをつけたい［**図2**］。

また、このタイプの樹木は、御神木など特別な用途で使われるものや、いわれがあるものも少なくないため、シンボルツリーとして用いてテーマ性のある庭にもできる［※2］。

(2)円形の葉

ハート形と同様に、円形の葉［**図1②**］も柔らかい雰囲気を演出できる。グランドカバーや根締めに、コグマザサ［※3］など、少しピリッとした印象の樹種を用いたり、背景木にヤマモモなどの濃緑の常緑樹を配植すると、形の印象がより際立つ。

(3)楕円形の葉

洋風の庭によく使われるオリーブやフェイジョア［※4］などが楕円形の葉［**図1③**］を持つ。葉の先端が丸くなっているため、優しい感じを演出できる。

(4)倒卵形（とうらんけい）の葉

一般的な卵形（らんけい）の葉では、枝に近いほうが膨らむが、倒卵形の葉［**図1④**］では葉先が膨らむ。倒卵形の葉は、目につきやすい葉先が卵形より広いため、葉の大きさが同じでも、より大きく感じられる。

(5)ノコギリ形の葉

庭木でよく使われるシラカシやソメイヨシノ、ケヤキ、ヒイラギといった樹種の葉［**図3**］。ヒイラギモクセイなど、常緑樹で葉が硬いものは、生垣に使うことで防犯などに役立つ。

(6)披針形（ひしんけい）の葉

長く、細身の葉形をより細かく分類すると、披針形と狭披針形（きょうひしんけい）に分かれる［**図4①②**］。マテバシイやタイサンボ

図1 丸みを帯びた葉

①ハート形

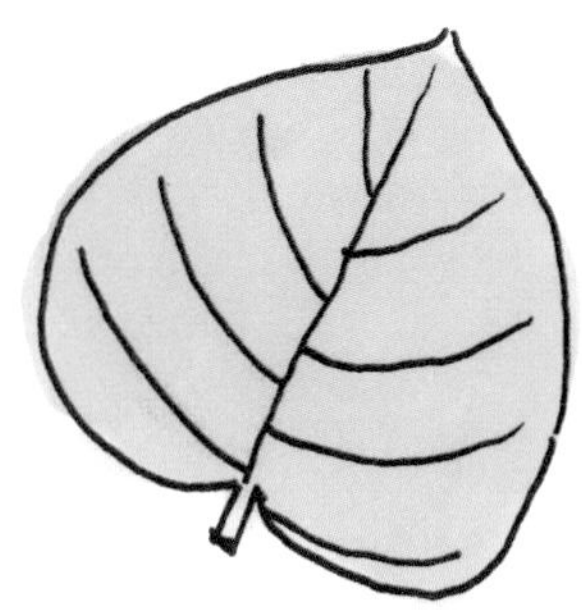

アカメガシワ、イイギリ、ウメ、カツラ、ナンキンハゼ

②円形

オオアカメガシワ、ハクウンボク、ハナズオウ

③楕円形

オリーブ、タラヨウ、トベラ、フェイジョア

④倒卵形

アラカシ、オガタマノキ、コブシ、ホオノキ

図2 ハート形の木の配植例

図3 ノコギリ形の葉

ヒイラギモクセイ、シラカシ

※1：葉は光沢のある濃緑色で長さ30～50㎝の線形。地際から立ち上がるように葉をたくさん付ける
※2：シンボルツリーは144頁参照
※3：クマザサの小型種。放置すると30㎝前後になるので、春に刈り込んで10㎝程度を維持する
※4：南米原産の常緑低木。5～6月に白い花に赤色の長い雄しべが群がって立つ。芳香のある実は食べられる

クなどの大きな披針形の葉は幾何学的で人工的な印象を与える。一方、ビヨウヤナギなどの小さい葉は、シャープな印象になる。落葉樹は、風などになびき、柔らかい感じを出せる。タケ類やヤナギ類の多くもこのタイプだ。

(7)羽状の葉

羽状の葉［**図5**］は、ネムノキなどのマメ科の樹木に多く見られる。全体が羽のように見えるため、軽やかな印象をつくりだす。マメ科以外では、ウルシやタラノキなども羽状の葉を持つ。

熱帯の国の街路樹はこの形の葉が用いられることが多いため、多用するとトロピカルな印象の庭になる。

(8)3裂の葉

葉の切れ込みには、5裂（モミジバフウ）、7裂（イロハモミジ）などがあるが、3裂の葉［**図6**］で切れ込みが顕著なものは、ほかの切れ込みが入る葉と比べて種類が多い［※5］。

カクレミノのように大きな葉は、観葉植物的でトロピカルなイメージになる。一方、ミツデカエデのような小さい葉のものは、繊細な印象になる。

(9)掌状の葉

手のひらを広げたような、切れ込みが5つ以上ある葉［**図7**、※6］。ヤツデなどの大きな葉は、ジャングルの植物をイメージさせ、熱帯的な印象となる。イロハモミジなどの小さな葉は、繊細で軽やかなイメージをつくりだせる。また、切れ込みが入る葉は、切れ込みの形状や葉の形が人工的な印象があるので、これらを組み合わせるとユニークな雰囲気の庭をつくれる［**図8**］。

図4 披針形の葉

①披針形

シダレヤナギ、ビヨウヤナギ

②狭披針形

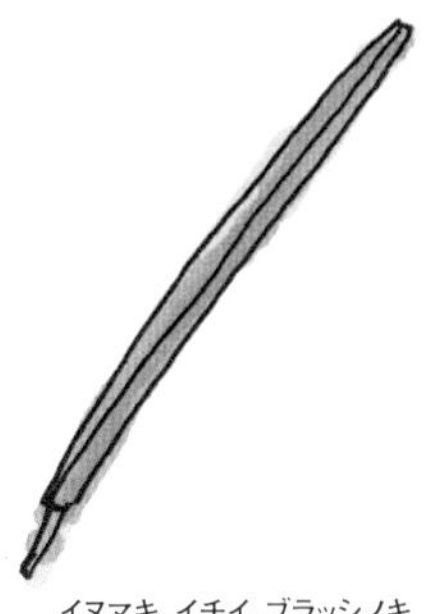

イヌマキ、イチイ、ブラッシノキ

図5 羽状の葉

ネムノキ、ニセアカシア、ヌルデ、ハゼノキ

表 葉の形と主な樹木

形状	中高木	低木・地被
ハート形	アカメガシワ、イイギリ、ウメ、カツラ、ナンキンハゼ、シラカンバ、シナノキ、ナツボダイジュ、フユボダイジュ	トキワマンサク、イカリソウ、カンアオイ、シュウカイドウ
円形	オオアカメガシワ、ハクウンボク、ハナズオウ、マルバノキ	トサミズキ、ヒュウガミズキ、ディコンドラ、ツワブキ、ユキノシタ
楕円形	ウバメガシ、オリーブ、フェイジョア、タラヨウ	テイカカズラ、トベラ、ヒラドツツジ
倒卵形	アラカシ、オガタマノキ、コブシ、ホオノキ、ミズナラ	ドウダンツツジ
ノコギリ形	ガマズミ、セイヨウヒイラギ、ヒイラギ、ヒイラギモクセイ	ヒイラギナンテン
披針形	シダレヤナギ、シラカシ、タイサンボク、タケ類、ホルトノキ、ヤマモモ、ユズリハ、ブラッシノキ	オオムラサキツツジ、ササ類、ジンチョウゲ、ビヨウヤナギ、ユキヤナギ、レンギョウ、
羽状	ウルシ、エンジュ、オニグルミ、カラスザンショウ、ギンヨウアカシア、サンショウ、ジャカランダ、ソテツ、タラノキ、ハゼノキ、ネムノキ、ニセアカシア、ヌルデ	フジ、ミヤギノハギ、ヤマハギ
3裂	カクレミノ、キリ、トウカエデ、ミツデカエデ、ユリノキ	ブドウ、ダンコウバイ
掌状	カエデ類、サンザシ、トチノキ、ヤツデ	カシワバアジサイ、コゴメウツギ、グーズベリー、ボタン、アケビ、ヘデラ類

図7 掌状の葉

イロハモミジ、オオモミジ、ヤツデ

図6 3裂の葉

トウカエデ、ダンコウバイ

図8 切れ込みのある葉を使った配植例

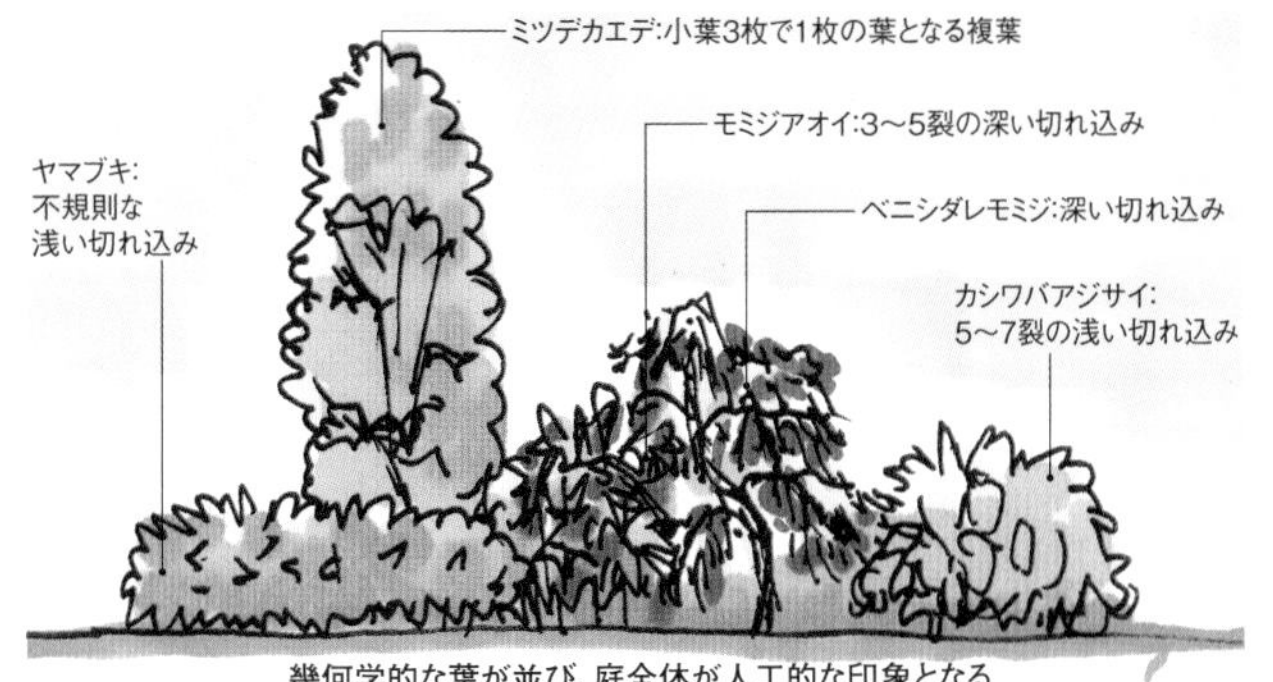

幾何学的な葉が並び、庭全体が人工的な印象となる

※5：2裂にはヨウテイボクがあるが、植栽可能な地域が沖縄以南となる
※6：切れ込みのある葉ではないが、トチノキやアケビなどは、複数の葉が集まって、1つの大きな手のひらのように見える

きらきらと葉が輝く庭

>>p.010

明度の高い色の葉だけではなく、葉の表面が光を反射し、葉がきらきらと輝く樹木を使っても、明るく輝く庭を楽しむことができる。

光をよく反射する樹木は、葉の表面が革質[※1]な常緑広葉樹に多く、照葉樹と呼ばれる表面に光沢のある種類だ。代表的な樹種は、ツバキ類やサザンカ類である。特に和風の庭で、背景木として用いられるモッコクの葉は、光を反射する。

こうした庭は、葉に光が当たりそれが眺められるような場所であることが望ましい[**図1**]。太陽光が当たりやすい北側、東側、西側の庭が向いている。

また、グミギルドエッジやキンマサキのように、葉に黄色い斑が入る樹木は、光が当たらなくても葉色によって輝いている印象を与える。光を十分に確保できないような庭では、黄色い斑入り種や黄色い葉のオーレア系[※2]の樹種を用いることで、光に頼らずに同様の効果を得られる。ヤナギに似たギンドロ[※3]も、葉の裏が真っ白な毛で覆われており、葉が風に揺れると表の緑色と裏の白色が交互に現れ、輝いているように見える樹木である。

図1 葉を輝かせる配植

陰に入る所に照明を使う場合は、熱照射で樹木が傷まないよう、照明を樹木に近づけすぎない
日が当たる場所に配植する
クロガネモチ
ツバキ類

代表的な樹種
中高木
キンマサキ、ギンドロ、クロガネモチ、サザンカ、シキミ、シマトネリコ、ソヨゴ、タラヨウ、ツバキ類、モッコク
低木・地被
アオキ、グミギルドエッジ、フイリアオキ、フイリヤブラン、ヘデラヘリックスゴールドハート

葉擦れの音が楽しめる庭

風が吹くと、小枝や葉は擦れ合い、音を出す。暑い夏の昼下がりには、こうした木々が奏でる風音が涼やかな雰囲気をつくってくれる。

葉擦れの音が出やすい樹種とは、葉が厚いものや、葉が重なって枝に付くもの、葉を支える葉柄がしなやかなものである[**図2**]。代表的な樹木は、ソヨゴだろう。ソヨゴは、「戦ぐ」を語源に持つ木で、硬質な葉が風に揺れてサワサワと音を立てることからこの名が付いたといわれる。

枝が少し柔らかく枝垂れるようなポプラやシダレヤナギ、細かい葉が密生しているマダケ、クロチクといったタケ類も音が出やすい樹種といえる。マテバシイは葉が大きく音が出やすいので風が強い場所に植えるとややうるさく感じる。

ただし、音が出やすいものばかり集めると、うるさい庭となり逆効果である。これらの樹木は、配植する樹木全体の3割程度に抑えて使うとよいだろう[**図3**]。

図2 葉擦れの音が出やすい特徴

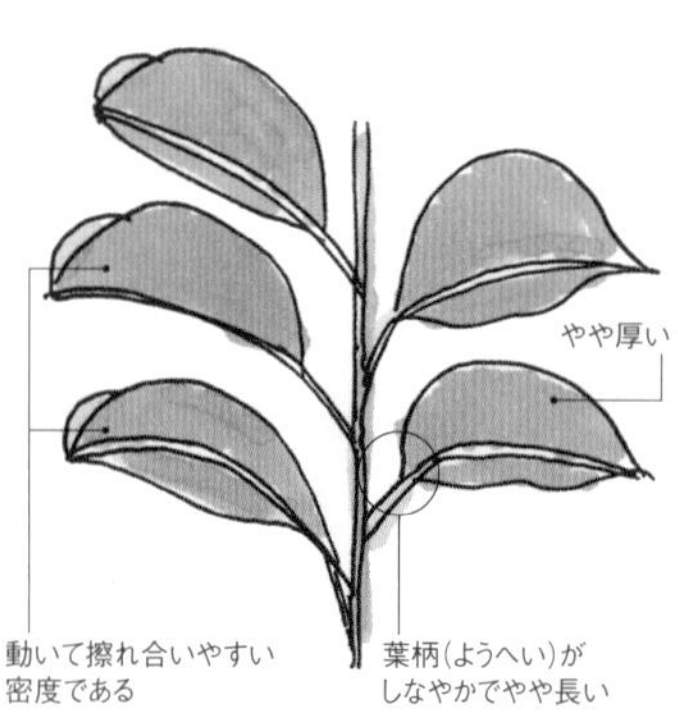

やや厚い
動いて擦れ合いやすい密度である
葉柄(ようへい)がしなやかでやや長い

代表的な樹種
中高木
キンモクセイ、クロチク、ソヨゴ、シダレザクラ、シダレヤナギ、マダケ、マテバシイ、ポプラ、ヤシ類
低木・地被
アベリア、アオキ、ウンナンオウバイ、クチナシ、ミツバツツジ、ミヤギノハギ

図3 葉擦れの音を効果的に出す工夫

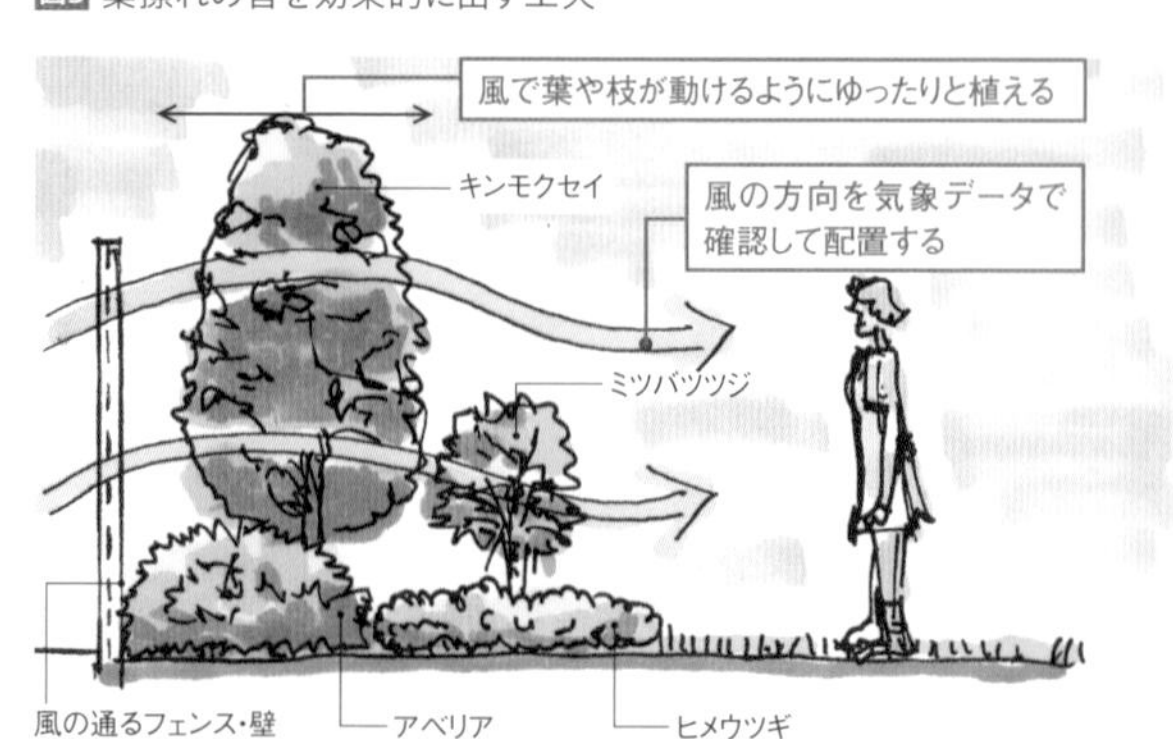

葉の香りが楽しめる庭

葉の香りが楽しめる庭は、観るだけではない新しい庭のつくり方として建

※1：やや厚みがあり、しなやかな弾力となめし革のような葉質｜※2：オーレアとは、ラテン語で「黄金色」を意味し、オーレア系の樹種としては、地被から常緑低木のゴールデンミモザ(アカシア類)、ゲッケイジュ、常緑針葉樹のチョーセンモミ、などがある。特に地被のリシマキアオーレアは、生育の早いヨーロッパ原種のグランドカバー(宿根草)。寒暑に強く、湿潤な土壌に適する。黄色の葉が明るく鮮やかで、晩春に黄色の花を咲かせる。葉は、夏にやや日焼けを起こしやすい
※3：ポプラの仲間の落葉高木で、和名はウラジロハコヤナギ。耐寒性は非常に強いが、暑さに弱いので、四国南部以南の植栽は避ける(11頁参照)

築主に提案できる。

葉は花のように自然に香りを発散するのではなく、何かと擦れ合って香りを出すものがほとんどである。そのため、身体が触れやすい場所に配植することがポイントだ。たとえば、クリーピングタイム［※4］などの地被は、歩いたときにワザと足が触れる場所に配植するとその効果が得やすい。また、風の通り道など、風で葉どうしが擦れ合うような場所も植栽に向く［**図4**］。ただし、ローズマリーなど香りが強すぎる樹種の場合、積極的に香らせるよりも、ふとしたときに身体の一部が触れて香るくらいが効果的だ。

葉の香りが楽しめる樹種の代表的なものは、クスノキである。クスノキは、樟脳（しょうのう）（カンフル）の原料になるもので、葉をもむと独特の香りがする。クスノキ科の樹木には、クロモジやゲッケイジュなど、香りが楽しめるものが多い。

また、枯れ葉が香るものもある。カツラの枯れ葉は甘い香りがするし、サクラの枯れ葉は踏み付けるとサクラ餅のような香りがする。

図4 葉の香りが効果的に楽しめる配植例

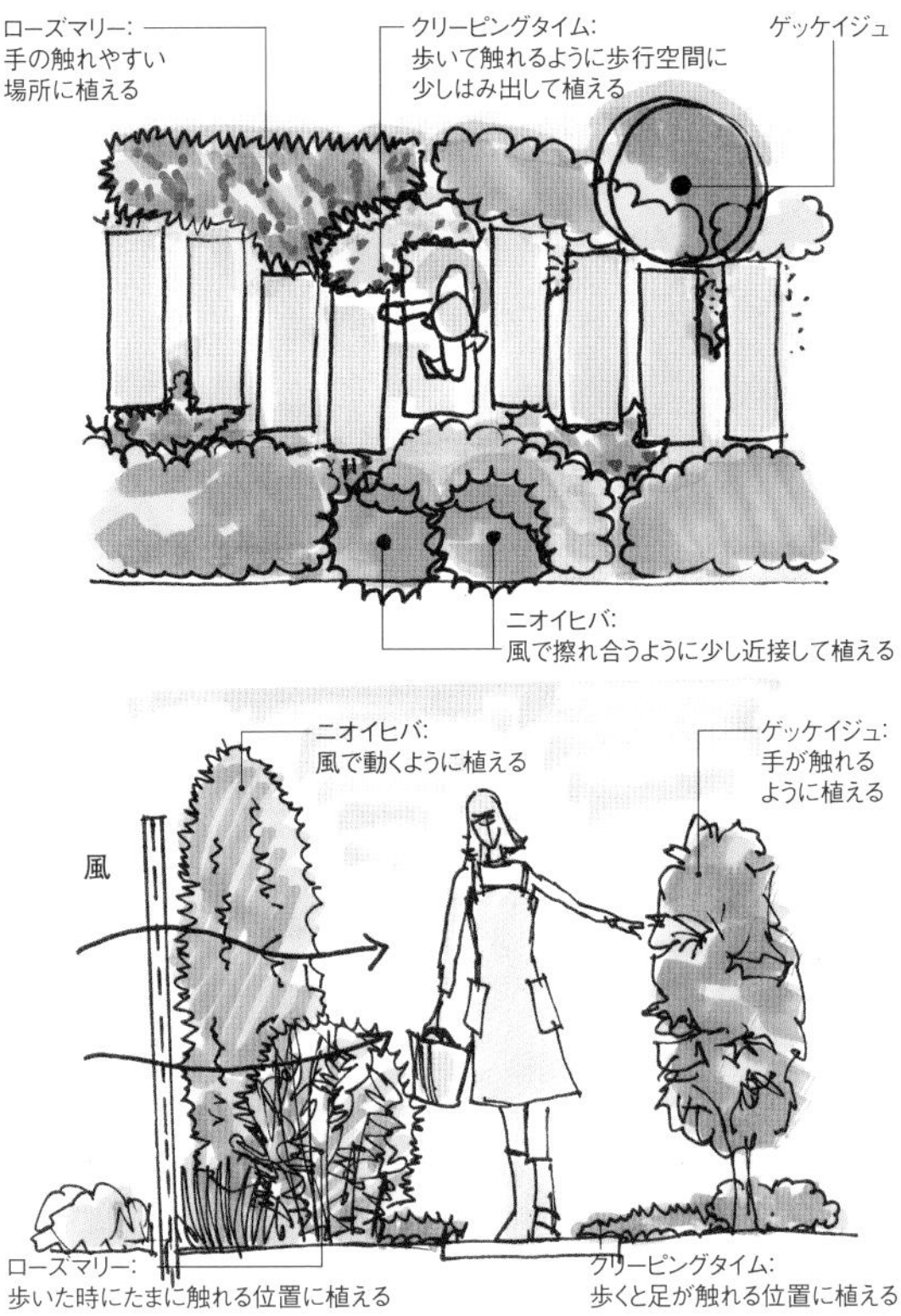

ローズマリー：手の触れやすい場所に植える
クリーピングタイム：歩いて触れるように歩行空間に少しはみ出して植える
ゲッケイジュ
ニオイヒバ：風で擦れ合うように少し近接して植える
ニオイヒバ：風で動くように植える
ゲッケイジュ：手が触れるように植える
風
ローズマリー：歩いた時にたまに触れる位置に植える
クリーピングタイム：歩くと足が触れる位置に植える

代表的な樹種

中高木

カツラ、カラスザンショウ、カヤ、クスノキ、クロモジ、ゲッケイジュ、サクラ類、サンショウ、ヒノキ、ミズメ

低木・地被

ギンバイカ、クリーピングタイム、セイヨウニンジンボク、ラベンダー、フレンチラベンダー、ランタナ、ローズマリー

似た質感の葉で庭をつくる

似た質感の葉を持つ樹木を植栽すると、庭に統一感を与えることができる。だが、その一方で、庭の景色は単調になりがちだ。そこで、見た目や印象は似ているが、花の咲く時期や、実の形・色が違う樹木を組み合わせることで、庭に変化を持たせたい［**表**］。

たとえば、針葉樹のコニファーガーデンは、冬に若干の紅葉はあるが、落葉もせず派手な花も咲かないことから、1年を通してほぼ同じ景色の庭となる。ここに同じような質感の葉を持つ別の樹種を混ぜて植えることで、花や紅葉といった要素を違和感なく庭に取り込むことができる。

コニファーに似た樹種としては、広葉樹では、葉がとても細く針葉樹のように見えるジャノメエリカ［※5］やブラッシノキ、ギョリュウ［※6］などがある。

これらと植えることで、葉のテクスチュアのバリエーションを広げられる。また、ジャノメエリカやギョリュウ、ローズマリーは、花を付けるため、常緑のコニファーガーデンに色の変化を与えられる［**図5**］。

図5 似た質感の樹木で変化を出す配植例

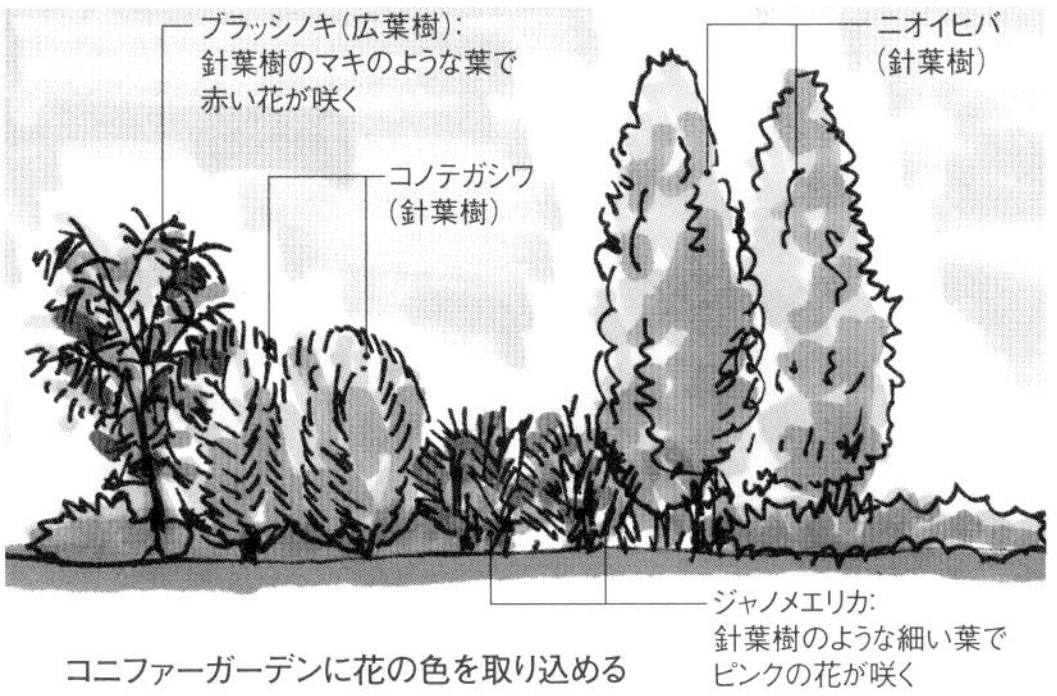

ブラッシノキ（広葉樹）：針葉樹のマキのような葉で赤い花が咲く
コノテガシワ（針葉樹）
ニオイヒバ（針葉樹）
ジャノメエリカ：針葉樹のような細い葉でピンクの花が咲く
コニファーガーデンに花の色を取り込める

表 葉の質感の似た樹種の取り合わせ

取り合わせ樹種	それぞれの違い
コニファー類 エリカ類 ローズマリー ギョリュウ	すべての樹種の葉が針のように細かいが、エリカ類とギョリュウはピンク色の花が、ローズマリーは紫色の花が付く。ローズマリーは葉の香りが強く、ギョリュウは葉の付き方がやや粗い
ヤマブキ シロヤマブキ	4～5月ころに、ヤマブキは黄色い花を、シロヤマブキは白い花を咲かせる。また、シロヤマブキは黒い実を付ける
ビヨウヤナギ イヌコリヤナギ	ビヨウヤナギは、6～7月ころに黄色い大輪（5～6cm）の花を咲かせる。一方、イヌコリヤナギは、3～5月に黒っぽい色の花が咲く
アケビ ムベ	アケビとムベは、10月ころに同じような卵形をした実を付ける。ただし、アケビの実は熟すと縦に裂けるが、ムベの実は開かない。また、アケビは落葉するが、ムベは冬でも葉が落ちない

※4：シソ科イブキジャコウソウ属の耐寒性宿根草。春に極小のピンクの花がまり状に密に咲く。とても丈夫で、よく広がるグランドカバー
※5：南アフリカ原産の常緑低木。高さ2mになるツツジ科の樹木で、ピンク色の小さな鐘形の花を冬から春まで長く咲かせる。暑さにはやや弱いが、乾燥に強い
※6：5月と9月に淡紅色の小さな花が樹木全体を覆うように咲く常緑高木。樹高3～5mと、かなり大きくなるので、狭い庭では注意が必要

長く花を楽しめる庭

庭木の花を楽しみたいと願う建築主も少なくないはず。しかし、ほとんどの樹種の花は、咲いている期間が短い［※1］。ここでは、できるだけ長く花が楽しめる庭づくりのポイントを紹介しよう。

花を長く楽しめる庭とするためには、花期が長い樹木を植えるか、庭に絶えず花が咲くようにするかのどちらかである。後者については、**110頁**で触れるので、ここでは花期の長い樹木についてまとめる。

花期が長い樹木は、夏に花を付ける、暖かい地方に自生する植物が多い［※2］。中高木では、ムクゲやフヨウなどの樹木が比較的花期が長い。最も花期が長いのは、低木のアベリアで、半年くらいは花を付ける。そのほかの低木・地被では、暑い夏や梅雨時を嫌い、春と秋に花を咲かせるもの、たとえば、四季咲きのバラ［**写真**］やシコンノボタン［※3］などは、花期が長い樹種だといえる。

ただし、花は、咲いて散るというサイクルの中で過程を楽しむ魅力の1つである。花期の長いものだけで組み合わせて配植しても、花の価値や魅力が半減する場合もある。花期が長いものばかりを植栽するのではなく、多くても全体の半分くらいに抑えると、バランスのよい庭になる［**図1**］。

写真 ラベンダードリーム

バラ科。淡い紫色で小輪房咲き。病気に強く管理に手間がかからない

図1 長く花が楽しめる庭の配植例

シャクナゲ:春の花
ムクゲ:夏の花。花期は長い
サツキツツジ:春の花
コブシ:早春の花
ニオイヒバの生垣:1年を通して濃緑
アベリア:春から秋の花
カンツバキ:冬の花

代表的な樹種

中高木
キョウチクトウ、サザンカ、サルスベリ、ノリウツギ、ムクゲ、リョウブ

低木・地被
アジサイ、アベリア、シコンノボタン、シモツケ、バラ、ブッドレア、フヨウ、ホザキシモツケ、ヘメロカリス

目立つ花のある庭

>>p.014

花を目立たせるうえで重要なのは、花木と、その背後にあるものとの色の関係である。花の背後にある樹木や壁がどのような色をしているかで、同じ花でも、見える印象は変わってくる。

たとえば、ハナミズキやソメイヨシノ、ユキヤナギのように、花が咲いた後に新葉が出る樹木は、背後に常緑樹を植えるか、壁や塀など地の色になるものがないと目立たない［**図2**］。この場合、壁や塀の色は、花色とのコントラストが強いほど、花はよく目立つ。花がピンク色や赤色、黄色など、色味が濃い場合、コンクリート打放しの壁などくすんだ色が背後にあるとよく映える。色の彩やかなバラやムクゲ、ツバキは、白っぽい壁が合うだろう。逆に白い花の場合、白色やコンクリート色ではコントラストが低く地味な印象になる。

一方、ツバキのように常緑で目立つ花を付けるものや、ヤマボウシのように葉が出た後に花を付けるものは、花と葉のコントラストだけでなく、葉の大きさのバランスを考えて周辺や背景

図2 花を目立たせる方法

①背景が樹木

②背景が壁

※1：植物図鑑などでは、花期は2～3カ月くらいのスパンで書かれているが、これは地域差を考慮したもの。1つの庭に場を限定して考えると、花が咲いている期間は、樹種にもよるが1週間くらいにすぎない｜※2：日本は年々、暖かくなってきているため、全体的に花期が長くなってきたように感じられる｜※3：ノボタン科ティボウキナ属。中南米原産の熱帯性花木。漢名「紫紺野牡丹」。その名のとおり、夏から秋にかけて、美しい紫色の花を咲かせる。耐寒性が比較的あり、気温がある程度あれば冬にも花を付ける。別名は雄しべが長く途中でクモの足の節のように曲がっていることからスパイダーフラワー

をつくる［**図3**］。一般に、大きな花が咲く樹種は、葉も大きいと考えてよい。花と葉の色のコントラストだけで樹木を選ぶと、花が散った後で、葉の大きさでバランスが悪い庭になってしまうおそれがあるので注意する。

ただし、花の選択や配置以前に、その花がきれいに咲く環境に配植されているかが前提条件である。

花がきれいに咲く環境とは、日照と土壌がその植物に適している状態であることだ［**図4**］。ほとんどの花木が日当たりのよい場所を好むため、日照が十分に確保できるかを確認する［※4］。

一方、樹木は特に花が咲く時期に水を必要とするため、土壌は乾燥させないようにする。ほとんどの花木は、肥料をあまり必要としない。完熟腐葉土［※5］を秋に表土に混ぜれば十分である［※6］。

図3 目立つ花が楽しめる庭の配植例

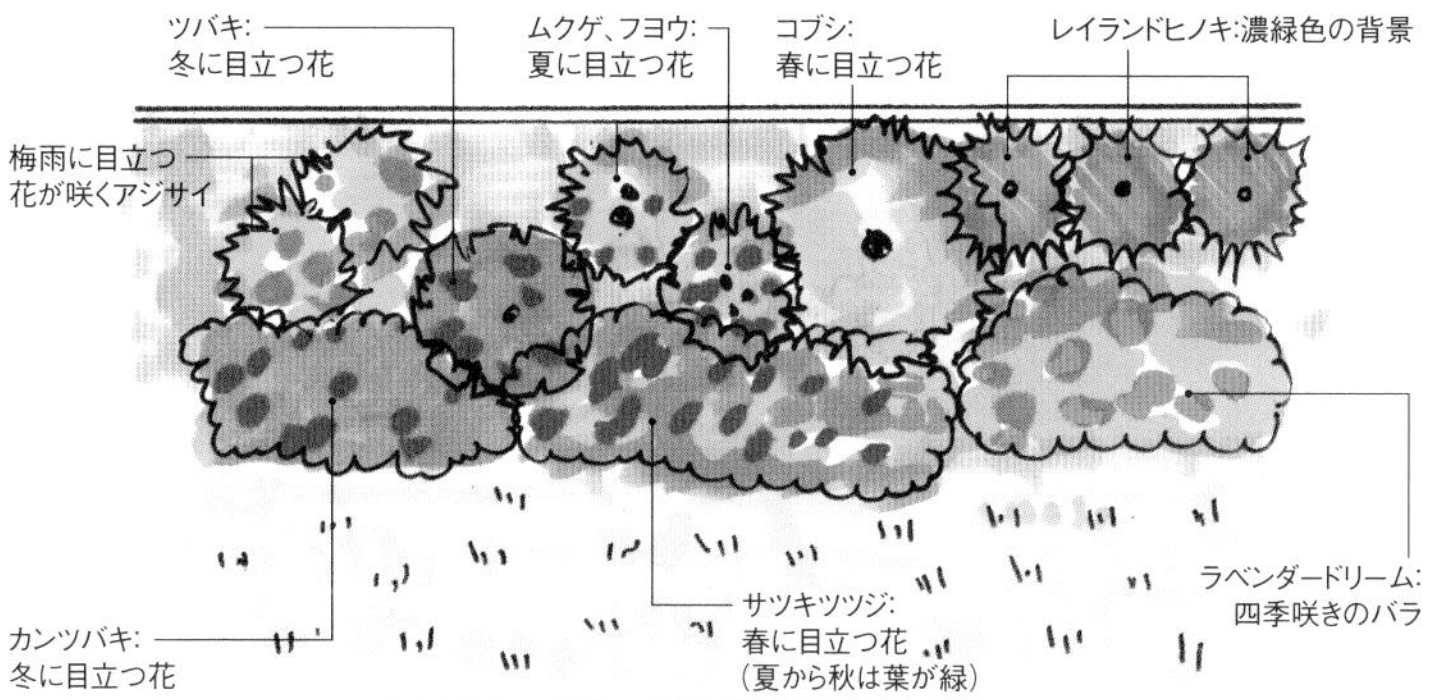

ツバキ：冬に目立つ花
ムクゲ、フヨウ：夏に目立つ花
コブシ：春に目立つ花
レイランドヒノキ：濃緑色の背景
梅雨に目立つ花が咲くアジサイ
ラベンダードリーム：四季咲きのバラ
サツキツツジ：春に目立つ花（夏から秋は葉が緑）
カンツバキ：冬に目立つ花

図4 きれいな花が咲く条件

代表的な樹種
中高木
ギンヨウアカシア、コブシ、サクラ類、サザンカ、サルスベリ、ツバキ類、ムクゲ
低木・地被
アジサイ、カンツバキ、コデマリ、シャクナゲ、ツツジ類、ブッドレア、フヨウ、ボタンクサギ、ユキヤナギ、レンギョウ

花の香りが楽しめる庭

花の香りを楽しめる庭は、花に近づきやすく、手が花に触れやすい配植にする。玄関脇やアプローチなどに配置すると、人が移動したときに香るようになり、効果的だ。一方、いくら香りがよくても、寝室など人がじっとしているようなところでは、いつも香りがすると、うっとうしくもなるので避ける。

高木では秋のキンモクセイ、低木では春のジンチョウゲがよく使われる樹木だ。ただし、この2種は香りがとても強いため、たくさん植えると、嫌がられることもある。庭の大きさにもよるが、1本／5㎡程度に抑えるようにしたい。

高木のギンモクセイやウスギモクセイは、キンモクセイに比べて、いくらか香りが穏やかである。コブシやモクレン、タイサンボクなどのマグノリア系（芳香花）の樹木や低木のバラの仲間もよい香りがするものが多い［**図5**］。

低木では、ヒイラギがキンモクセイに似た香りのよい白い花を付ける。生垣によく使われるヒイラギモクセイも似た香りの花が咲く。このほか、低木のアベリアやブッドレアは、蜜の香りが楽しめる［※7］。

北海道の春に欠かせない花木であるライラックも、よい香りの花を咲かせる。ただし、花期が短く、また、暑さに弱いため、夏に暑い地域では虫が付きやすいなどの欠点もある。

図5 花の香りを楽しむ庭の配植例

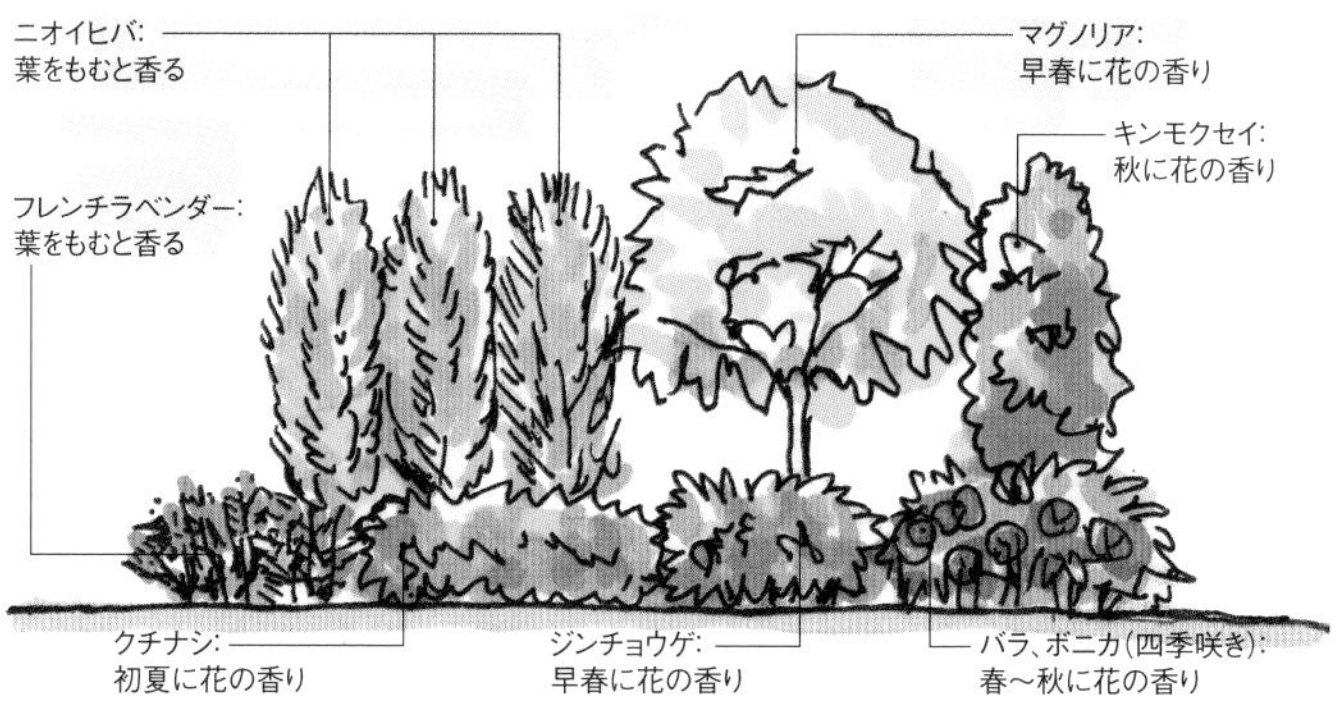

ニオイヒバ：葉をもむと香る
マグノリア：早春に花の香り
キンモクセイ：秋に花の香り
フレンチラベンダー：葉をもむと香る
クチナシ：初夏に花の香り
ジンチョウゲ：早春に花の香り
バラ、ボニカ（四季咲き）：春〜秋に花の香り

代表的な樹種
中高木
ウスギモクセイ、キンモクセイ、ギンモクセイ、コブシ、タイサンボク、タムシバ、ヒイラギ、ヒイラギモクセイ、ホオノキ、ライラック
低木・地被
アベリア、クチナシ、ジンチョウゲ、バラ類、ブッドレア、ロウバイ

※4：ツバキやサザンカなどは、日照があまりなくてもきれいな花を付ける
※5：落葉樹の葉を形がまったく残らないほど発酵させた土。腐葉土と共によく使われるバーク堆肥は、樹皮を堆肥化したもの
※6：バラのような豪華な花を付ける木や、果樹のように実を楽しむ樹木は、花を咲かせる半年前くらいに施肥をする
※7：蜜の香りがする樹木には、虫や蝶もよく訪れる

春に花が楽しめる庭

緑が基調となる植栽デザインにおいて、花は色彩上のアクセントとなる重要な要素である。季節ごとに咲く花が異なるため、季節に応じて花をうまく取り込みながら庭づくりをしたい。

春は、多くの樹木が花を咲かせる季節である。春になり、庭に花が一斉に咲く様子は圧巻だろう。

庭を観賞する者としては、できるだけ長く花を観ていたいと願うものである。そこで、春に花が咲く樹木の種類が多いことを活用し、3月から5月にかけて、次々と花が咲くように樹種を選ぶことが庭づくりのポイントになる［**表**、**図1**］。

ただし、同じ色の花が続いて咲いても、観る者にとっては、目立った変化として感じられないだろう。同じ花の色は続かないように樹種を選ぶことも忘れてはいけないポイントだ［※1］。主な春の花の色と花期には、赤色系にはキリシマツツジ（4月中頃）、紫色系にはフジウツギ（4月上旬）、黄色系にはレンギョウ（3月下旬）、白色系にはコブシ（3月下旬）などがある。

表 春に花が咲く代表的な樹種

	中高木	低木・地被
3月終わりころから咲く花	ギンヨウアカシア、コブシ、サンシュユ、ソメイヨシノ、ボケ、マンサク、ヤマザクラ	アセビ、ジンチョウゲ、ヒュウガミズキ、ミツマタ、ユキヤナギ、レンギョウ
4月ころから咲く花	シャクナゲ、ジューンベリー、ハナカイドウ、ハナズオウ、ハナミズキ、ライラック	オオムラサキツツジ、キリシマツツジ、クルメツツジ、シャリンバイ、コデマリ、ヤマブキ
5月ころから咲く花	オオデマリ、キングサリ、タニウツギ	ウツギ、カルミア、サツキツツジ、トキワマンサク

図1 春の花を楽しむ庭の配植例

夏に花が楽しめる庭

花木は、日当たりがよい場所を好むものだ。特に、サルスベリやフヨウなど、夏に花を咲かせるものは、もともと暑い地方に自生する樹木が多い。そのため、南側や日当たりのよい場所でも、さらに樹木全体が日差しを浴びられるような場所のほうがより適しているといえる［**図2**］。これらの樹木はたとえ日差しがあっても、北風などの冷たい風を嫌うため、冬に寒風が通り抜けるような場所に植えるのは避けたい。

屋上庭園は、フェンスや壁などの緩衝材で風を防ぐことができるのならば、日差しを樹木全体でふんだんに受けられるため、夏の花を楽しむ庭に適している。

夏に花が咲くものは、**108頁**で述べた花期の長い樹木とだいたい同じものなので、それらを用いて庭をつくることになる［**図3**］。ただし、いくら花期が長いといっても、一つひとつの花の寿命を考えると、1～2日で散るものが多く、花殻や花びらは、ほぼ毎日落ちることになる。落ちた花びらなどは、そのままにしておくと地面に溜まった雨水などで腐り、病害や虫害を招きや

図2 夏の花の植栽条件

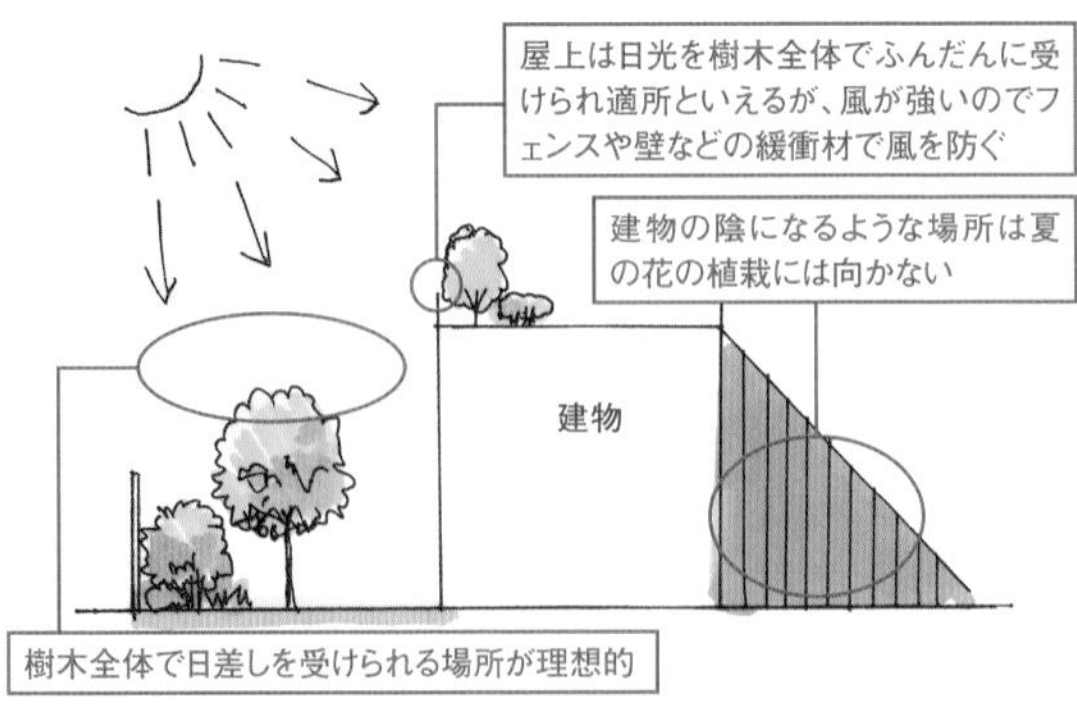

図3 夏の花を楽しむ庭の配植例

緑の一口メモ アセビ　常緑低木。3～4月に枝先に筒状の白い花を付ける。18頁参照｜レンギョウ　落葉低木。3～4月に前年出た枝の葉の付け根に淡い黄色の花を多数付ける｜カルミア　北米原産の常緑低木。5～7月に15～25㎜程度のカップ形の花を付ける。「アメリカシャクナゲ」とも呼ばれる｜キングサリ　落葉高木。フジに似た黄色い花を付けるが花には毒がある

すい環境になる。特に梅雨時から夏場は、病・虫害の発生しやすい時期になるので、夏の花が咲く樹木を植える場所は、ほかの季節の花以上に、花殻や花びらが清掃がしやすいようになっている必要がある。

代表的な樹種
中高木
キョウチクトウ、サルスベリ、シマサルスベリ、ナツツバキ（シャラノキ）、ヒメシャラ、ブラッシノキ、ムクゲ、ヤマボウシ、リョウブ
低木・地被
アジサイ、アベリア、ギボウシ、ギンバイカ、ビヨウヤナギ、ブッドレア、フヨウ、ヤブデマリ

秋に花が楽しめる庭

秋に咲く花は限られているが、紅葉の色彩と併せて効果的に使用することで、秋の庭の植栽デザインがより魅力的なものとなる。

秋に花を付ける代表的な樹種は、キンモクセイや、キンモクセイより色や香りが柔らかなギンモクセイ、ウスギモクセイなどである。冬の訪れを告げるサザンカは、花の色が白から紅まであり、また、花びらの付き方も一重（エドサザンカなど）から八重（オトメサザンカ）まであるなど、種類が豊富なため、和洋どちらの庭でもデザインを壊すことなく植栽できる［**図4**］。

秋の花が咲く地被には、チャノキやハギ類、そして、暖地の海岸に見られるツワブキ［※2］がある。ツワブキやチャノキは日陰でも耐えるので、これらを用いて、秋に日陰の庭が急に華やかになるというのも、面白い趣向だろう［**図5**］。

代表的な樹種
中高木
ウスギモクセイ、キンモクセイ、ギンモクセイ、サザンカ
低木・地被
アオキ、アベリア、シュウカイドウ、シュウメイギク、チャノキ、ツワブキ、ドウダンツツジ、ニシキギ、ハギ類（シロバナハギ、マルバハギ、ミヤギノハキ）、ヒュウガミズキ

図4 秋の日差しで花を楽しむ庭の配植例

図5 秋の日陰で花を楽しむ庭の配植例

冬に花が楽しめる庭

冬に花が咲く代表的な樹種は、日本人が古くから庭木として親しんできたツバキ類である［※3］。サザンカと同じ仲間で、早いもので12月から、遅いものなら5月ころまで花が楽しめる。

ツバキ類は、庭の和洋を問わず、冬の主役になる樹木といえる。このほかには、12月ころに花が咲くロウバイ、1月ころに白い花を付けるビワや、2月ころに咲くウメなどが冬の庭を彩る花木となる［**図6**］。

低木ではサザンカに似たカンツバキを樹木の足元に、またはツツジと一緒に刈り込んで植えるとよいだろう。立ち木タイプでは、高さが1.5mくらいになるタチカンツバキがある。ウメに似た花を付けるボケは1月末から2月にかけて花を咲かせる。

代表的な樹種
中高木
ウメ、ジンチョウゲ、ツバキ類（オトメツバキ、キンギョツバキ、ヤブツバキ、ユキツバキ［寒地用］、ワビスケ）、ビワ、ホソバヒイラギナンテン、ロウバイ
低木・地被
カンツバキ、クリスマスローズ

図6 冬の花を楽しむ庭の配植例

※1：花の色は113頁表を参照｜※2：キク科フキ属の多年草。10から11月にかけて黄色い花を咲かせる。フキに似た丸い形で光沢のある葉は、花が咲いていないときでも庭のアクセントになる。漢名は「艶葉蕗」｜※3：園芸種のツバキは、日本の山に自生していたヤブツバキやユキツバキを原種にしてつくられた。大輪のものや、バラのように花びらが多いものなど、種類が多い。ただし、ツバキ類は害虫のチャドクガが付きやすいので、春から夏の間に小まめに観察し、虫が発生したら駆除・消毒をする必要があることを、建築主に伝えておきたい

赤い花が映える庭

庭木に使う赤い花には、ツツジやツバキ、四季咲きのバラがある。ブラッシノキも特徴的な赤い花が咲く［**表**］。赤い花を配植する場合、背景を緑にするとよく映えるが、特にモッコクやモチノキなどの明るい葉の樹木を植えると、より効果的だ［**図1**］。

赤い花は目立つため、庭の印象を大きく左右する。特に樹木全体に赤い花が咲くハイビスカスやブーゲンビリア、ホウオウボク［※1］など熱帯原産の花は、咲くだけで庭全体が熱帯風の印象になるので上手に組み込みたい。

図1 赤い花が映える庭の配植例

アカバナミツマタ(落葉低木):
早春に形に特徴のある花
ヤブツバキ(常緑中木):
早春に赤花
イヌマキ:
常緑の
背景を
つくる
カンツバキ:
(常緑低木)
冬に赤花
ユキヤナギ(落葉低木):
早春に白花
サツキツツジ(常緑低木):
春に赤花

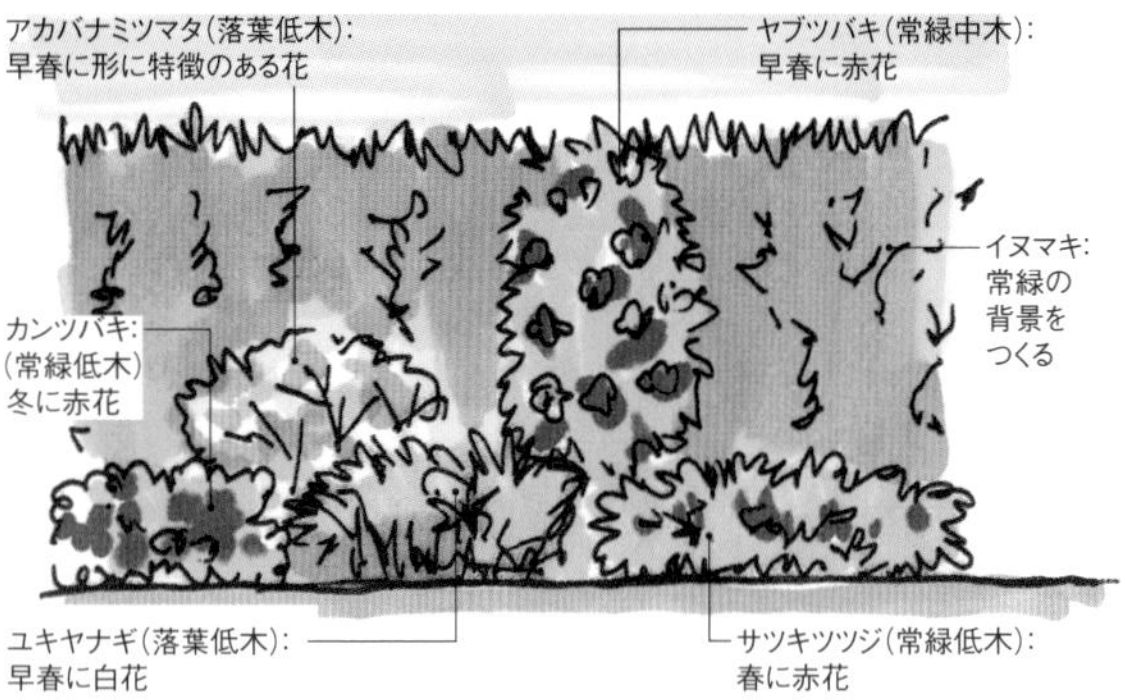

紫・青の花が映える庭

紫の花は、春の終わりから初冬まで花が咲くものが多く、比較的長い期間楽しめる。

庭木で紫の花といえば、高木では昔からシモクレンがよく使われる。セイヨウシャクナゲのなかにも美しい紫の花を咲かせるものがある［**表**］。

中木では、洋風の庭に合うブッドレアや和風の庭でも使えるシコンノボタンなどが花付きがよい。低木ではツツジ類に紫色の花を付けるものが多い。地被では、アジュガ［※2］やアガパンサス［※3］、アカンサス［※4］、シラン［※5］が春に、ヤブランやフイリヤブランは夏に紫色の花を咲かせる。これらは管理が比較的簡単である。

紫の花は一見地味に感じられるが、葉の緑と調和し、しっとりとして存在感のある雰囲気をつくりだすので、ほかの色と合わせやすい［**図2**］。また、ラベンダーなどを使って1種類で紫一色に仕上げても映える庭となる。

一方、青い花だが、日本でよく使われる庭木に青い花を付けるものはほとんどない。イギリスでも、青い花ばかりで構成する「ブルーガーデン」と称した庭園があるが、主に植えられているのは薄い紫系統の草本である。青い花が付く樹木を植えたい場合は、薄い青紫系統の花が咲くものから選ぶ。

薄い青紫色の花で代表的なものはアジサイである［※6］。青い花で構成された庭は落ち着いた印象となる。配植の際には、白い花を混ぜたり、反対色の黄色い花を合わせたりすると、青い花がより浮き上がって見える。

図2 紫・青の花が映える庭の配植例

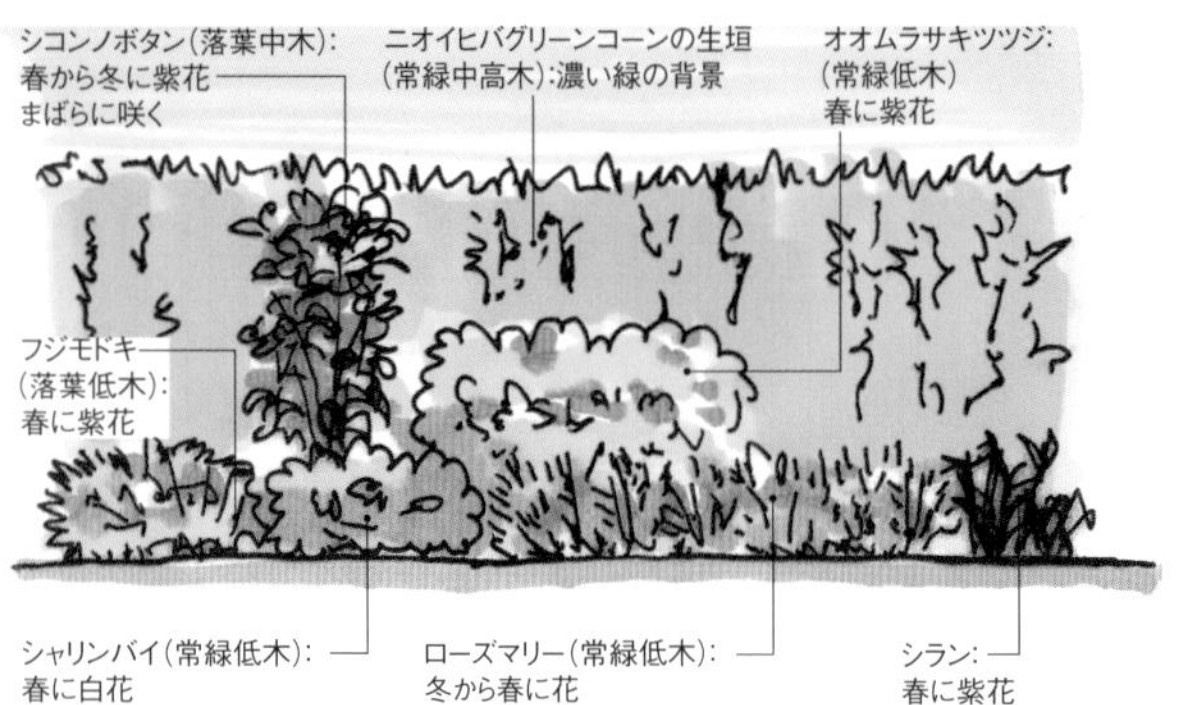

ピンクの花が映える庭

ピンクの花は、サクラ類などの薄い色から、ツバキ類などの濃い色まで、色幅が広い［**表**］。花色が薄い樹種を配植する場合、背景には濃緑の樹木や、黒塀などしっかりとした色をもってくる［※7］。

濃いピンク色の花も、ユキヤナギフジノピンキーのように白い花を改良してつくられた淡いピンク色の花［※8］も、周りに白い花を配し、そのなかに

図3 ピンクの花が映える庭の配植例

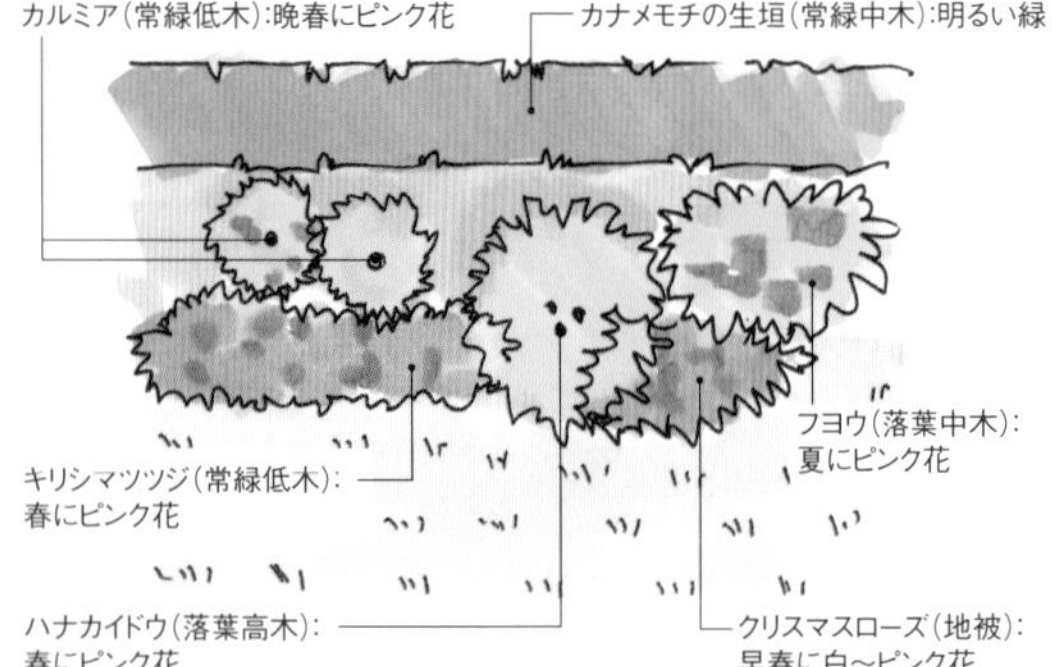

※1：ジャケツイバラ科ホウオウボク属の落葉高木。マダガスカル島原産。熱帯の3大花樹の1つで、初夏から秋まで鮮やかな赤色の花を咲かせる。ただし、植栽可能なのは沖縄のみ。関東エリアの屋外で植栽可能な赤い熱帯の花木は、アメリカデイゴくらい｜※2：シソ科キランソウ属。4〜5月ころに青紫色の小さな花が層になって咲く｜※3：ユリ科アガパンサス属。南アフリカ原産。6〜7月の梅雨時に小さな花をたくさん付ける｜※4：キツネノマゴ科アカンサス属。アザミに似た形の葉を持ち、6〜7月に花を付ける｜※5：ラン科シラン属。水はけのよい粘土質の半日陰を好む。5〜6月ころに紫色や白色の花が咲く。植え続けると花付きが悪くなるため、数年たったら株分けするか植え替える

混ざって少し咲くように配植すると、白とピンクの両方を際立たせることができる［**図3**］。

黄・橙の花が映える庭

低木では、ヤマブキやレンギョウ、ロウバイがあるが、温帯エリアで黄や橙の花が咲く高木はあまりないことから、日本では黄・橙の花が付く中高木を庭木に使ってこなかった。しかし最近、紫や黄色の花を使うイングリッシュガーデンの影響で、黄色い花が植栽のアクセントとして使われるようになってきた［**図4**］。

ミモザ［※9］の愛称で親しまれるギンヨウアカシアやフサアカシア、ツルになるキングサリは発色がよく、花が咲くと光が差しているように明るい感じの庭になる。マグノリアエリザベスは、黄色い花が咲くモクレンの仲間で、近年よく使われる。サクラ類では、江戸時代から親しまれてきた黄の花のウコン（サトザクラの一種）がある［**表**］。

一方、橙の花は少ないが、ツツジのレンゲツツジ、ツル植物のノウゼンカズラ、球根植物のモントブレッチア［※10］、ヘメロカリス［※11］がある。いずれも植栽することでトロピカルな庭のイメージになる。

白い花が映える庭

白い花での庭づくりには、イングリッシュガーデンのように一斉に花が咲くよう開花時期を揃える方法と、次々と花が咲くように配植する方法の2つがある。

日本はイギリスと違い、春から高温になる初夏までの季節の変化が激しいことから、花の咲く期間が短くなりやすく、次々に咲くパターンのほうが楽しめるだろう［**図5**］。

大きな白い花の代表は、春を感じさせるハクモクレンやコブシ、サクラの開花後に咲くハナミズキがある［**表**］。また、5月に咲く常緑樹のタイサンボクもとても目立つ花だ。

低木では春のユキヤナギが代表的だ。ヤマブキそっくりな別種のシロヤマブキや、ウメの花に似たかわいい花が咲くシャリンバイがある。

ノイバラも白い花が付くが、これは日本の野山で普通に見かける丈夫な落葉低木である。

図4 黄・橙の花が映える庭の配植例

カロライナジャスミンのフェンス：黄花、ツル植物
ヤマブキ（落葉低木）：春に花
ウンナンオウバイ（常緑低木）：春に黄花
アカンサス（地被）：白・紫の花 緑の葉の形に特徴
サンシュユ（落葉中高木）：春に黄花
キンモクセイ（常緑中木）：初秋に黄花
ヒラドツツジ（常緑低木）：春に白花

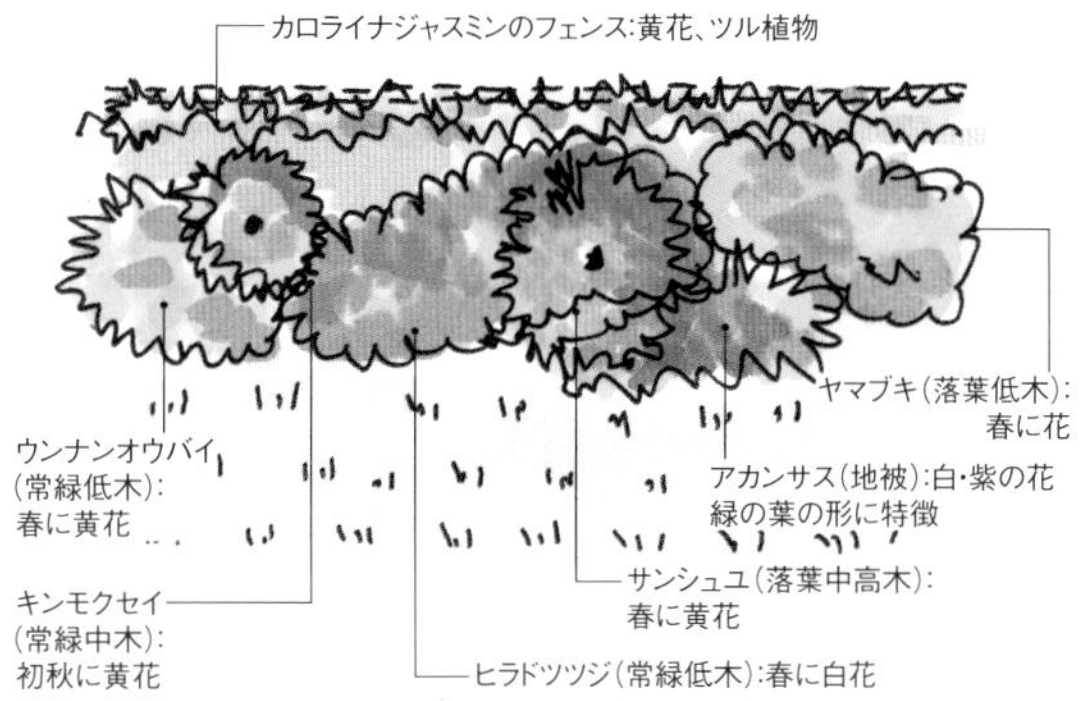

図5 白い花が映える庭の配植例

ムクゲ（落葉中木）：夏に白花
コブシ（落葉高木）：春に白花
アベリア（常緑低木）：6～11月に長く白花
濃い緑の背景をつくる常緑のイヌマキ
カンツバキ（常緑低木）：冬に白花
レンギョウ（落葉低木）：春に白花
キリシマツツジ（常緑低木）：春に白花

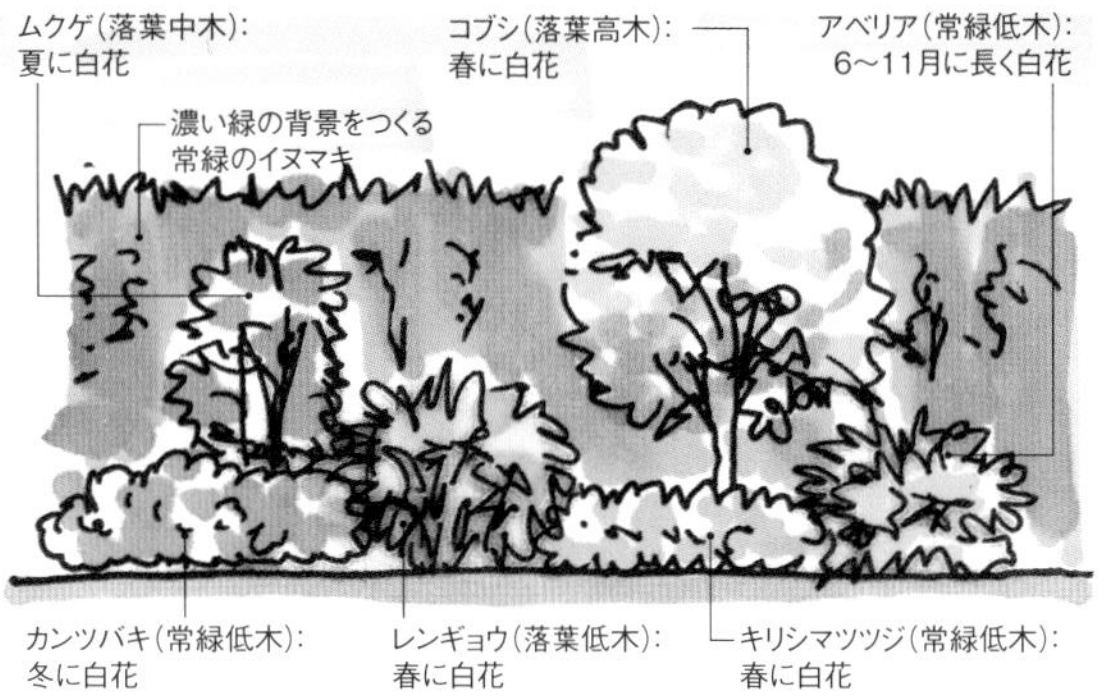

表 花の色と代表的な庭木

花の色	中高木	低木・地被
赤	アメリカデイゴ、ウメ、セイヨウシャクナゲ、タチカンツバキ、デイゴ（暖地）、ハイビスカス（暖地）、ブーゲンビリア（暖地）、ブラッシノキ、ホウオウボク（暖地）、ヤブツバキ	カンツバキ、クサボケ、ゼラニュウム、チェリーセージ、ツツジ類、バラ類、モミジアオイ
紫・青	シモクレン、シコンノボタン、セイヨウシャクナゲ（大輪種の「貴婦人」など）、セイヨウニンジンボク、ハナズオウ、ブッドレア、ボタンクサギ、ムクゲ、ライラック	アガパンサス、アカンサス、アジサイ、アジュガ、ガクアジサイ、ツツジ類、バラ類、ビンカミノール、フイリヤブラン、フジ、フジモドキ、ヤブラン、ラベンダー、ルリマツリ、ローズマリー
ピンク	サクラ類（エドヒガン、カンザン、シダレザクラ、ソメイヨシノ、フゲンゾウ）、サラサモクレン、セイヨウシャクナゲ、ツバキ類（オトメツバキ、ワビスケ）、ハナカイドウ、ベニバナエゴノキ、ベニバナトチノキ、ベニバナハナミズキ、ムクゲ、モモ	シモツケ、ジャノメエリカ、ジンチョウゲ、ツツジ類、ニワウメ、ニワザクラ、バラ類、ホザキシモツケ、ベニバナトキワマンサク
黄・橙	ギンヨウアカシア、サクラ類（ウコン）、サンシュユ、フサアカシア、マグノリアキンジュ、マグノリアエリザベス、モクゲンジ	ウンナンオウバイ、エニシダ、キンシバイ、ツキヌキニンドウ、ツワブキ、ノウゼンカズラ、ヒペリカムカリシナム、ビヨウヤナギ、ヘメロカリス、メギ、モッコウバラ、モントブレッチア、ヤマブキ、レンギョウ、レンゲツツジ、ロウバイ
白	アンズ、ウメ、エゴノキ、オオシマザクラ、オオデマリ、コブシ、サザンカ、タイサンボク、トチノキ、ナシ、ナナカマド、ハイノキ、ハクウンボク、ハクモクレン、ハナミズキ、ハンカチツリー、ピラカンサ、ホオノキ	アセビ、オトコヨウゾメ、カシワバアジサイ、コデマリ、シジミバナ、シロヤマブキ、シャリンバイ、ツツジ類、バラ類、ユキヤナギ、トキワマンサク

※6：アジサイとは園芸種名であり、原種はガクアジサイ。なお、アジサイの花と思われる部分は、実際はガクであり、酸性土壌に植栽すると、この部分が青色になる｜※7：ソメイヨシノなどは、曇り空では色が分かりにくいほど薄い色なので、背後に植えるものは濃緑の樹木にする｜※8：エゴノキやアセビの紅花も、淡いピンク色の花が付く｜※9：フサアカシア、ギンヨウアカシアなどのマメ科アカシア属の花を付ける造園木の俗称。本来はマメ科オジギソウ属の総称を指すラテン語名｜※10：アヤメ科クロコスミア属。南アフリカ原産だが、耐寒性がある。6～9月に橙色や紅色の花を付ける｜※11：ユリ科ヘメロカリス属。耐寒性が高い宿根草。たくさんのつぼみが付くが、1つの花は1日しか咲かない。花期は、5～9月

樹高から樹木を選ぶ

植栽では、植えようとしている樹木がどのくらいの大きさに生長するかが樹種選択の要素となる。大きな樹木は、見た目にインパクトがあり、建物や庭のシンボルツリーとしやすい。また、建物にボリュームのある集合住宅などでは、建物のスケールに負けないくらいの大木を植えることで、建物に風格を与えることができる。

逆に、敷地に余裕がない場合、大きく成長する樹木を植栽すると、さまざまな問題が発生する。たとえば、樹が高くなり広がると家が日陰になり、住環境が悪化することが考えられる。また、生長した枝が屋根に覆いかぶさると、葉が屋根に落ちて雨樋が詰まる原因ともなる。

こうした問題を避けるためにも、敷地に余裕がない場所に樹木を植栽する際は、特に次の2点を確認したうえで、樹木を選択する必要がある。

1点目は、配植しようとしている樹木が「どのくらい大きくなるか」ということである。

一般に樹木の高さ（樹高）は、「高木」「中高木」「中木」「低木［※1］」「地被」などに分類して呼ばれることが多い［**図1**］。それぞれの正確な定義はなく、本誌ではおおよその基準として、高木が4m以上、中高木が2～3mくらい、中木が1.5～2m前後、低木が0.3～1.2m以下、地被を0.1～0.5m以下に設定した。なお、代表的な樹種とそれぞれの高さの分類については、**表1**にまとめた［※2］。

戸建住宅は、2階建てで高さが8～9mくらいになるので、大きくなる木を植栽する場合は、10m以上になる高木は避けて、2～3mの中高木のなかから比較的大きくなる木を選ぶとよいだろう。ただし、高木でもシラカシのように剪定が比較的容易で、小さく仕立てやすいものもある。

なお、大きくなる木は、それだけ枝や根が横に広がるものである［※3］。そこで、樹木と建物と軒先の間隔は、最低でも樹高の1／4以上は確保したいところだ［**図2**］。

2点目は、選択する樹木が「どのくらいの早さで生長するか」である［**表2**］。たとえば、ヤマモモやタブノキのように、大きくなるが生長が遅い樹木であれば、年に何度も剪定しなくても十分に高さのコントロールができる。し

図1 樹木の高さの基準の比較

地被 0.1～0.5m
低木 0.3～1.2m
中木 1.5～2m
中高木 2～3m
高木 4m～

表1 樹木の高さと主な樹種

高木 4m～	アカシデ、アカマツ、アキニレ、イチョウ、イヌシデ、イヌマキ、イロハモミジ、エノキ、カツラ、クスノキ、クロガネモチ、クロマツ、ゲッケイジュ、ケヤキ、コウヤマキ、シダレザクラ、シダレヤナギ、シマトネリコ、シラカシ、スギ、センダン、ソメイヨシノ、タイサンボク、タブノキ、トチノキ、ネムノキ、ハナノキ、ヒノキ、ヒマラヤスギ、ミズキ、メタセコイア、ヤマモモ、ユズリハ
中高木 2～3m	アラカシ、イヌコリヤナギ、ウメ、エゴノキ、オリーブ、カキ、カクレミノ、カリン、柑橘類、クサギ、コバノトネリコ（アオダモ）、サカキ、ザクロ、シキミ、シデコブシ、ジューンベリー、ドロノキ、ナシ、ナツツバキ、ナナカマド、ハナミズキ、ヒトツバタゴ、ヒメユズリハ、ヒメリンゴ、ビワ、マメザクラ、マルメロ、モチノキ、モッコク、ヤマボウシ、リョウブ
中木 1.5～2m	イヌツゲ、ウスギモクセイ、カナメモチ、ガマズミ、カラタネオガタマ、キョウチクトウ、キンモクセイ、サザンカ、サンショウ、シコンノボタン、シャクナゲ、セイヨウニンジンボク、ツバキ類、ニオイヒバ類、ノリウツギ、ハイノキ、ハナカイドウ、ヒイラギ、ヒイラギナンテン、フェイジョア、ブッドレア、ボタンクサギ、マキバブラッシノキ、ムクゲ、ヤツデ、レッドロビン
低木 0.3～1.2m	アジサイ、アベリア、オオムラサキツツジ、ガクアジサイ、カンツバキ、キャラボク、キリシマツツジ、キンシバイ、クチナシ、コデマリ、サツキツツジ、シャリンバイ、ジンチョウゲ、チャノキ、トベラ、ナンテン、ハマナス、ハマヒサカキ、ヒサカキ、ヒュウガミズキ、ビヨウヤナギ、ヒラドツツジ、マメツゲ、ミツバツツジ、メギ、ヤマブキ、ユキヤナギ、レンギョウ、ローズマリー
地被 0.1～0.5m	アカンサス、アガパンサス、オタフクナンテン、ギボウシ、クリスマスローズ、ササ類、サルココッカ、シャガ、シラン、セイヨウイワナンテン、タマリュウ、フイリヤブラン、フッキソウ、ヘデラ類、ヤブコウジ、ヤブラン、リュウノヒゲ

図2 樹木と建物との間隔の考え方

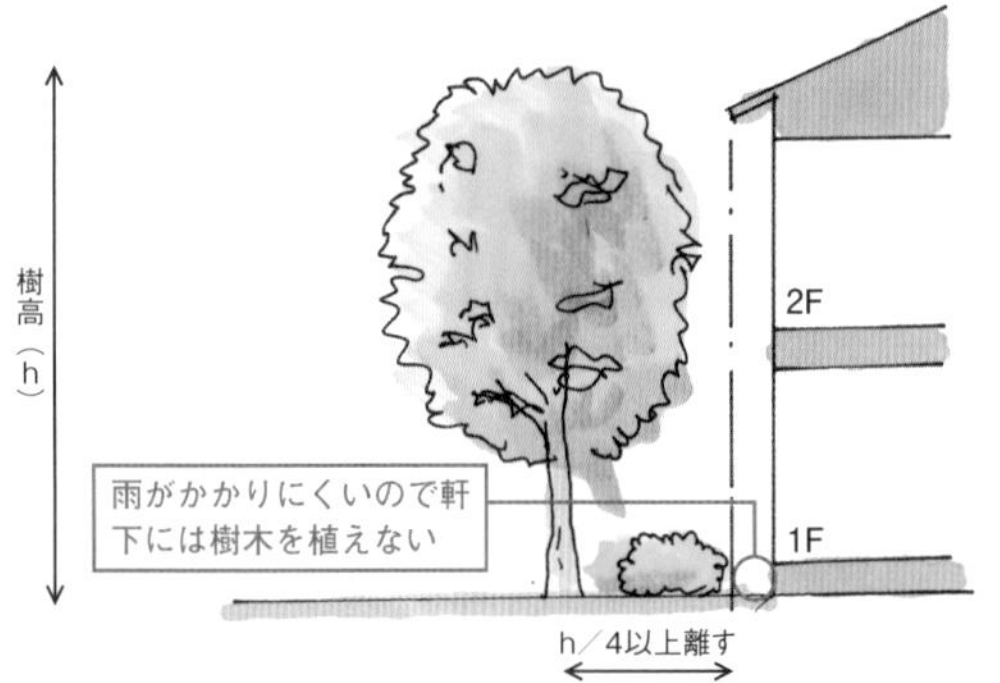

※1：同じ高さの目安で「灌木」と呼ぶ場合もある。東京都などの緑化申請は「低木」で統一しているため、本誌では「低木」を使用した
※2：ここでの高さは庭木（造園木）として使用する際の目安である。一般に植物図鑑に掲載されている高さは、自然の野山で生長した成木の高さである。造園木は、剪定や仕立て、手入れなど管理の仕方や敷地の広さなどの環境によって、樹高は変わってくる
※3：樹高と枝張り・根張りとの関係は155頁図4参照

たがって、こうした樹種は、狭い敷地でも採用できる。

一方、プラタナスのように、昔から街路樹に使われているような樹種は、そのほとんどが生長が早く、大きくなるものが多い。そのため、これらの樹木は狭い庭では選択しないほうがよいだろう[**表2**、※4]。小型のコニファー[※5]として人気があるゴールドクレストは、非常に成長が早く、そのうえ驚くほど高くなるので、選択の際には後の管理について建築主に確認しておく必要がある。

表2 生長の早さの目安

主な樹木	植えた当初	3年後	5年後	10年後	15年後
ケヤキ、ソメイヨシノ	3m	4m	5m	7m	10m
ヤマモモ、タブノキ、シラカシ、イロハモミジ	2m	2.5m	3m	5m	7m
エゴノキ、ハナミズキ、ヤマボウシ	2m	2.5m	3m	4m	5m
キンモクセイ、ツバキ類	1.2m	1.5m	1.8m	2.5m	3.5m
サツキツツジ、シャリンバイ	0.3m	0.4m	0.5m	0.8m	1m

小さいままの木でつくる庭

個人住宅の庭は、一般にスペースを取れない。それでも「庭」としての体裁を整えたいと希望する建築主は多い。

こうした制約のある庭では、あまり生長しない、樹高が小さいままの木を選ぶことが基本となる。ただし、小さい木であっても、ある程度の見映えは欲しいものである。このような庭では、「縮景」の手法を活用すればよい。

縮景は、日本庭園でよく使われる手法だが、難しいことは考えず、「ミニチュアガーデンの要領でつくりあげる庭」と思ってもらえばよいだろう。具体的には中木を高木に、低木を中木に、地被を低木に見立てる。樹種は多く入れずにすっきりとした構成の庭をつくることがポイントだ[**図3**]。

庭木のなかで最も高いものでも、2m前後の中高木から中木とする。樹高が2mくらいで形よくまとまる樹木には、エゴノキやカクレミノ、カエデ類のコハウチワカエデやタムケヤマ[※6]、タケ類のシホウチク[※7]などがある。

針葉樹のイチイも形よくまとまる樹木である。イチイは、大きいもので樹高が20mくらいになるが、非常に成長が遅いため、数年は移植した形のまま楽しむことができる。

低木では、アセビや、ドウダンツツジ、キリシマツツジなどツツジ類が使いやすいだろう。

アセビやドウダンツツジには、高さが1.5m以上のものが流通している場合がある。共に、本来はあまり大きくならない木なので、それらを主木として見立てることで、何年も同じ大きさで楽しむことができる。

正月の生け花でよく使われるセンリョウやマンリョウも、小さいながら形よくまとまり、実も観賞できるので、ぜひ低木として利用したい。

ただし、一般に、成長の遅い樹種である程度の高さがあるものは、見た目以上に樹齢が高いため、大きさの割にはコストが高くつく。選択の際には、この点を考慮したうえで、種類や数を決めていきたい。

図3 縮景の技法を取り入れた配植例

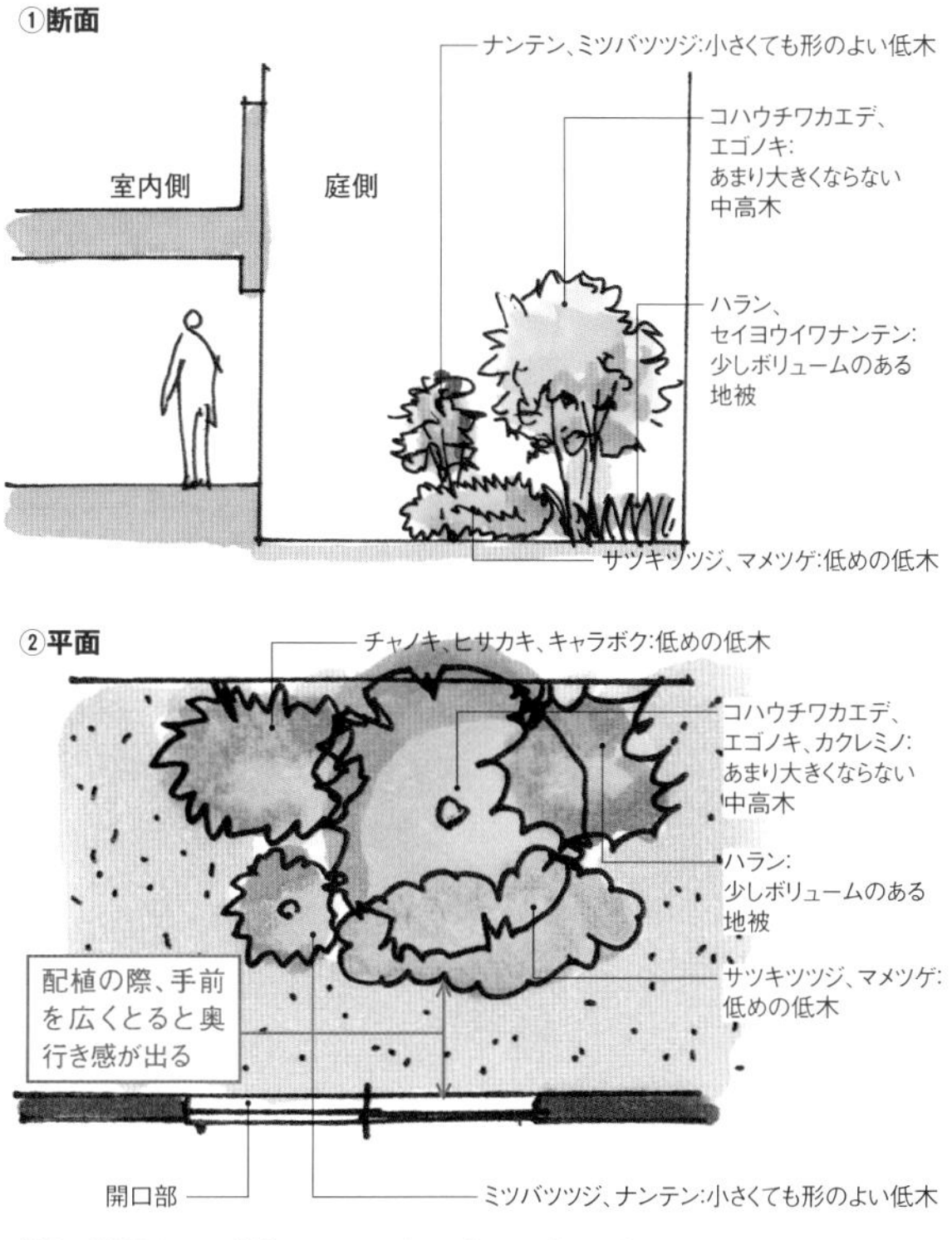

植える樹種も4〜5種くらいにして、シンプルにまとめるとよい

代表的な樹種
中高木
イチイ、カクレミノ、カエデ類(コハウチワカエデ、タムケヤマ)、シホウチク、ヒメユズリハ
低木・地被
アセビ、キリシマツツジ、サツキツツジ、サラサドウダン、センリョウ、マンリョウ、ドウダンツツジ

※4:生長が早い樹木は、たとえば敷地を早く緑化したいときに有効である。ヒマラヤスギやシラカシはその代表的な樹種である
※5:マツボックリとも呼ばれる毬果(球果=cone)が付く植物の総称 | ※6:カエデ科カエデ属の園芸品種。ベニシダレの一種で、葉が細く長いのが特徴。真っ赤な新芽、夏の緑、秋には黄色から鮮やかな紅色に黄・紅葉する | ※7:イネ科シホウチク属。四角形の稈(かん)が特徴的で、庭木(特に和風の庭)や生垣などに利用されることが多い。移植は容易だが、耐寒性はさほどないので寒い場所には適さない。稈とはイネ科植物の茎(くき)のことで、タケでは節と節の間のこと

樹形から庭をデザインする

樹形（樹冠ともいう）とは、葉と枝を広げた木全体の姿を指す。一見、同じ緑のかたまりに見える樹木だが、樹種によってさまざまな樹形を持つ。選ぶ樹種が、将来どの形になるかを知ったうえで、それらの大小を組み合わせながら植栽デザインを進めたい。

樹形は、大きく分けると「丸形」「縦長形」「円錐形」「盃形」「乱形（らんがた）」の5つに分けることができる。

(1)丸形

イロハモミジ、エノキ、サクラ類など、落葉広葉樹の多くがこのタイプの樹形になる［**図1**］。

丸形は、横のスペースも必要になるため、狭い庭ではなく、ある程度広い庭に配植するとより映える。どうしても狭い庭に丸形の樹形の木を植えたい場合、比較的横に広がらないヤマボウシなどを植えるとよい。

このほかにも、シナノキ、トチノキ、ハナミズキなどが丸形になる。

(2)縦長形

常緑広葉樹の多くがこの樹形になる［**図2**］。代表的な樹種には、カツラやキンモクセイ、クスノキ、サザンカ、シラカシ、ポプラ、モッコク、ヤブツバキ、ヤマモモなどがある。

縦長形は、横への広がりが比較的少ないため、前庭や玄関前などの狭い空間に合っている。また、縦長形の樹種は、刈り込みに耐えるものが多いため、細長く剪定することができる。

(3)円錐形

コウヤマキ、スギ、ヒノキなどの針葉樹は、一般的にこの形になる［**図3**］。特にコウヤマキは、剪定など、あえて手を加えなくても自然に細い円錐形になる。和風や北欧風の庭をつくる場合、円錐形の樹種を選ぶとそれらしい雰囲気になる。このほかにも、ヒマラヤスギ、イチョウ、メタセコイアなどがあるが、これらは大きくなるので、ある程度広い庭が必要になる。

(4)盃形

盃に似た樹形だが、ほうきを逆さにしたような形にも見えるため「ほうき形」とも呼ばれる［**図4**］。ケヤキやシマサルスベリ、ネムノキ、フジキなどが盃形になる。樹木を緑陰樹として利用する場合に向く樹形である。

盃形の樹木は、丸形と同じく、狭い庭よりも広い庭で映える。敷地にあまり余裕がない庭では、これらを品種改良して、広がりを抑えたムサシノケヤキ［※1］やホウキモモ［※2］を利用するのも1つの手である。

(5)乱形

樹形が天に向かって一直線に伸びず、定まらないものは乱形と呼ばれる［**図5**］。ウバメガシやシコンノボタン、ピラカンサなどが該当する。

乱形の樹木は、樹形が暴れやすいと形容されることが多い。したがって植栽の際には、一方向だけを見せるよう

図1 丸形（主に落葉広葉樹）

イロハモミジ、エノキ、オリーブ、カキノキ、サクラ類、シナノキ、タブノキ、トチノキ、ハナミズキ、ヤマボウシ

図2 縦長形（主に常緑広葉樹）

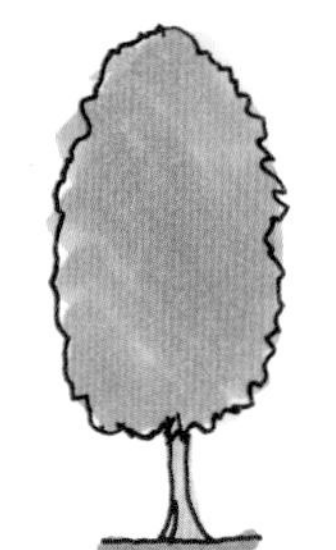

カツラ、キンモクセイ、クスノキ、ゲッケイジュ、サザンカ、シラカシ、ソヨゴ、ツバキ類、フェイジョア、ポプラ、モッコク、ヤマモモ、ヤブツバキ

図3 円錐形（主に針葉樹）

アカエゾマツ、イチョウ、コウヤマキ、スギ、ドイツトウヒ、ヒノキ、ヒマラヤスギ、プンゲンストウヒ、メタセコイア、ラカンマキ、レイランドヒノキ

図5 乱形

ウバメガシ、ザクロ、サンシュユ、シコンノボタン、ハクウンボク、ハナカイドウ、ピラカンサ、ブッドレア、マユミ

図4 盃形（緑陰樹など）

ケヤキ、シマサルスベリ、ネムノキ、フジキ

※1：ニレ科ケヤキ属のケヤキの品種。ケヤキは通常、盃形の樹形をとるが、ムサシノケヤキは幹が直立し、枝張りがあまりない。街路樹などに利用される
※2：バラ科サクラ属のハナモモの品種。モモの仲間だがほとんど実を付けない。名前は枝がほうきを立てたように細長く縦に伸びることに由来
※3：仕立て物は145頁参照

に樹木の一番手前に配置するか壁前に置くなどして、見え方を調整したい。

庭木でよく使われるものでは、ハクウンボクやハナカイドウ、ブッドレアなどが乱形に該当する。

以上は、すべて樹種に本来備わっている形態であり、これを自然樹形という。これに対して、人の手によっても、樹形を変えることができる。これを仕立てという［※3］。

樹幹から庭をデザインする

多くの樹木は、1本の中心となる幹（主幹）がまっすぐ伸びて生長し、それに枝がついて樹形が整うもの（直幹形）である。しかし、なかには主幹が数多く出るタイプ（分岐形）や、主幹がくねくねと曲がるもの（曲幹形）もある［**図6**］。ここでは、分岐形のなかでも特徴的な株立ちと、曲幹形の2つについて植栽デザインをするうえで必要となる知識を紹介する。

（1）株立ち

株立ちは、根際から1本の主幹が出るのではなく、数本に分かれて出る［**図7①**、**写真**］。庭木によく使われる樹種に、エゴノキやナツツバキ、ヒメシャラ、ヤマボウシなどがある。

株立ちは、ある程度のボリューム感があるが、幹1本1本は細いため、軽やかな印象となり、狭い空間に使用しても圧迫感があまりない。

また、本来は株立ちの木ではないが、人為的あるいは伐採や落雷など、なんらかの事情で主幹がなくなり、代わりに脇から幹が数本出てきて株立ちを形成することがある。こうした樹木は、自然に株立ちとなる樹木より大きく生長する。シラカシやイヌシデ、カツラ、ケヤキ、クヌギ、コナラ、ヤマザクラなどの株立ちがあれば、このタイプだと思ってよい。特にケヤキの株立ちで、主幹の数が非常に多いものを、武者立ち［**図7②**］という。武者立ちは、幹が多いため、根も大きくなる。そのため重量があり、運送・施工に手間がかかる。また、コストも、1本ものと比較すると高価になることが多い。

（2）曲幹形

主幹が一定方向に向かず、平面で前後左右に揺れるように生長するものを曲幹形と呼ぶ。代表的な樹種はサルスベリだが、そのほかにもアセビ、アカマツ、クロマツ、イヌマキ、ネジキなどが、こうした幹の形になる。

マツ類やマキ類などは、この性質を生かし、あえてくねくねと曲げるように仕立てることもある［**図8**］。

図6 樹幹の3タイプ

①直幹形

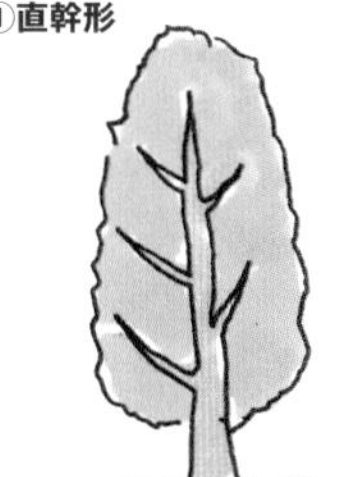

イチョウ、カツラ、クロガネモチ、コウヤマキ、スギ、トチノキ、ハナミズキ、モッコク

②分岐形

エゴノキ、エニシダ、カナメモチ、カラタネオガタマ、キンモクセイ、サンシュユ、ジューンベリー、ソメイヨシノ、ツツジ類、ナツツバキ、ハコネウツギ、ハナカイドウ、ヒメシャラ、ムクゲ、ライラック

③曲幹形

アカマツ、アセビ、イヌマキ、クロマツ、サルスベリ、ネジキ、ビャクシン

写真 株立ち

ヤマボウシの株立ち。根際から複数の幹が出る

図8 樹幹の特徴を生かす配植例

サルスベリ

形が際立つよう足元も下木などを植えずすっきり見せる

葉色の濃い常緑樹か色の濃い壁などを背後に置く

図7 株立ちの種類

①株立ち

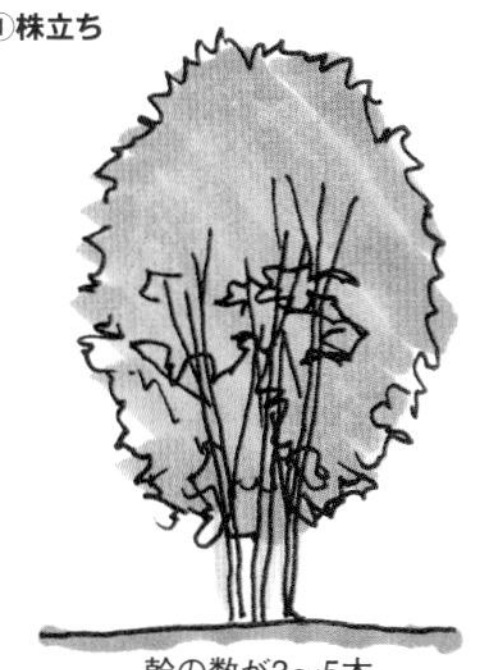

幹の数が3～5本

②武者立ち

幹の数が10本以上

緑の一口メモ クスノキ　常緑中高木。樹木全体が樟脳成分を含み芳香があるのが特徴｜ハナカイドウ　落葉中高木。4～5月に半八重から八重の淡い紅色の花が枝先に5～6個垂れ下がる｜ピラカンサ　欧州～西アジア原産の常緑低木。枝先にはトゲがあり、生垣などに向く。直径5～8mmの実を無数に付け、10～11月に黄橙色に熟す｜フジキ　落葉中高木。夏に無数の白い蝶形が咲き、その後、平らな豆果を付ける。フジに似た葉を持つことが名の由来。エンジュの葉にも似ていることから、別名は「ヤマエンジュ」

縞模様の幹肌を生かすコツ

>>p.022

樹木の幹は、葉に隠れて見えないことが多いが、室内からの視線を計算して配植すれば、幹のテクスチュアを庭のデザインに生かすことができる［**図1**］。特に落葉樹の場合、落葉後、幹がどのように見えるかは庭の印象とかかわってくる。

幹肌のテクスチュアで最も一般的なのが縞模様である。樹形や葉、花だけでなく幹肌を生かすデザインとして、縞模様を効果的に使うテクニックは知っておきたい。

縞模様には、縦横、短冊状など、さまざまなタイプがある。コナラやクヌギは、幹に縦縞が入り、幹肌に深い陰影をつくり出す。細い幹でも年月を経た樹木の風合いを持ち、コブシなど表面がツルっとした幹肌よりも景色に深みを与える［※1］。

横に縞模様が入る樹木に、シラカンバやダケカンバがある。シラカンバは、横にカンナをかけたように薄い皮が剥がれ、横に線が入る。縦に縞模様が入るコナラやクヌギと組み合わせることで、動きのある空間をつくることができる［**図2**］。

図1 バスコートでの配植

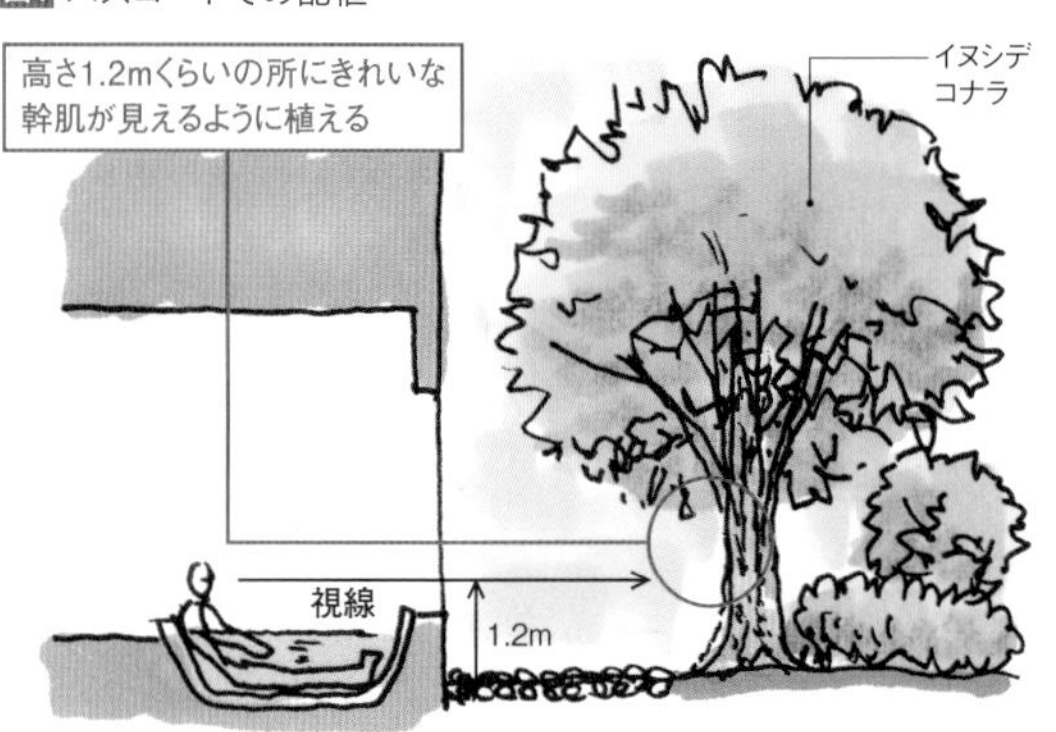

図2 幹肌の縦横の縞模様でリズムをつくる

縦横の縞模様を組み合わせて、庭にリズムをつくる

縦横だけでなく、オオバボダイジュなどシナノキの仲間は、幹肌に短冊状縞模様が薄く入る。表皮の割れ方が細かいため陰影ははっきりしないが、コナラとは違い軽やかな印象になる。

そのほか、これに分類されないものでうろこ状になるのが、カキノキとハナミズキ。ザラザラした印象の幹肌を鮫肌のように感じて嫌がる人もいるので、植栽前に建築主に確認すること。

代表的な樹種

縦縞
アベマキ、クヌギ、コナラ、サワラ、ヒノキ、ミズナラ

横縞
シラカンバ、ダケカンバ、ヤマザクラ

短冊
アカマツ、オオバボダイジュ、クロマツ、タギョウショウ、ハナノキ

ブツブツ状
カキノキ、ハナミズキ

ハガレ状
サンシュユ、トウカエデ、バクチノキ、ユーカリ類

平滑な幹肌を彫刻とみなす

表面が平滑な幹肌を持つ樹種は、サルスベリやシマサルスベリ、ヒメシャラ［**写真1**］などである。これらの幹肌は、光沢のある質感が彫刻のような印象を与えるため、落葉した後でも存在感がある。

庭のシンボルツリーとして、幹を庭のオブジェに見立てて配植する。特にサルスベリは、春の新緑、夏の赤い花、秋の黄葉、落葉後の冬はオブジェのような幹肌と、1年を通して変化が楽しめる。なお、サルスベリやシマサルスベリは、暖地を好むため、冬の寒風が当たらない、日当たりのよい場所を選んで配植する。

写真1 ヒメシャラの自然木

オブジェのような質感を湛える

代表的な樹種

中高木
アオハダ、カリン、サルスベリ、シマサルスベリ、ナツツバキ、ヘビノノボラズ、ヒメシャラ、ミズキ、モチノキ、ヤマモモ、リョウブ

低木
イッサイサルスベリ、ヤブツバキ

幹・枝のトゲを防犯に生かす

幹にトゲがある樹木は、バラが代表的だが、バラ以外にトゲを持つ庭木は多い。小さな枝にトゲがあるものではカラタチ［**写真2**］やサンショウ、タラノキ、メギなどがある。大きな樹木で幹にトゲがあるものでは、ハリギリ

緑の一口メモ アオハダ　落葉中高木。灰色で滑らかな外皮は薄く、下にある緑色の内皮が透けて見えるのが名の由来｜オオバボダイジュ　落葉中高木。葉はシナノキに似たハート形だが、シナノキよりも大形で長さ10〜15㎝。葉の裏には細かい毛が密生し白色に見える｜カラスザンショウ　落葉中高木。長さ80㎝ほどになる大きな複葉を持ち、7〜8月に、枝先に多数の花を付ける。果実に独特の芳香がある｜ハクショウ　常緑中高木。老木の幹が灰白色になることが名の由来。シロマツとも呼ぶ｜ヘビノボラズ　落葉低木。枝にトゲがあり、ヘビさえ上れないといわれたのが名の由来。別名「トリトマラズ」

［**写真3**］が代表的だ。
トゲのある樹木は、触れると怪我をする危険性がある。しかし、人や動物の侵入を防ぐ部位に用いることで危険な特徴を逆利用できる［**図3**］。ただし、剪定など、手入れをするのが大変なため、植栽は必要最小限に抑えるようにしたい［※2］。

代表的な樹種
中高木
カラスザンショウ、カラタチ、ザクロ、サンショウ、タラノキ、トキワサンザシ、ハリギリ
低木・地被
ブーゲンビリア、ナギイカダ、バラ類、ハイビャクシン、ハマナス、ピラカンサ、木イチゴ類（モミジイチゴ、ナワシロイチゴなど）、ボケ、メギ

図3 トゲのある樹種の配植例

ピラカンサ、メギ：トゲのある低木
ハイビャクシン、クサボケ：トゲのある地被
ナギイカダ：トゲのある低木
トゲのある樹木を3つ使って仕立てた生垣

斑入りの幹を楽しむ工夫

>>p.022

幹に現れる斑模様は、緑が中心の植栽デザインでは色彩要素として活用できる。サルスベリなどの滑らかな幹肌には、斑などの模様が現れることが少なくない。街路樹としてよく見かけるモミジバスズカケノキ（プラタナス）の幹肌は白い迷彩色になる［**写真4**］。カゴノキは、名前の由来が「鹿の子の木」であるように、子鹿のような白い斑点が幹に出る。中国で縁起のよい木と考えられているハクショウは、白・赤・緑の斑紋が現れる。

サルスベリの質感に似たリョウブの幹肌は、白っぽい肌色にピンクや橙などの斑紋が現れる。カリンは、濃いグレー地に茶の斑点が現れ、モミジバスズカケノキ（プラタナス）よりも重厚な雰囲気をつくりだす。シマサルスベリは、サルスベリより細かい茶の斑点が現れるため、白い幹をより白く感じる［**写真5**］。

幹肌の模様を効果的に見せるためには、目線の高さを葉や枝の位置よりも下に持ってくるような仕掛けがポイントになる［**図4**］。

たとえば、こうした樹木の近くにテーブルセットを置くと、目線の位置はだいたい地面から1mくらいになるので、葉が茂っていても視線は幹肌にいく。ただし、1mくらいの高さでは、下草や下枝も目に入るので、これらを取り払う必要がある。

写真3 ハリギリの幹のトゲ 
生長するとトゲはなくなる

写真2 カラタチの枝のトゲ 
鋭いトゲがあり生垣に使われてきた

写真5 シマサルスベリの幹肌

サルスベリよりもしっかりした斑

写真4 プラタナスの幹肌

灰褐色の樹皮に白い斑がでる

図4 幹の模様を楽しむ工夫
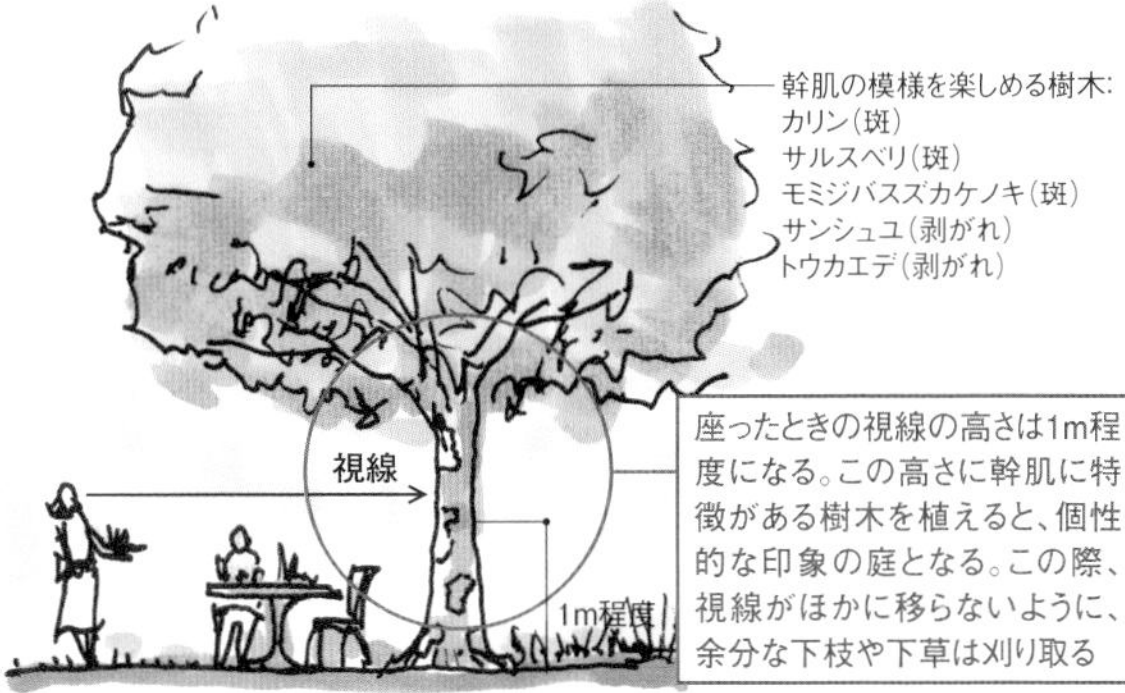

代表的な樹種
中高木
アカシデ、アキニレ、イヌシデ、ウリハダカエデ、カゴノキ、カリン、サンシュユ、サルスベリ、シマサルスベリ、シラカンバ、トウカエデ、ナツツバキ（シャラノキ）、ハクショウ、ヒメシャラ、モミジバスズカケノキ（プラタナス）、リョウブ

※1：クヌギによく似た葉を持つアベマキは、コルク質が発達して幹肌が隆起し、はっきりとした凹凸が表れる
※2：小さな子供がいる家では、庭で遊んでいるときに誤って怪我をするおそれもあるので、植栽は避ける
提供：オメガ社（写真2・4）

目立つ実で庭をつくる

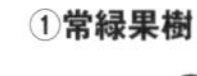
>>p.015

実は、花と違い、結実してから熟すまで長いもので半年を要することもあり、必然的に観賞する期間が長くなる。ここでは、実の色彩を植栽デザインに効果的に生かすための知識を紹介する。

実を目立たせるためには、色と大きさを検討することになる。実の色だけで考えると、アオキやセンリョウ［※1］のように、葉の緑色と補色の関係になる赤い実が付くものが最も目立つ［※2］。ほかにも、サワフタギが青色、ムラサキシキブやコムラサキが紫色、イヌツゲやオリーブが黒色、ナンキンハゼが白色など、変わった色の実を付ける樹木はたくさんある。これらを組み合わせて配植しても、実の色が目立つ庭になる［**表1**］。

また、実の色と付き方でも、目立ち方は変わってくる［**図1**］。常緑の果樹の場合、黄色や橙色の実が付くことが多いため、背景に何も置かないで空と対比させると目立つ。一方、落葉の果樹は、実が色付くころには葉が落ちるため、背後に常緑樹を置いたほうがよいだろう。

次に、大きさについては、カキノキのように1つで付くものと、ブドウやガマズミのように数個が玉のように群れて付くものとがある［**図2**］。1つで付くものでは、手のひらくらいの大きさがあれば存在感があるが、それより小さいとあまり目立たない。一方、群れて付くものは、指先くらいの大きさでも存在感がある。

なお、樹木には、1つの木に雌花か雄花のどちらかしか咲かない雌雄異株と、雌花と雄花が同じ木に咲く雌雄同株がある［※3］。果樹を植栽する前には、雌雄いずれの木かを確認しておくこと［**表2**］。

食べられる実がなる庭

実は、観賞するだけでなく食べられると庭の楽しみが増す［**図3**］。実がなるためには花が咲く必要があるため、ほとんどの果樹は日当たりのよい場所に配植することが基本である。

育てやすい果樹は、キンカンやユズ、ナツミカンなどの柑橘類である。リンゴは、梅雨時にウドン粉病などの病気にかかりやすいが、ヒメリンゴは比較的丈夫で、鳥にも採られにくい［※4］。花木では、ジューンベリーやヤマボ

図1 実の色と付き方による見え方

①常緑果樹

常緑の果樹は黄色や橙色が多いので空の青色と対比させる。柑橘類など

②落葉果樹

落葉の果樹は実だけ残るので、常緑の背景にすると際立つ。リンゴ、カキ、カリンなど

表1 代表的な樹木の実の色

色	中高木	低木・地被
赤～橙～黄	アオキ、アズキナシ、アンズ、イイギリ、イチイ、イチジク、ウメ、ウメモドキ、オトコヨウゾメ、カキノキ、ガマズミ、カマツカ、カリン、クロガネモチ、ゴンズイ、サンゴジュ、サンシュユ、ジューンベリー、ソヨゴ、チャイニーズホーリー、ナナカマド、ハナミズキ、ビワ、ピラカンサ、ボケ、マルメロ、柑橘類、モチノキ、モッコク、モモ、リンゴ類	アリドウシ、クコ、クサボケ、センリョウ、ナンテン、ノイバラ、ハクサンボク、フサスグリ、マンリョウ、ヤブコウジ、ユスラウメ
青～紫	クサギ、ムラサキシキブ	アケビ、コムラサキシキブ、フイリヤブラン、ブドウ類、ムベ、ヤブラン
黒～濃紫	イヌツゲ、オリーブ、トウネズミモチ、ネズミモチ、ブルーベリー、ヤツデ	キヅタ、シロヤマブキ、テンダイウヤク、ヒイラギナンテン、ブラックベリー
白	エゴノキ、ナンキンハゼ	イズセンリョウ、コムラサキシキブ(白実)

図2 実の大きさの目安

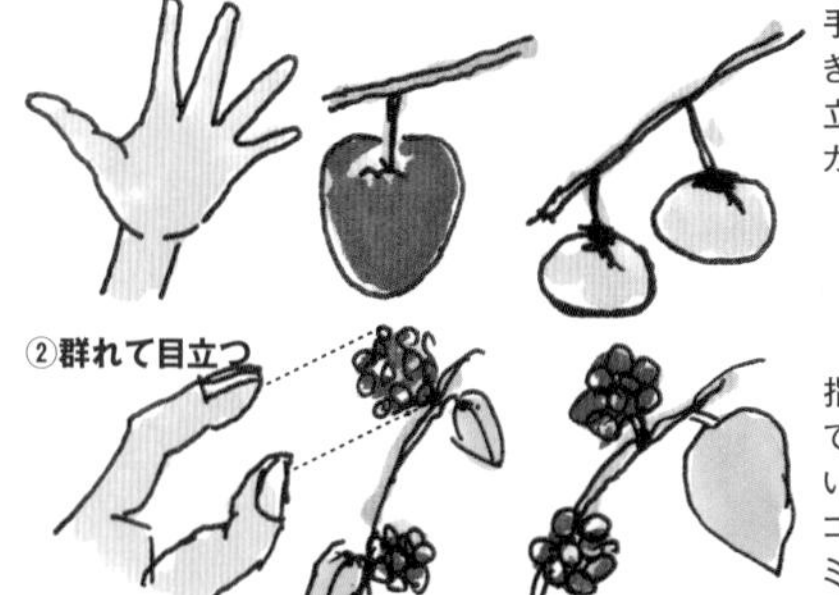

手のひらくらいの大きさだと1つでも目立つ。リンゴ、カキ、カリン、柑橘類

指先くらいの大きさでも粒でまとまっていれば目立つ。オトコヨウゾメ、ガマズミ、コムラサキシキブ、ナナカマド

表2 主な雌雄異株・雌雄同株の樹種

雌雄異株	アオキ、イチョウ、イヌツゲ、ウメモドキ、キブシ、キンモクセイ、クロガネモチ、ゲッケイジュ、ジンチョウゲ、スモークツリー、ソヨゴ、マユミ、ヤマモモ
雌雄同株	アンズ、ウメ、オリーブ、カキノキ、カリン、柑橘類、クコ、グミ類、クリ、クルミ、コムラサキ、ザクロ、サンゴジュ、ジューンベリー、セイヨウミザクラ(サクランボ)、センリョウ、トチノキ、ツバキ類、ナシ、ナンテン、ヒメリンゴ、ビワ、ピラカンサ、ボケ、マンリョウ、ムラサキシキブ、モモ、ヤマボウシ、ユスラウメ、ラズベリー

※1：センリョウの多くは赤い実を付けるが、なかには黄色い実を付けるものもある
※2：実際に、実が赤いのは、鳥などが見つけやすい色だからと考えられている
※3：雌雄異株は、雄株と雌株の2本の木がないと実がならず、実は雌株のみに付く。雌雄同株は1本の木で実がなる
※4：このほか、カキノキやビワも比較的病・虫害の影響が少ない果樹である。病・虫害に負けない木は128頁参照 ｜ ※5：陰樹は156頁参照

ウシはおいしい実がなる。カリンやマルメロ、ボケは、病・虫害が少なく、またそのまま食べるには酸っぱすぎるので、鳥などにも採られにくい。オリーブに似たフェイジョアは、病・虫害に強く、実だけでなく花も食べられる。

図3 果樹が楽しめる配植例

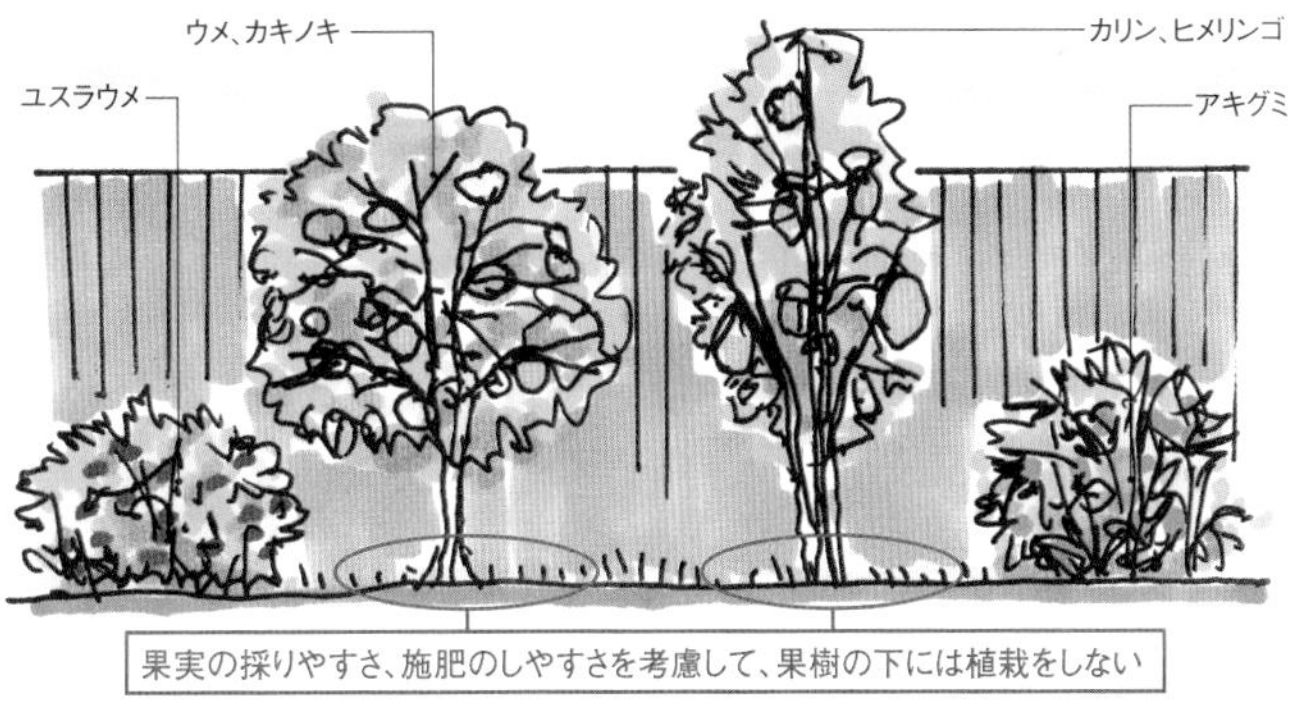

ウメ、カキノキ
ユスラウメ
カリン、ヒメリンゴ
アキグミ
果実の採りやすさ、施肥のしやすさを考慮して、果樹の下には植栽をしない

代表的な樹種
中高木
イチジク、ウメ、カキノキ、カリン、柑橘類、クリ、クルミ、ザクロ、ジューンベリー、ヒメリンゴ、ビワ、ボケ、マルメロ、モモ、ヤマボウシ、ヤマモモ、リンゴ
低木・地被
アケビ、キウイ、グミ類、クサボケ、フェイジョア、ブドウ類、ブルーベリー、ユスラウメ

庭木の足元をデザインする

庭に木を植えたものの、足元がむき出しの土では味気ないもの。そこで、庭木の足元にも植栽（下木）を施したいものである。

樹木の足元の植栽でよくやる失敗は、日当たりを考慮しない樹種選定である。たとえば、高木を1本植えて、その下を芝生というプランをよく相談される。しかし、高木の下は、日があまり当たらないため、本来、日光を好む芝生は育ちにくい。高木を植えた当初は、枝や葉があまりないため、地面まで日照が届き、芝生を植えても問題がないように見えるかもしれない。しかし数年もすると、大きく生長した高木が日陰をつくり、芝生は枯れるか、弱って剥がれてしまう。

こうした事態を避けるためには、まず、庭木（高木）の足元には耐陰性のある陰樹［※5］の植物を植えるようにしたい［**図4①・表3**］。ただし、高木を落葉樹とした場合、冬には日差しがある程度確保できるため、半日陰でも育つ半陰樹を下木として用いることもできる［**図4②・表3**］。

樹木は、高木に落葉樹を選択した場合は下木を常緑樹に、高木を常緑樹とした場合は下木に落葉樹を配植すると、季節の変化が楽しめる構成となる。また、高木とのアクセントを付けるためには、下木の丈があまり大きくならないものが向いている。樹高1m以下くらいがよいだろう。

ただ、以上の条件を満たしていても、すべての高木の足元を低木や地被などで隠すことができるわけではない。たとえば、ケヤキは、大きくなると地中から大量に水を吸い上げるため、足元に植えた木が必要な水分を摂取することができず、弱って枯れてしまう場合がある。また、サクラのように、地面近くにたくさんの根を張る樹種では、そもそも、足元に下木を植える隙間がない。こうした樹種では、足元の植栽はできない。

表3 高木の足元に植栽可能な樹種

陰樹〜半陰樹	アジサイ、アセビ、ガクアジサイ、カンツバキ、キチジョウソウ、クリスマスローズ、ササ類、センリョウ、タマリュウ、チャノキ、ナンテン、ハマヒサカキ、ヒイラギナンテン、ヒサカキ、フイリヤブラン、フッキソウ、ヘデラ類、マンリョウ、ヤブコウジ、ヤブラン、リュウノヒゲ
陽樹	アジュガ、アベリア、コトネアスター、ツツジ類、キンシバイ、ディコンドラ、ヒペリカムカリシナム、ヒュウガミズキ、レンギョウ

図4 足元の配植例

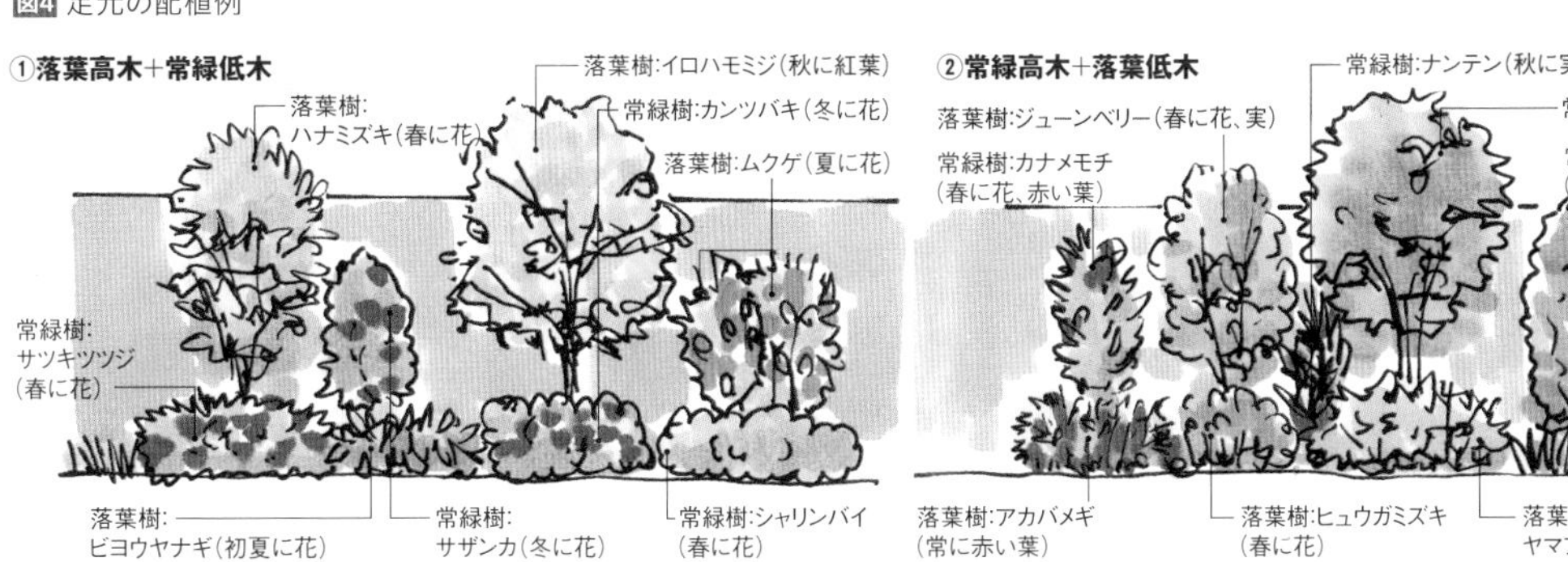

緑の一口メモ イズセンリョウ　常緑低木。センリョウに樹姿が似ており、伊豆地方に多く自生するのが名の由来。実は乳白色｜サワフタギ　落葉低木。5月ころに無数の白い花を付ける。灰汁を利用して紫紺染めに用いることから、別名は「錦織木（にしごり）」｜ディコンドラ　北米南部原産の常緑多年草。濃緑色で光沢のある葉を持ち、5〜6月に葉の付け根に淡黄緑色の小花を付ける。陽地〜半陰地の地被として利用することが多い｜ヒペリカムカリシナム　常緑〜半常緑の低木。3〜6㎝の長楕円形の葉を持ち、7月に黄色い花を枝先に1つ付ける。建物廻りや地被として利用されることが多い

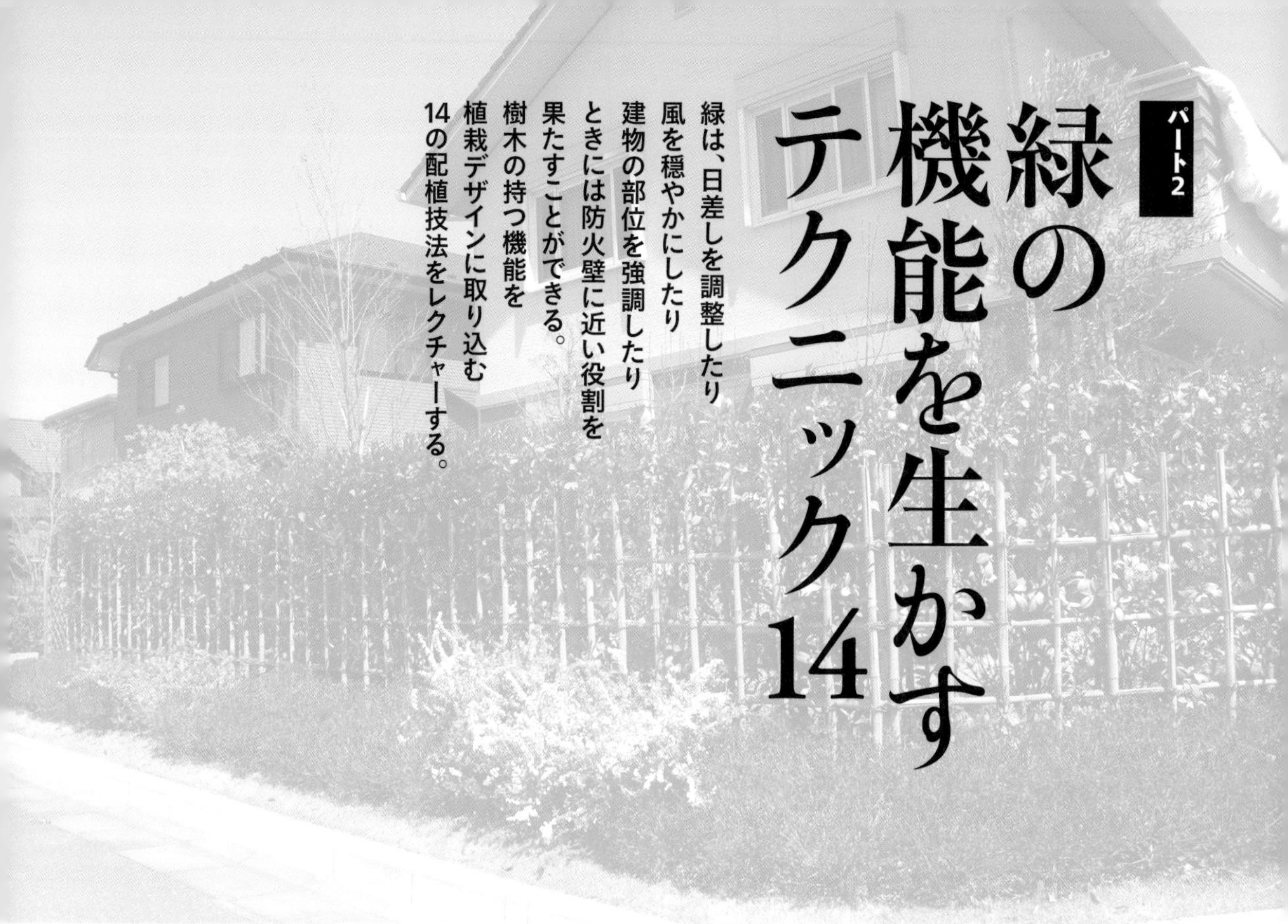

パート2

緑の機能を生かすテクニック14

緑は、日差しを調整したり
風を穏やかにしたり
建物の部位を強調したり
ときには防火壁に近い役割を
果たすことができる。
樹木の持つ機能を
植栽デザインに取り込む
14の配植技法をレクチャーする。

植栽で日差しを調整する

植栽で日差しをコントロールするには、日当りを好むシマサルスベリなどの落葉広葉樹を植栽するとよい。落葉広葉樹は夏に葉が茂り、日差しを遮ったり和らげたりするスクリーンとして機能する。一方、冬は葉を落とすことで日差しを透過させ、建物を温める効果がある［**図1**］。

こうした効果を効率的に得るには、樹木を建物からどの程度離して植えるかがポイントになる。建物と樹木の距離は、夏の日差しの角度と樹高から決める。日差しの角度は地域で異なるのであくまでも目安だが、建物1階への日射を防ぐには、建物と幹との距離は樹高の半分程度とる。これ以上近いと部屋が暗くなりすぎるし、離れすぎると角度のある夏の日差しが部屋まで陰を伸ばさない。

なお、ここで検討の基準となる樹高は、生長後の大きさである［※1］。

代表的な樹種
※穏やかな風を呼び込む庭
中高木
（葉が密でない落葉広葉樹）
アカシデ、イロハモミジ、イヌシデ、エゴノキ、カツラ、クヌギ、コバノトネリコ、コブシ、コナラ、ナツツバキ、ナナカマド、ヒメシャラ、マユミ、リョウブ

図1 落葉樹による日差しのコントロール

穏やかな風を呼び込む庭

樹木の選定や配置を工夫することで、建物に穏やかな風を呼び込む庭をつくることができる。

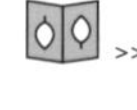
>>p.020

※1：114頁図1および表1参照
※2：その地域のおおよその気象データは気象庁ホームページに公開されている（https://www.data.jma.go.jp/obd/stats/data/mdrr/index.html）
※3：樹木の生長に必要な要素は、日照、水分、土壌、風、温度の5つである。詳しくは154頁参照

樹木は、風を比較的通しやすい、葉の付き方が密でないものを選ぶことで風を呼び込むことが可能になる［**図2**、**20頁参照**］。特にカエデ類やエゴノキ、ヒメシャラ、マユミなど、小さな葉の落葉広葉樹が向いている。逆にスダジイやヤブツバキなどの常緑広葉樹や、スギやマツなどの針葉樹は、葉と葉の間隔が密で、風をあまり通さないため、こうした目的には向かない。

しかし、落葉樹だけで庭を構成すると、夏以外の季節では葉が少なくなるか、まったくなくなり、庭が寂しい印象になる。そこで、落葉樹と併せて、常緑広葉樹でも比較的風を通しやすいシラカシやソヨゴなどを配植すると、常に緑がある庭になる。強風が吹くような場所でも、落葉樹と常緑樹を組み合わせると常緑樹が風を弱め、さらに落葉樹が穏やかな風の強さまで弱める［**図3**］。ただし、日当たりのよい側は、葉付きがよくなり、特に常緑樹の場合、風通しが悪くなる。そこで、剪定や葉透かしなどの管理をして、風通しを確保したい。

また、樹木は、風の通り道を塞がないよう、間隔をあけて配植することがポイントとなる。そのためにも、敷地に対してどの方向から風が吹くかは、気象データなどで事前に確認しておく［※2］。風は、地域ごとに差異があり、季節によって吹く向きが変わり強さも変わる。季節の風の方向と強さをつかんでおくことが重要となる。

図2 風を穏やかにする配植例

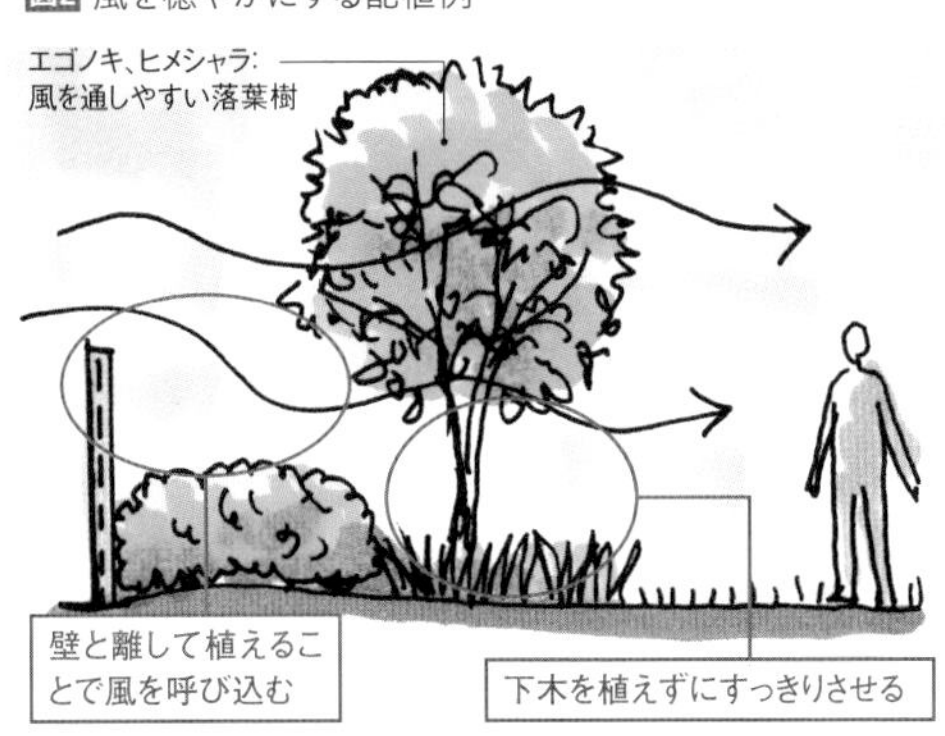

図3 強風を弱める配植例

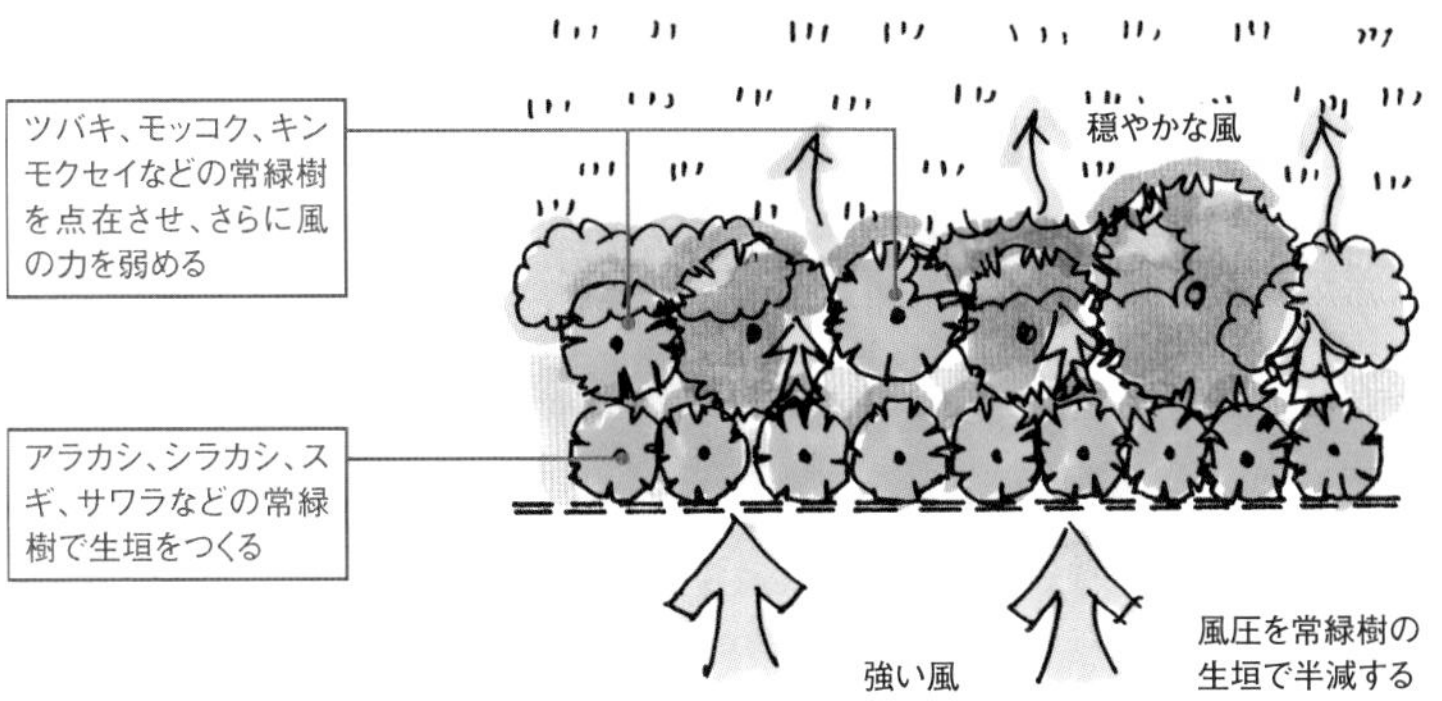

ツバキ、モッコク、キンモクセイなどの常緑樹を点在させ、さらに風の力を弱める

アラカシ、シラカシ、スギ、サワラなどの常緑樹で生垣をつくる

穏やかな風

強い風

風圧を常緑樹の生垣で半減する

配植の工夫で強風を防ぐ

強い風は、住環境を改善するどころか悪化させる。特に高層の建物の脇やその間で起こるビル風などは、通行上の安全も阻害しかねない。

砂浜にあるクロマツ林のように、敷地内に幅3m程度の緑地帯がとれる場合、葉が多く密なマテバシイやアラカシなどの常緑樹で生垣をつくると、建物に吹き付ける風を防ぐことができる。配植する際は、隣り合う樹木と枝が触れ合うように密に植えるとより効果的だ［**図4**］。また、冬の寒い季節風などが吹き込むような場所は、シラカシやスギなどの、特に風に強い常緑樹でカバーするとよいだろう。

樹木にとって、風は生長するために欠かせない要素だが［※3］、強風が吹くような環境は、植物の生長に適さない。樹木の生長点は枝の先端にあるが、常時、風でその部分が倒れるような刺激を受けていると、生長は鈍くなる。常に強風が吹く高山の尾根や頂上部にある植物が、地を這うように生えているのはそのためである。

したがって、風が強すぎる場合は、樹木の力に頼るのではなく、風除けとなるフェンスや壁などの工作物を利用して緩衝帯をつくったうえで、樹木を植えるとよいだろう。

図4 強風を防ぐ配植例

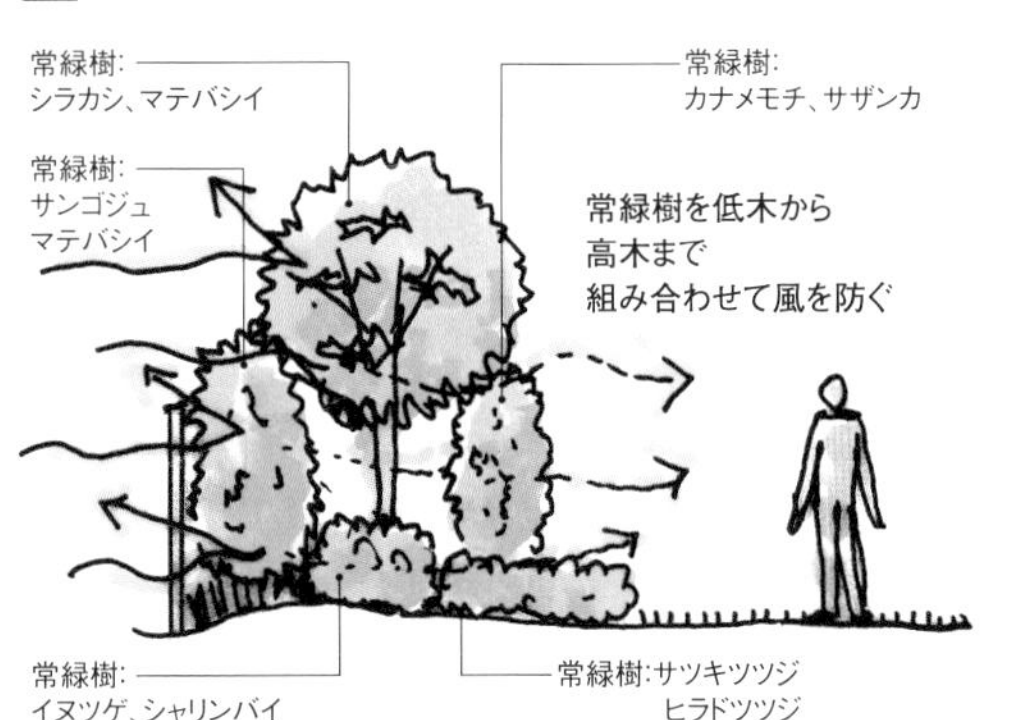

代表的な樹種

中高木

イスノキ、イヌシデ、ウバメガシ、カイズカイブキ、カナメモチ、キョウチクトウ、クロマツ、サンゴジュ、シラカシ、スギ、タブノキ、ナギ、フクギ（沖縄）、マテバシイ、マルバグミ、ヤマモモ

低木・地被

シャリンバイ、ツツジ類、ツルマサキ、トベラ、ハイネズ、ハイビャクシン、ハマヒサカキ

緑の一口メモ コバノトネリコ　雌雄異株の落葉中高木。「アオダモ」の別名。羽状の複葉を持ち、初夏に枝先に小さな白い花を無数に付ける｜ハイネズ　常緑低木。地を這うように生長するため、グランドカバーによく利用される｜マユミ　落葉中木。5～15cmの長楕円形の葉を付け、秋に紅葉する。四角形の実を付け、10～11月に赤く熟すと4つに裂ける｜マルバグミ　暖かい地方の海岸林などに自生するツル状の常緑低木。その名のとおり丸い大きな葉を持つ。葉の裏面は銀白色の鱗片が密に付き、風に揺れるときらきらと輝いて見える。実は春に赤く熟す

植栽で遠景を庭に取り込む

日本庭園の手法の1つに「借景（しゃっけい）」がある。借景とは、周辺の緑や山の姿などを庭の風景として取り込む手法だ。後背地に魅力的な風景などがある場合、それを庭の景色として取り入れることで、狭い庭を見た目以上に広く感じさせることができる。

借景では、庭に植える樹木や石、灯籠などの添景物を小さなものでつくるようにすることが重要である［図1］。樹木は、生長が遅く、小さくても形がよくまとまるものを選ぶ。アカマツやイヌマキなどがよいだろう。遠景を生かすため、樹木の種類は、庭のスペースにもよるが、せいぜい3～5種類程度に抑える。

配植では、見たい景色ができるだけ多く取り込めるように樹木を並べる。その際、樹木の高さに変化を付け、それぞれの樹冠の頂部を結ぶ線が直線ではなく弧を描くように植えるとより広がりを感じる［図2］。近くに電柱や看板などがある場合は、常緑の高木を用いてしっかり隠すこと。

代表的な樹種

中高木
アカマツ、イヌツゲ、イヌマキ、ウメ、コハウチワカエデ、シダレモミジ、タギョウショウ、ツバキ類

低木・地被
アセビ、オカメザサ、キリシマツツジ、コグマザサ、サツキツツジ、センリョウ、チャノキ、ドウダンツツジ、ナンテン、ヒサカキ、マメツゲ、ヤブコウジ

図1 借景の注意点

①悪い例

背景を隠すような大きな樹木や添景物は避ける

②よい例

樹木や添景物を背景と共に1つの景色になるように配置する

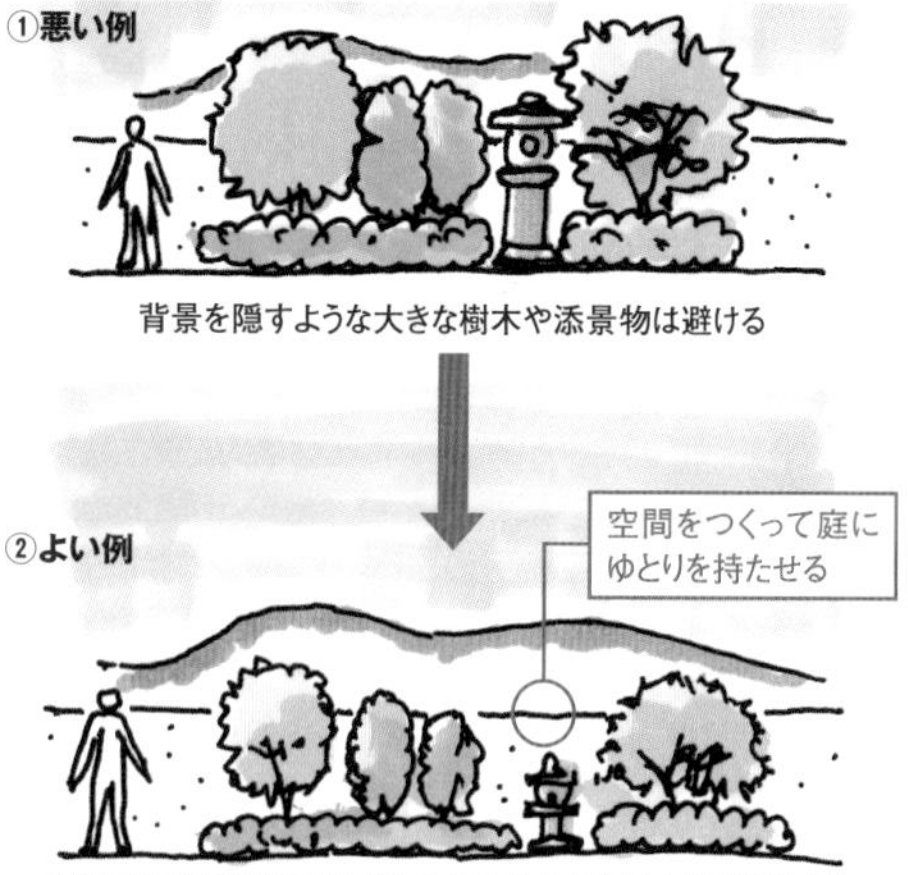

図2 より広く見える景色の切り取り方

樹木の頂部を結ぶ線が弧を描くようにすると、より広がりを感じる

建物の部位を強調するテク

樹木を使って、門や窓など建物の一部を強調し、外に対して魅力的な空間を演出する技法は、昔から日本の庭づくりで取り入れられてきた。たとえば、「門冠り（もんかぶり）」は、マツなどを門の近くに植えることで門を強調する手法だ。

このように、強調したい部位の近くに適度なボリュームのある樹木を植えることで、見え方を強調することができる［図3］。また、樹形を生かす方法もある。たとえば、タケのようなシャープで長細い印象がある樹木を植えることで、建物の垂直方向に動きを感じさせることが可能である。さらに、見せたい部分を強調するために、それ以外の部分を植物で覆うフレーミングの技法も、建物の部位を強調するテクニックである。

ただし、建物を強調する樹木が建物のイメージを壊しては元も子もない。外壁の色が濃い場合、エゴノキやナツツバキ（シャラノキ）などの明るい緑色の樹種を植えるとよい。白っぽい壁やコンクリート打放しであれば、ツバキやクスノキなど濃緑色の葉を持つ樹種を植えると建物の印象に対する干渉を抑えることができる。

いずれの場合でも、強調したい建物や塀・門などに沿わせるように樹木を配置することが基本となる。そのため、

図3 建物の部位を強調する方法

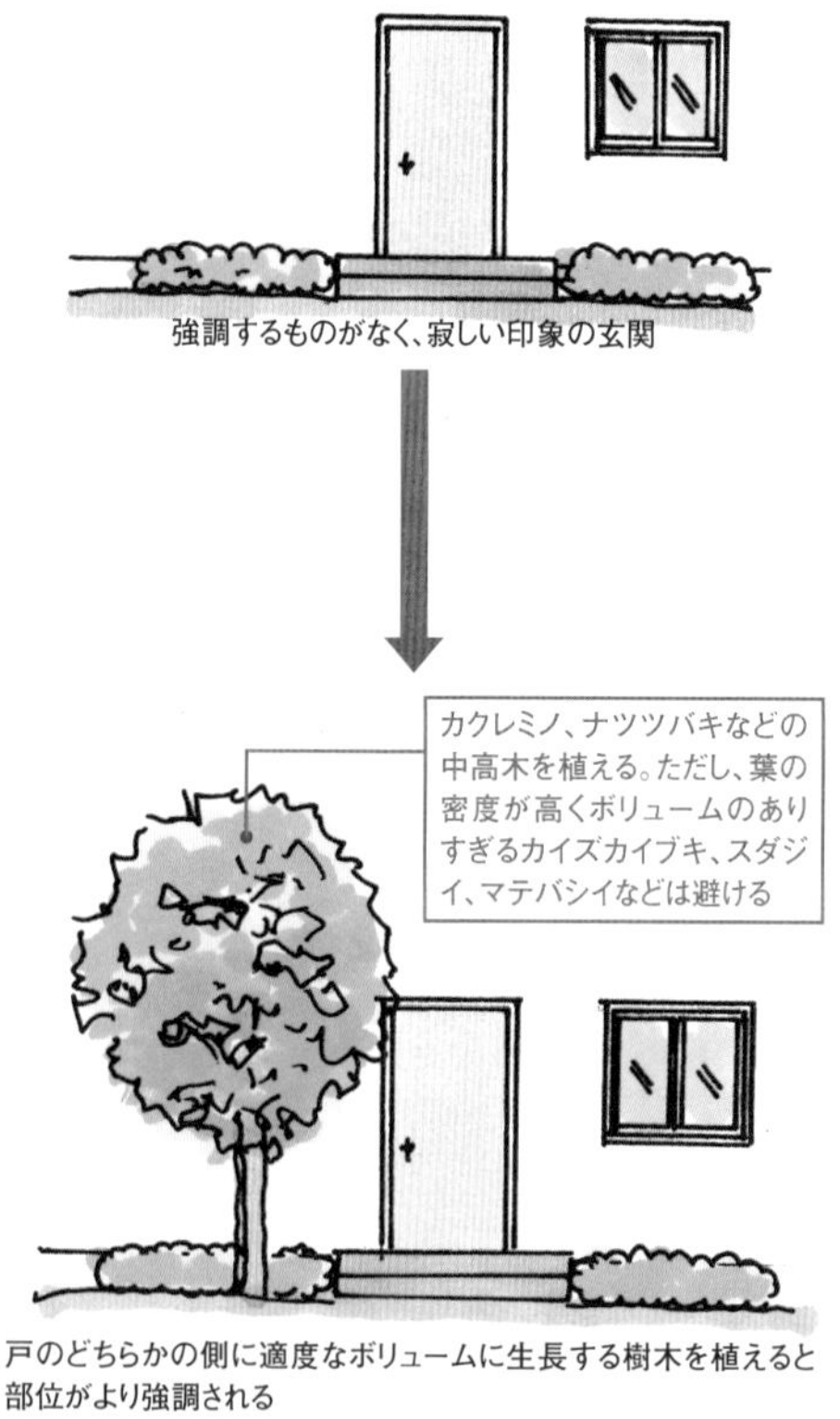

強調するものがなく、寂しい印象の玄関

カクレミノ、ナツツバキなどの中高木を植える。ただし、葉の密度が高くボリュームのありすぎるカイズカイブキ、スダジイ、マテバシイなどは避ける

戸のどちらかの側に適度なボリュームに生長する樹木を植えると部位がより強調される

緑の一口メモ オカメザサ　稈高は50～150cm程度で、5～10cm程度のやや小さく丸味を帯びた葉を枝先に1枚付ける。陽地～半陰地を好み、緑化や地被などに利用される｜コグマザサ　稈高は10cm程度。クマザサの小形種。晩秋～冬に葉縁が白黄色に隈取られる。グランドカバーに多用されている｜コハウチワカエデ　落葉中高木。ハウチワカエデ（メイゲツカエデ）に似た葉を持つが、長さ幅が6～8cmとやや小振り。イタヤカエデにも似ることから、別名「イタヤメイゲツ」｜タギョウショウ　アカマツの園芸種の1つ

樹木は建物から一定の距離をとって植える必要がある。たとえば、中高木以上の樹木を植える場合、樹木が大きくなることを見越し、壁から幹までは2mくらい離して植える。低木など、あまり大きくならないものでも壁からは少なくとも30cm程度は離して植えて、樹木の生長を妨げないようにしたい[図4]。庇がある部分に植栽する場合、庇で雨がかからない分、土壌が乾燥気味になっているので、庇の出から30cmとする。また、建物の近くに植栽する場合、建物に影響が出ないように剪定する機会が増えるため、ソメイヨシノのように剪定を嫌うものは避ける。

図4 建物と樹木の距離

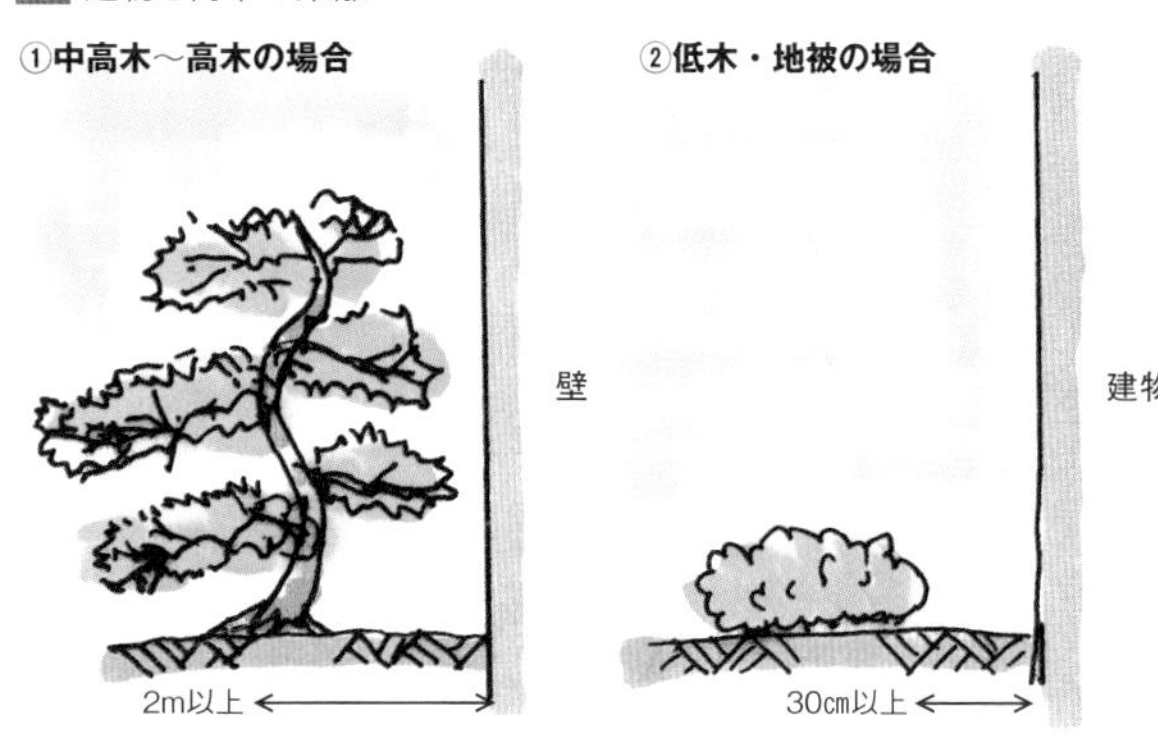

建物の印象を和らげる植栽

コンクリート打放しのように、重厚なイメージの反面、硬質で息苦しい印象を与える建物は、樹木を1本添えるだけで、建物や周辺空間の雰囲気を和らげることができる。

硬い印象の建物の庭は、広葉樹を基本構成にするとよい。マツやスギなどの針葉樹は、そのものがやや硬い印象があるため、建物が持つ硬いイメージをさらに強調しかねないからである。

広葉樹でも、常緑樹は葉の色が濃いものが多いため、それだけでは重く硬い印象になる。落葉樹をうまく組み合わせて配植するのがポイントだ。

配植は、建物の端部や直線部分が緑で隠れるように植える[図5①]。また、端部がすべて隠れなくても、目線の位置に緑があるようにするだけで、印象は大きく変わる[図5②]。

図5 建物の印象を和らげる配植

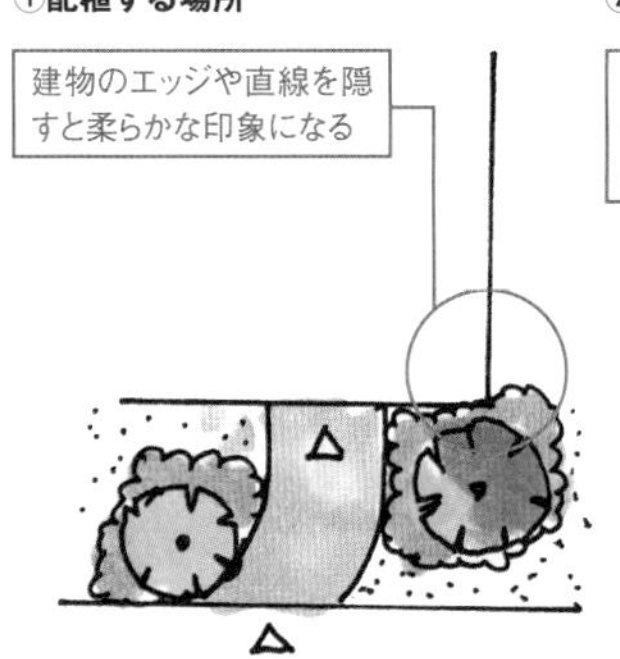

様式の違う部屋に合う庭

現代の住空間では、1つの建物に和風と洋風の部屋があることは当たり前だ。そこで、様式の異なる部屋から眺めても違和感のない庭をつくるコツを紹介する。

こうした庭で最も一般的なものが、シバ[※1]と雑木を主体に組み合わせた庭だろう。建物に近い場所まで、植栽をみっちりと植えるのではなく、シバなどで広い空間をつくり、その後背部を野趣のある樹木でまとめるとよい[図6]。選ぶ樹木は一般によく使われるものでかまわないが、マツのように樹木自体が和・洋のいずれかのテイストを持つものは避ける。

雑木部分の下草には、和室に近いほうはササ類を、洋室に近いほうはクリスマスローズ[※2]などの宿根草を入れる。ヤツデやシュロチクなど、和風でも洋風でも合う樹木を使いエスニックテイストに庭を仕上げると、和洋いずれの部屋から見ても違和感がない。

図6 和室と洋室に合う庭の配植例

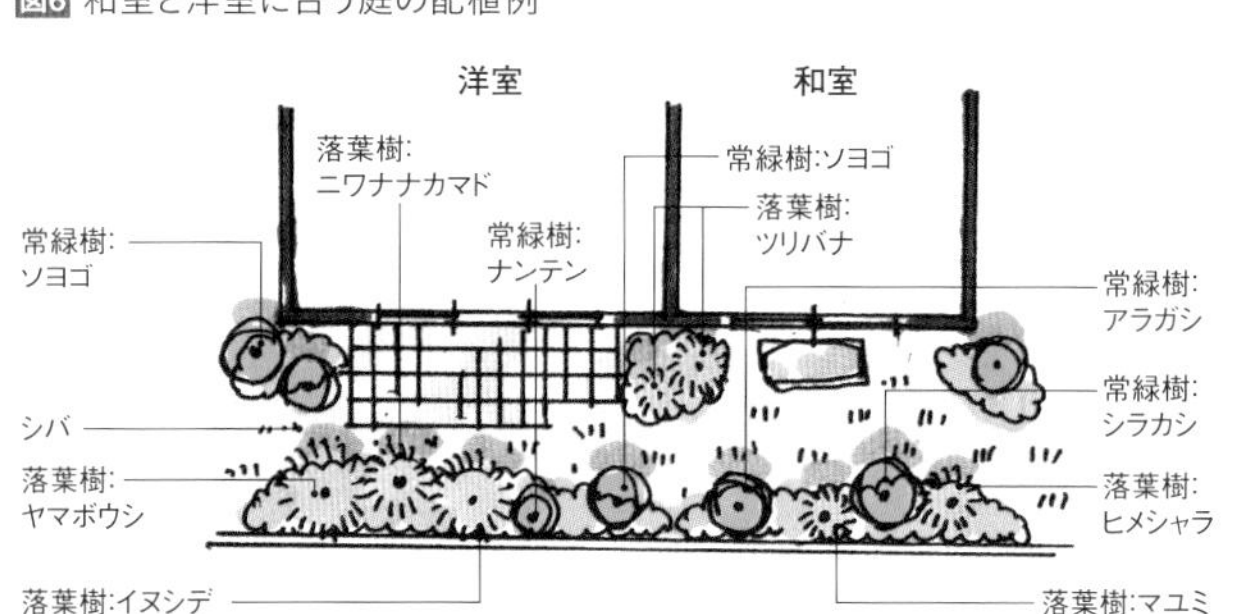

樹木の雑木林風に配植することで、和室・洋室のいずれにも合う庭になる。なお、和室に近い側に常緑樹を多めに置くこと

※1:シバの植栽は148頁参照
※2:キンポウゲ科クリスマスローズ属。ヨーロッパ原産。通常、クリスマスローズは原種ニガーを指すが、現在はさまざま品種がある。暑さにやや弱いため、夏に暑くなる地方では半日陰に植栽する。ただし木立ち性種は寒さにやや弱いものが少なくないため、極寒冷地ではコンテナなどに植えて、冬は室内へ移動できるようにする

樹木で敷地の境界を示す

自分の敷地と隣地・道路との間に門扉やフェンス、塀などの工作物を設ける代わりに、樹木で境界をつくる事例がしばしば見られる。これは「オープン外構」［**図1**］と呼ばれるもので、工作物で縁取られた「クローズド外構」よりも開放的な空間をつくり出すことができる。

樹木で敷地に境界をつくる場合、1年を通して「緑が切れない」樹種を選ぶことがポイントだ。緩やかといえども境界である。境界が曖昧になると、のちに隣人や通行人との間でトラブルを引き起こしかねない。

樹種は、カナメモチやアラカシなどの常緑樹が主体になる。人が容易に侵入できないように、樹高は1.5～2mくらい欲しい。また、小動物の侵入を防ぐために、足元はサツキツツジやクルメツツジ、フッキソウ［※1］などの常緑低木か、リュウノヒゲなど葉が密に付く草丈が20cm以上になる地被を植える。低木は30cm間隔、地被は15cm間隔くらいに密に植えるとよい［**図2**］。

境界の道路側をきれいに見せるには、道路側から地被→低木→中木という構成で配植する［**図3**］。

日照条件が良好で敷地に余裕があれば、シバを道路側に植栽すると、道路から緑地へと緩やかに連続した空間を演出できる［**図4**］。さらに、土塁（マウンド）を組み合わせると、緑がより多く感じられる。

代表的な樹種
中木（常緑樹）
アラカシ、イヌマキ、ウバメガシ、カナメモチ、ニオイヒバ、フッキソウ
低木・地被
アベリア、オカメザサ、クマザサ、コグマザサ、コトネアスター、キリシマツツジ、クルメツツジ、サツキツツジ、シャリンバイ、トベラ、ヒラドツツジ、プリベット、メギ、リュウノヒゲ

図1 オープン外構のポイント

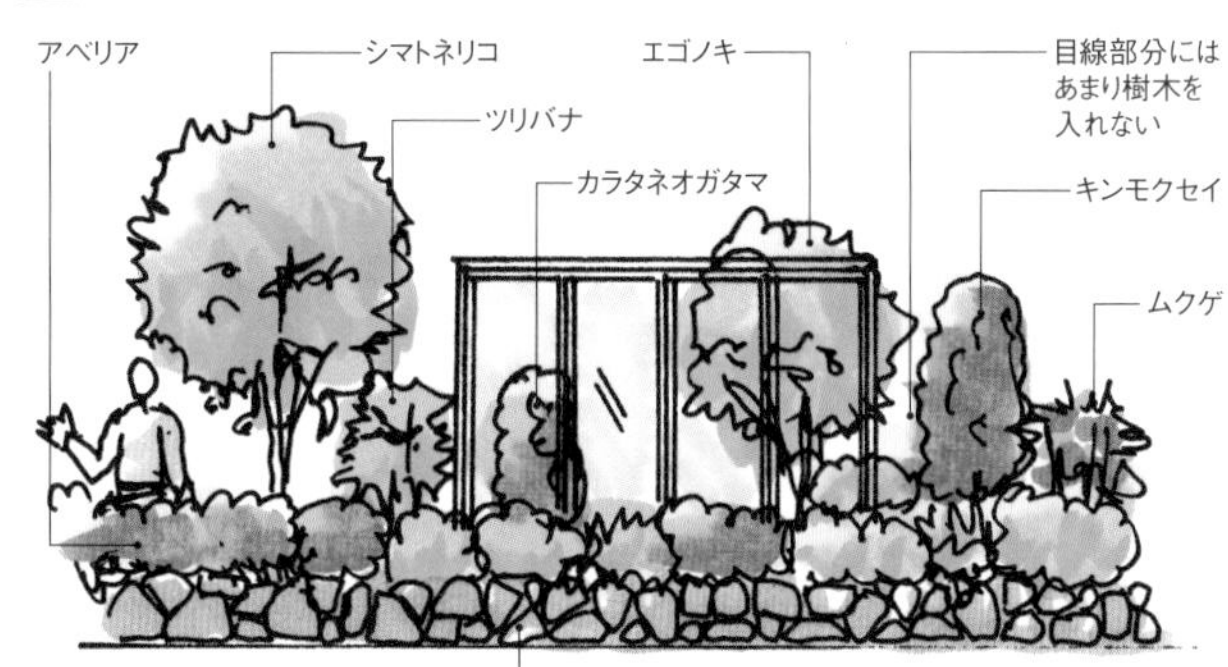

図2 オープン外構の配植例

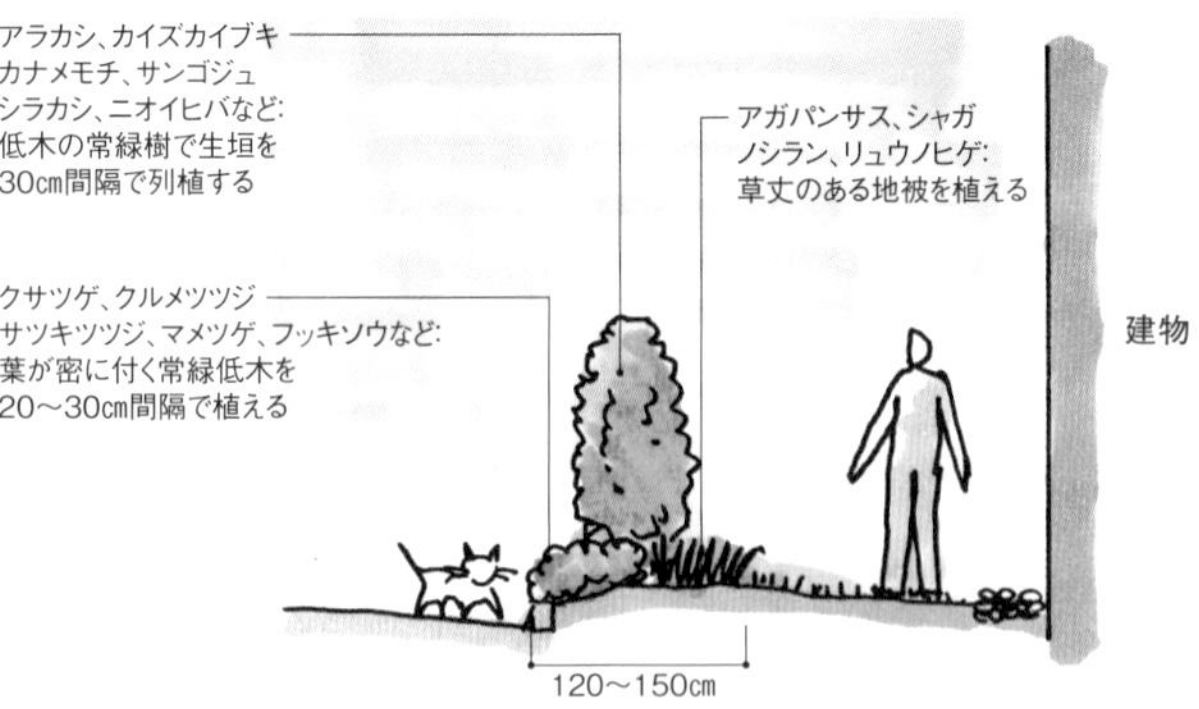

図3 境界の道路側をきれいに見える配植例

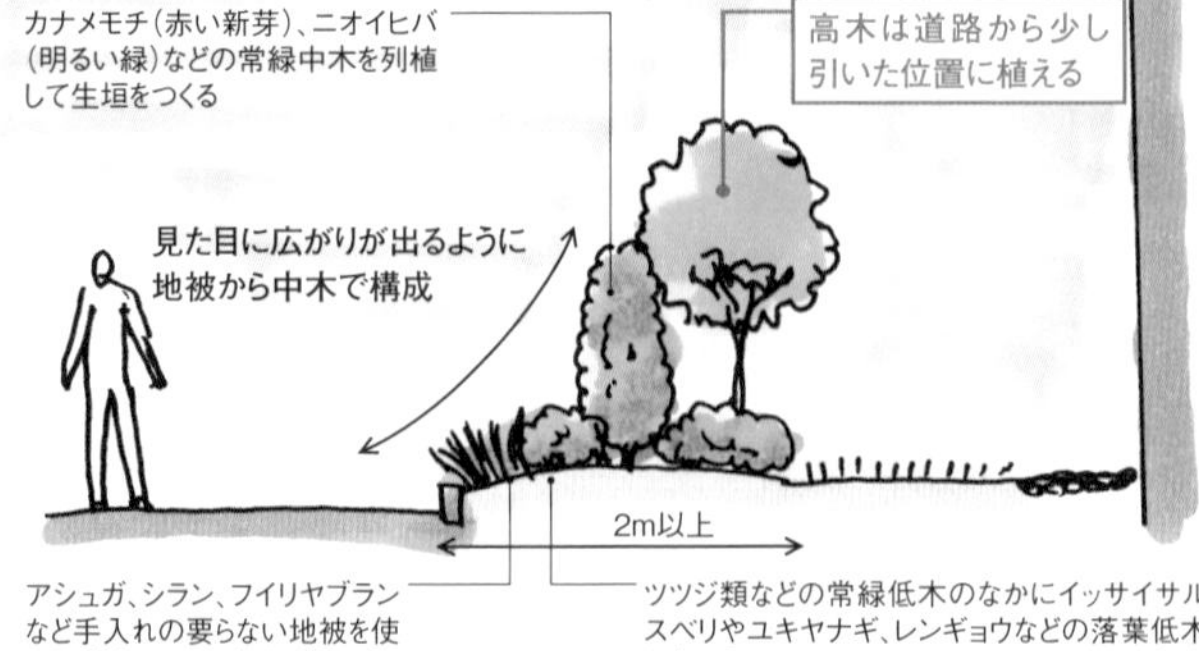

図4 道路際のシバの植栽

①配植図（平面）

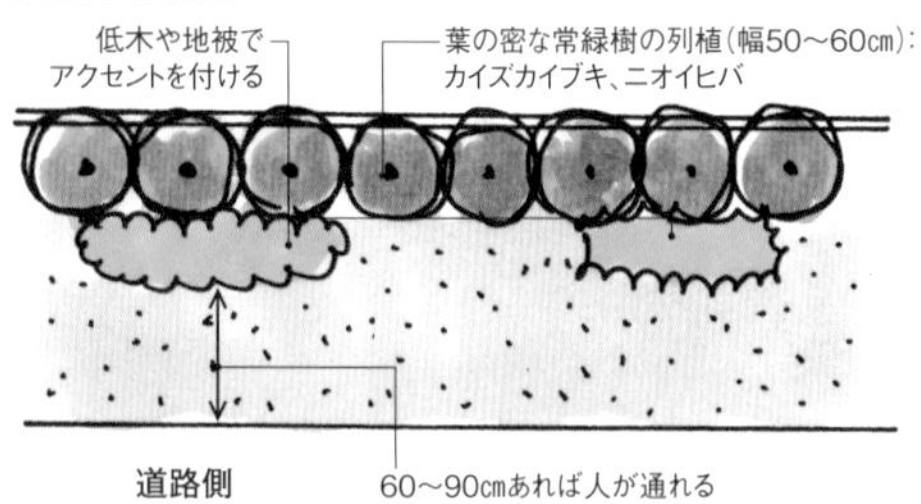

②低木・地被の量の目安（立面）

③マウンドの活用（断面）

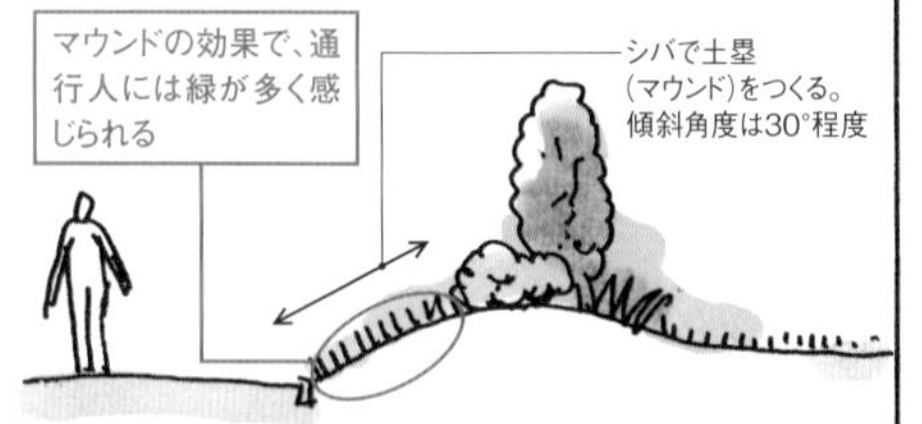

※1：ツゲ科フッキソウ属。名前に「草」が付くが、常緑の低木。生長が早く次々と株が分かれる。丈は20～30cmにもなる。5～6月ころに白い花が咲き、秋には乳白色で球形の実を付ける

緑の一口メモ コトネアスター　常緑低木だが、寒地では落葉することもある。グランドカバーに向く（19頁参照）｜プリベット　イボタノキ属の常緑低木。初夏に芳香のある白い花が無数に咲く。生垣などに向く。葉縁に白い斑が入る園芸種は「シルバープリベット」

樹木でつくるスクリーン

>>p.020

樹木でスクリーン（目隠し）をつくる場合、隠したい部位を確実に覆えるように、隣り合う樹木の枝先が5㎝くらい重なるように寄せて植える。樹木の足元が透けていると、いかにもそこだけ隠したような感じになるため、足元から隠したい場所まで緑で覆われるようにすることがポイントである。

敷地に余裕がある場合、地被、低木、中木、高木のすべてを使って、緑のスクリーンを構成する。

敷地にあまり余裕がない場合は、主木を中木から1種類選んで列植し、隠したいところを覆う。基本的に常緑で枝が密な樹種を選ぶことになるが、同じ樹種だけでは単調になりがちだ。そこで、低木や地被を中木の前に植え、部分的に植栽の幅を厚くするなどしてリズムを付ける。列植でも、樹高に差を付けるとラフな感じに仕上がる。

主木の常緑樹と併せて落葉樹を植えると、緑にバリエーションが生まれる。たとえば、常緑樹のキンモクセイを主木として選んだ場合、落葉樹のムクゲも一緒に配植することで、スクリーンの表情にアクセントが生まれる［**図5**］。

また、稈高（かんこう）［※2］が2〜3mくらいの細身のヤダケ［※3］やクロチクなどを利用すると、スクリーンでありながらも、外部と内部を完全に遮断しない、いわば半透明な仕切りのような使い方ができる。

図5 常緑樹と広葉樹によるスクリーン

代表的な樹種
中高木（主に常緑中木）
アラカシ、イチイ、イヌツゲ、イヌマキ、ウバメガシ、カナメモチ、キンモクセイ、クロチク、サザンカ、サワラ、サンゴジュ、シラカシ、ニオイヒバ、ヒイラギモクセイ、マサキ、ムクゲ、ヤダケ、レッドロビン

緑を防火壁に利用する

近隣で火事があった際、樹木のおかげで延焼を免れたという話を聞いたことがあるだろう。実際に、水分を多く含んだ大きな葉を持つ樹木は燃えにくく、防火壁のような役割を果たすことがある［※4］。

樹木でつくる防火壁は、ツバキやスダジイ、サンゴジュのような、葉が肉厚の常緑広葉樹か、ナギやカイズカイブキなど、葉の付き方が密な常緑針葉樹が適している［**図6**］。

火事は、乾燥する冬に起こりやすいため、冬に葉を落とす落葉樹は、防火壁には向かない。ただし、落葉樹は、イチョウやユリノキなど、防火樹には向かなくても火そのものには強いものが少なくない［※5］。

近隣からの延焼は、火の粉によるものが圧倒的に多いという。これを防ぐには、防火樹の樹高は高いほど効果を期待できる。2階部分の被害を食い止めるには、樹高が6mくらいにまで生長する樹木を植えたい。火の粉が樹木の横からすり抜けないよう、樹木の間隔は0.5〜1mくらいに密に植える。

また、隣家が火事になった場合、1階部分の燃焼による輻射熱が延焼の原因になる場合がある。これらを防ぐためには、高木の防火樹の足元に、サンゴジュやゲッケイジュ、カイズカイブキなどの火に強い常緑樹を植えるようにする。

図6 防火樹の効果的な配置

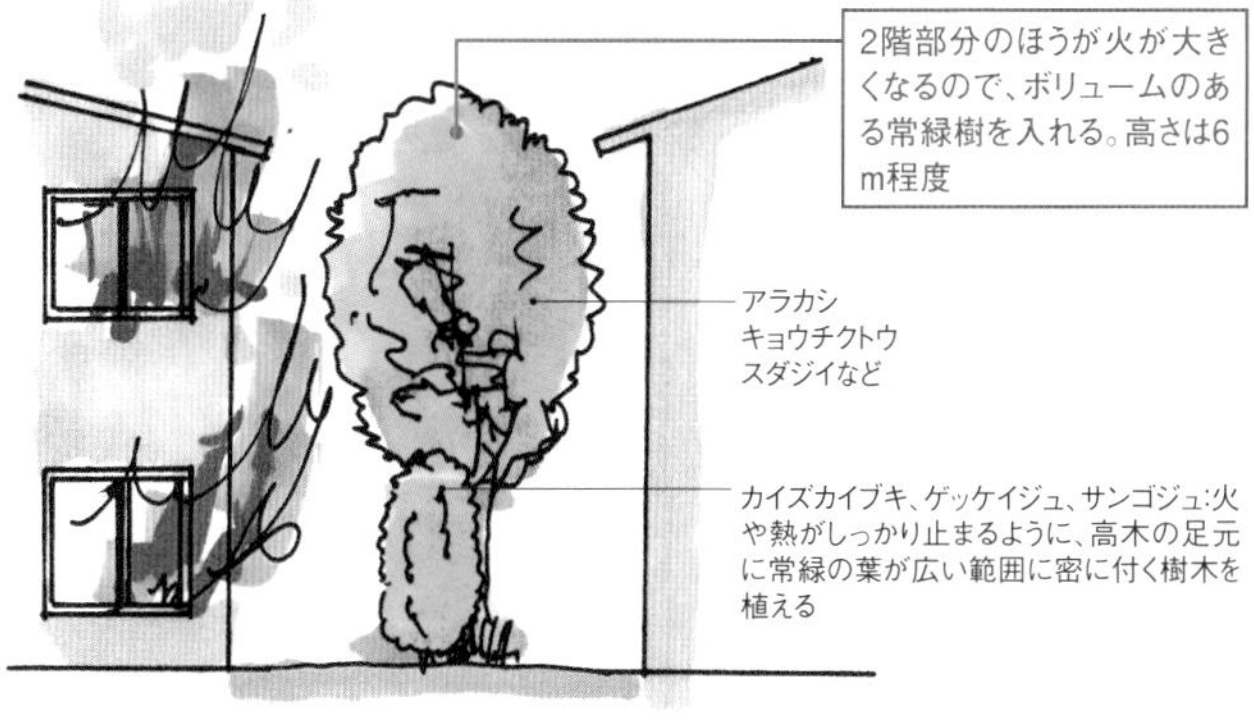

代表的な樹種
中高木
アオキ、アラカシ、イヌマキ、キョウチクトウ、コウヤマキ、サカキ、サザンカ、サンゴジュ、スダジイ、タブノキ、ナギ、マサキ、マテバシイ、モチノキ、モッコク、ヤツデ、ヤブツバキ、ユズリハ

※2：タケなどイネ科の植物の茎の長さを指す。「稈（かん）」はイネ科の植物の茎のこと｜※3：常緑多年生のタケ亜科の一種。矢の材料になることが名の由来。生長しても稈が皮に包まれているためササに分類される｜※4：ここでいう樹木の防火壁は、あくまでも補助的な役割を期待するものである。樹木による防火壁をつくったとしても、建物の防火・耐火の安全性は、建築基準法などに定められた基準を守らなければならない｜※5：関東の公園や寺社で大木として残っている樹木は、ほとんどがイチョウである。震災や戦時中の空襲を経てなお生き続けており、一部が焼けても再生する生命力の強い樹木である

図1 病・虫害にかかりやすい環境

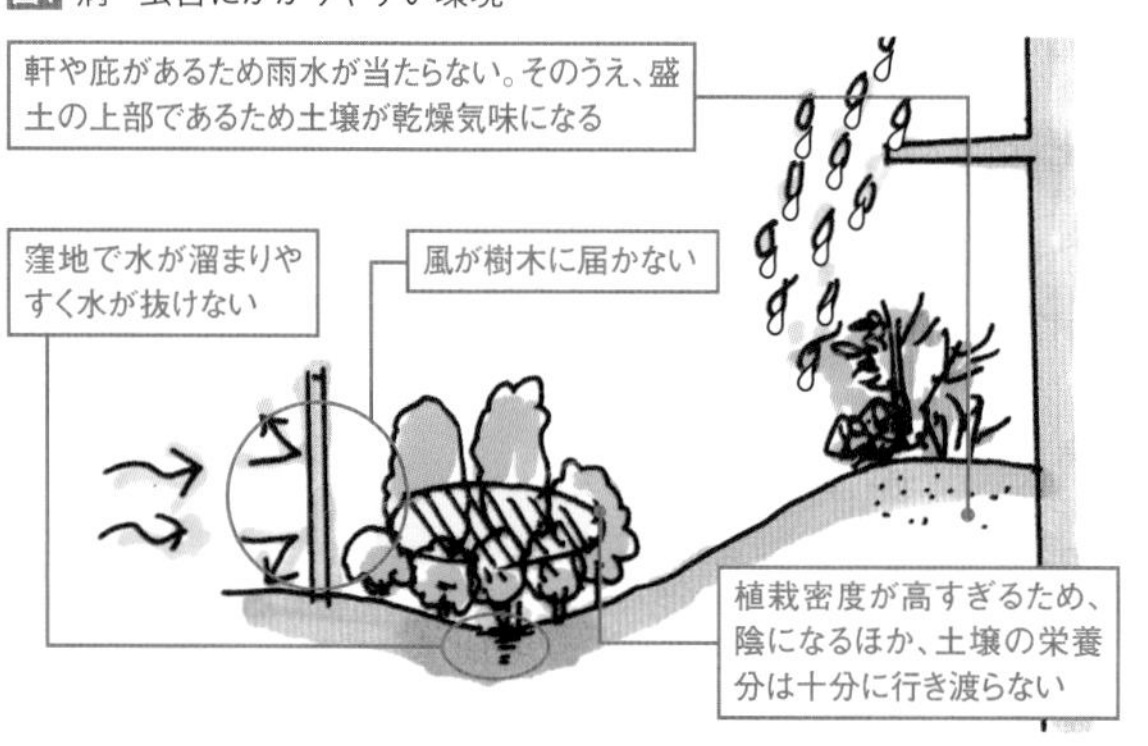

病・虫害に負けない庭

樹木が健全に生育するには、日照、水分、土壌、温度、通風の5つの条件が整っている必要がある［※1］。これらのバランスが崩れると、樹木は、病・虫害の被害を被りやすくなる［**図1**、**表**］。ただし、敷地に余裕がない場合、すべての条件を満たす場所の確保は難しいだろう。そこで、最低限、次の点に注意して配植や樹種選択をすることで、病・虫害に侵される確率を下げられる。

樹種は、アラカシやシキミなど、病・虫害に強いものを選ぶこと。改良品種や外国種は、病・虫害を被りやすいので、生育環境が厳しい場所では植栽を避けたほうがよい。

配植は、なるべく密植させない。密植すると、生長に欠かせないわずかな栄養資源を複数の樹木で取り合い、樹木の抵抗力が落ち、病・虫害に侵されやすくなる。樹種にもよるが、隣り合う樹木の幹の間は、高木2m以上、中木1m以上、低木0.5m以上はとりたい。

代表的な樹種
中高木
アラカシ、ウバメガシ、キョウチクトウ、クスノキ、サクラ類、シラカシ、シロダモ、スダジイ、タブノキ、ヒヨクヒバ、ホルトノキ、ヤマモモ、ヤマボウシ
低木・地被
アオキ、アセビ、アベリア、イヌツゲ、エニシダ、オオムラサキツツジ、シャリンバイ、トベラ

排気ガスに強い庭

交通量の多い道路や工場の近くでは、車の排気ガスに含まれる二酸化硫黄（SO_2）や煤煙により、樹木が枯れてしまうことがある。コケ類のように小型の植物は空気の汚れに敏感だが、樹木の場合、大気汚染がひどくても徐々に枯れていくため、影響が分かりづらく、気が付けば庭木が全部枯れていた、ということにもなりかねない。

排気ガスの影響が出やすい場所では、サザンカやサンゴジュ、ヒサカキなど排気ガスに強い樹木を道路に面した場所に多く配植し、緑の壁をつくる。低木から高木までまんべんなく植栽し、排気ガスの流入を最小限に食い止めるとよい［**図2**］。

それ以外の庭木もなるべく排気ガスに強い樹木を選ぶようにする。排気ガスに強い樹種は、常緑樹に多い［※2］。落葉樹では、オオシマザクラが比較的排気ガスに強い［※3］。

代表的な樹種
中高木
イチョウ、エンジュ、カイズカイブキ、キョウチクトウ、サザンカ、サンゴジュ、タブノキ、ムクゲ、モミジバフウ、ヤブツバキ、ヤマモモ
低木・地被
アオキ、アセビ、アベリア、シャリンバイ、トベラ、ナツヅタ、ヘデラ、ハマヒサカキ、ヒサカキ、ノウゼンカズラ

表 主な病・虫害と被害樹木

	病・虫害名	特徴	被害を受けやすい樹木
病害	ウドン粉病	新芽や花にウドン粉が吹いたような白い粉が付く。症状が進むと樹木の生長が阻害される	ウメ、ケヤキ、サルスベリ、ハナミズキ、リンゴ、バラ類、マサキ
	黒点病	濡れた葉の表面で広がり、葉面が乾くと赤黒い斑点が現れ、後に黒くなる	柑橘類、バラ類、リンゴ
	すす病	葉や枝、幹などの表面が黒いすす状のもので覆われる。葉が覆われると光合成が妨げられ、樹木の生長が阻害される	ゲッケイジュ、ザクロ、サルスベリ、ツバキ類、ハナミズキ、ヤマモモ
	白絹病	全体的に萎れてくる(酸性土壌で夏季高温時期や排水不良地に出やすい)	ジンチョウゲ、スギ、ニセアカシア、マキ
虫害	アゲハ類の幼虫による食害	相当量の葉を食べるため、すべての葉がなくなることもある。幼虫を刺激すると嫌な臭いを放つ	柑橘類、サンショウ
	アブラムシによる吸汁害	アブラムシが樹液を吸い、樹木の生長が阻害される	イロハモミジ、ウメ、バラ類
	アメリカシロヒトリによる食害	ガの一種で年に2回発生して葉を食べる。毛虫は刺さない	カキノキ、サクラ類、ハナミズキ、ヒメリンゴ、フジ、プラタナス(スズカケノキ)、モミジバフウ
	カイガラムシによる吸汁害	白い塊が枝や葉に点々と付き、木が弱る。虫の糞ですす病を誘発する	柑橘類、シャリンバイ、ブルーベリー、マサキ
	オオスカシバの幼虫による食害	スズメガの一種で若葉を中心に葉がほとんどなくなる	クチナシ、コクチナシ
	コスカシバによる食害	ハチに似たガで幹の傷などに成虫が産卵。樹皮内側で幼虫が成長し食害が起き、樹木は枯れる。幹からゼリー状の塊が出て固まる	ウメ、サクラ類、モモ
	サンゴジュハムシによる食害	甲虫の一種で幼虫・成虫とも葉を食す。特に幼虫は新葉を穴だらけにする	サンゴジュ
	チャドクガによる食害	年に2回発生。葉を食べる。チャドクガの毛に人が触れると発疹したり、かぶれたりする	ツバキ類、サザンカ
	ツゲノメイガによる食害	幼虫が枝先に群れ、糸を張って営巣、食害を起こす	イヌツゲ、クサツゲ、ツゲ、マメツゲ
	ツツジグンバイによる吸汁害	カメムシの一種で葉が白っぽくなり徐々に弱る	サツキツツジ
	ヘリグロテントウノミハムシによる食害	小型の甲虫で葉が穴だらけになり、ひどい個所は葉がほとんどなくなる	キンモクセイ

※1：植物の生育に必要な条件は154頁参照
※2：常緑樹は、葉が厚く硬いものが多いため、葉に付着した汚れを水で洗い流すことができる
※3：同じサクラ類でも、ソメイヨシノはあまり強くない
※4：コニファーガーデンは手のかからない庭である（146頁参照）

樹木でつくる防音壁のコツ

>>p.020

樹木で音を遮るには、緑地の厚さが相当必要で、個人住宅規模では敷地を確保できないだろう。ただし、多少薄くても音が聞こえる方向に樹木で防音壁をつくることで、実際の効果以上に音による精神的な負担が軽くなったという話はよく聞く。

樹木が音を弱めるのは、葉の部分が音を反射させるからだと考えられる。葉が厚く大きい樹種ほどその効果が期待できる。道路や街の騒音は1年を通して続くため、樹木でつくる防音壁は、タイサンボクやタブノキなどの葉が大きめの常緑樹が基本となる。

配植は中高木を壁の中心にし、その足元を常緑の低木・中木で埋めるような構成とする。低木・中木は、建物側だけでなく道路側にも植え、木の間から音が抜けないよう密に植える。緑地は、敷地条件が許せば、幅2m以上とりたい［**図3**］。

音が高所に抜けるため樹木の防音壁は、地面から高い位置にあるほど、心理的な効果が上がると考えられる。樹木の壁の高さは5mくらいは欲しい。

代表的な樹種
中高木
アラカシ、カイズカイブキ、カクレミノ、キンモクセイ、サザンカ、サンゴジュ、シラカシ、スダジイ、タイサンボク、タブノキ、ニオイヒバ、マテバシイ、モチノキ、ヤツデ、ヤブツバキ、ヤマモモ
低木・地被
アオキ、カンツバキ、シャリンバイ、トベラ、ツツジ類、ヘデラ類

図2 樹木で排気ガスを防ぐ

常緑中木：アラカシ、ウバメガシ、カナメモチ、サンゴジュ

常緑低木：カンツバキ、ハマヒサカキ、ヒサカキ

車のマフラーの高さに合わせて、常緑樹を重なるように配置

図3 樹木でつくる防音壁

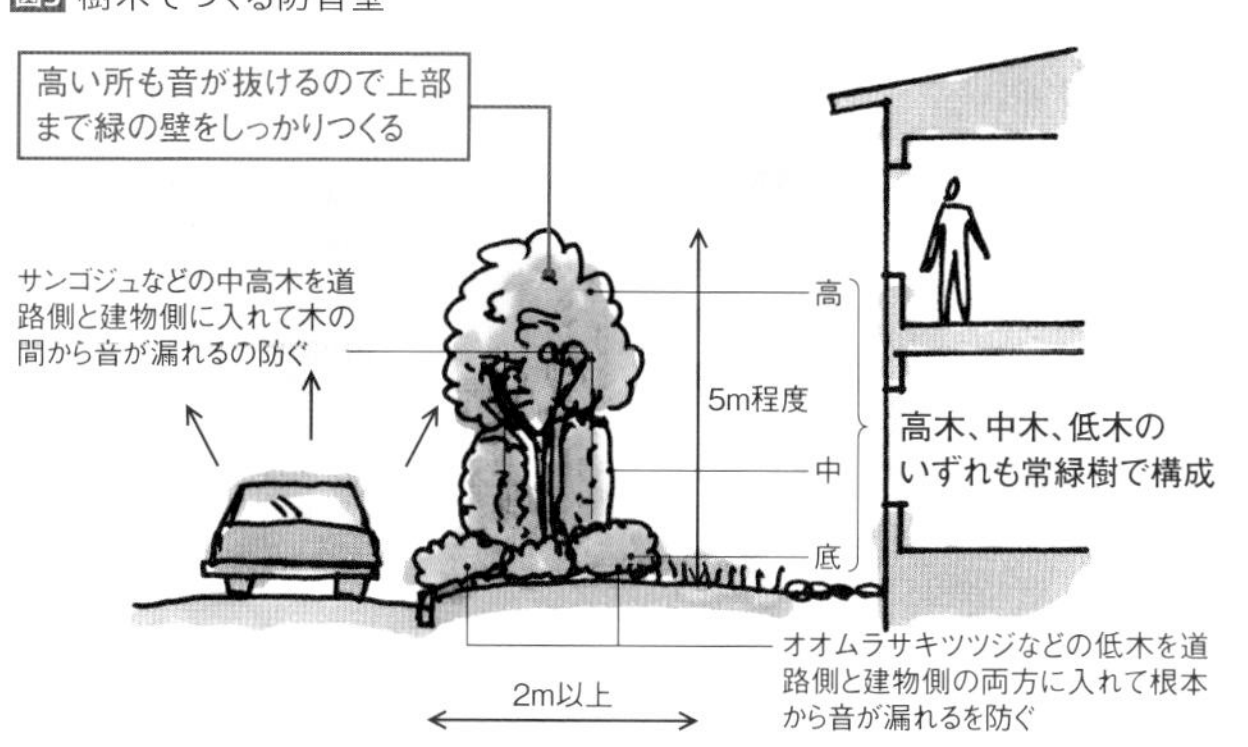

手間いらずの庭のつくり方

剪定や施肥、病・虫害対策などの庭の管理に、できるだけ手間をかけたくない建築主は多い。管理があまり必要でない庭のつくり方は、ぜひ知っておきたいテクニックだ。

手間がかからない庭づくりの基本は、「生長が遅い」「肥料を必要としない」「病・虫害を被りにくい」の3条件を満たす樹木を選ぶこと。日陰～半日陰を好む常緑樹に多く、ヤマモモ（雄）やカラタネオガタマなど、花や実が目立ちすぎない樹種を選ぶと虫も付きにくいので、病・虫害の対策にあまり手間がかからない。

ただし、常緑樹中心に庭をつくると、葉色が濃いため、全体的に暗い印象になってしまう。その場合、日陰の庭を明るく見せるグミギルドエッジやフイリヤブランなどの斑入り種を混ぜ合わせて植えるとよい［**図4**］。落葉樹のなかでも、あまり大きく生長せず葉の量も比較的少ないヤマボウシも、明るい葉の色で暗い印象を和らげる［※4］。

代表的な樹種
中高木
アラカシ、イチイ、イヌマキ、シモクレン、シロダモ、ソヨゴ、ニオイヒバ、ヒメユズリハ、モチノキ、モッコク、ヤマボウシ
低木・地被
アオキ、サルココッカ、シャリンバイ、センリョウ、トベラ、ナンテン、ネズミモチ、ハマヒサカキ、ヒサカキ、ヒラドツツジ

図4 手間がかからない庭の配植例

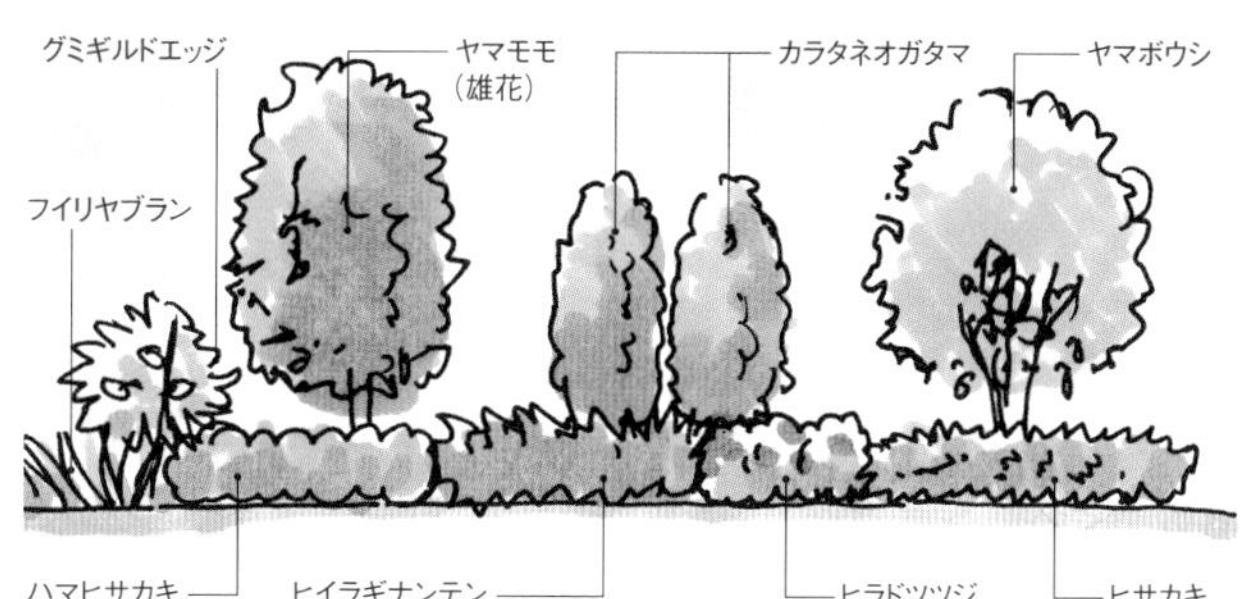

常緑樹が中心。斑入りのものや落葉樹のヤマボウシ（比較的手のかからない）を入れると、庭が明るい印象になる

緑の一口メモ カラタネオガタマ　中国南部原産の常緑中高木でトウオガタマとも呼ばれる。4～6月にかけて、直径3㎝程度のバナナのような強い芳香のある黄白色の花が咲く。葉は革質で堅く、表面に光沢がある。園芸品種「ポートワイン」は赤花｜タイサンボク　常緑中高木。光沢のある革質の大きな葉を持つ。5～6月ころに直径12～15㎝の乳黄白色の花を付ける（14頁参照）｜モミジバフウ　北米中南部～中米原産の落葉中高木。葉が5～7裂し、モミジのように見えることが名の由来。街路樹などで多く利用される。秋に黄葉する

パート3

緑の環境を生かすテクニック22

植栽は、日照や土壌、気候などの環境要因や玄関や中庭、屋上、壁面などの敷地条件によってさまざまなテクニックがある。環境や敷地・建物など条件別に22のテクニックを紹介する。

日照条件から樹種を変える

樹木が健康に生長するためには、日照、土壌、水分、気温、そして風通しが必要になる。これらの要素がどの程度確保できるかで、選択できる樹種や庭の構成が決まる。なかでも日照は、最も調整が難しい要素だ。植栽の計画は、どの角度からどの程度、庭に日が入るのかを把握することから始まる。日が差し込む方向や角度は、午前→正午→午後と変化するので、時間的な変化も考慮しながら、配植する場所の日射量を検証する［**図1**］。夏の太陽と冬の太陽では高さが違うため、季節による影の位置と範囲の変化も把握しておく［**図2**、※1］。

日照条件を検証したら、次にその環境で生長可能な樹種を選択する。樹木は、日差しを好むものと日陰を好むものとに分けることができる。アカマツやサクラ類は、明るい日差しを好む樹木で、「陽樹」と呼ばれる。アスナロやアオキのように、日陰を好む樹木は「陰

図1 日照条件に合った樹木の選択

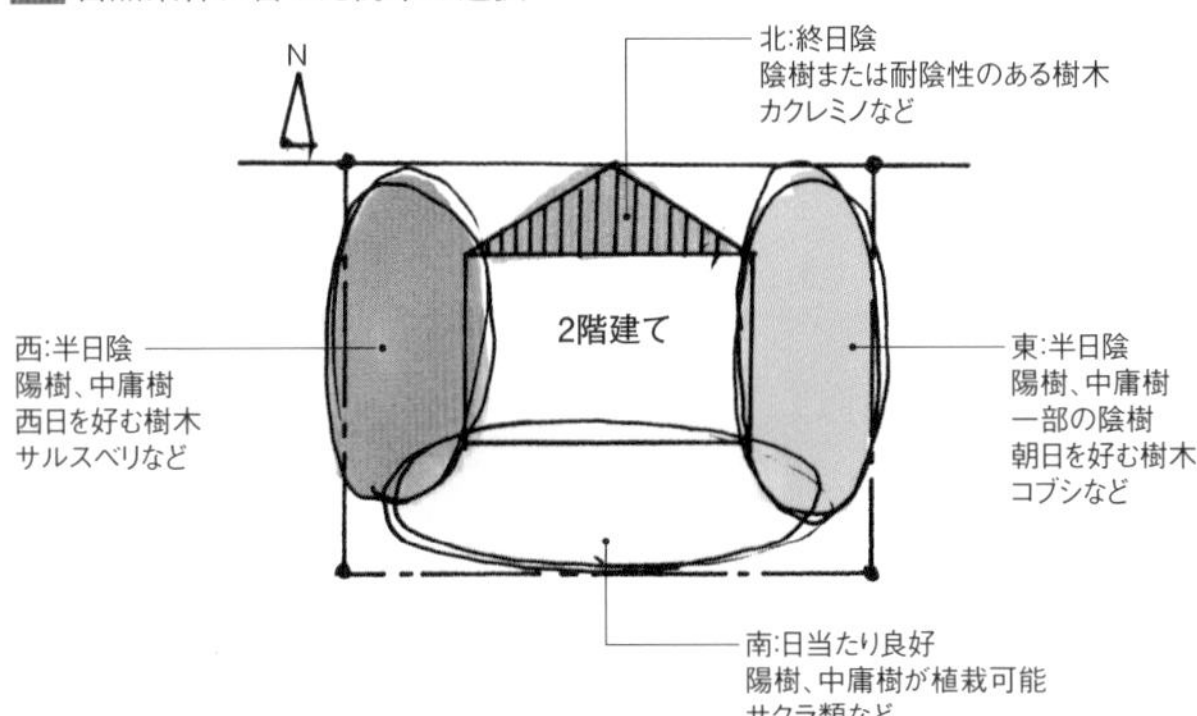

図2 季節によって変わる庭の日照条件

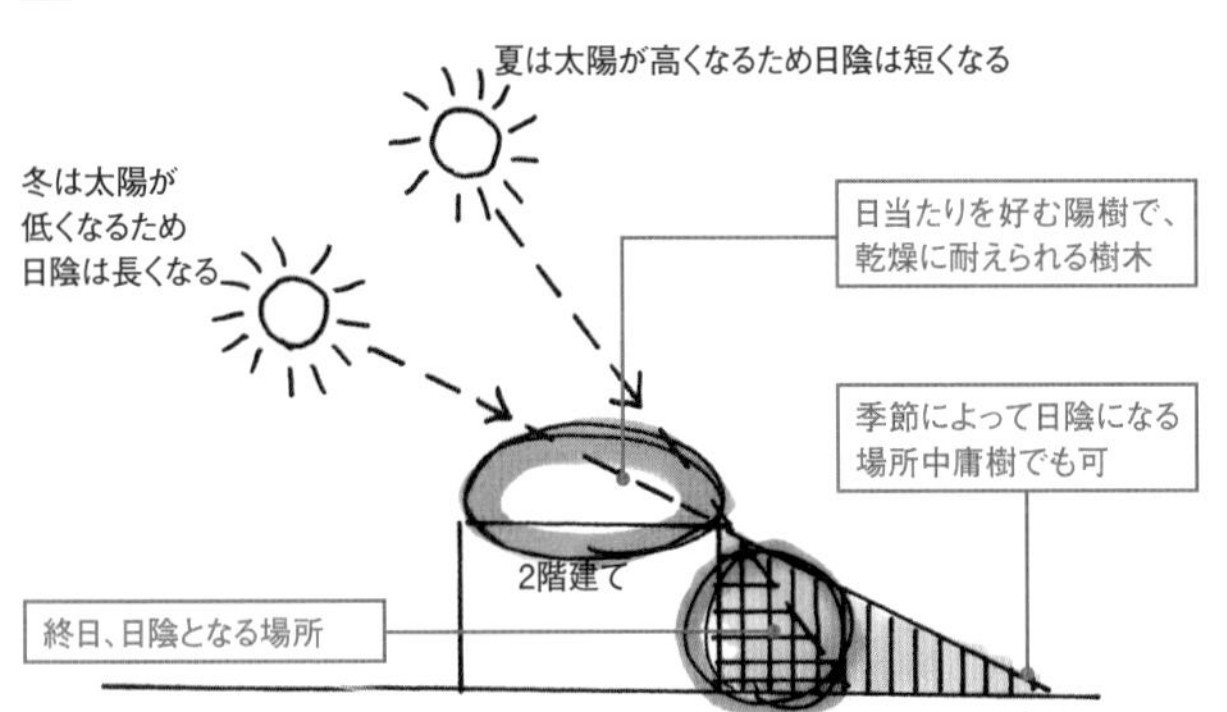

※1：日照条件の検討では、住宅地図や地形図など、周辺環境を把握できる資料をチェックする。周囲の建物の影響で求める日照が得られない場合もある。逆に、建物の陰になる場所でも、前面に何もなく開けていれば、意外と明るい庭となることもある

緑の一口メモ アスナロ　常緑中高木。ヒノキに似た葉を持つが、ヒノキより大きい｜カンツバキ　落葉低木。枝が横に出るものと立ち枝形があり、後者をタチカンツバキという｜ツルシキミ　落葉小低木。樹高50～150㎝程度で、茎の下部が地面を這う。3～5月に直径5～6㎜の白い花が咲く

樹」、コブシやエゴノキのように、やや日陰を好むものは「中庸樹」と呼ばれる。なかには、コウヤマキやモミのように、小さいときは陰樹で大きくなると陽樹になるものもある。

検討する樹木がいずれの性質を持つかは、図鑑等で調べることができる。ただし、同じ陽樹でも、葉が薄い樹木や、温帯に自生する落葉樹の多くは朝日は好むが、西日は嫌う傾向にあるので、西側の庭は避ける。逆に、常緑樹や暖地から亜熱帯で育った植物は、西日を好む傾向にある。

ほとんどの花木は、日当たりを好むものだと考えてよい。日が当たらないと花付きが悪くなるので、植栽する場所が十分な日照を確保できるか必ず確認する。

日当たりがよければ選択できる樹種が多いため、極端に言えば、どのような庭でもつくることができる。

一方、日の当たらない庭は、基本的に陰樹を中心に構成する［**図3**、**表**］。陰樹は濃緑色の葉を持つものが多いので、多用すると日陰の庭がさらに暗い印象になりがちである。同種でも斑入りを使ったり、日陰に耐えるカラーリーフを組み合わせるとよい［※2］。

また、暗く湿気が多いと病・虫害が発生しやすいので、水勾配をとり、砂を混ぜた土壌とすることで土の排水性を高めたり、風通しをよくして湿気が溜まらないように環境を整備する［※3］。

表 使い勝手がよく日陰に強い樹木

中高木	アスナロ、イチイ、イヌマキ、カクレミノ、ゲッケイジュ、コウヤマキ、サワラ、ニオイヒバグリーンコーン、ヒメユズリハ、ヤマモモ
低木・地被	アオキ、アセビ、アマチャ、カンツバキ、キチジョウソウ、クチナシ、クマザサ、コグマザサ、サルココッカ、シャガ、ジンチョウゲ、センリョウ、ツルシキミ、ハマヒサカキ、ヒイラギナンテン、ヒメクチナシ、フイリヤブラン、ヘデラカナリエンシス、ヘデラヘリックス、マンリョウ、ヤツデ、ヤブラン

図3 日陰の庭の配植例

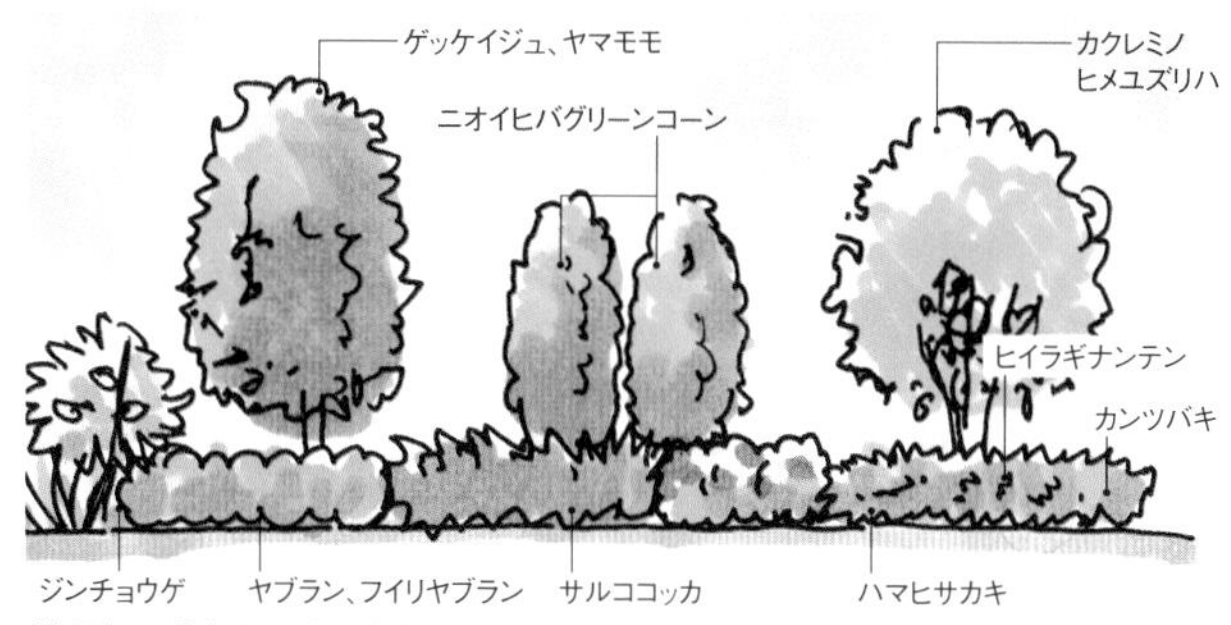

濃緑色の葉中心の庭は暗くなりがちなので、
フイリヤブランや葉色の鮮やかなニオイヒバを入れて庭の印象を明るくする

狭い空間に樹木を植える

>>p.021

玄関廻りや駐車場脇など、植栽する敷地があまりとれない場合、樹形が小さくまとまり、枝が横に広がらない樹木か、生長が遅い樹木を選ぶことがポイントだ。

樹木は、カクレミノやナツツバキ、コウヤマキなどが適している。足元は、いろいろ植えると窮屈な印象になるので、ヘデラ類などの地被で簡単にまとめるとよい［**図4**］。

モウソウチクやマダケは、葉に日が当たるが稈(かん)には当たらない環境を好むので、中庭など、上部だけしか採光をとれない狭いスペースでの植栽に適している［※4］。

エゴノキやヤマボウシなどは、枝張りが大きくなるが、生長が遅いため、横方向にそれなりにスペースを確保できるならば植栽することも可能だ。

広葉樹の多くは、樹高の0.5〜1倍の枝張りがあるものが多いが、ムサシノケヤキ［※5］やホウキモモ［※6］など、横に広がらない性質に改良された品種もある。針葉樹は、高さの割に横幅が出ない。この特性を生かしてカイズカイブキを細長く仕立てて、狭いスペースに利用する方法もある［**写真**］。

図4 狭いスペースでの植栽

小さくまとまり、枝張りが大きくない：カクレミノ、ナツツバキ、コウヤマキ

敷地に余裕がないので樹木の足元は地被程度ですっきり見せる：ヘデラ類、フイリヤブラン

0.8〜1m

段はつくらないほうが広く見える

写真 トルネード仕立て

代表的な樹種
（樹形が小さくまとまる、枝張りが小さい）
中高木
イチョウ、イロハモミジ司シルエット、カクレミノ、カツラ、コウヤマキ、ナツツバキ(シャラノキ)、ホウキモモ、マダケ、モウソウチク、ムサシノケヤキ、ラカンマキ

※2：日陰の庭の植栽は136頁参照｜※3：湿気の多い庭の植栽は132頁参照
※4：タケの植栽は149頁参照
※5：ニレ科ケヤキ属のケヤキの品種。ケヤキは通常、盃形の樹形をとるが、ムサシノケヤキは幹が直立し、枝張りがあまりない。街路樹やマンションのアプローチなどに利用される
※6：バラ科サクラ属のハナモモの品種。モモの仲間だがほとんど実を付けない。名前は枝がほうきを立てたように細長く縦に伸びることに由来

乾燥した庭に樹木を植える

屋上庭園や人工地盤など、乾燥しやすい土壌に植栽する場合、土壌改良や灌水整備などにコストや手間がかかる。コストをかけずに乾燥条件を生かす庭づくりの方法を知っておきたい。

乾燥した環境を好む植物は、高山の上部や尾根、海岸線付近などの風が強く吹く場所や、土ではなく砂や岩場に自生するものである。アカマツやクロマツ、オリーブなどは、比較的乾燥に強い樹木で、乾燥した庭の主木として利用できる。低木では、ニュージーランドの海岸線に自生するユッカ類が乾燥に強い。地被では、海岸の岩場に張り付いて生長するイソギク［※1］やセダム類が乾燥を好む傾向にある［**図1**］。

植栽する乾燥に強い樹木は、日当たりのよい場所に植栽する。土に水が滞らないよう、盛土して地盤面などよりも少し持ち上げて排水性を高める。

代表的な樹種
中高木
アカマツ、オリーブ、クロマツ、ニセアカシア（ハリエンジュ）、ベニカナメモチ、ネズミサシ（ネズ）、ヤマハンノキ
低木・地被
イソギク、シャリンバイ、セダム類、ハイビャクシン、ローズマリー、ユッカ類

図1 乾燥した庭の配植例

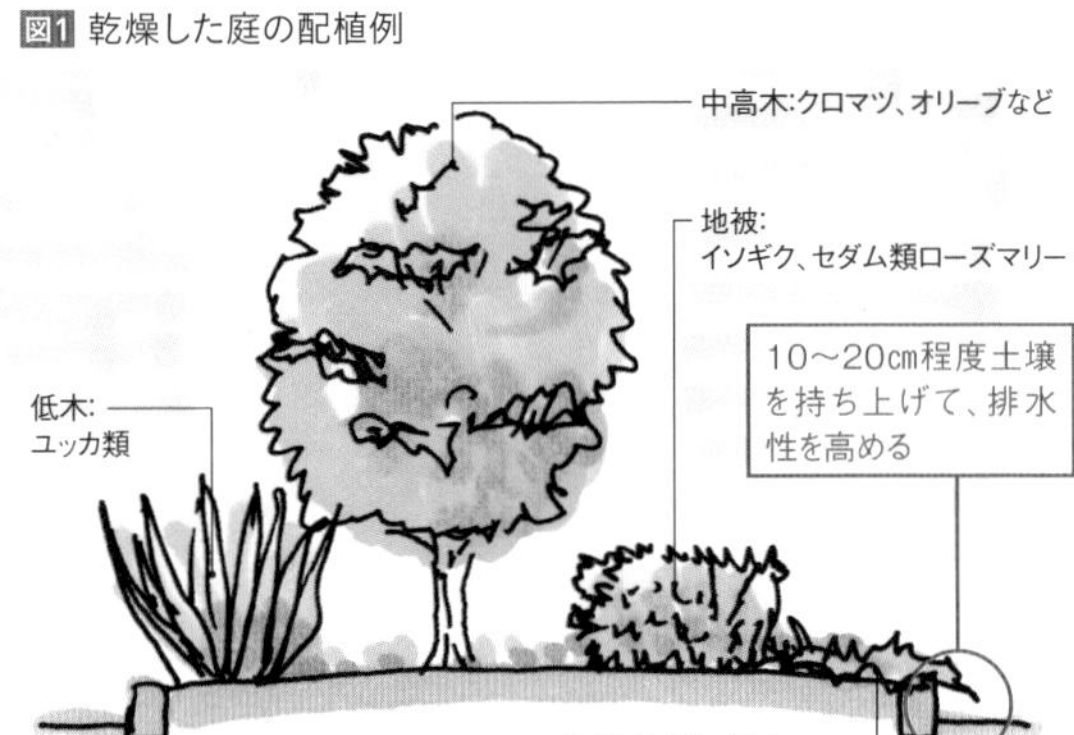

湿気に強い庭をつくる

湿気の多い庭は、野山の水辺や谷、川原、湿地に生息する樹木を基本構成として植栽デザインをする。中高木では、カエデ類やツリバナ［※2］、ハンノキ、ヤナギ類、低木・地被ではアオキやアヤメなどが向いている。

ヤナギ類やハンノキ、アヤメは池や沼など、日当たりのよい水辺や河原に自生するので、庭に日照が確保できる場合、これらを植栽の中心とするとよい［**図2①**］。一方、カエデ類やツリバナは、谷間など半日陰のような場所に多く自生するため、日照条件が悪い場合に利用できる［**図2②**］。

湿気が多いことは、植物にとって必ずしも悪条件ではないが、風が抜けずに蒸れるような環境では、排水勾配や塀に開口部をとって通風を確保するなどの対策を講じる。

代表的な樹種
中高木
エゴノキ、カエデ類、カクレミノ、カツラ、サワラ、ツリバナ、トチノキ、ハナミズキ、ハンノキ、ヒメユズリハ、ヤナギ類、ヤマボウシ
低木・地被
アオキ、アジサイ、アベリア、シャガ、ガクアジサイ、チャノキ、フッキソウ、ヤブラン、ヤマブキ

図2 湿気の多い庭の配植例

①明るい庭

タチヤナギ
ハンノキ
ノイバラ
トサミズキ
ホザキシモツケ
サツキツツジ

日当たりのよい水辺に自生する樹種で構成

②やや暗い庭

谷間などに自生する樹種で構成

痩せた土地で庭をつくる

土地が「痩せる」とは、土中に樹木の生長に欠かせない有機質が不足している状態を指す。土地が痩せているかは、造成の有無や敷地の表土、心土の状況で判断する［**図3**］。畑の跡だったり、敷地に草が茂っているようであれば、樹木が育つのに適しているといえる。逆に、裸地のままで草が生えていなかったり、地盤が崩れないようセメントで固めてある場合は、庭にする部分を耕し、土壌改良をするか、土が肥

※1：関東〜東海地方の海岸に自生する多年草。草丈は30cm程度。葉は長さ4〜7cm程度で厚い。葉裏は白毛が葉縁まで密生しているため、葉が白く縁取られているように見える。10〜11月に直径5mm程度の黄色い球状の花が咲く
※2：ニシキギ科ニシキギ属の落葉低木。春に葉の脇から長さ6〜15cmもある花柄を出して、直径6〜7mmの淡緑（紫）色の小花を吊り下げるように付ける

沃でなくても育つ樹種を選んで植栽する必要がある。瘦せ地でも育つ樹種は、樹木の根に窒素が固定できるマメ科の植物や、菌根［※3］を有するものである。

土壌改良では、土に排水性や保水力をもたせ、さらに有機質を補充することがポイントとなる［※4］。

図3 造成地の土壌環境

①造成前の環境

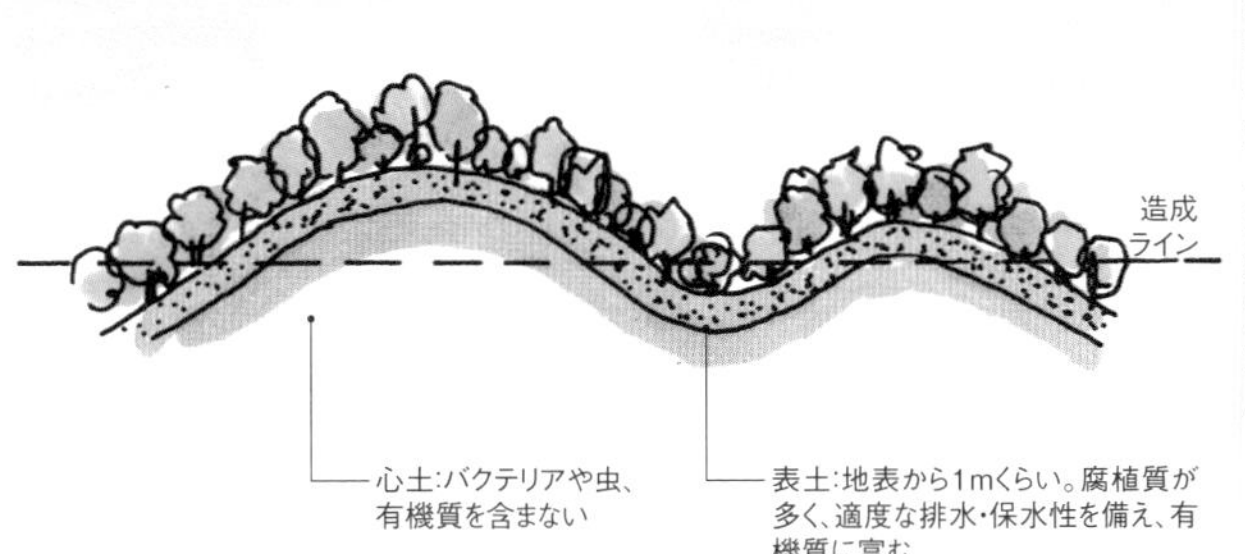

代表的な樹種

中高木
アカマツ、イヌエンジュ、クロマツ、シラカンバ、ニセアカシア（ハリエンジュ）、ネズミサシ、ネムノキ、ハンノキ、ビャクシン、ヤシャブシ、ヤナギ類、ヤマモモ

低木・地被
アキグミ、エニシダ、マルバグミ、ハギ類

②造成後の環境

心土が表面に出ているため土地が瘦せている可能性が高い

埋め戻し部分は、別の場所の土が入っているため、瘦せている可能性が高い。土中にセメントが入っている場合、土壌がアルカリ質になっている可能性があるので、弱酸性化するよう土壌改良する

海の近くで庭をつくる

海に近い土地に庭をつくる場合、日陰の庭以上に、植栽可能な樹種に制約がある［**表**］。潮風に含まれる塩分は樹木の生長を妨げるため［※5］、塩に強い植物を植えるか、塩分の影響を防ぐ工夫が必要となる［**図4**］。

塩分に比較的強い樹木は、葉が厚くて硬く、海岸線に自生するものである。常に強風が吹き、潮を被るような場所は、マングローブでないかぎり植栽は難しい。

海に近くても、常時、直接潮を被ることなく、風もあまり強く吹かない場所ならば、クロマツなどのマツ類やイヌマキなどのマキ類を植栽できる。暖地であればカナリーヤシやワシントンヤシ、ユッカ類が植栽可能だ。

ただし、塩が付着したまま放置すると生長が阻害される。塩が雨などで自然に流れるような場所や普段から水で流せるような場所に配植することがポイントである。

また、潮風が吹く場所でも、工作物などで潮風から遮蔽したり、前述の耐潮性のある樹木で庭を囲ったりすれば、潮風に極めて弱いもの［※6］以外は、植栽可能である［**表**］。

海風が直接当たらない、少し海から離れた場所では、東京湾岸エリアなどの埋め立て地の街路樹で見られるような樹木が植栽可能になる。葉が厚く潮を多少浴びても葉中に塩分が浸透しにくいヤブツバキやスダジイ、ウバメガシ、タブノキ、ヤマモモ、アキグミ、アメリカデイゴなどが代表的な樹木だ。落葉樹は全体的に潮風に弱い傾向にある。ネムノキやエノキ、アキニレは若干それに耐える。

図4 海からの距離と植栽可能な植物

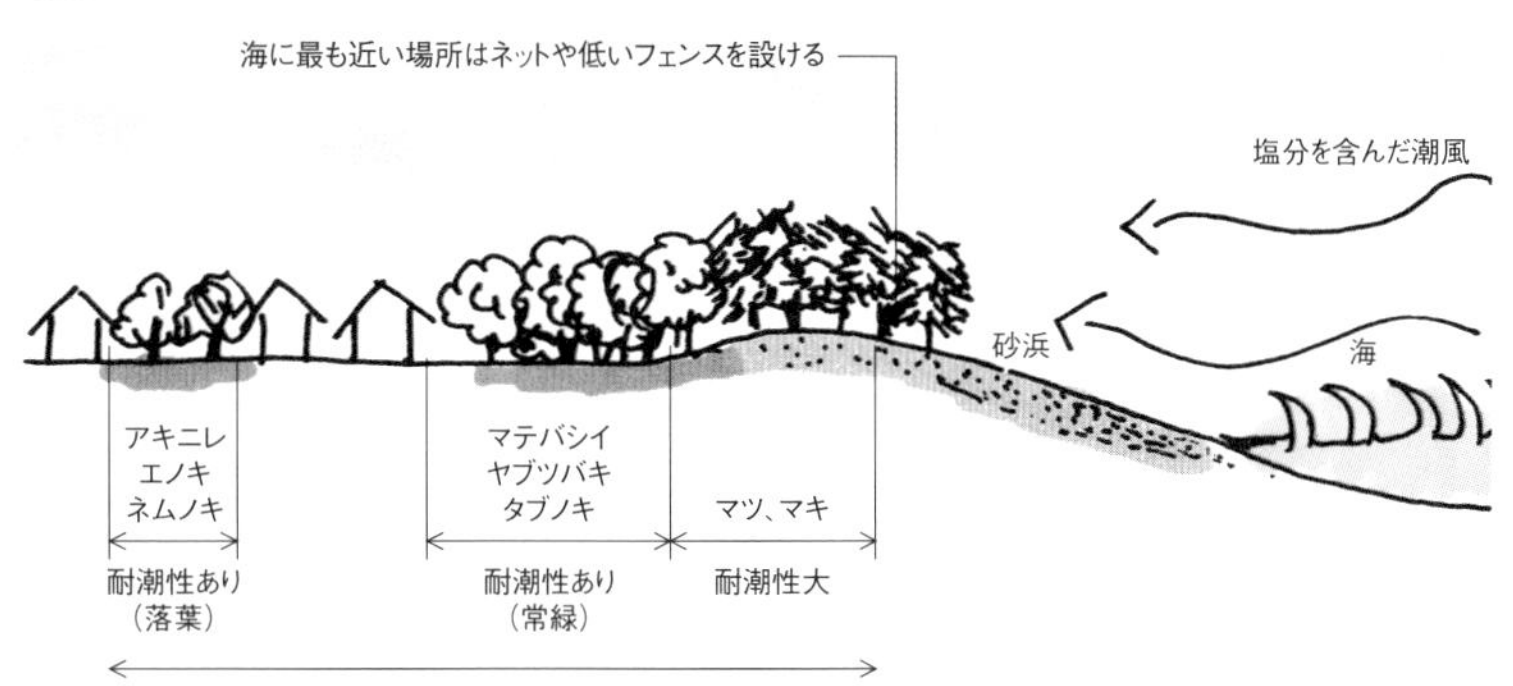

表 潮風に耐える代表的な樹種

中高木	イヌマキ、イヌビワ、ウバメガシ、エノキ、オオシマザクラ、カイズカイブキ、カナリーヤシ、カヤ、カラスザンショウ、柑橘類、キョウチクトウ、ギョリュウ、クサギ、クロマツ、サンゴジュ、シダレヤナギ、シマサルスベリ、スダジイ、ソテツ、タブノキ、ネムノキ、マサキ、マテバシイ、マルバグミ、ヤマモモ、ユッカ類、ワシントンヤシ
低木・地被	アオキ、ガクアジサイ、シャリンバイ、ツワブキ、トベラ、ハイビャクシン、ハマゴウ、ハマヒサカキ

注 潮風に耐えるとはいえ、常に潮を被ったり、塩分が強い土壌では、いずれも植栽は難しい

※3：植物の根と菌類が共生関係にあること。菌根菌は土壌中の無機養分を吸収して植物に供給し、植物は光合成で得た有機物を与える。ツツジ類、マツ類、など｜※4：土壌改良で最も簡単な方法は、完熟腐葉土をたっぷり混ぜること。排水性や保水性が格段に改善され、有機成分に富む弱酸性土壌になる｜※5：土壌に含まれる塩分も樹木の生長を妨げる。目の前が海でなくても、海風が入ってくるような場所では塩分の影響がある。たとえば、台風によって海から1km離れた場所の竹林が、塩分で黄色くなったという話もある
※6：カエデ類など、山の中に自生するものや葉の薄いものは、海近くの植栽は避ける

温暖地で庭をつくる

南北に長い弧を描く日本は、北と南では気候が大きく異なる。樹木には、生長に適した気温がそれぞれあり、それ以上でも以下でも健全な生長は望めない。植栽する場所が属する気候を知ることは、植栽デザインの基本である。

日本の気候は暖地と寒地の2つに分けられる。さらに暖地は温帯、暖帯、亜熱帯に、寒地は寒帯と温帯に細分化できる。ここで取り上げる温暖地の庭は、暖地に該当する地域でつくる庭としたい。

暖地の温帯を細かく見ると、地域差があることが分かる。米国農水省は、樹木の耐寒性をもとに植栽可能な地域を複数のゾーンに分けている[※1]。**図1**は、その基準を日本の気候に当てはめたものである。暖地の温帯はゾーン7に該当するが、北海道から九州まで広範囲にわたるため、ひとまとめにすることは難しい。そこで、以下で取り上げる温暖地の庭は、暖地の温帯のなかで年平均気温が15℃以上の地域とする[※2]。具体的には、ゾーン7の関東以南の地域ということになる。

温暖地の庭の植栽は、常緑樹が基本構成となる[**図2**]。植物が生育しやすい環境のため、使用できる樹種は多種多様だ。花木の種類も豊富なので、庭のデザインに取り入れたい。

庭の背景となる高木には、ヤマモモやタブノキ、モッコク、モチノキ、クロガネモチなど、葉が濃緑色で艶のある樹木を植えるとよい。中木ではキンモクセイやカナメモチ、ツバキ類など、花や葉色に特徴のあるものを植えると、背景木との対比が楽しめるだろう。低木は、サツキツツジやヒラドツツジなど、常緑性のツツジが代表的だ。

この地域は、夏にかなり気温が上がるため、シラカンバやブナ、ハルニレ、リンゴなど、高原に自生、または栽培するような樹木を植えると、暑さの影響で年々弱くなり、最悪の場合、枯れてしまうおそれがある[**図3**]。

年平均気温15℃度以上の温帯でも、房総半島や紀伊半島、四国南部、九州南部の日当たりのよい場所は、マングローブが自生できるほど高温になるため、トロピカルな庭がつくれる。

沖縄、小笠原地方は、亜熱帯に属するため、ホンコンカポック(シェフレア)やクロトンなど、東京都内では観葉植

図1 日本の植栽適正帯と温暖地・寒地の目安

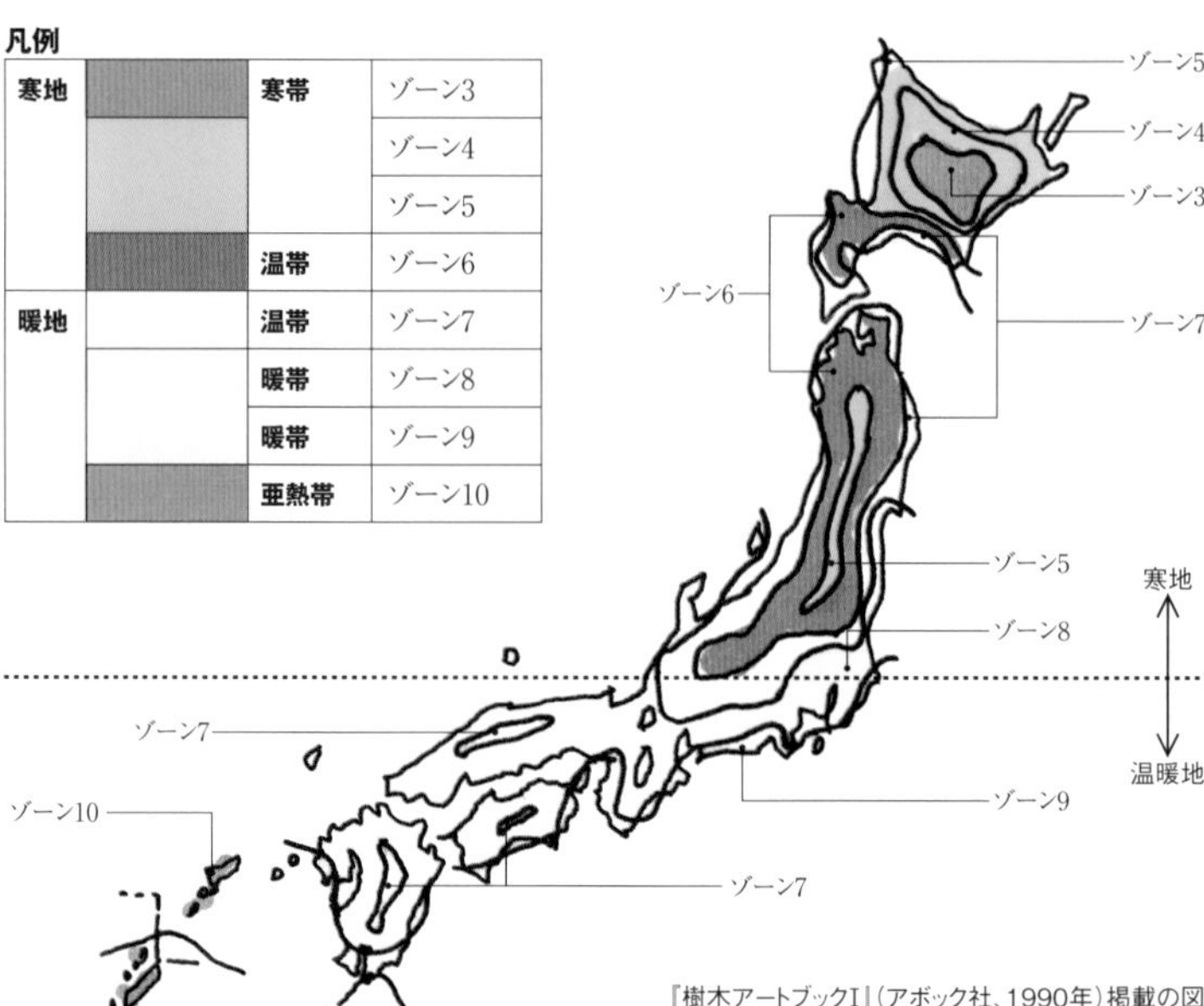

『樹木アートブックI』(アボック社、1990年)掲載の図「米国式の基準による植物適温帯」をもとに作成

表 最低気温による植物の耐寒性区分

気候区分		ゾーン	平均最低気温	種別	越冬可能な主な樹種
寒地	寒帯	ゾーン4	－34.5～－28.9℃	針葉樹	ハイマツ、グイマツ
				広葉樹	ナナカマド、ハナミズキ、ヤチダモ
		ゾーン5	－28.9～－23.3℃	針葉樹	イチイ、カラマツ、コウヤマキ、ゴヨウマツ、ドイツトウヒ、ニオイヒバ
				広葉樹	アカシデ、イロハモミジ、ウメ、エンジュ、カツラ、コブシ、サンシュユ、ハナミズキ、ブナ、ムクゲ、ライラック
	温帯	ゾーン6	－23.3～－17.8℃	針葉樹	アカマツ、アスナロ、カイズカイブキ、サワラ、スギ、チャボヒバ、ヒノキ、ヒムロ、モミ
				広葉樹	アキニレ、イヌシデ、エゴノキ、カキノキ、カリン、コナラ、サルスベリ、シダレザクラ、ナツツバキ、メグスリノキ、ヤマボウシ、リョウブ
暖地	温帯	ゾーン7	－17.8～－12.3℃	針葉樹	ダイオウショウ、ヒマラヤスギ、ヒヨクヒバ
				広葉樹	キンモクセイ、ゲッケイジュ、サザンカ、ザクロ、シラカシ、ソヨゴ、ネムノキ、ハゼノキ、ヒイラギモクセイ、ヒメシャラ、ブルーベリー
	暖帯	ゾーン8	－12.3～－6.6℃	針葉樹	イヌマキ、ラカンマキ
				広葉樹	アラカシ、オリーブ、カクレミノ、クロガネモチ、サンゴジュ、スダジイ、ネズミモチ、フェイジョア、モッコク、ヤマモモ、ローズマリー
				特殊樹木	ニオイシュロラン
		ゾーン9	－6.6～－1.1℃	特殊樹木	シュロチク、カナリーヤシ、シマトネリコ
	亜熱帯	ゾーン10	－1.1～4.4℃	特殊樹木	オウギバショウ

※1：「Plant Hardiness Zone Map（植物耐寒性区分地図）」https://planthardiness.ars.usda.gov/
※2：年平均気温が15℃とは、霜が頻繁に下りるほどは寒くないという温度で、最近の東京23区内の平均気温くらいと考えてもらえばよい

物として室内で栽培する樹木を屋外で植栽できる。ツル性の低木であるブーゲンビリアと合わせて生垣をつくるのもよいだろう。

寒地の植栽テクニック

以下で示す寒地は、年平均気温が15℃未満の北域を指す。中部以北の山地や南東北から北海道にかけての地域であり、冬はかなり寒くなる。

寒地は、ブナなどの落葉広葉樹と、イチイやトウヒなどの常緑針葉樹が植栽の基本構成となる[**図4**]。常緑広葉樹の植栽は難しいが、ユキツバキやヒメアオキは、雪のなかに埋もれても越冬することができるため、場所によっては植栽が可能だろう。

地被では、セイヨウシバが比較的寒さに強い。これ以外は、ササ類やギボウシなど、冬に地中の根だけになっても越冬できる草本類を使用する。ヤブランやヘデラ類など、温暖地のグランドカバーの多くは寒さを嫌うため、寒地での植栽は難しい。常緑のツル植物も、寒さに弱いものが多い。グランドカバーや壁面緑化などにツル植物を使う場合は、その土地に自生する落葉のツル植物を使う。

寒地の植栽で最も難しいのが、寒風対策である。雪の中で越冬できる樹木は少なくないが、寒風が強く吹き付ける場所は、低温と、さらには乾燥のために、樹木の生育は阻害される。したがって、寒地ではフェンスやネットで寒風を遮るなど、庭の風対策を万全にしておくことが重要だ。

また、寒地の植栽では、凍結深度も問題になる。凍結深度とは、冬季に土壌が凍る深さのことである。土壌が凍ると根も凍り、樹木は弱り枯れてしまうことがある。そこで地表面をムシロなどで覆い、乾燥と寒さを防ぐ。土壌改良で水はけをよくし、土中に水が滞留して凍るのを防ぐなどの対策をとる。改良する土壌は、凍結深度以上にしなければならない[**図5**]。

図2 温暖地の庭の配植例

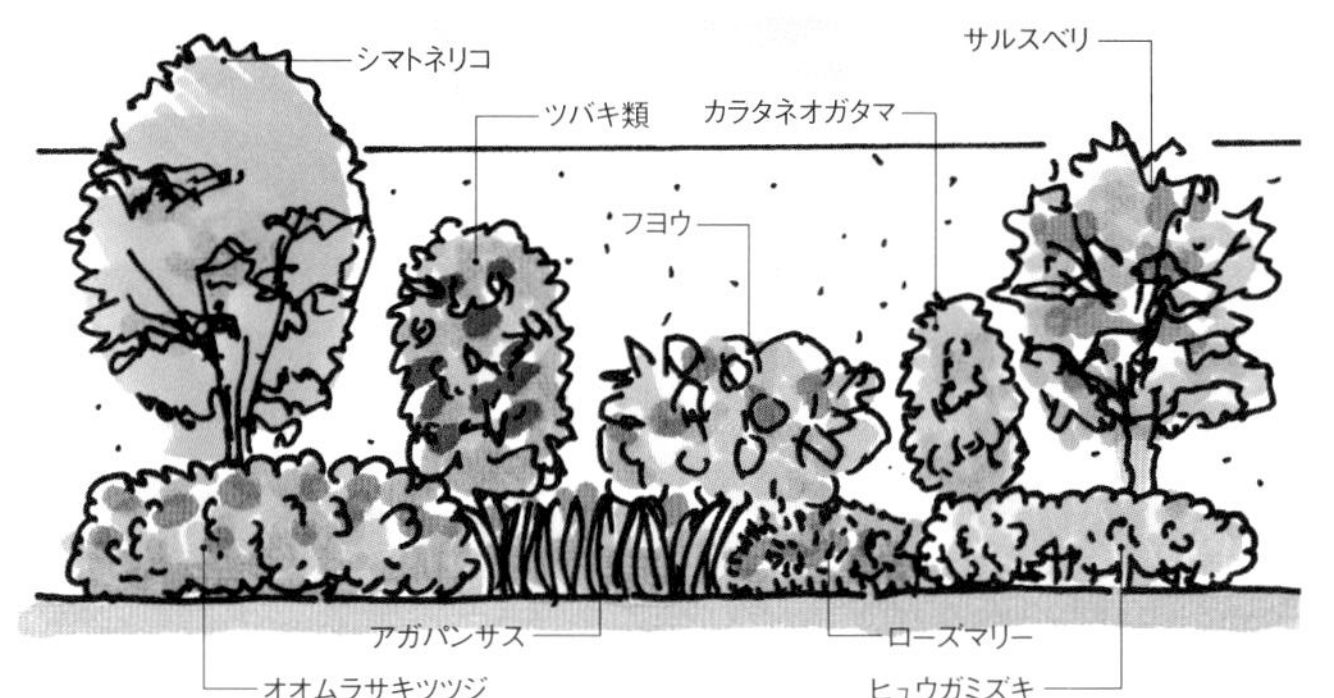

図3 温暖地で取り合わせが難しい配植例

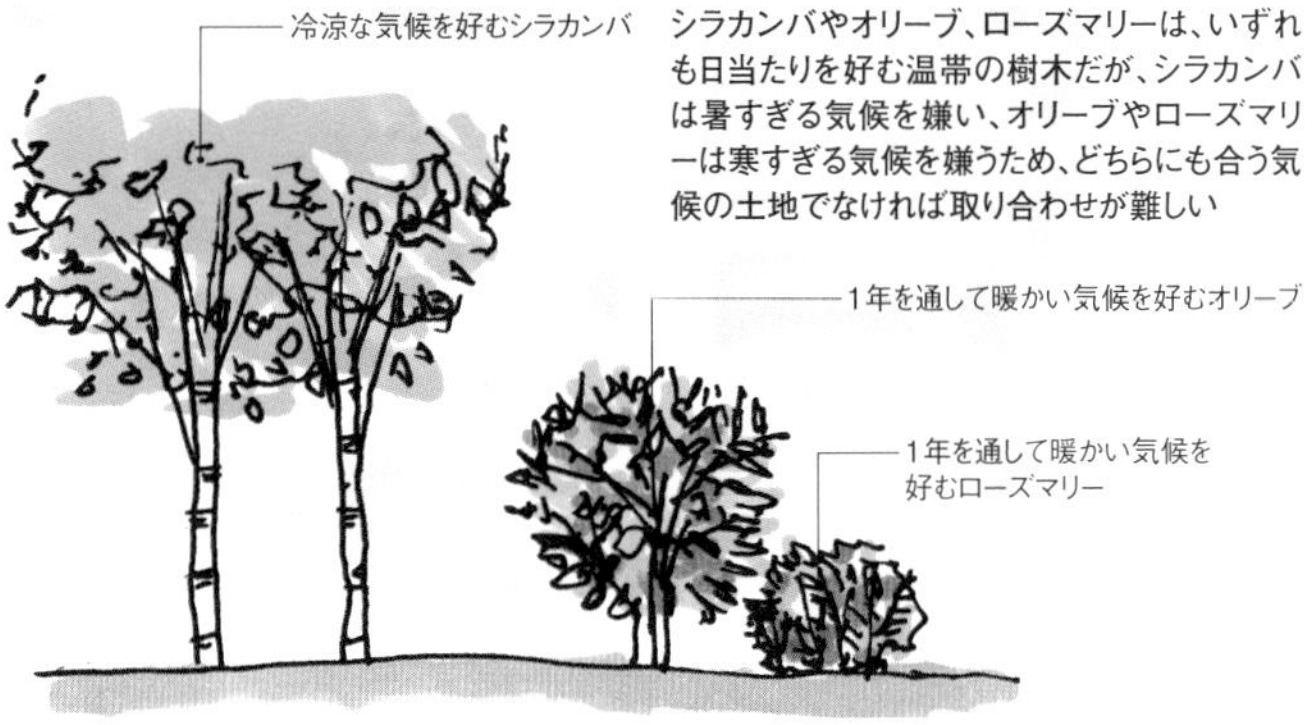

冷涼な気候を好むシラカンバ

シラカンバやオリーブ、ローズマリーは、いずれも日当たりを好む温帯の樹木だが、シラカンバは暑すぎる気候を嫌い、オリーブやローズマリーは寒すぎる気候を嫌うため、どちらにも合う気候の土地でなければ取り合わせが難しい

1年を通して暖かい気候を好むオリーブ

1年を通して暖かい気候を好むローズマリー

図4 寒地の庭の配植例

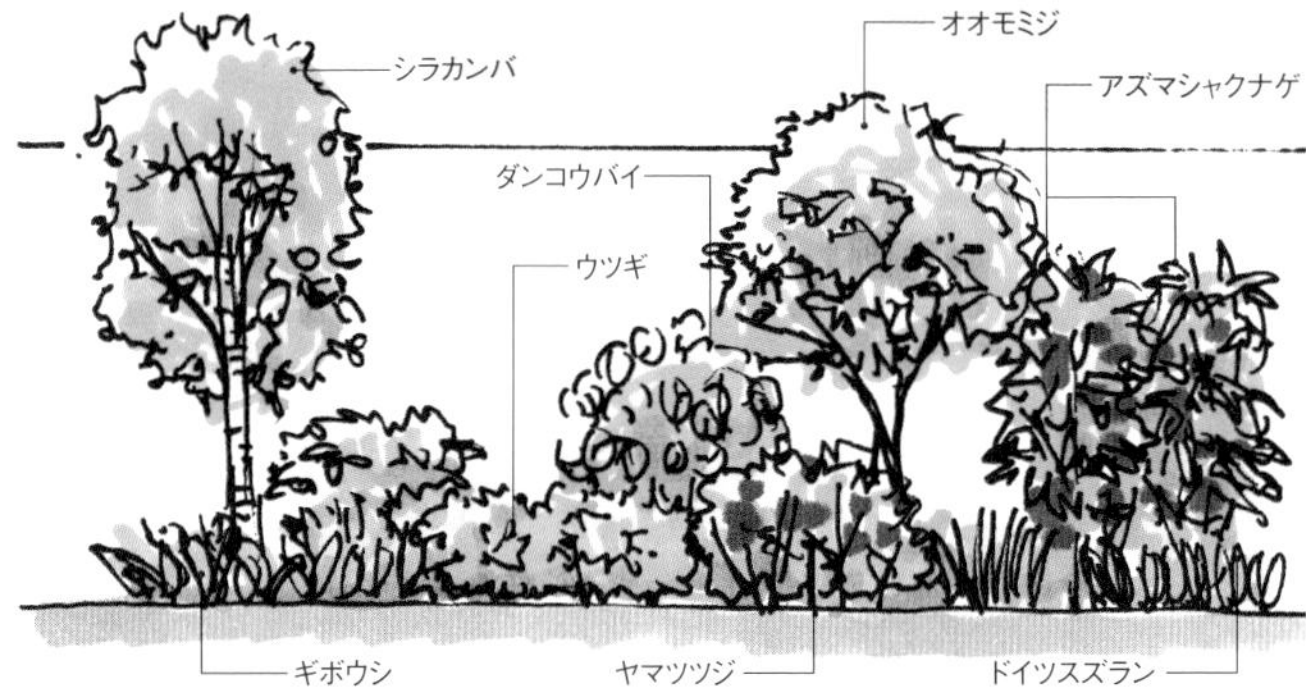

図5 凍結深度と対策

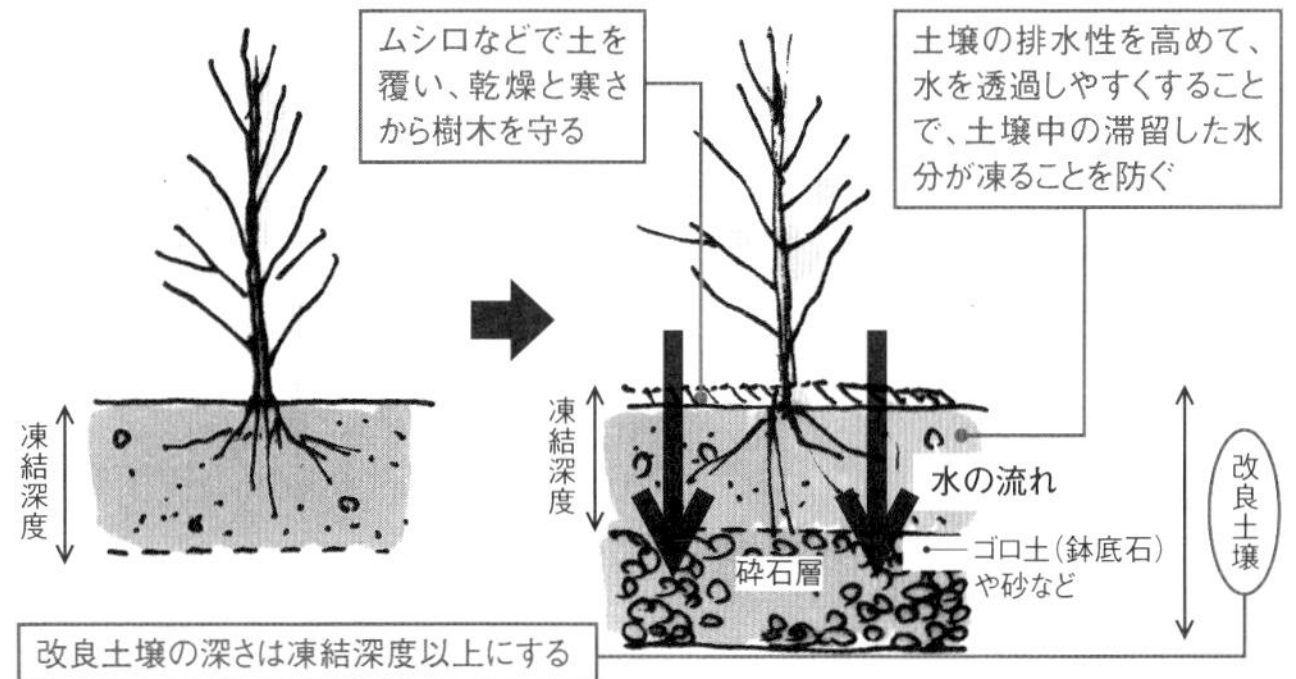

緑の一口メモ アズマシャクナゲ　常緑低木。関東の山地に多く自生するのが名の由来｜ギボウシ　夏緑多年草。草丈15〜40cm。6〜8月に淡い紫色の花を多数付ける｜クロトン　マレー半島原産の常緑多年草。葉の色・形が多種多様であることから別名「ヘンヨウボク(変葉木)」｜ドイツスズラン　欧州原産の夏緑多年草。草丈・花共に日本のスズランより大型｜ハルニレ　落葉中高木。春に葉よりも先に黄緑色の花が咲く｜ヒメアオキ　常緑低木。アオキに比べ葉は小形で、鋸歯も浅く鈍い｜ホンコンカポック　台湾、中国南部原産の常緑低木｜ユキツバキ　多雪地帯に自生。幹は横に広がるように伸びる

日照が少ない北の庭

2階建て以上の場合、北側の庭には敷地建物により大きな日陰ができる。日照環境は、樹木の生長にとって最も重要な要素の1つであるため、日照量が少ない北側の植栽は、日陰を好む樹種（陰樹）か、あるいは日陰でも耐えられる樹種で構成する［**表**、**図1**］。

配植に際しては日影図などを利用して、陰が最も短くなる夏至と最も長くなる冬至それぞれで、計画地のどこに終日陰と半日陰ができるかを確認しながら、樹種の選択と配置を行う。

建物の北側は、年間を通してまったく日が当たらない場合も考えられるが、これは、植物の生長にとってかなりの悪条件である。

このような場所では、植えた後の生長が望めないため、当初から完成形に近い樹形（樹冠）をしたものを入れて庭を仕上げる。

日照条件が悪くても天空が空いていれば、樹木の生長は望めるが［※1］、天空が屋根や軒で完全にふさがれていて、日照だけでなく雨水による水分の吸収もほとんど期待できない環境ならば、植栽は断念すべきである。

表 庭の方位とその代表的な樹木

	中高木	低木・地被
北側の庭	アスナロ、アラカシ、イヌツゲ、イヌマキ、カクレミノ、ゲッケイジュ、コウヤマキ、ニオイヒバグリーンコーン、ヒメユズリハ、ヤマモモ	アオキ、アセビ、クチナシ、サルココッカ、タマリュウ、チャノキ、ナギイカダ、ヒイラギナンテン、ヒサカキ、ヒメクチナシ、フイリヤブラン、フッキソウ、ヘデラ類、ヤブコウジ、ヤブラン、リュウノヒゲ
南側の庭	アキニレ、アラカシ、イスノキ、イヌマキ、ウメ、カリン、キンモクセイ、クヌギ、コウヤマキ、コナラ、コブシ、サクラ類、サルスベリ、シダレヤナギ、シラカシ、ドイツトウヒ、ハナカイドウ、ハナズオウ、ブッドレア、モチノキ、モッコク、モミジバフウ、ライラック	オオムラサキツツジ、キリシマツツジ、キンシバイ、クルメツツジ、コデマリ、コトネアスター、サツキツツジ、シバザクラ、シモツケ、タニウツギ、ドウダンツツジ、トサミズキ、ニシキギ、ネコヤナギ、ハマナス、ヒュウガミズキ、ヒラドツツジ、ボックスウッド、ヤマハギ、ユキヤナギ、レンギョウ
東側の庭	アカシデ、アラカシ、イヌシデ、エゴノキ、カエデ類、カツラ、キンモクセイ、クスノキ、コブシ、シロダモ、スダジイ、シデコブシ、シラカシ、ソヨゴ、ツリバナ、ドイツトウヒ、トネリコ、ナツツバキ（シャラノキ）、ハクウンボク、ハクモクレン、ハナミズキ、ヤマボウシ、リョウブ	イボタノキ、ウグイスカグラ、ガマズミ、カルミア、カンツバキ、カンボク、キリシマツツジ、コデマリ、サツキツツジ、サンショウ、シャクナゲ、チャノキ、ナンテン、ニシキギ、ノリウツギ、バイカウツギ、ハクチョウゲ、ヒュウガミズキ、ビヨウヤナギ、ムラサキシキブ、ヤマツツジ、ヤマブキ、リュウキュウツツジ、ロウバイ
西側の庭	アカマツ、アメリカデイゴ、ウバメガシ、オリーブ、カイズカイブキ、クスノキ、クロガネモチ、クロマツ、サザンカ、シマトネリコ、タイサンボク、タブノキ、ナンキンハゼ、ニセアカシア（ハリエンジュ）、ネムノキ、ピラカンサ、フェイジョア、フサアカシア、フヨウ、ホルトノキ、ブラッシノキ、マサキ、マテバシイ、ムクゲ、ヤマモモ、ユーカリ	アガパンサス、エニシダ、シャリンバイ、トベラ、ハマヒサカキ、ヘメロカリス、ローズマリー

注 1つの樹種で、適した方位が複数あるものは、共に表した

図1 北側の庭の配植例

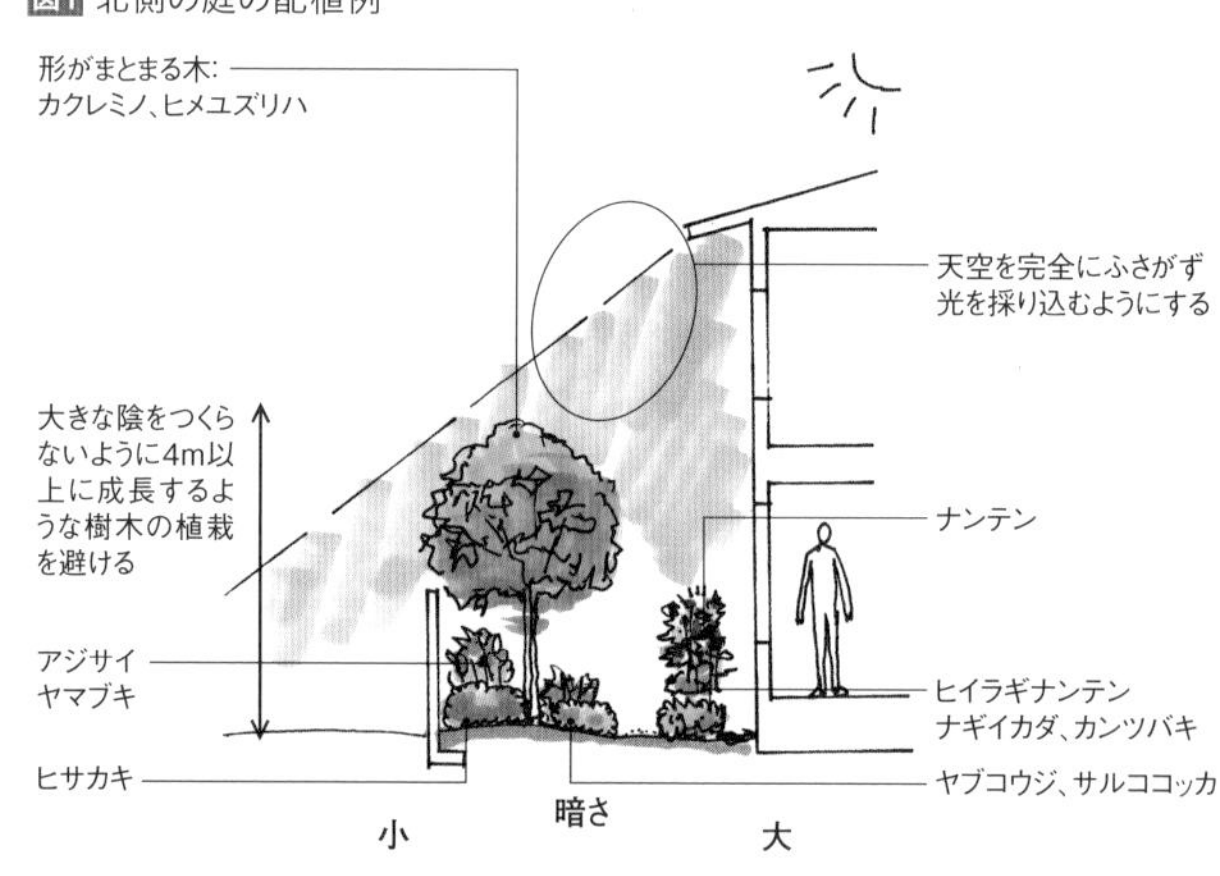

南の庭の植栽 意外な落とし穴

建物の南側の庭は日照条件に最も恵まれた環境なので、春から秋まで、花や実、紅葉など、樹木のさまざまな姿を楽しむことができる。南側の庭では、こうした変化を取り込んだ配植とするのがポイントだ［**図2**］。

樹木は、ほとんどの樹種が植栽可能である［**表**］。特に日照条件がよいと花付きもよくなるため、花の美しい樹木は積極的に植えたいところだ［※2］。ただし、アオキやアセビ、カクレミノ、マンリョウ、ヒイラギナンテン、フッキソウ、ヤブコウジ、ベニシダなどの陰樹は、日当たりを嫌い湿気を好むため植えないこと。

建物の南側に庭をつくり、室内から樹木を眺めるように植栽をデザインした場合、室内からは常に樹木の北側を見ることになる。日当たりのよい南側の庭でも、樹木自体の南側と北側では日照量が異なる。普段、見えていない側（南側）と見えている側（北側）の枝・葉の生長に大きな差が出て、樹形が不自然になる場合がある［**図3**］。したがって樹木を南側に配置しただけで安心するのではなく、樹木全体に光が当たるように配置する必要がある。スペースなどの問題で適切な配置が困難な場合は、樹木の南側の葉の茂りを抑えるよう、ほかの樹木と組み合わせたり、塀などの工作物に近づけたりして、日射量を調整するなどの工夫が必要となる。

また、日当たりがよく、水やりが適切で土の状態がよければ樹木の生長は

※1：ガラスなどによる温室やサンルームは、南側につくるパターンが多いが、夏場は暑くなりすぎるため、天空が大きくとれるならば、北側につくると植物にとって適した環境となる
※2：花が楽しめる庭は108〜113頁参照
※3：特に、東京などの都市部では、ヒートアイランド現象で全体的に気温が高くなっているため、昔と比べて西日による影響がさらに強まっているようだ

早くなる。そのため、南側の庭はほかの場所に比べ、植栽後の剪定や整枝の回数が多くなることを、建築主にぜひ伝えておきたい。

図3 枝葉の生長の違い

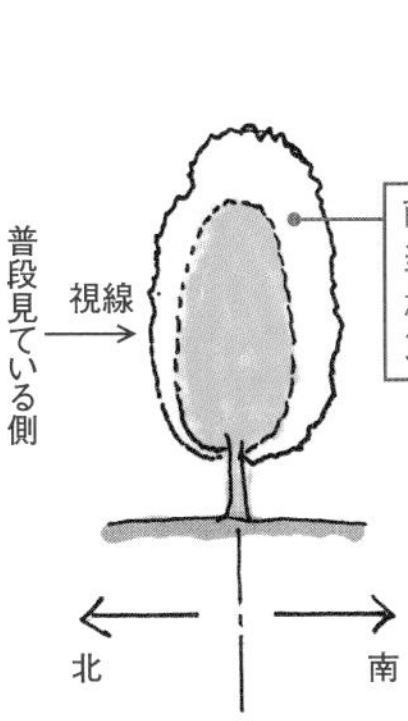

普段見ている側
視線
南側のほうが日が当たり、枝葉が茂るため、樹形のバランスが崩れる
北
南

図2 南側の庭の配植例

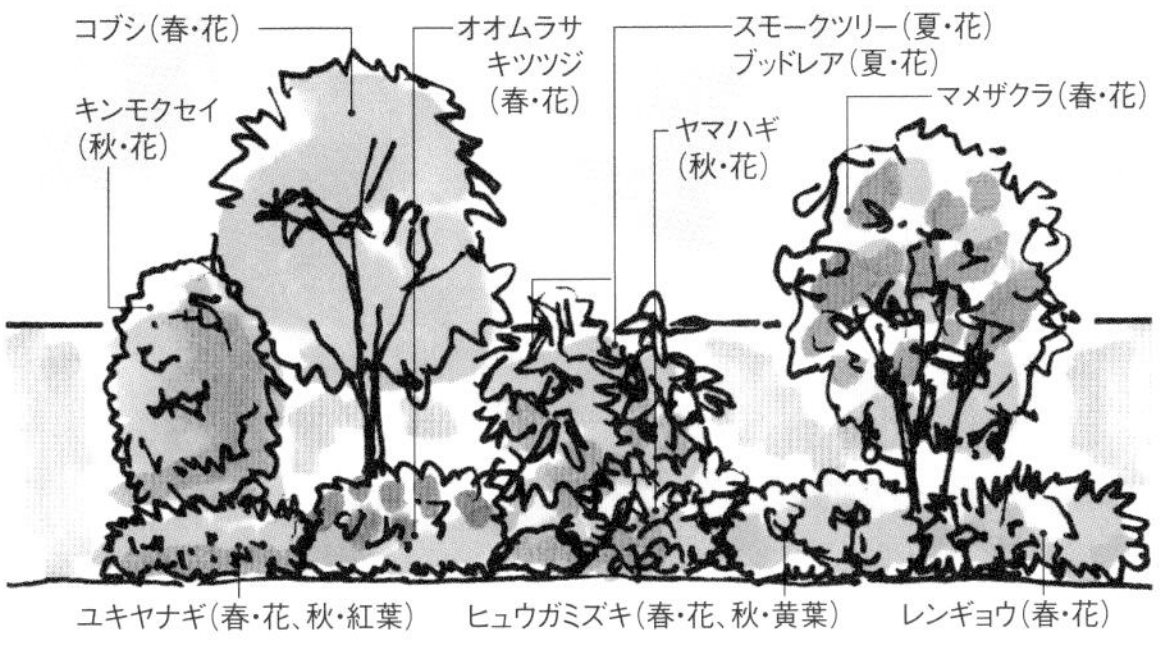

コブシ(春・花)
キンモクセイ(秋・花)
オオムラサキツツジ(春・花)
スモークツリー(夏・花)
ブッドレア(夏・花)
ヤマハギ(秋・花)
マメザクラ(春・花)
ユキヤナギ(春・花、秋・紅葉)
ヒュウガミズキ(春・花、秋・黄葉)
レンギョウ(春・花)

花や紅葉など、季節の変化を取り込んだ配植とする

落葉樹中心の東の庭

建物の東側にある庭は、柔らかい朝日と午前中の日差しにより、ほどよい明るさと暖かさが得られる。多くの落葉樹はこうした環境を好むので、東側は、落葉樹中心に植栽する［**表**］。落葉樹には、エゴノキのように、午前に日が当たれば、午後は日が当たらなくても丈夫に生長する樹種が少なくない。

配植は、高木を明るい葉色の落葉樹にして、低木や中木を常緑にすると、冬の日当たりを確保しながら、1年中緑を楽しめる庭となる［**図4**］。

東側の庭では、陰樹、陽樹、中庸樹とも植栽可能である。なかでもカエデ類やヒメシャラ、ナツツバキ、雑木林のイヌシデやアカシデのように、半日陰のやや湿り気があるような所に自生する中庸樹が一番適している。一方、暖地性で、夏に花をよく付けるサルスベリやヤシ類、柑橘類は、日照不足で花付きが悪くなるおそれがあるため向かない。

植栽の制約が比較的少ない東側の庭だが、冬に寒風が吹き込んでくる環境では日当たりよりも寒さの問題で、成長が妨げられる。特に寒地の場合、冬にどの方向から多く風が吹くか確認し適宜防風対策を行う必要がある。

図4 東側の庭の配植例

ソヨゴ
サツキツツジ
イヌシデ
ナツツバキ
ムラサキシキブ
ギボウシ
アベリア
クチナシ
ビヨウヤナギ
フイリヤブラン

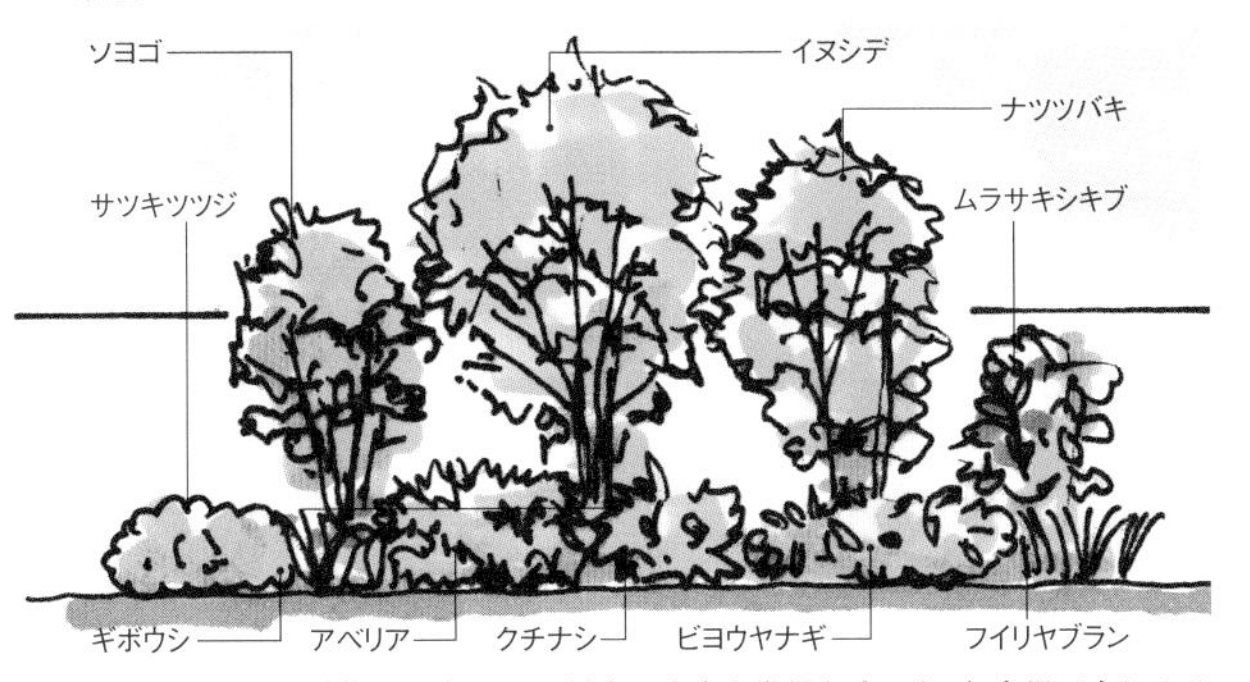

明るい葉色の落葉樹を主木にし、低木や中木を常緑とすると1年中緑が楽しめる

西の庭は西日で葉焼けに

建物の西側は、南側と比べて日差しが強すぎる場合が多い。葉が薄くデリケートな落葉樹は、夏の西日で葉焼けを起こすことがあり、植栽可能な樹種が限られてくる［※3］。

たとえばハナミズキやセイヨウトチノキなど、海外から導入された落葉樹は、西日を受けて葉枯れや色つきが悪くなる場合が少なくない。

常緑広葉樹は西日に強く、一部の陰樹を除いてほとんどが植栽可能だ。特にシマトネリコなど暖かい地域に自生するものがよい［**表**］。また、陽樹やサクラのように花を多く付ける樹木も、西側の庭に適している。

西側の庭は、常緑樹を主体に、西日でも平気なクヌギやコナラ、ウメ、サクラ類、サルスベリなどの落葉樹を用いて、緑陰空間をつくる。夏の日差しを抑えながら、冬は適度に日が差し込む快適な庭になるはずだ［**図5**］。

図5 西側の庭の配植例

常緑:クロガネモチ
常緑:モッコク
常緑:モチノキ
常緑:モッコク
落葉:エニシダ
落葉:ニセアカシア(カスケードルージュ)
常緑:シャリンバイ
落葉:サルスベリ
常緑:トベラ
N

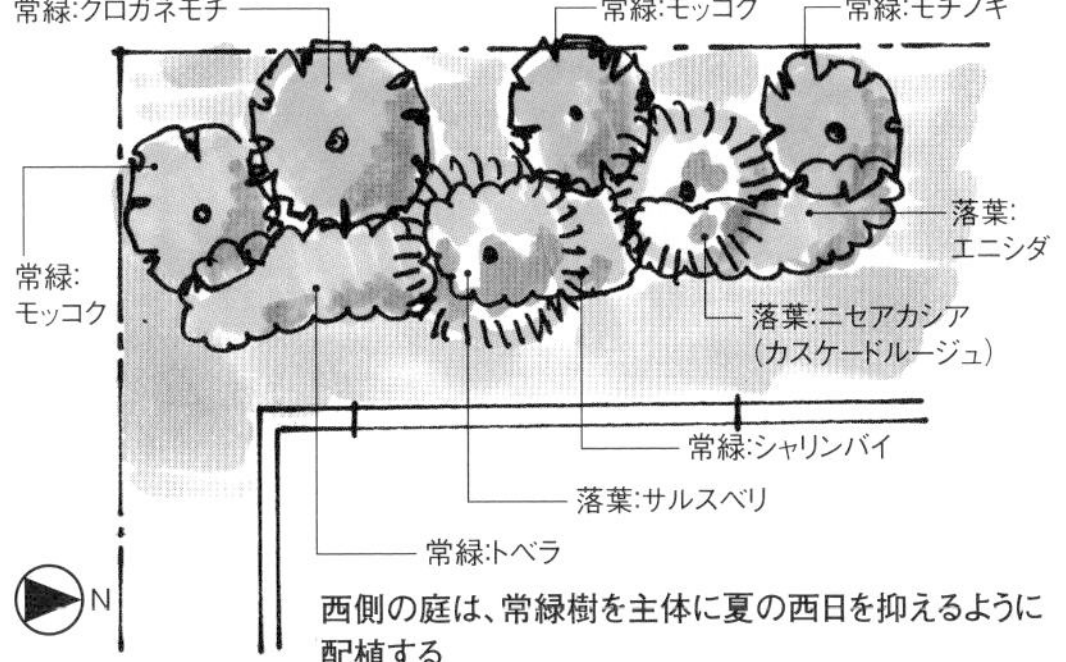

西側の庭は、常緑樹を主体に夏の西日を抑えるように配植する

緑の一口メモ カンボク　落葉中高木。葉は中央付近で3裂する。5～6月に枝先に黄緑色の小花が多数咲く。実は9～10月に熟して真っ赤になる｜ドイツトウヒ　常緑中高木。葉色は暗緑色。自然樹形のままでも美しい円錐形となる｜ハマナス　落葉低木。5～8月に濃いピンク色の花（まれに白い花）が咲き、8～10月に赤い実が付く｜ボックスウッド　地中海沿岸～西アジア原産の常緑低木のセイヨウツゲの別名。生垣などで四角く仕立てられることが多いことからこの名が付いたという｜ホルトノキ　常緑中高木。ヤマモモに似た樹姿。緑葉のなかに紅葉した古葉が混ざって付くのが特徴。7～8月に小さな白い花が付く

目的に合った生垣の設計法

生垣は、コンクリートブロックやフェンスなどの工作物と異なり、剪定や管理などに手間がかかる。しかし、季節による色や質感の変化など、工作物にはない魅力を持っていることも事実だ。植栽デザインのテクニックとして、生垣の設計方法はぜひ知っておきたい。

生垣は、低木をそのまま並べて高さ50cmほどに刈り込んだものから、支柱を使って仕立てる高さ5mくらいの高垣まで、目的・用途に合わせてさまざまな高さに仕上げることができる。

たとえば、敷地境界に区切りを付ける程度の生垣であれば、マサキやオオムラサキツツジ、ドウダンツツジなどの低木を用いて高さ1.2m以下でまとめる［**図1**①］。

隣人や通行人の視線を遮りたい場合は、カナメモチやイヌマキなどを使って1.5～2mくらいの生垣をつくるとよい［**図1**②］。

人が乗り越えて侵入してくるのを防ぐ目的の場合、ニオイヒバなどを使って2m以上に仕立てる［**図1**③］。

冬の寒風を止める防風壁としての役割を持たせる場合は、シラカシやヤマモモなどを使って3m以上の高垣をつくる［**図1**④］。

植栽間隔は、根の大きさに合わせるのが原則である。使用する樹種にもよるが、おおよその目安は、高さ1.2～2mの生垣で3本／m、高さが3m以上ならば1.5～2本／mの樹木を植える［**図2**］。支柱を立てる場合も考慮して、幹と幹の間を最低でも30cmはあける。

樹種は、暖地では、イヌマキやカナメモチなどの常緑樹（半常緑）を用いるのが一般的だが、寒地ではオオモミジなどの落葉樹を使う場合もある。

樹木を選ぶ際に注意したいのが、1本の樹姿で眺める場合と2～3本／mくらいのピッチで寄せ植えして刈り込んでつくる生垣とでは、印象が大きく異なることである。都道府県が運営する緑化センターでは、さまざまな樹木で生垣のサンプルをつくっていることが多い。最終的に使用する樹種を決める前に、自分が想定した樹木がどのような生垣になるかを実際に見て確かめてみるとよい。

代表的な樹種

常緑（半常緑）
アベリア、アラカシ、イチイ、イヌツゲ、イヌマキ、オオムラサキツツジ、カナメモチ、サザンカ、サワラ、サンゴジュ、シラカシ、ニオイヒバ、ネズミモチ、マサキ、ヤブツバキ、ヤマモモ、レッドロビン

落葉
カエデ類、ドウダンツツジ、ブナ

図1 目的・用途に合わせた生垣の設計

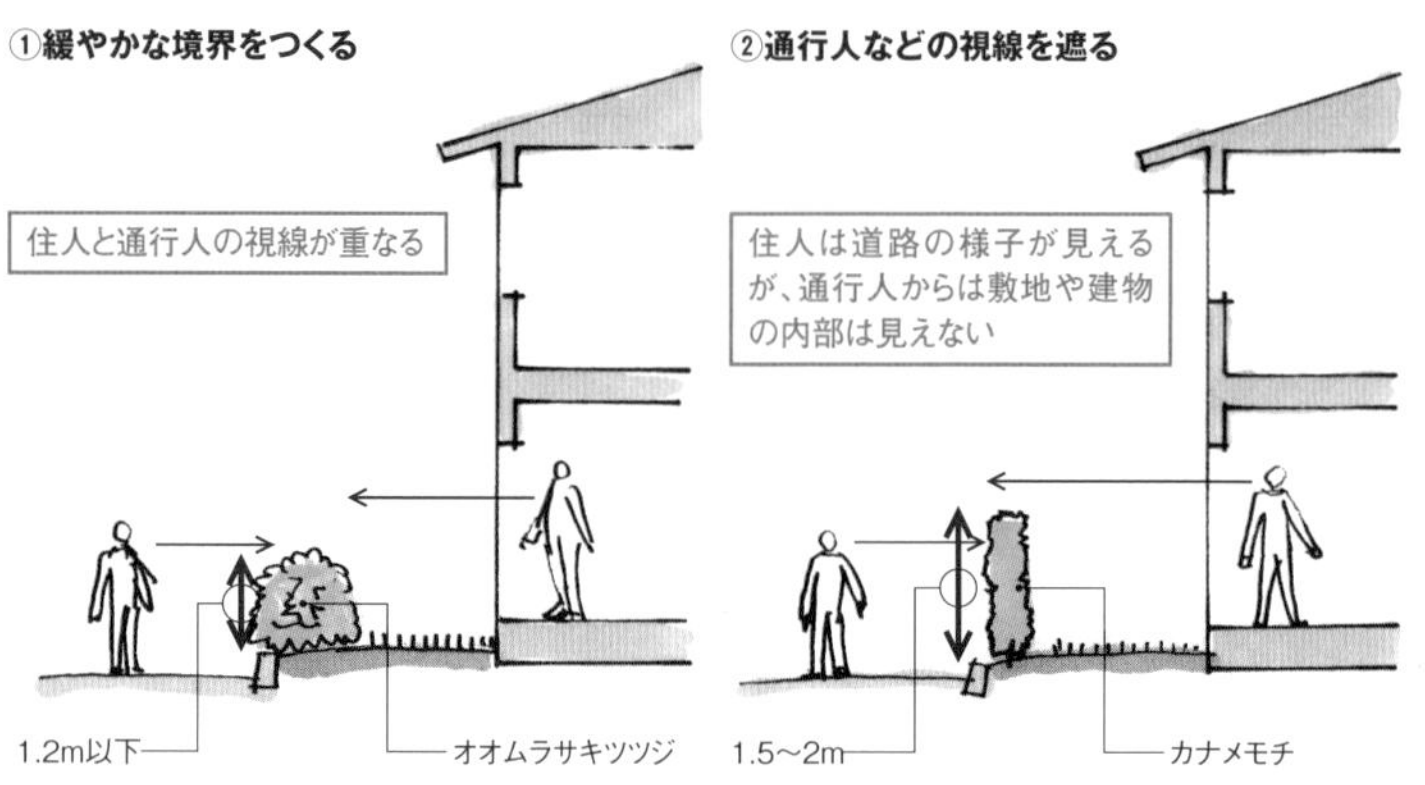

図2 樹木の植栽間隔

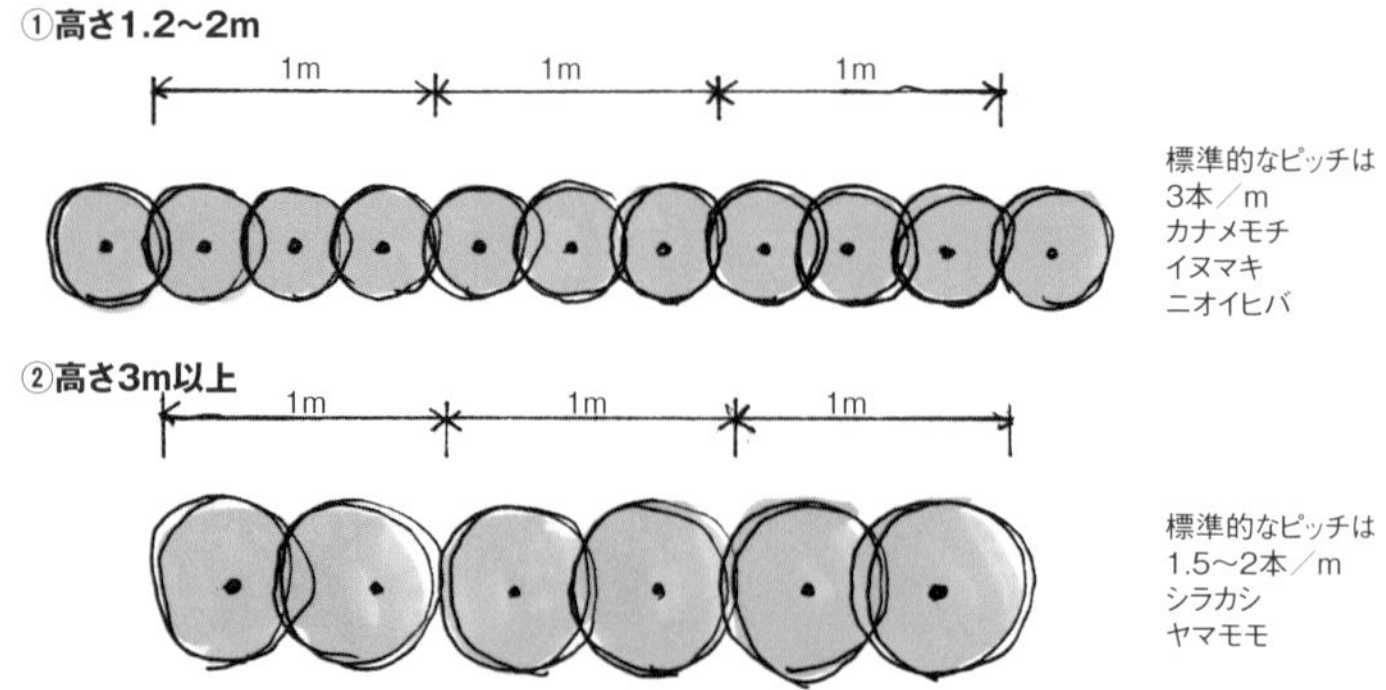

緑の一口メモ スイカズラ　全長5～15m。葉は楕円形で、5～6月に芳香を持つ花が咲く｜ツキヌキニンドウ　全長3～5m。葉は倒卵形で、7月に外側が赤色、内側が黄色の花が咲く｜テイカカズラ　全長3～10m。葉は楕円形で、5～6月に芳香のある乳白色の花が咲く｜ビグノニア　全長10m以上。葉は倒卵形で、4～5月に橙色の花が咲く。ツルの先端が吸盤の役割を果たし、壁面に吸着する｜ビナンカズラ　全長3～10m。葉は楕円形で、8～10月に白い花が咲く。実は10～11月に熟し赤くなるモッコウバラ　全長4m程度。葉は楕円形で5月ころに白・黄白の花がまばらに咲く

フェンスで生垣をつくる

敷地に余裕がなく、緑地の幅があまりとれない場合、生垣の代わりにネットフェンスを立てて、それにツル植物を絡ませると、比較的薄い生垣状のものができる［図3］。

ツル植物は、先端が光を求めてどんどん伸びる性質があり、逆に日当たりの悪い下部は、枝の伸びが遅い。そのためフェンス下部は、人の手でツルを誘引しないと、透けるおそれがある。

ネットフェンスの目が細かいほどツルはよく絡む。目のピッチが50㎜角以上になる場合は、誘引しないとツルがうまく絡まないことがある。また、日当たりのよい側は葉が茂るため、ある程度生長した後も、適宜、誘引・剪定する。

ツル植物は、ツルが絡むタイプと、吸着根で壁面に付着するタイプとがある。ネットフェンスには、カロライナジャスミンやスイカズラなど、絡むタイプを使う［※1］。

一方、古い洋館などでよく見かけるナツヅタやキヅタ、イタビカズラは、付着タイプなので、ネットフェンスの生垣には向かない。ヘデラ類は付着と絡みの両方の性質を備えているため、ネットフェンスに、人の手で誘引する必要がある。

図3 ネットフェンスによる生垣

日の当たる上部が繁茂しやすい

メッシュピッチは50～100㎜角が理想

フェンスを自立させるための基礎は200～250㎜角くらいあればよい

植え込みのピッチ300～500㎜

下部は枝葉がまばらになるので誘引が必要

ツル植物の生長には、根が十分に伸びるスペースが必要。土壌部分は、幅が狭くても体積をできるだけ多くとれるようにする

代表的な樹種（ツル植物）
常緑（半落葉）
カロライナジャスミン、スイカズラ、ツキヌキニンドウ、ツルマサキ、テイカカズラ、トケイソウ（暖地）、ビグノニア、ビナンカズラ、ヘデラ類、ムベ、モッコウバラ
落葉
アケビ、キウイ、クレマチス、ツルアジサイ（寒冷地）、ツルウメモドキ、ナツユキカズラ、ノウゼンカズラ、ツルバラ、フジ

図4 生垣に使う支柱

①布掛けタイプ

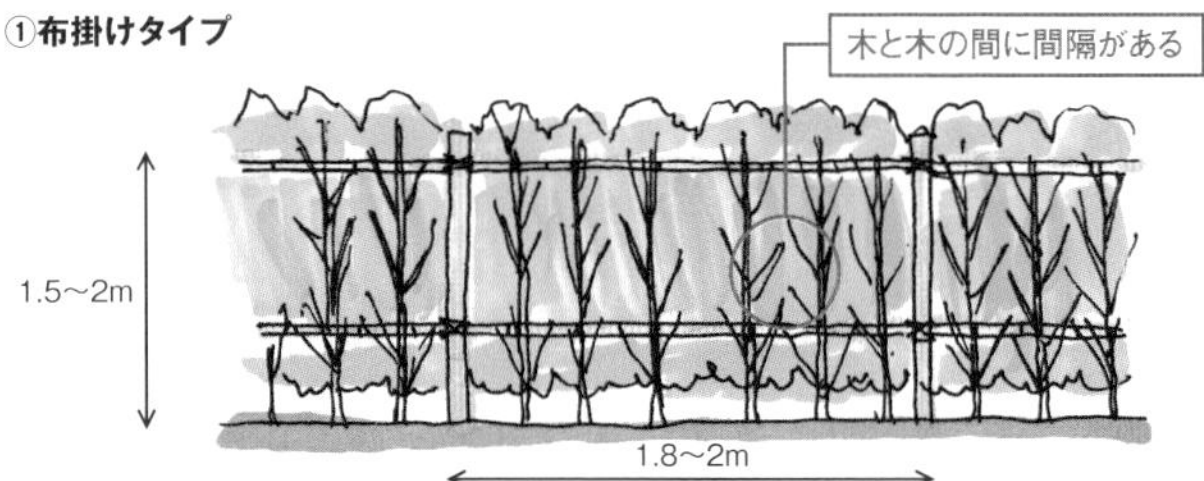

手を使って、木を左右に動かせるため、その隙間から大人が侵入可能

②四つ目垣タイプ

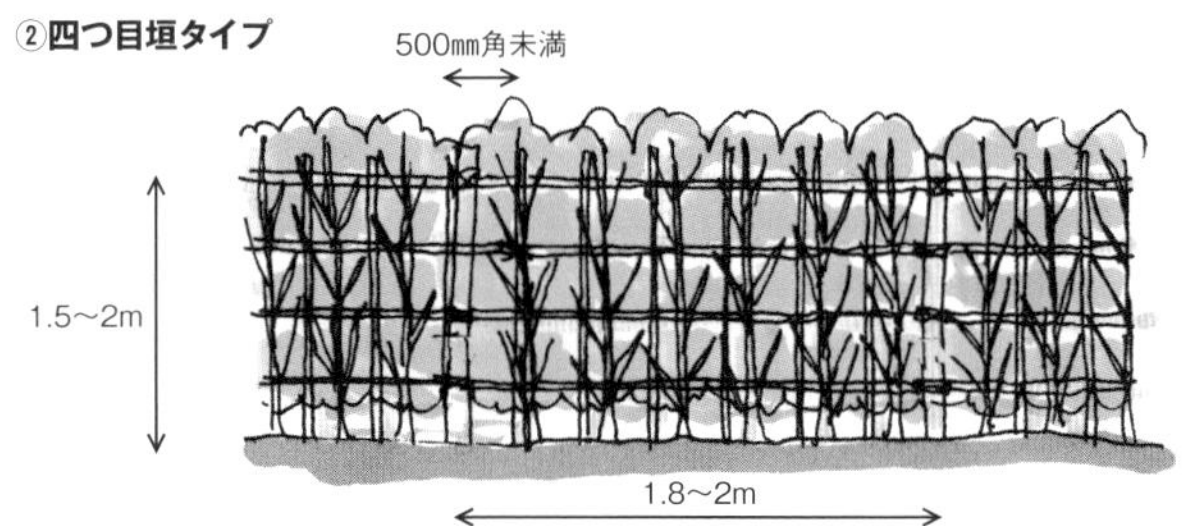

支柱の編み目を500㎜角未満にすると、大人は侵入できない

防犯機能を高めた生垣

生垣は、支柱のつくり方や樹種の選び方で防犯機能を高めることができる。

支柱は、通常、樹木の上と下をつなぐ布掛けタイプのものが多いが［図4①］、樹木と樹木の隙間から人が容易に通り抜けられてしまう。代わりに装飾的に使われる四ツ目垣［※2］を支柱として取り入れると［図4②］、支柱の編み目が細かくなり、人が通り抜けることは難しくなる。

生垣の高さは、2m以上にしておけば容易には乗り越えて侵入できない。

生垣に使用する樹木によっても、防犯性を高められる。たとえば、ヒイラギやチャイニーズホーリー、ナギイカダなどは、葉や幹にトゲがあり、人が触れると怪我をする。これらだけで生垣をつくっても、または他の常緑樹と組み合わせて足元に配植しても防犯機能を高めることができる［※3］。

代表的な樹種
中高木
カラタチ、チャイニーズホーリー、ナギイカダ、ハマナス（モッコウバラ以外のバラ類）、ヒイラギナンテン、ヒイラギモクセイ、ピラカンサ、ボケ、メギ

※1：アケビやキウイも絡むタイプのツル植物。これらを生垣に使用すると実が付く楽しみもある
※2：竹垣の一種。3～4段に渡した胴縁に対して立子（たてこ）を一定の間隔で表裏交互に取り付けていく垣根
※3：こうした樹種を用いる場合、手入れする側も取り扱いに注意が必要になる。なお、葉や幹にトゲのある樹木の配植例は118頁参照

外廻りに効く植栽デザイン

門、塀、垣、玄関など庭以外の外廻りをコンクリートや金属などの無機質材料だけでつくると、硬質な印象を与える。樹木を効果的に配置することで、外廻りの印象は柔らかくなる。

門廻りに1㎡程度のスペースがあれば、樹高3m程度に生長する樹木を植えられる。きれいな花が咲くヤマボウシやムクゲ、香りのよいキンモクセイなどが適している［**図1①**］。

道路側の門廻りに樹木を植えられない場合、道路から眺められる高さまで生長する樹木を門の近くの庭側に植えると、樹木と門が一体になった印象を与える。シマトネリコなど、明緑色の葉を持つ常緑樹がよい［**図1②**］。

一方、門廻りに中高木を植栽できない場合、門柱や塀の外側足元に常緑低木を植える。花の色や香りが楽しめるツツジやジンチョウゲなどがよい。

代表的な樹種
中高木
キンモクセイ、シマトネリコ、ソヨゴ、ナツツバキ（シャラノキ）、ハナミズキ、マツ、ムクゲ、モッコク
低木・地被
アベリア、キンシバイ、シャリンバイ、ジンチョウゲ、ツツジ類、ヒュウガミズキ

図1 門廻りの印象を変える植栽

①門廻りに1㎡程度のスペースがとれる場合

②門・塀の内側に樹木を植える場合

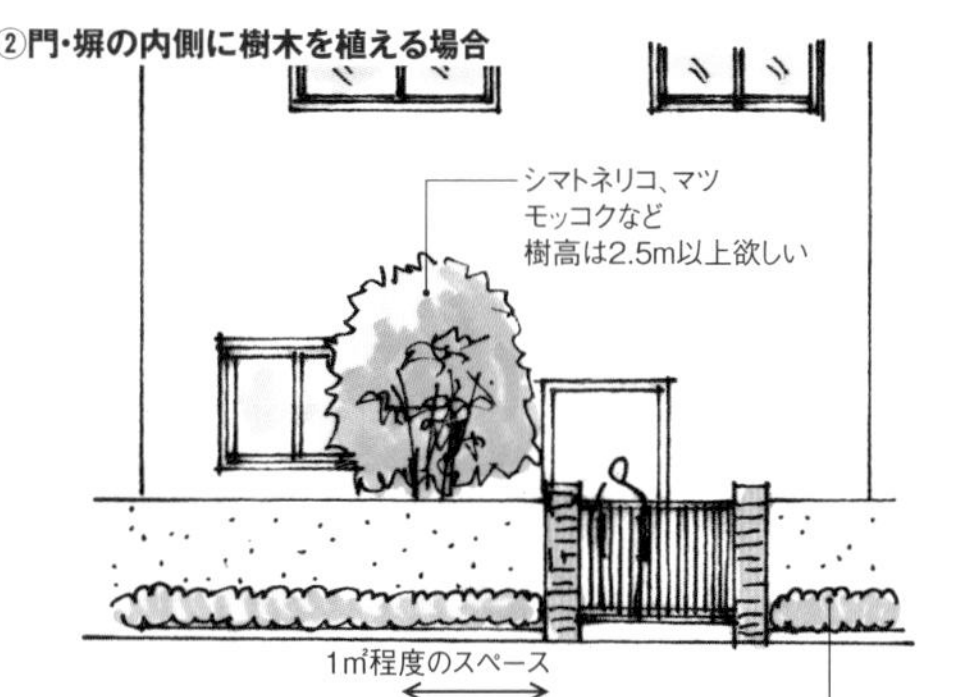

樹木で広がるアプローチ

樹木を効果的に配置することで、狭いアプローチを広く見せることができる。人は、じかに目に入る目標物は、実際の距離よりも近くに感じる。逆に、近くに視線が留まると、その後ろにあるものは、後退して遠く感じる。

玄関近くは、少し大きめの木を玄関に被さるように植え［**図2**］、その斜め手前にかなり小さい樹木を植えると、樹木のボリュームの大小で遠近感が生まれ、広く感じる。玄関の中心は、門の中心から少しずらした位置にとると効果的だ。

玄関近くに植える樹木は、横に広がりにくい落葉樹を中心に選ぶ。玄関前の樹木はシンボルツリーにもなるので、カリン、ナツツバキ、コハウチワカエデなど、樹姿が美しいものや、花付きがよく季節感が感じられるものを選ぶとよい。

代表的な樹種
中高木
アオダモ、エゴノキ、カリン、カクレミノ、コハウチワカエデ、シャクナゲ、シラカシ、ソヨゴ、ナツツバキ（シャラノキ）、ヒメシャラ、ヤマボウシ
低木・地被
オオムラサキツツジ、キブシ、ハギ類、ミツマタ

図2 アプローチを広く感じさせる配植例

①立面

ナツツバキやカリンなど、横に広がりにくい落葉樹を玄関に被さるように配置する

キンモクセイなどの常緑樹を小さく手前に配置する

大きさの対比が遠近感を生む

②平面

門の中心と玄関の中心が重ならないようにずらして配置する

中心をずらすことで奥行き感が出る

デッキは耐荷重に注意

地面に樹木を直接植えるスペースがない場所では、コンテナや鉢などを使ってベランダやデッキなどに、植栽をデザインする［**図3**］。

鉢は、鉢をただ平坦に並べるのではなく、棚やスタンドを使って立体的に

緑の一口メモ キブシ　落葉低木。3～4月に葉が出る前に鐘形で長さ7mm程度の黄色い花がフジの花のように垂れ下がって咲く。雌雄異株で、雌株には緑色の実が垂れ下がるように付き、8～10月に黄緑色に熟す｜ゲッケイジュ　常緑中高木。枝や実に芳香があり、香辛料などに利用される。雌雄異株だが、日本には雌株がない。4～5月に葉の付け根に黄白色の花が集まって咲く

配置すると、植物がより映える空間となる［**図4**］。

日当たりのよいベランダやデッキは、南側の庭と同じで陽樹と中庸樹から樹種を選ぶ。風が強い場合は、カエデ類など、風に弱く葉の薄い樹種は避ける。日当たりの悪いベランダは、陰樹や中庸樹から選び、風に弱いものは避ける。

鉢は土の面積が少なく、鉢の側面から熱を奪われやすい。風が強いベランダでは土壌が乾燥しやすいので、水やりなどの手入れが頻繁に必要だ。階高が高いほど風も強くなり鉢が倒れやすくなるので、鉢をしっかり固定する。

図3 デッキ・ベランダでの植栽

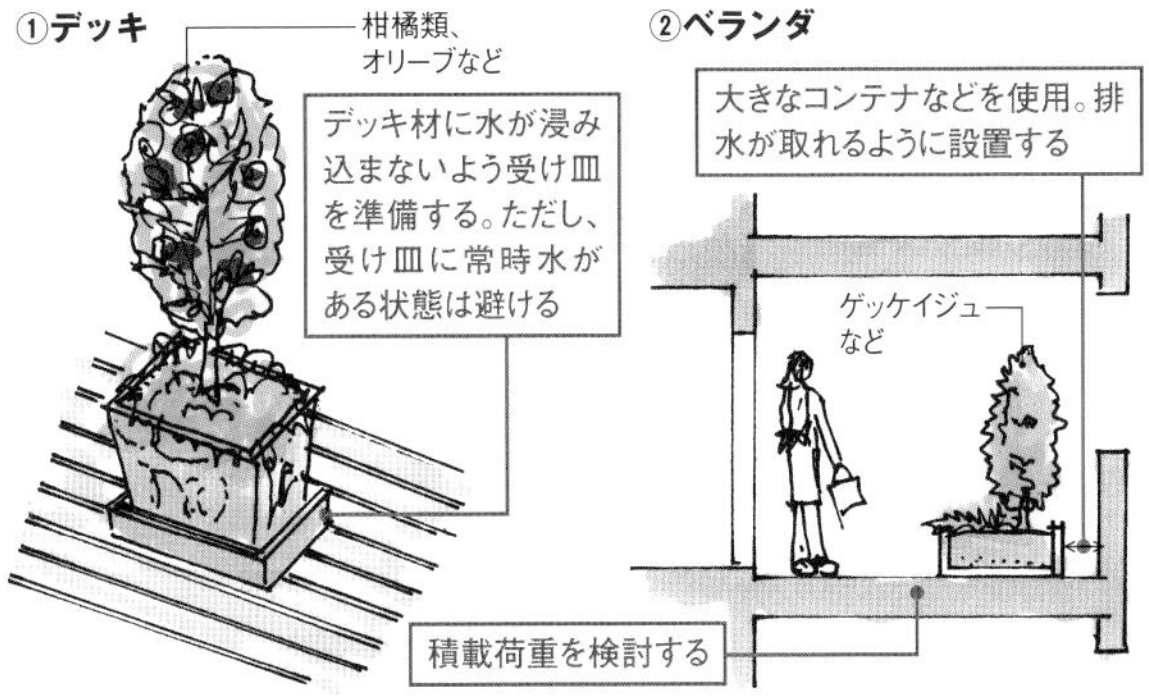

①デッキ

柑橘類、オリーブなど

デッキ材に水が浸み込まないよう受け皿を準備する。ただし、受け皿に常時水がある状態は避ける

②ベランダ

大きなコンテナなどを使用。排水が取れるように設置する

ゲッケイジュなど

積載荷重を検討する

デッキは、石や舗装材、アスファルトに比べて、夏場もさほど高温にならないため、植物は育ちやすい。ベランダでも、パネルタイプのデッキ材などを敷いた上に植栽する［※1］。

デッキは、取り外し可能なタイプを選び、掃除しやすい環境にする。

ベランダやデッキの植栽で問題になるのは、積載荷重である。土と植物が入った鉢や花壇は、想像以上に重い。自然土壌は、面積1㎡、厚さ10cm程度で約140kgになる。これに植物の重量が加わると、200kg近くになる。ベランダなどでの植栽は、配置する場所がどの程度の荷重に耐えられるかを検討することも重要だ。

図4 ベランダの配植例

オリーブ、ローズマリー、ユッカ類：風に強い植物を基本構成とする

植物を並べるときは、それぞれ高さを変えて配置する。緑が観賞しやすく、広がりのある空間となり、風通しもよくなる

コンテナや鉢に向く樹種

中高木

オリーブ、カクレミノ、柑橘系（キンカンなど）、キンモクセイ、ゲッケイジュ、コニファー類、フェイジョア

低木・地被

キンシバイ、キリシマツツジ、サツキツツジ、ローズマリー、ユッカ類、フェイジョア

菜園を庭につくるコツ

庭に少し余裕があれば、庭の一角に菜園やハーブ園などをつくり、樹木からの収穫を楽しめる庭にするのも手だ。菜園やハーブ園は、1㎡くらいの広さがあればつくることができる。菜園の土には肥料や腐葉土をたっぷりと混ぜ込む。ハーブ園は、それほど肥沃にしなくても問題ない。

ミョウガやジンジャー、ドクダミなど日陰で育つ野菜もあるが、ほとんどの野菜・ハーブは日光を好む。日照条件のよさが菜園の基本である。

野菜やハーブは、通常の樹木と比べて生長が早いため、庭が雑多な雰囲気になりやすい。レンガブロックや枕木、クサツゲやマメツゲなどの常緑低木で、周囲をきっちりつくり込んでおくと、庭も整然とした印象になる［**図5**］。菜園廻りは、手入れのたびに土や葉で汚れる。レンガ舗装など、掃除がしやすい仕上げにするのも手だ。

野菜は虫が付きやすいので、農薬を使うケースが少なくないが、植物の組み合わせで虫を寄せ付けない環境をつくる「コンパニオンプランツ」という方法もある［※2］。

簡単な菜園・ハーブ園に向く植物

アーティチョーク、アキレア、イタリアンパセリ、オレガノ、キャットニップ、クリーピングタイム、ジャーマンカモミール、ナスタチウム、パイナップルセージ、パイナップルミント、バジル、ヒソップ、パセリ、フェンネル、ミント類、レモングラス、レモンバーム、ローズゼラニウム、ローズマリー、ワイルドストロベリー

図5 菜園の設計

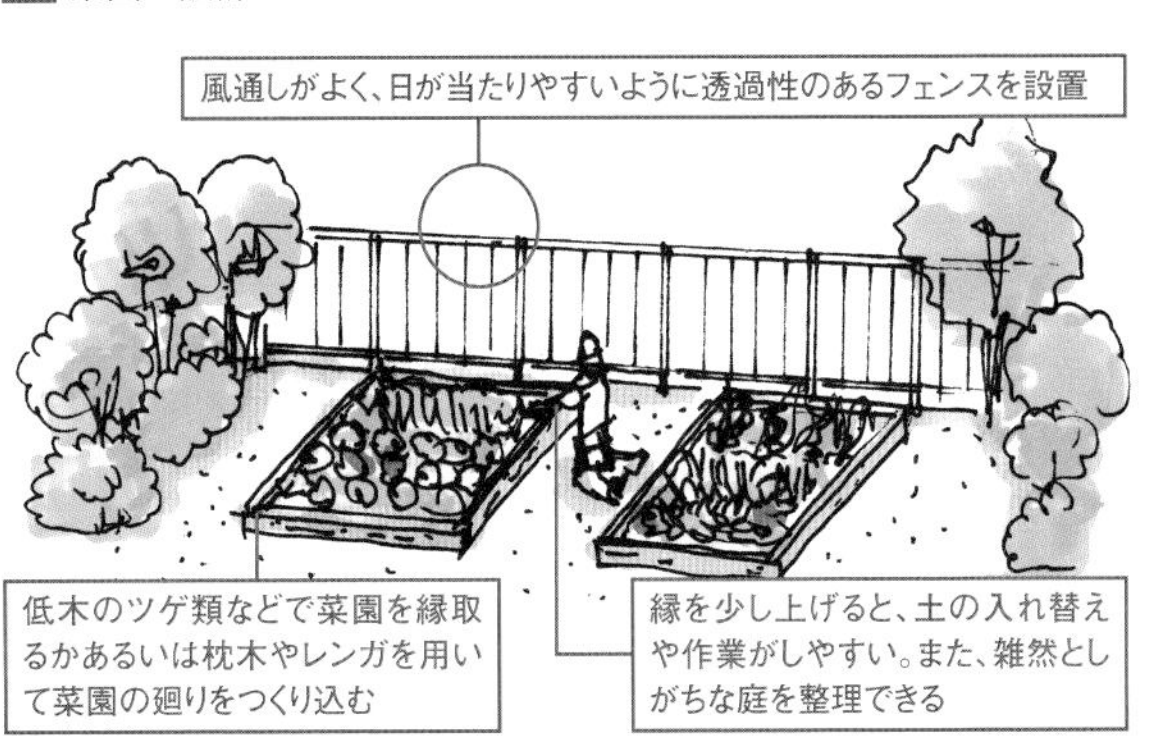

※1：鉢とデッキ材が直接触れた状態だと、鉢からの水分でデッキ材の表面が変色し傷む。鉢とデッキが接しないように受け皿を必ず設ける
※2：セロリを植えるとナスに虫が付きにくくなるなどがその一例

中庭・坪庭は すっきりと

坪庭や中庭は、建物の奥まった部屋に通風や採光をもたらし住環境を改善する重要な機能を持つ。建物内部に最も近接した庭であり、建物やインテリアに与える影響も大きい。

坪庭や中庭に植える樹木は、面する部屋の天井高以下に抑え、開口部の中で景色が完結するよう小ぶりにまとめる。植える量は、開口部の半分以下を占めるくらいにする［**図1①**］。樹種を多く植えすぎたり、灯籠や景石（けいせき）などの添景物を多数置くと、雑然とした景色になる。空間に余裕を持たせないと通風や採光が阻害されて湿りがちとなり、樹木が病・虫害に侵されやすくなる。

坪庭や中庭を四方の部屋から見えるようにする場合、どの部屋から主に観賞するかを想定して配植する。

和室に面する場合は樹種にこだわらなくても、灯籠や景石を置くだけで、和風の雰囲気をつくることができる。

洋室の場合は、舗装に石やタイル、レンガ、砂利などを利用するとよい［**図1②**］。砂利は、ブラウン系統が最適だ。玉砂利や白・黒の砂利だけでは和風の印象になる。石やタイルは千鳥格子状にするなど、整形や左右対称といった規則性を持たせて敷く。花壇やコンテナも洋風向きに仕上げる素材だ。

中庭の植栽は、樹木や土の搬入の際に部屋を通るので、家具などが設置された後に施工すると養生に手間がかかる。できれば施工前に、建築工事と調整しておいたほうがよい。

図1 中庭の配植例

①和室に面した中庭

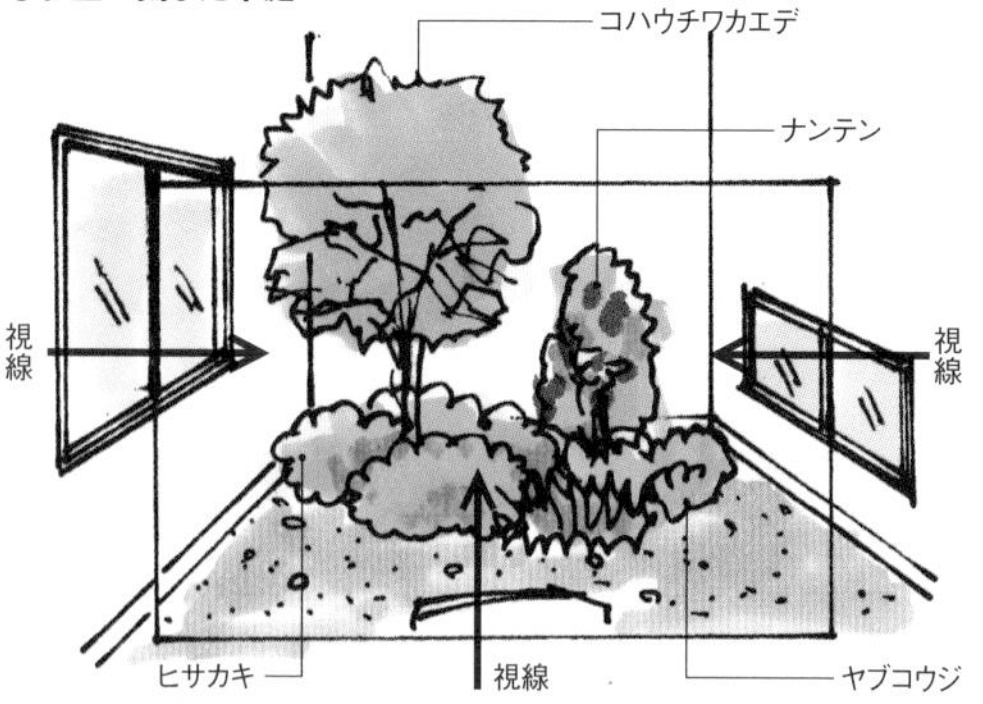

どの部屋から主に観賞するかを想定して配植する

②洋室に面した中庭

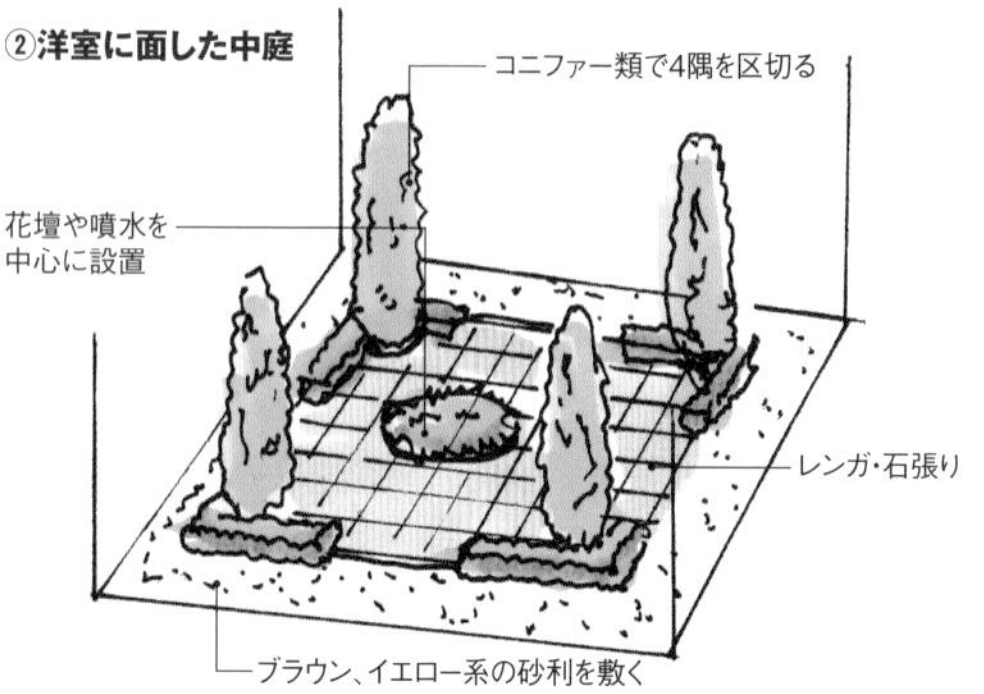

小ぶりにまとまる代表的な樹種

中高木
アラカシ、エゴノキ、ソヨゴ、タケ類、ツバキ類、ナツツバキ、ナンテン、ノムラモミジ、ハイノキ、ハナミズキ、ヒメシャラ

低木・地被
アオキ、アベリア、コムラサキシキブ、シャリンバイ、ジンチョウゲ、ニシキギ、ヒサカキ

屋上庭園で失敗しない！

屋上に植栽する場合、土の積載荷重が問題になる。樹木の生長には、一般に、草花や地被20㎝、低木30㎝、中木50㎝、3m以上の高木60㎝以上の深さの土壌が必要となる［**図2**］。3mの高木を植える場合、重さに換算すると土だけで800㎏を超え［※1］、これに樹木やコンテナの重さが加わる。建物の構造がこれらの荷重に十分に耐えられるかを確認をしておく必要がある［※2］。

建物の耐荷重により、普通土壌が入れられない場合、普通土壌の1／2〜2／3程度の重量である人工土壌を用いる。ただし、人工土壌は風で飛ばされやすく、それによって木が倒れやすいので注意が必要だ。コンテナの底面に金網などの敷き、その上に根を載せてバンドで根を固定するか［**図3**］、ワイヤー支柱などで樹木の幹を固定するなどして樹木が倒れるのを防ぐ。土や低木や地被が風で飛ぶことを防ぐために、それらの上に飛散防止用のネットを被せるなどの対策をとる［**図4**］。

図2 樹木に必要な土の深さ

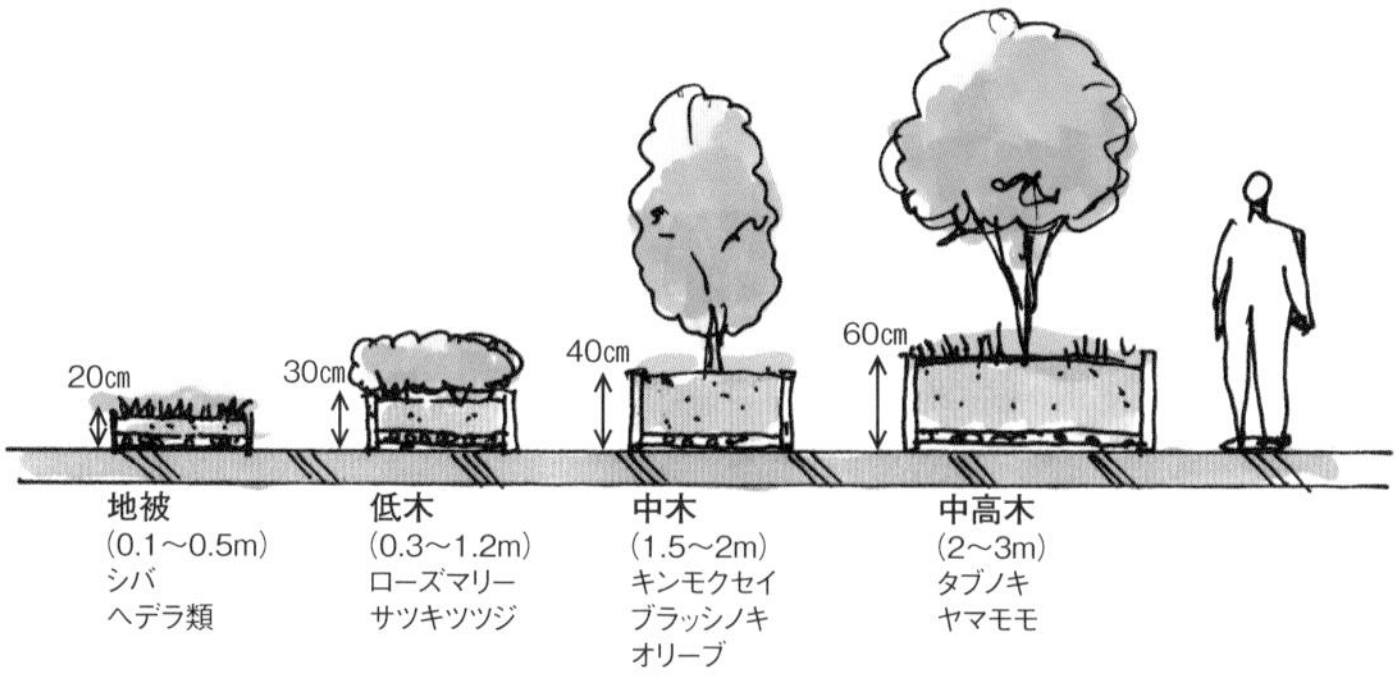

※1：面積1㎡、深さ10㎝であれば、土の重さは約140㎏
※2：管理する人や設備などの荷重も加算する
※3：壁面にヤシ繊維のマットなどを設置する
※4：ツタ植物の植栽は149頁参照

図4 屋上の風対策

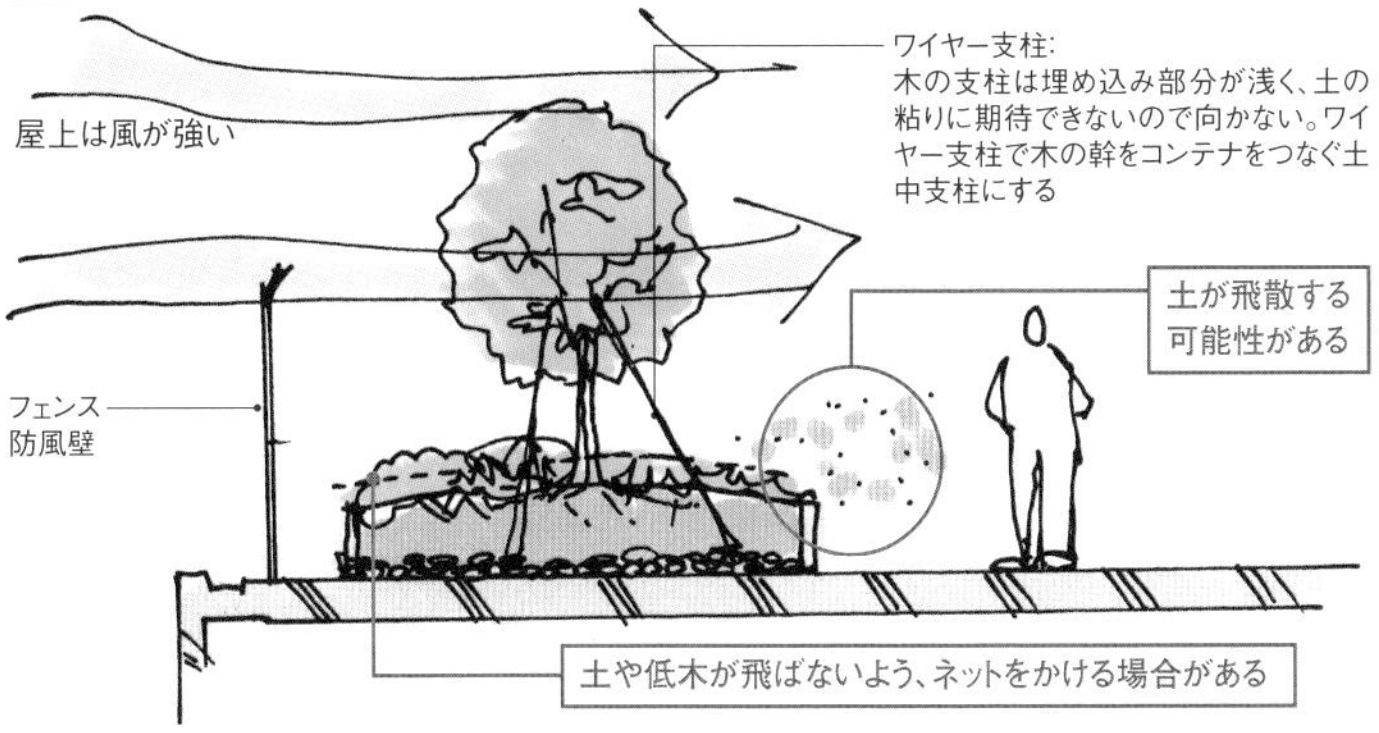

屋上は風が強い

ワイヤー支柱：木の支柱は埋め込み部分が浅く、土の粘りに期待できないので向かない。ワイヤー支柱で木の幹をコンテナをつなぐ土中支柱にする

土が飛散する可能性がある

フェンス 防風壁

土や低木が飛ばないよう、ネットをかける場合がある

図3 人工土壌によるコンテナへの設置例

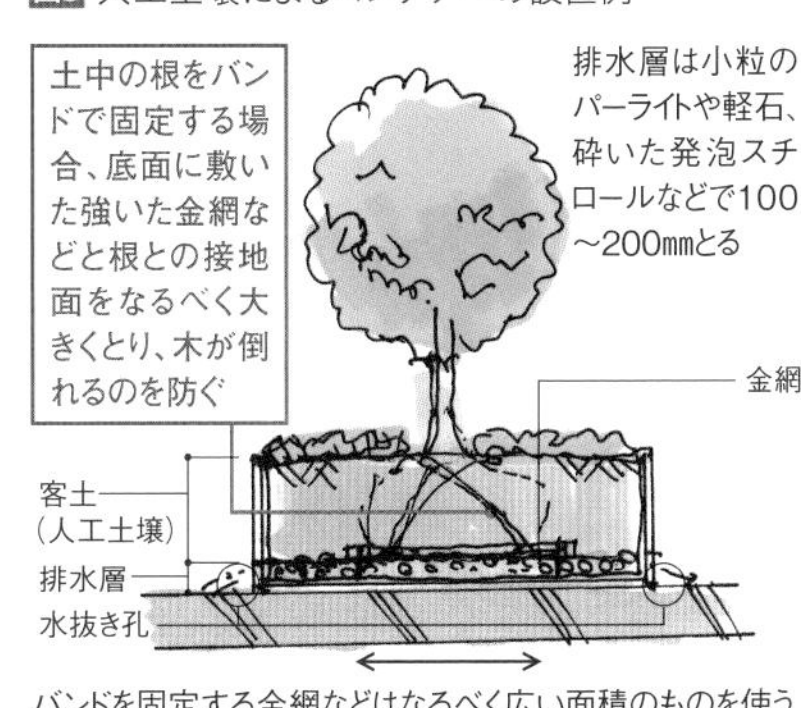

屋上は、日当たりがよく、風を受けやすく、乾燥しがちな場所なので、水分をあまり必要としない樹木で構成すると管理が楽である。樹種は、タブノキなどの常緑広葉樹は向いており、葉が薄く乾燥に弱いカエデなどの落葉樹は適さない。地被は、セダムが乾燥に強く、土壌の厚さをあまり必要としないためによく用いられる。ただし、雑草の処理や施肥など、手間がかかる。

屋上は、暖地性の果樹や柑橘類の生育に適した環境だといえる。また、風が吹くことで虫が付きにくいメリットもある。ただし、大きな果実を付ける樹木は、実が下に落ちると危険なため、屋上からはみ出さないように植えることが必要だ。鳥に採られたくない果樹は、ネットなどで防護することも考えたほうがよい。

人工土壌は有機質が少ないものが多く、野菜や、花を大きく育てる草花系統はあまり向かない。建築主が、そこに何を植えたいのかを確認したうえで、屋上庭園の構成や土壌の選択、風対策などを計画すること。

屋上に適した代表的な樹種

中高木

イヌマキ、エンジュ、オリーブ、柑橘類、キョウチクトウ、ギョリュウ、クロマツ、ゲッケイジュ、ザクロ、ネムノキ、ブラッシノキ、マテバシイ、ユッカ類

低木・地被

ギンバイカ、シャリンバイ、トベラ、ナワシログミ、ノシバ、ハイビャクシン、ヒラドツツジ、ローズマリー、セダム類

壁面緑化は3タイプある

壁面緑化は、大きく、①地面から上方への緑化、②屋上などから下垂させる緑化、③土の代用物［※3］を壁面に設置した植栽の3タイプがある［**図5**］。

①は、樹木の生長パターンを検討し、フェンスやロープなどの誘引資材を用いるかどうかを決める。イタビカズラやナツヅタ、ヘデラ類は、壁に吸着しながらツタを這わせる性質を持つため、壁面の仕上げが平滑でない限り、自力で上る。フジやアケビ、スイカズラ、カロライナジャスミンなどは、絡ませながら上っていくので、壁面にワイヤーやフェンスを設置する必要がある。ワイヤーやフェンスは、絡み付けるものならばどんな素材でもかまわないが、植物が生長する先端の部分は柔らかく弱いので、日射で資材が熱くなりすぎないものにする。

壁面全面にツタを這わせるには、根が十分に伸びるスペースが必要になる。このタイプは、建物下部に必要な土壌が確保できることが条件になる［※4］。

②と③は、コンテナや繊維マットなど土壌の働きをする部分のスペースが限られ、一株で大面積を緑化できない。日や風が当たりやすい壁面緑化は、乾燥が激しく、常に水分が不足気味で、定期的な灌水が必要になるが、十分な水分を確保しづらい②・③は乾燥に強いハイビャクシンなどが適している。

壁面に適した代表的なツル植物

常緑（半落葉）

カロライナジャスミン、スイカズラ、ツルマサキ、テイカカズラ、トケイソウ（暖地）、ピクノニア、ビナンカズラ、ヘデラ類

落葉

アケビ、キウイ、クレマチス、ツルアジサイ（寒冷地）、ツルウメモドキ、ナツユキカズラ、ノウゼンカズラ、ツルバラ、フジ

図5 壁面緑化の3タイプ

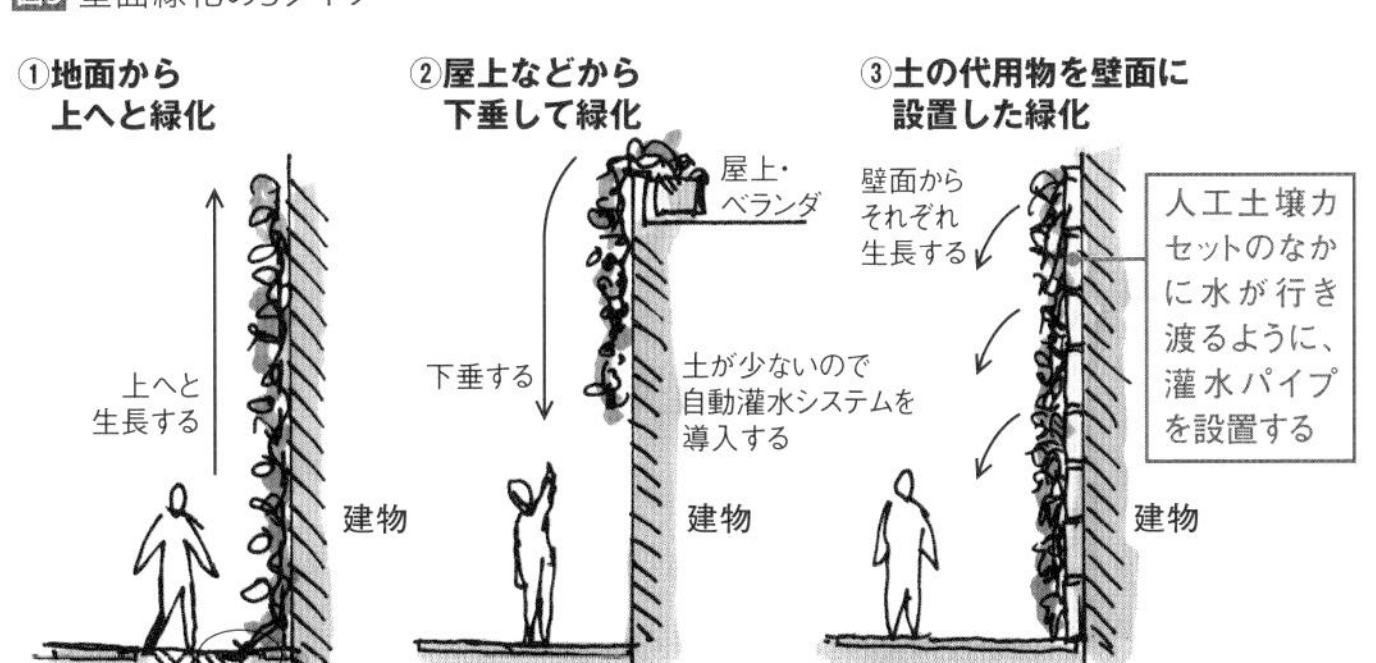

緑の一口メモ ギョリュウ　中国原産の落葉中高木。直立した幹からは盛んに枝が分かれ、細かい枝は秋に黄色くなり落ちる。春と秋の2回、枝先に桃色の1㎜ほどの小花がたくさん咲く｜セダム類　ベンケイソウ科マンネングサ属の多年草の総称。キリンソウやメノマンネングサ、ツルマンネングサなど｜ナツユキカズラ　つる性低木。全長15m程度。6～10月に白色の小花がたくさん咲く｜ノウゼンカズラ　全長3～10m。葉は7～9枚の小葉からなる羽状複葉。7～9月に漏斗形の黄橙色の花が房状に咲く｜ユッカ類　リュウゼツラン科イトラン属植物の総称。イトランやキミガヨランなど

パート4

緑の空間を生かすテクニック20

コニファーガーデンや北欧風の庭など個性ある庭をつくることは植栽デザインの醍醐味だ。シンボルツリーの選び方から野趣あふれる庭や棚を使った庭和風の庭のつくり方まで20の配植アイデアを紹介する。

シンボルツリーの選び方

シンボルツリーは、家や建物のシンボルとして庭の中心になる樹木である。敷地に余裕がなく、樹木を1～2本しか植えられないというケースは少なくない。象徴的な1本に何を選ぶかは、植栽をデザインするうえで非常に重要なポイントだ［**表**］。

シンボルツリーの選択は、樹姿や、花や紅葉などの季節の移り変わりを手がかりに、建築主が求める庭のイメージに合ったものを選ぶのが基本である。

樹姿が美しく絵になるような樹木を1本でも入れたい場合、コウヤマキやラカンマキ、カエデの園芸種などがよい［※1］。四季折々の変化が楽しめる庭にするならば、ヤマボウシ、サクラ類などが適している［※2］。

マツ類やタケ類など、縁起のよい樹木もシンボルツリーになる［※3］。また、建築主の名前にちなんだ樹木を入れたり、出身地の県木などや県花を取り入れるのも1つの手だ［※4］。

樹木は、玄関や門廻り、主庭の中心、あるいは屋上など、常に視線が向く目立つ場所に植える［**図1**］。そのときシンボルツリーが最も目立つことを意識して、周囲に植える樹種を選ぶことがポイントだ。ハナミズキのように花が美しい樹木をシンボルツリーに選んだならば、その周辺に同じ時期に花が咲く樹木は植えない［※5］。

表 シンボルツリーに合う樹木

分類	樹木
常緑針葉樹	アカエゾマツ、アカマツ、クロマツ、ゴヨウマツ、コウヤマキ、タギョウショウ、ドイツトウヒ、ラカンマキ
常緑広葉樹	オリーブ、キンモクセイ、ギンヨウアカシア、クスノキ、クロガネモチ、シマトネリコ、シラカシ、タイサンボク、モッコク、ツバキ類、ヤマモモ
落葉広葉樹	イロハモミジ、ウメ、エゴノキ、カツラ、コブシ、サクラ類、サルスベリ、シマサルスベリ、セイヨウトチノキ、ハナミズキ、ヒトツバタゴ、ヤマボウシ

図1 シンボルツリーの配置場所

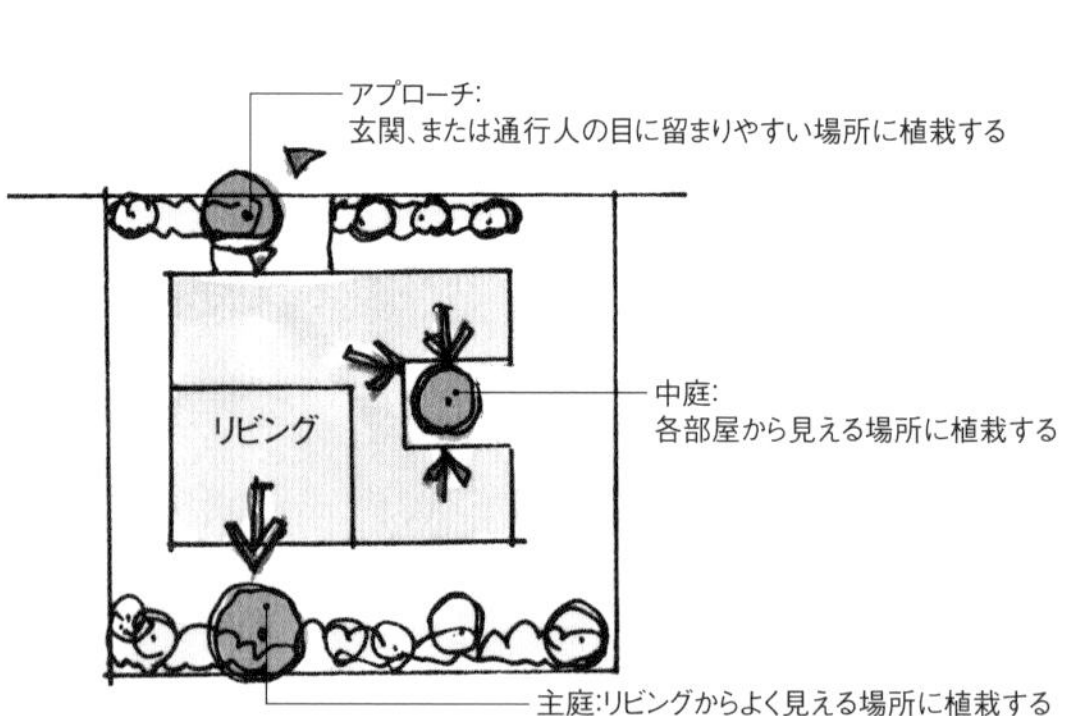

※1：樹姿に特徴のある樹木は116頁参照
※2：四季の変化が楽しめる庭は102頁（紅葉）・108頁（目立つ花）・120頁（目立つ実）などを参照
※3：縁起のよい木は147頁参照
※4：地方によっては、女子が生まれたらキリを植え、嫁ぐときにそれを材に嫁道具をつくったという話があるが、こうした伝承からシンボルツリーを選ぶのもよいだろう

図2 代表的な仕立て

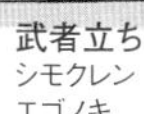

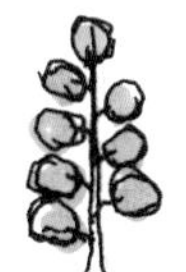

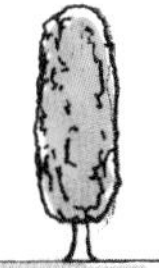

仕立て物で庭を飾る

日本庭園や伝統的な和風の庭づくりの技法に「仕立て」がある。仕立てとは、樹木を人工的に、自然樹形［※6］とは異なる形にしたもので、横枝を門にかぶせるように仕立てた門冠り（かぶ）や枝先の形を薄く平らな貝のように仕立てる貝作りなどがある［**図2**］。

仕立て物は、職人による剪定が必要で維持管理に手間がかかることや、和風のイメージが強いことから、最近、植栽に利用されることが少なくなった。しかし、葉を玉のように散らして仕立てる玉作りのように、幾何学的な印象を与える仕立ては、住宅の和洋を問わず用いることができる。

仕立て物を配置するときは、樹木を植えるという感覚ではなく、オブジェを配するようにデザインするとよいだろう。背景は、生垣でも緑地でも平坦に仕上げ、仕立て物の形の面白さが際立つようにする。また、管理しやすいように、仕立て物の周囲には隙間をつくることも忘れてはいけない。

トピアリーを楽しむ

和風の仕立て物に対して、西洋風の仕立て物といえるのがトピアリーである［**図2**、※7］。

イギリスやフランスの古い庭で見かけるものは、幼樹のときから何十年とかけて徐々につくりあげていくものだが、日本で見かけるものは、1本の大きな樹木を刈り込んだり、数本を寄せてつくったものが多い。また、針金などでフレームをつくってイタビカズラやヘデラなどのツル植物を絡ませるものもトピアリーの一種である。

トピアリーに向く樹種は、強剪定に耐える樹木である。イヌツゲのように葉や枝が細かく密に出るもののほうが形をつくりやすい。葉の色は、濃いほうが存在感が出る。

トピアリーは1つ置くより、数種類置いたほうがデザイン上の納まりがわかりやすい。たとえばウサギとカメなどを併設して、1つのストーリーをつくることもできる［**写真**］。

トピアリーは、形を維持するために定期的な管理が必要である。ただし、剪定に強いものは、少々間違って枝を落としても、時間が経てば直すことができる。建築主自らが剪定することを勧めてみるのもよいだろう。

写真 トピアリー

代表的な樹種
中高木
イチイ、イヌツゲ、モッコク、モチノキ、イヌマキ、カイズカイブキ、キャラボク、サザンカ、マメツゲ
低木
イタビカズラ、キャラボク、サツキツツジ

※5：シンボルツリーに何を植えるかが決まったら、実物を見て植木市場に行くようにしたい。図鑑やカタログで樹木を決めても、植栽する段階で想像したものと違うことはよくある
※6：自然樹形は116頁参照
※7：常緑針葉樹のイチイなどを用いて、幾何学的な円錐形、円筒形、台形などの形をつくる。チェスの駒などのオブジェや門柱、ゲートなど、庭の工作物を模したものが多くある。アミューズメント施設でキャラクターに似せてつくったものを見かけるように、トピアリーは楽しい雰囲気の庭をつくる場合にもよく用いられる

コニファーで庭を造形する

コニファーはコーンを付ける常緑針葉樹の総称である［※1］。コニファーだけで構成するコニファーガーデンは1年を通してほとんど見た目に変化がないが、緑が少なくなる冬に魅力を増す。

コニファーの一番の魅力は、自然樹形の美しさである。細いものや太いもの、丸や三角、枝垂(しだ)れる、地面を這うものなど、多様な木姿は、あたかも剪定したような造形美を持つ［**図1**］。

葉の色も緑の濃淡だけでなく、ニオイヒバヨーロッパゴールドのように黄色を帯びたものや、ジュニペルスブルーヘブンのように青味がかったものなど、さまざまである。

そのため配植は、形の構成だけでなく、色の構成も併せて考え、パズルのように組み合わせながら、立体的な庭としていくことがポイントだ［**図2**］。

なお、コニファーは生長がやや遅く、落葉もそれほど頻繁ではないため、手入れが比較的楽である［※2］。ほとんどのコニファーは、日光を好み、蒸れるような湿度を嫌うため、日当たりがよく、風通しのよい場所を選んで植える。

壁や垣根を果樹でつくる

果樹を垂直か水平方向に平らに仕立ててつくる壁や生垣を「エスパリア」という［※3］。枝を曲げたり伸ばしたりすると実が付きやすくなる果樹の特性を利用したものだ［※4］。平らに仕立てることで葉が効率よく日光を受けられるなど、エスパリアは果樹植栽の合理的な手法といえる。

果樹であれば種類は問わないが、特にリンゴなど大きい実が見映える。葉が日射を多く受けやすいように、南面に向けて配植するのがポイントである。

生垣の場合、果樹を支柱の間に植えて、主幹と支柱との間隔をそれぞれ500～800㎜程度とる［**図3**］。植栽後の剪定や誘引のためのスペースを確保するため、隣り合う果樹の幹間は、生垣の高さと同じくらい離れるようにする。

代表的な樹種
中高木
アンズ、イチジク、ウメ、カキノキ、カリン、キンカン、ナツミカン、ヒメリンゴ、マルメロ、リンゴ
低木・地被
クサボケ、ユスラウメ

図1 コニファーの樹形と代表的な樹種

円錐形（広・狭）

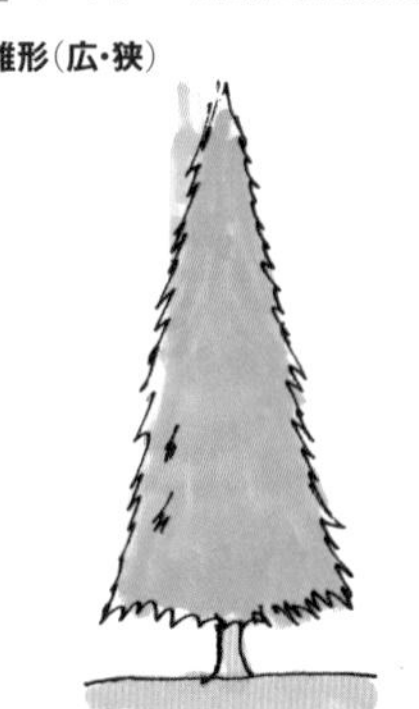

アカエゾマツ、イチイ、コノテガシワエレガンテシマ、サワラ、ジュニペルスブルーヘブン、ニオイヒバグリーンコーン、ニオイヒバヨーロッパゴールド、ヒノキ、プンゲンストウヒホープシー、レイランドサイプレスなど

狭円錐形（ペンシル形）

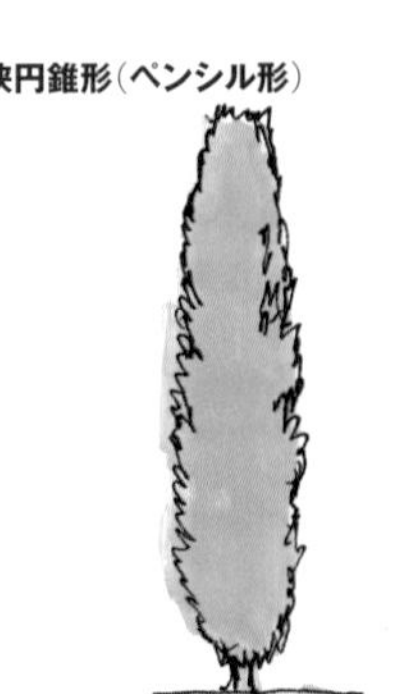

イタリアンサイプレス、ジュニペルススエシカ、ジュニペルスセンチネル、ヨーロッパイチイファスティギアータ、ネグンドカエデオーレオマルギナタムなど

半球形・球形

キンキャラ、ニオイヒバゴールデングローブ、ニオイヒバダニカ、ニオイヒバラインゴールド、プンゲンストウヒグロボーサなど

匍匐（ほふく）形

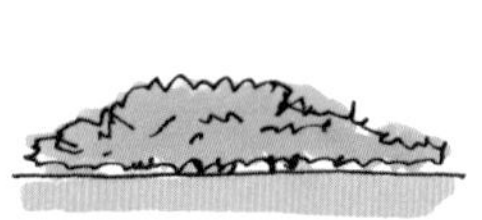

ジュニペルスゴールドコースト、ジュニペルスブルーパシフィック、ミヤマハイビャクシンなど

図2 コニファーガーデンの配植例

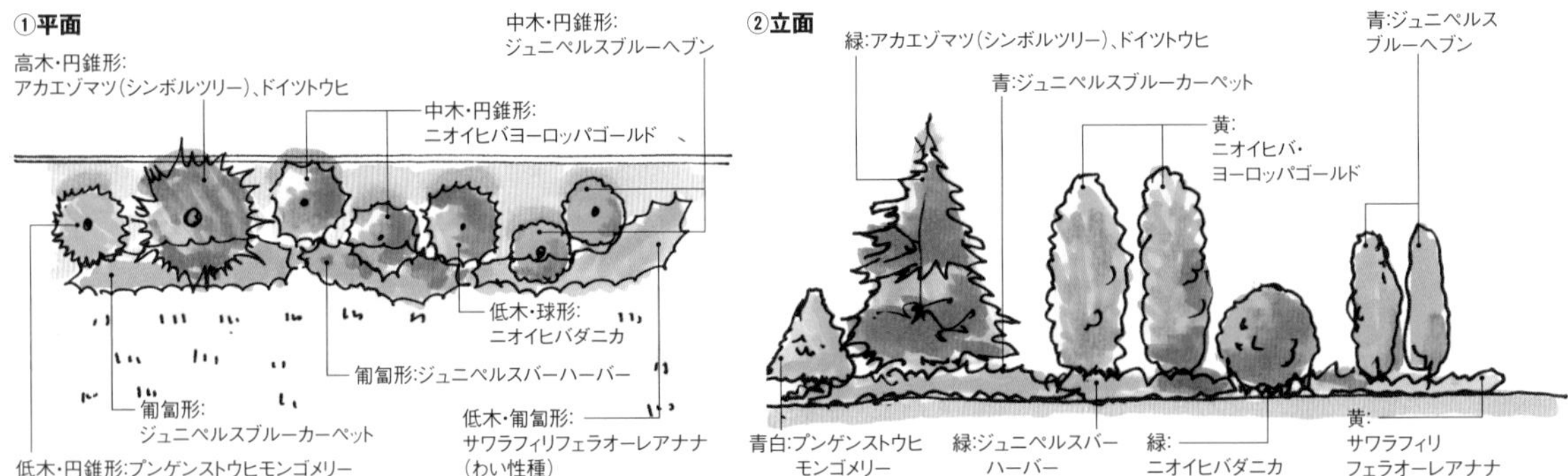

※1：マツボックリなど球果（cone）を付ける針葉樹を指すが、一般にイタリアンサイプレスやニオイヒバヨーロッパゴールドなどの欧米の樹種を意味することが多い｜※2：手間がかからない庭は129頁参照｜※3：エスパリアは、本来果樹の生垣を指す言葉。ただし、現在は果樹だけでなく、平面的に仕立てた生垣をエスパリアと呼ぶことが多い｜※4：樹木は自然の姿を矯正されると、自らの存続の危機と感じ、実を多く付ける｜※5：樹木の利用のされ方にも物語がある。ケヤキによく似たエノキは、遠くからもよく目立つ樹形になるため、江戸時代、一里塚によく植えられた｜※6：ナンテンは、中国の南部に生育している植物という意味から名づけられたという

図3 エスパリアの配植例

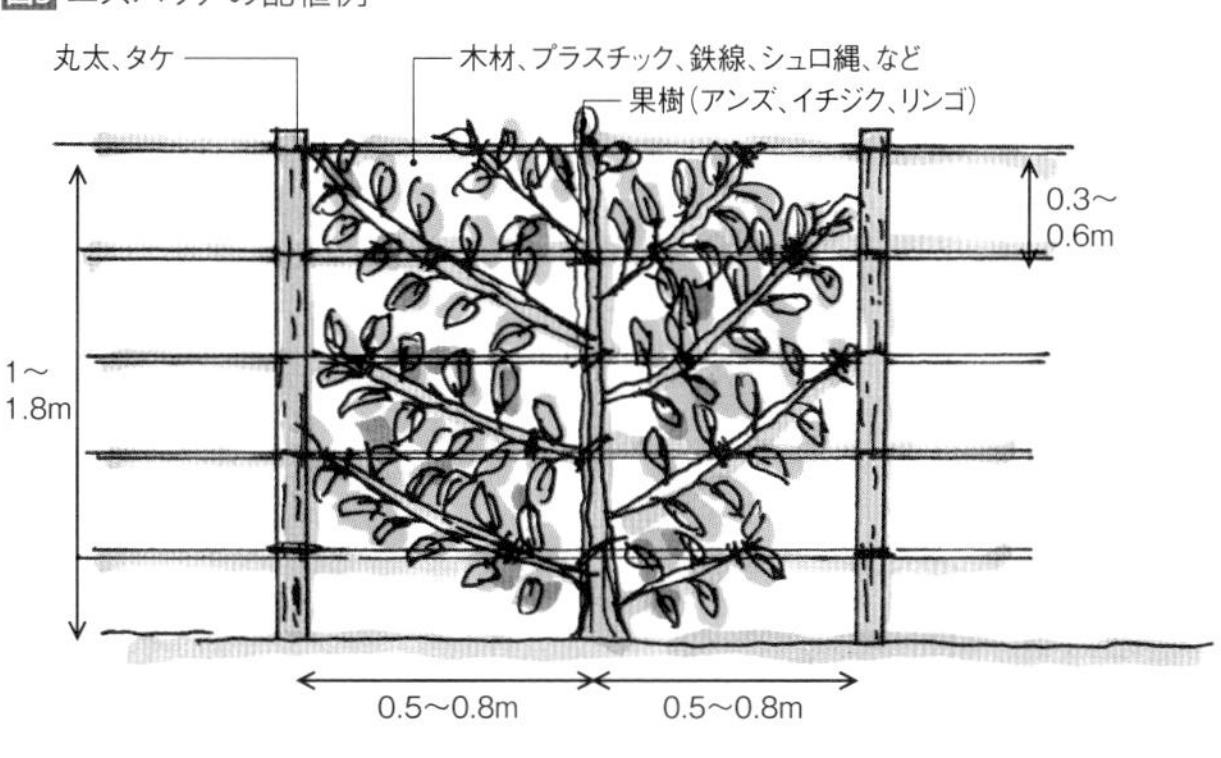

図4 棚の配植例

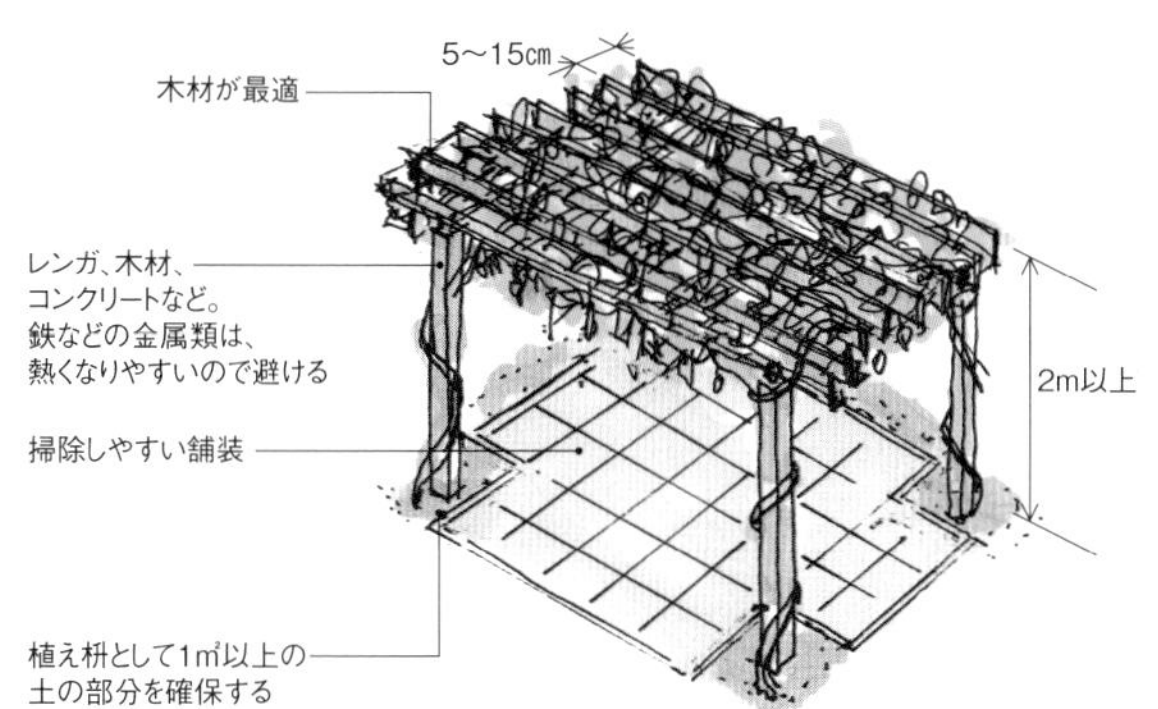

用途の広い棚を楽しむ

フジのようなツル植物を楽しむ手法の1つに棚がある［**図4**］。棚の木陰にベンチやテーブルを置き休憩スペースとしたり、ガレージ代わりにしたりすることを希望する建築主も少なくない。

棚は植物のツルを絡ませてつくるが、自然に任せるだけではなかなか思ったような形にならない。棚の桟の間隔が5㎝くらいの場合、植物は自らツタを絡ませることができ、誘引の手間が少なくて済む。しかし、10㎝を超えると、人の手による誘引が必要となる。

樹種選定は、棚の利用方法で変わってくる。たとえば、夏の日除けとする場合、落葉樹が適している。常緑樹でもかまわないが、一般にツル植物は、成長が早く、すぐに鬱蒼と茂ってしまうので、棚の下が暗くなりすぎるおそれがある。

植栽密度は、棚面積5㎡当たりに1株あれば十分だ。ただしこれでは、植栽当初は密度が低くさびしい印象になるかもしれない。後々の手間がかかるが、1㎡に1株程度で植栽し、数年後に間引くという手法もある。

棚の下は、樹液や蜜、花殻、落葉、そして植物に集まってくる虫や鳥の糞などが落ちてきて、案外汚れるものである。このことを考慮して、棚の下の利用法を決めるとよい。

棚に用いる代表的な樹種
果樹・野菜
アケビ、キウイ、ニガウリ、ヒョウタン、ヘチマ、ブドウ、ムベ
花木
キングサリ、ツキヌキニンドウ、ナツユキカズラ、ブーゲンビリア（亜熱帯）、フジ

物語のある木で庭をつくる

普段、何気なく選んでいる樹木が、実は面白い物語や由来をもっていることがある［**表**］。木が持つ物語を知っておくと、それを活用して配植し、建物や庭のシンボルとしたり、縁起を担いだり、ときには、縁起の悪い樹種を避けることができる。

樹木には、専門家が世界共通で用いるラテン名（学名）のほかに、その国やその地域だけで通じる名前がある。こうした名前は、植物の花や葉の姿形や性質、自生している場所などに由来するものが少なくない［※5］。

たとえばトベラは、葉や茎に臭気があり、かつて厄除けとして枝を扉に挿したことが名の由来（トビラノキ）だが、これにあやかり、玄関廻りに配植するのもよいだろう［**10頁写真**］。

名前から縁起を担ぐものは、正月飾りに用いられるセンリョウやマンリョウなどがある。共に名前に「リョウ」があり、お金の「両」を連想させるため、転じてお金が入ってくる縁起のよいものと考えられてきた。ナンテンも「難を転じる」と読むことができ、縁起物の1つとして庭木で使われる［※6］。

一方、ツバキは、花びらがすべて付いたまま花が落ちるため、「首落ち」を連想させるやや不吉なものと考えられてきた。花がきれいでも使用を嫌がる建築主もいるので注意する。

表 縁起物として扱われる木

植物名	物語
トベラ	葉や枝に臭気があり、厄除けとされる
ヒイラギ	トゲがあり悪気を祓うとされる
ナンテン	難を転じるということから
ユズリハ	新芽が出るまで古い葉が残るため、家督をうまく譲ることができるので、子孫繁栄に繋がるとされる
センリョウ、マンリョウ、ヤブコウジ（イチリョウ）	通貨「両」と音が通じ、転じて金が入るものとされる。同じヤブコウジ属のカラタチバナを「百両」、ヤブコウジを「十両」と呼ぶ
アリドウシ	センリョウ、マンリョウと併せ、「千両、万両がいつもある（あり通し）」

緑の一口メモ クサボケ　落葉低木。ボケに似た花が咲く。ナシに似た黄色の実を付けることから「ヂナシ」とも呼ばれる｜マルメロ　西アジア〜コーカサス地域原産の落葉中高木。カリンに似た実が付く。未熟な果実は白色の軟毛で覆われる。5月ころに淡いピンク色を帯びた白い花が咲く

庭にシバを植えるコツ

シバは、大きく分けると「夏型シバ」と「冬型シバ」の2種類ある。夏型シバは、ノシバやコウライシバ［※1］などを指し、夏は緑色で冬は枯れる。一方、冬型シバは、夏の暑さに弱く冬に緑色になるシバで、コロニアルベントグラス［※2］やケンタッキーブルーグラス［※3］などがある。どの季節に緑をより見せたいかを考えて選択するとよい［※4］。

夏型・冬型共に、日照を好むため、半日以上日陰になるような場所に植栽すると生育不良で枯れる。植栽する場所は、十分な日当たりが確保できる場所とする［**図1**］。

シバは、ある程度踏み付けられても問題はない。ただし、通路など、常時踏み付けられるような場所では、踏み圧で根が傷み枯れてしまうので、植栽は避ける。

図1 シバが育つ環境

①育ちやすい環境

N

屋上や軒のないベランダ

建物

庭

半日陰以上に日が当たる場所

②育たない環境

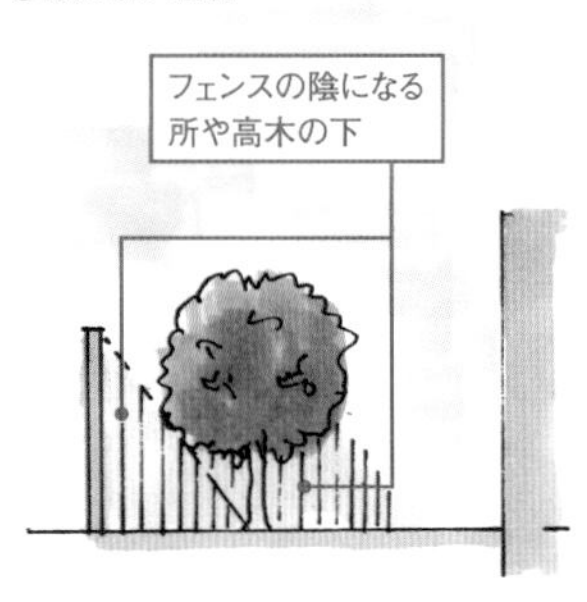

代表的な品種
夏型
ウィーピングラブグラス、ギョウギシバ、コウライシバ、セントオーガスチングラス、ノシバ、ティフドワーフ、バッファローグラス、バミューダグラス、ヒメコウライシバ
冬型
クリーピングベントグラス、ケンタッキーブルーグラス、コロニアルベントグラス、ファインフェスク

シダを使った庭のデザイン

シダは、和風の庭でよく使われる。高木の足元や景石の添えとして植栽すると野趣のある雰囲気の庭をつくることができる［**図2**］。

シダにはさまざまな種類がある。柔らかい雰囲気のイノモトソウ［※5］や、やや硬い印象のベニシダ［※6］、色が濃く硬い印象のヤブソテツ［※7］の3種は丈夫なシダである。一方、クジャクシダ［※8］は繊細でやや弱い。クサソテツ［※9］は、ボリュームがあり密植すると低木のように扱える。コケのように地面を這うクラマゴケ［※10］もシダ類である。また、沖縄で低木のように利用されるタマシダ［※11］は、南国風なイメージの庭にも合う。ジュウモンジシダ［※12］は国内に広く自生する丈夫な品種だが、庭の和洋を問わず、使うことができるだろう。

シダは、湿気の多い日陰に植栽するものだと思われがちだが、日当たりがある場所にも植えることができる。また、水分を好むが、窪地など水が滞る場所は嫌うので、水を切らさず溜めずという状態が続くような環境とする。

図2 シダの植栽

①配植例

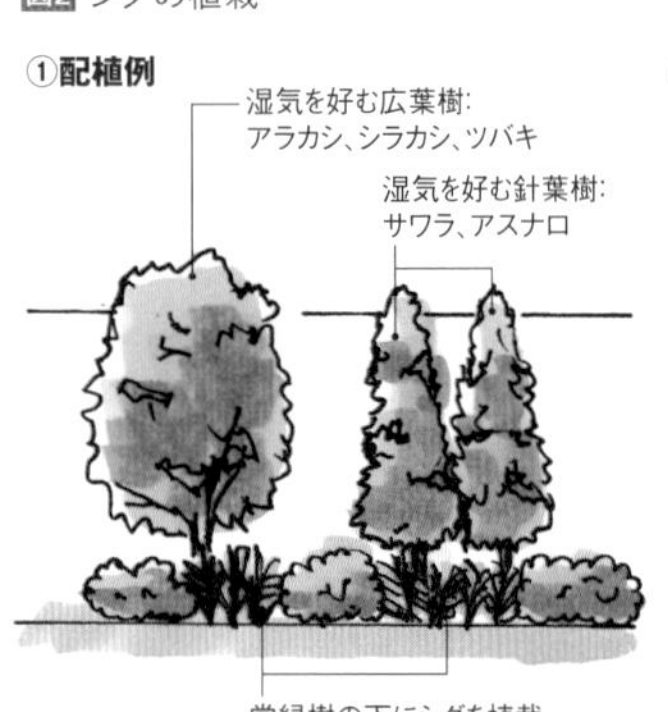

②育ちやすい環境

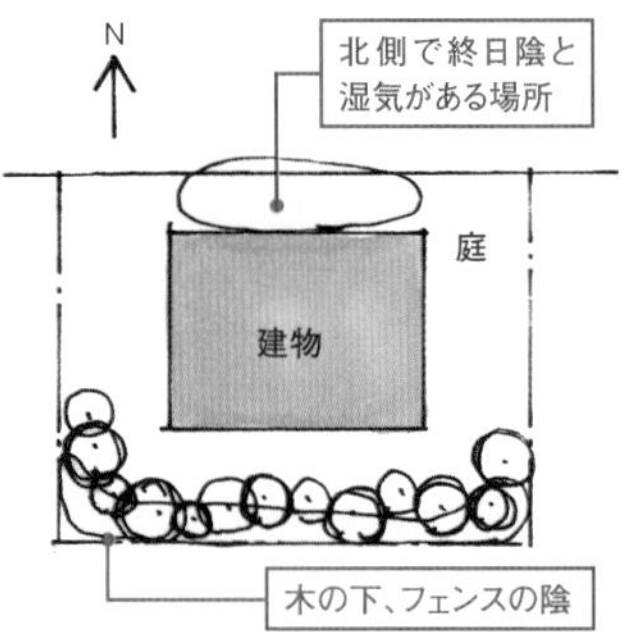

代表的な品種
イノモトソウ、クサソテツ、クジャクシダ、クラマゴケ、ジュウモンジシダ、タニワタリ［熱］、タマシダ［熱］、ハコネシダ、ベニシダ、ヤブソテツ

※［熱］は、室内か沖縄の屋外に向くもの

コケが育つ庭の条件

コケもシダと同様に和風の庭特有の素材だが、庭の空気中の湿度が減少するとすぐに状態が悪くなるなど、庭の条件によって生育が左右される。また、植栽後の管理にも非常に手間がかかる。

コケが美しい緑色なのは、水を含み茎葉が膨らむからで、乾くと茎葉が閉じて茶色に見える［※13］。したがって、庭に常に湿気があるような環境が望ましい。スナゴケ［**写真**］などは、屋上庭園などにも使える。日当たりのよい場所でも育つ種類もあるが、多くは半日陰から日陰を好む。土壌のpHにも敏感で、多くは弱酸性を好み、塩素の強

※1：ノシバよりも丈や葉が小さめで密な緑になり、刈り込み回数が少なく済む。ノシバに比べて寒さに弱い｜※2：青みがかった葉を持ち、ゴルフ場などでよく利用される｜※3：濃緑の葉色を持つ。初期の生長は遅いが、耐病性が強い｜※4：シバをきれいに保つためには、刈り込みや目土かけ、雑草とり、施肥など、植栽後の管理が重要になる｜※5：イノモトソウ科イノモトソウ属。東北南部以南～沖縄で植栽が可能｜※6：オシダ科オシダ属。新芽は全体的に紅色を帯びる｜※7：シダ植物門オシダ科に属する植物の総称｜※8：ワラビ科アディアンツム属。葉がクジャクの羽に見えることが名の由来｜※9：オシダ科クサソテツ属。九州以北の山野に広く自生｜※10：イワヒバ科イワヒバ属。樹陰地のグランドカバーによく使われる

い水道水を嫌う。

代表的な品種
ウマスギゴケ、オオスギゴケ、カサゴケ、スナゴケ、ハイゴケ、ヒノキゴケ

タケを使って庭をつくる

タケは、狭い空間でも効率的に緑化できるため、住宅でもよく使われる素材である。一般に使われるタケは、モウソウチクとマダケで、これらは植栽時から高さ7m前後あり、2階の窓からも葉を観賞できる［※14］。モウソウチクよりもボリュームを抑えたい場合は、クロチクやダイミョウチク、シホウチク、ナリヒラダケ、ホウライチクなどを使うとよい［※15］。

タケは、稈（かん）に直射日光が当たるのを嫌う一方で、葉は日光を好むため、真上から光が当たるような中庭が生育環境として適している。ただし、風が抜けないとカイガラムシなどが付くので注意が必要だ［**図3①**］。

タケは、根が広がるため、植栽を敬遠されることもあるが、地面から1m程度の深さまでをコンクリートなどで遮る仕組みをつくれば広がる心配は少ない［**図3②**］。

写真 スナゴケ

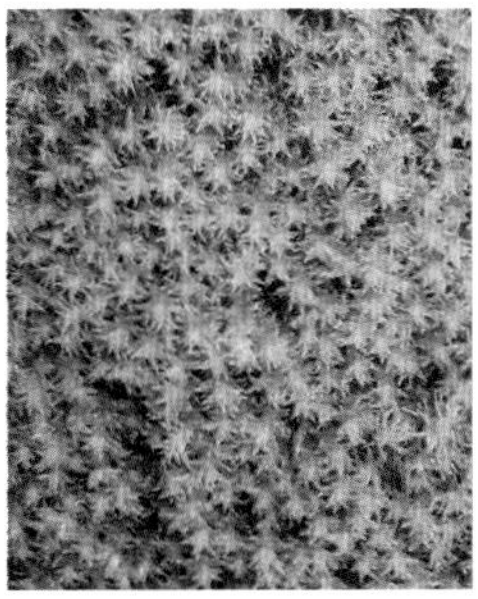

ギボウシゴケ科。日当たりのよい砂質の土を好む

代表的な品種
キッコウチク、キンメイモウソウチク、クロチク、シホウチク、シュチク、ナリヒラダケ、ハチク、ホウライチク、ホテイチク、マダケ、モウソウチク

図3 タケの植栽

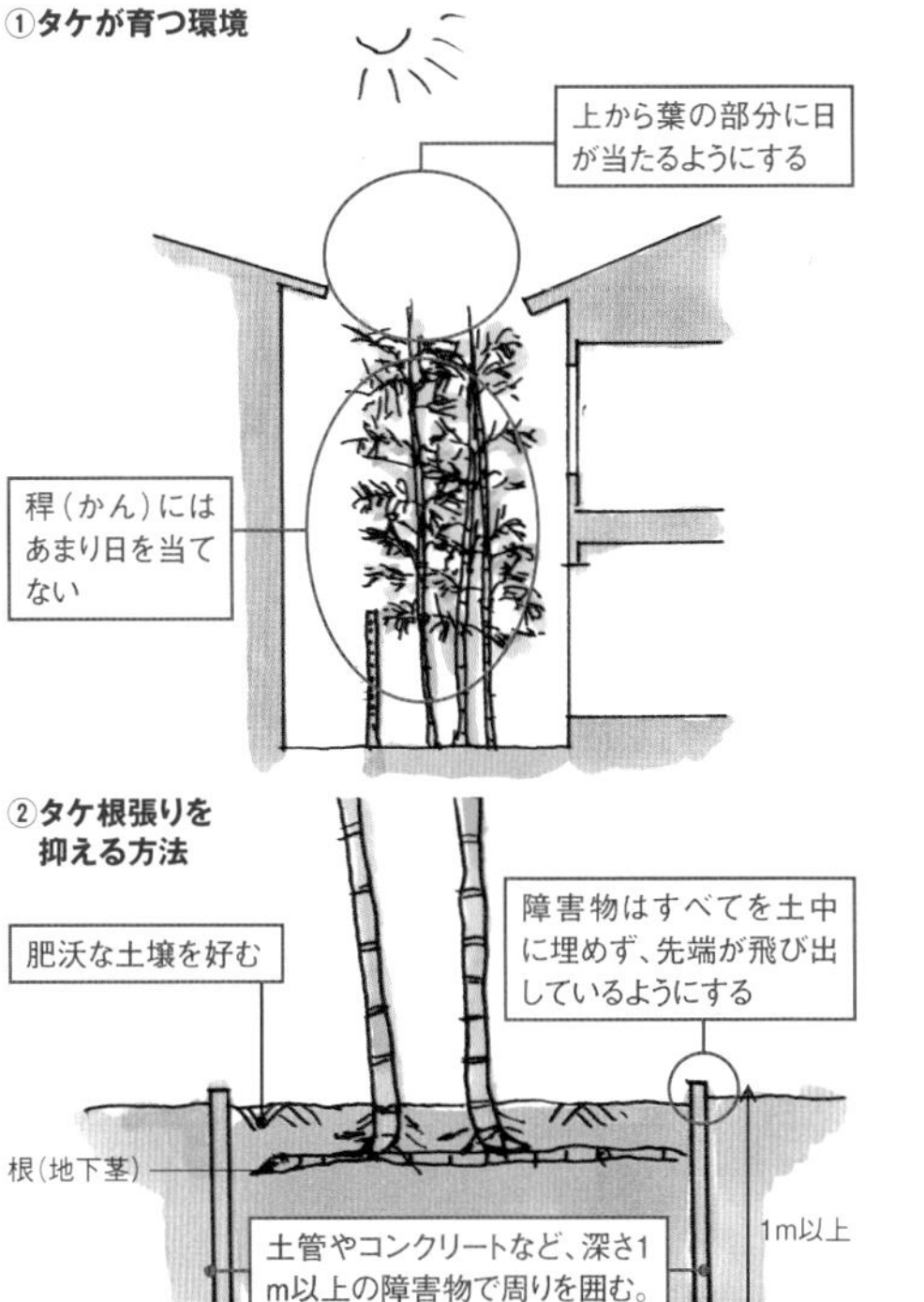

①タケが育つ環境
上から葉の部分に日が当たるようにする
稈（かん）にはあまり日を当てない
②タケ根張りを抑える方法
肥沃な土壌を好む
障害物はすべてを土中に埋めず、先端が飛び出しているようにする
根（地下茎）
土管やコンクリートなど、深さ1m以上の障害物で周りを囲む。孔があいているものは避ける
1m以上
1株当たり1m以上

地面や壁面にツタを這わす

ツタの種類は、大きく落葉と常緑の2タイプがある。落葉タイプはナツヅタで、秋に紅葉する。また、このタイプは、潮風にも比較的強く、半日陰でも育ち、先端に吸盤のある巻きひげで付着して成長する。

一方、常緑タイプは、ヘデラ類［※16］などが該当する。葉の形や色はさまざまで、日陰や乾燥に対して強く、グランドカバーや壁面緑化などで使われる。

ツタは生長がとても早く、特にナツヅタは生育条件が揃うと1年で5mくらい伸びる。ただし、ナツヅタ、ヘデラは萌芽力があり 剪定で生長をコントロールできる。

ツタは、壁面に這わせると、上だけでなく下にも伸びるため、大きく広く生長させたい場合、地面の面積を多く確保する。植栽の密度は、早期緑化したい場合、15～20cm間隔で、それ以外は30cm～100cm間隔でよい［**図4**］。

代表的な品種
キヅタ、ヘデラカナリエンシス、ヘデラヘリックス、ヘデラヘリックスグレーシャー、ヘデラヘリックスゴールドハード、ナツヅタ

図4 ツタの植栽

①地面との関係
上に伸びた分、根も伸びる
広い面積を緑化する場合、根が土に張り巡らされるようにする
②開口部の植栽
ツタや虫が室内に入らないよう、開口部廻りは剪定する
幹間は30cm以上離す

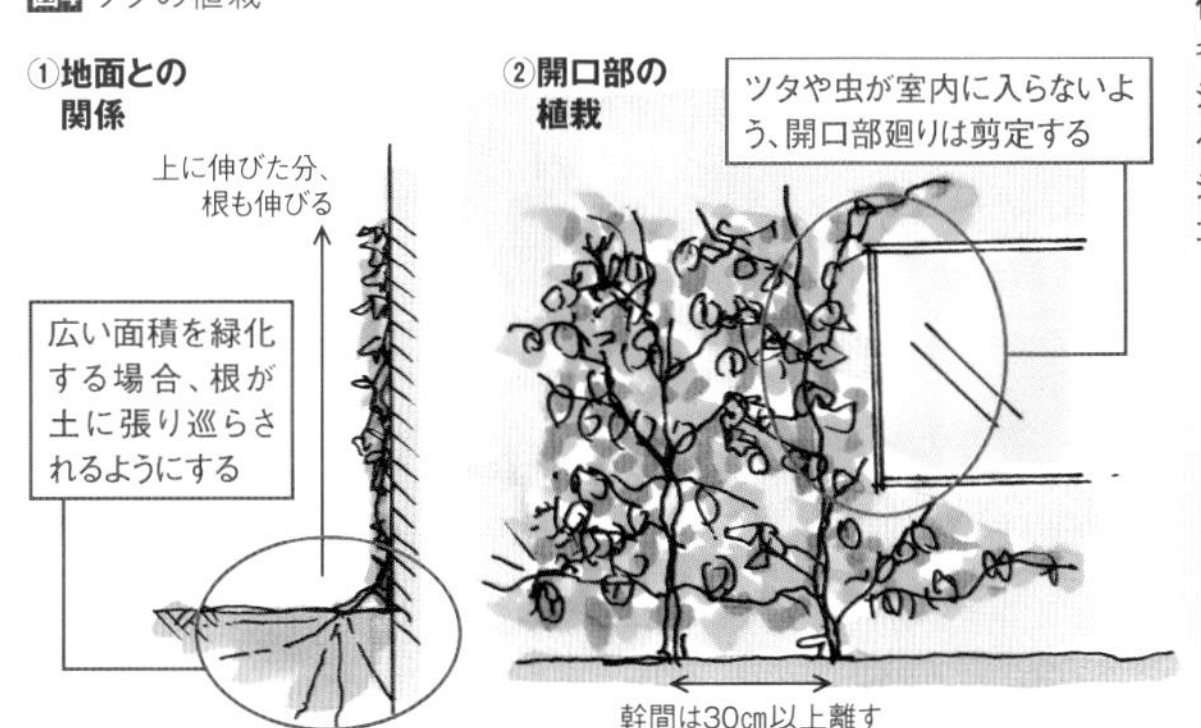

※11：マシダ科ネフロレピス属。日本南部に自生｜※12：オシダ科イノデ属。北海道から九州に自生する。温暖地では常緑。葉が十文字に見えることが名の由来｜※13：頻繁に膨らんだり、閉じたりする環境では枯れる｜※14：タケは、1年で6mくらい伸びるが、1本の寿命は短く7年程度で枯れるため、枯れたものから根際で切り倒すことになる。株自体の寿命は30〜60年｜※15：熱帯性のタケはバンブーといい、タケノコが四方八方に伸びる地下茎タイプではなく、株自体が膨らむように増える。ホウライチクなど｜※16：ヘデラ属には、コルシカ、カナリエンシス、ヘリックス、キヅタの4種があるが、そのうち、日本原種のキヅタを除いたものの総称がヘデラ類である

小鳥が遊ぶ庭をつくる

庭に果樹や花木があると、餌台などを特に設置しなくても、メジロやヒヨドリなどの鳥が飛来する。「ウメにウグイス」というように、鳥が庭木で遊ぶ姿は、昔から親しまれてきた景色だ。

鳥は、ウメやエゴノキ、サクラなど、花や実がきれいに付く樹木を好むので、鳥を庭で遊ばせるには、これらを日当たりのよい場所に植える［※1］。人が容易に近づける環境だと鳥が警戒するので、下木を入れるなどして、普段から人が樹木に近づかないような工夫も必要である。小動物がよく通る場所の近くも植栽を避けたほうがよい［**図1**］。

鳥は、花や実を食べるだけでなくフンも落とす。実がなる樹木は、枝が物干し場やベランダに届かない程度離して配植する。また、フンの被害は近隣住居にも影響が出るので、この点も配慮したうえで植えるようにしたい。

代表的な樹種
中高木
アカマツ、ウメ、ウメモドキ、エノキ、エゴノキ、カキノキ、クロガネモチ、クサギ、サクラ類、ジューンベリー、ソヨゴ、ハゼノキ、マグノリア類、ヤマボウシ
低木・地被
アキグミ、アケビ、ウグイスカグラ、ガマズミ、ツルマサキ、ニシキギ、ノイバラ、ヒサカキ

図1 果樹の配置の注意点

野趣あふれる庭をつくる

庭を野趣のある雰囲気にするには、樹木を等間隔・左右対称・直線など規則的にならないよう配置する［**図2**］。

樹木は、園芸品種ではなく、野山に自生するものがよい。代表的な中高木は、クヌギやコナラ、イヌシデ、アカシデで、これにマユミやエゴノキ、ムラサキシキブなどを混ぜ入れると、関東の武蔵野の雑木林のような雰囲気を出せる［**図3**］。

高木は、直幹形よりも株立ち［※2］のものを使い、低木はウツギやヤマツツジを、地被はヤブランやキチジョウ

図3 雑木林のような配置

①平面

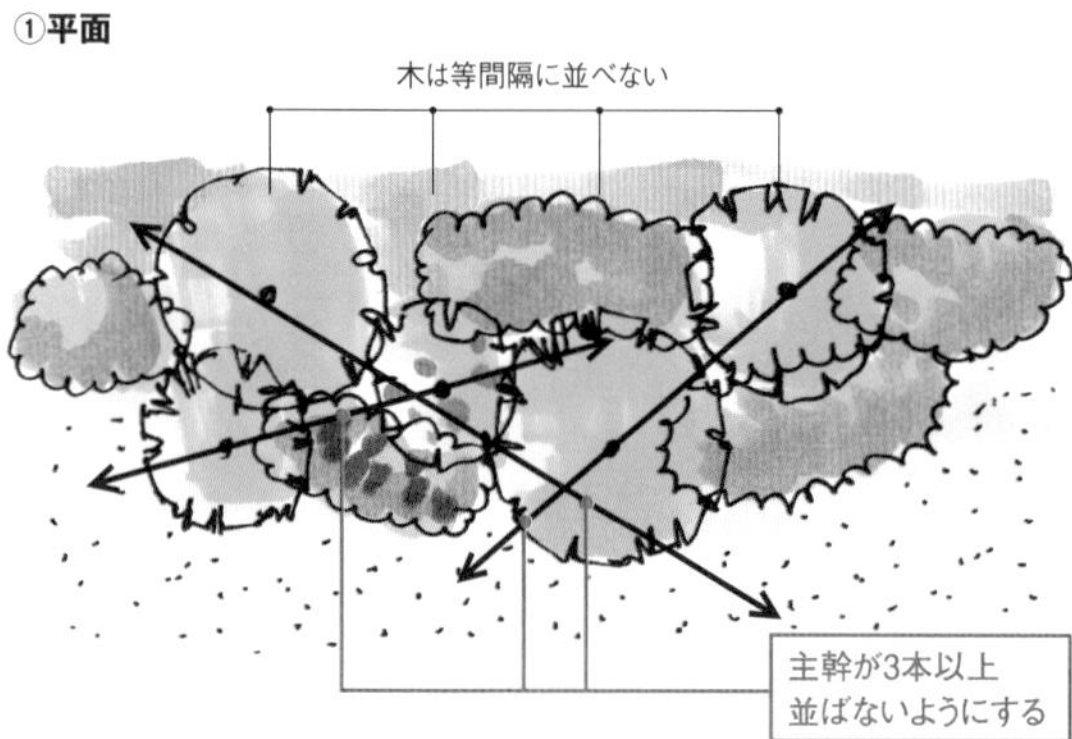

②立面

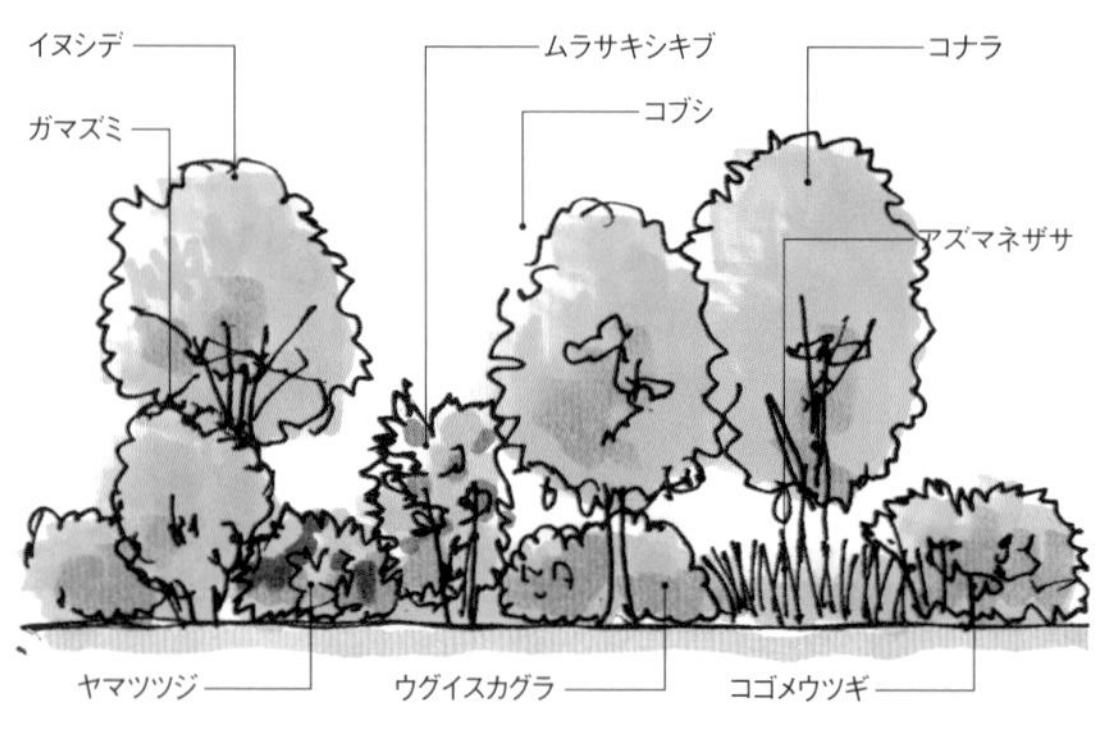

図2 樹木の人工的な配置と野趣な配置

①人工的な配置

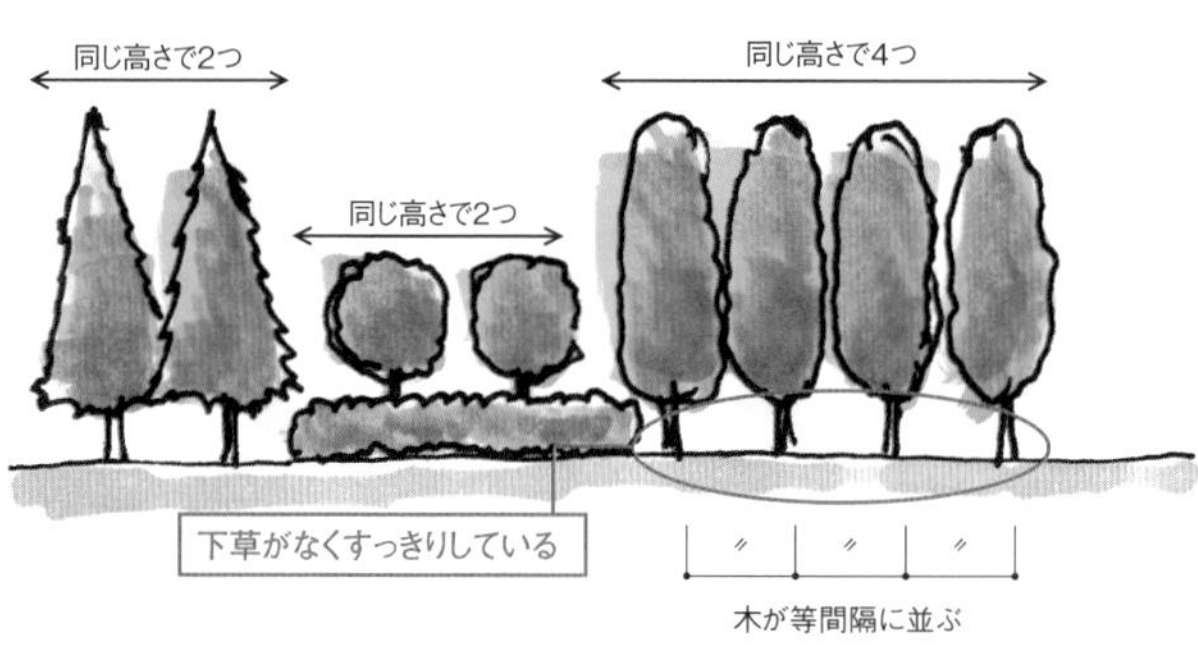

②野趣のある配置

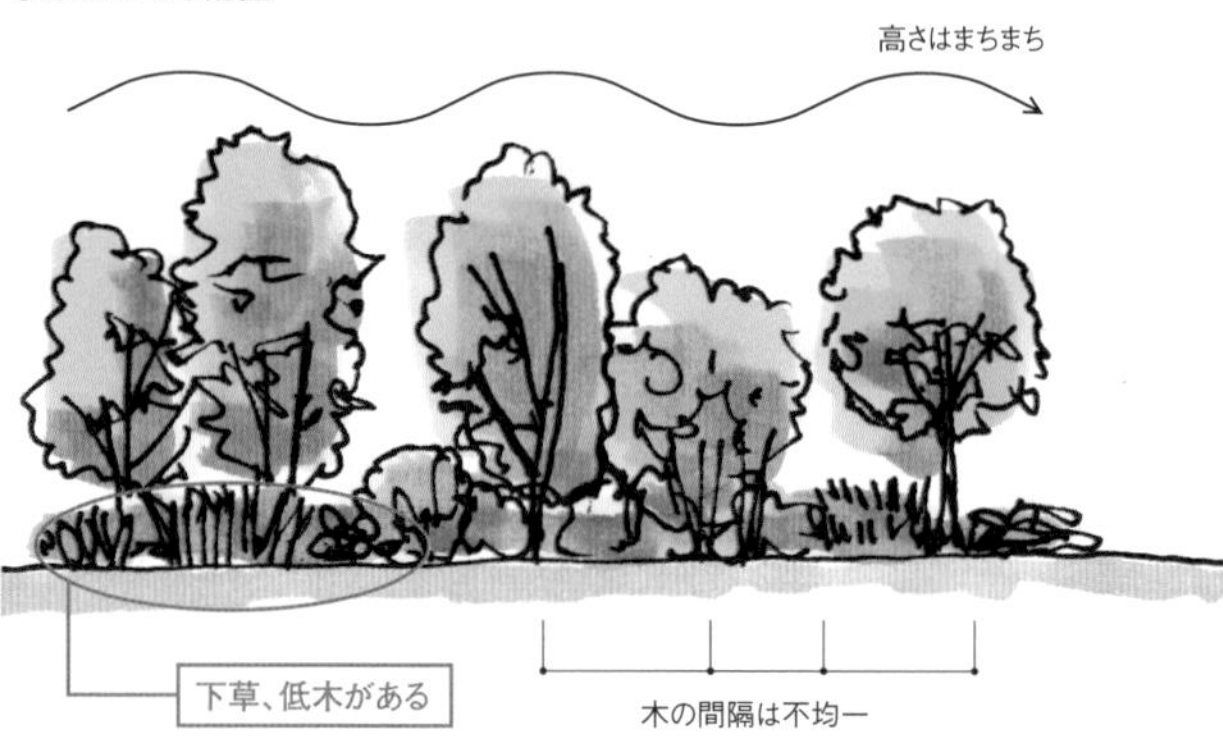

※1：実のなる木は120頁参照
※2：直幹形と株立ちは117頁参照
※3：スズラン科キチジョウソウ属。常緑多年草。半日陰地を好み、8～10月に淡紅紫色の花を付ける。晩秋には赤い実が付く
※4：常緑のツツジは、マツやカエデ以上に和風を感じさせる樹木である。欧州では、低木の常緑樹で花が咲くものがあまりなく、庭木で目にすることがない

ソウ［※3］、ササ類をそれぞれ入れると、足元まで雑木林に見える。樹木のボリュームは、高木3本くらいを中心に、中木、低木を組み合わせるとよい。

枝は抜くように剪定し、刈り込みは避ける。また、花は、バラやムクゲなど、派手で大きいものは人工的な感じになるため避ける。

代表的な樹種
中高木
アカシデ、イヌシデ、エゴノキ、クヌギ、コブシ、コナラ、ナツツバキ、ムラサキシキブ、ヤマボウシ、ヤマザクラ、リョウブ
低木・地被
ウツギ、オトコヨウゾメ、ガマズミ、キチジョウソウ、コゴメウツギ、シャガ、マルバウツギ、ヤマブキ、ヤマツツジ、ヤブラン

図4 和風の庭の配植例

①樹木の配置

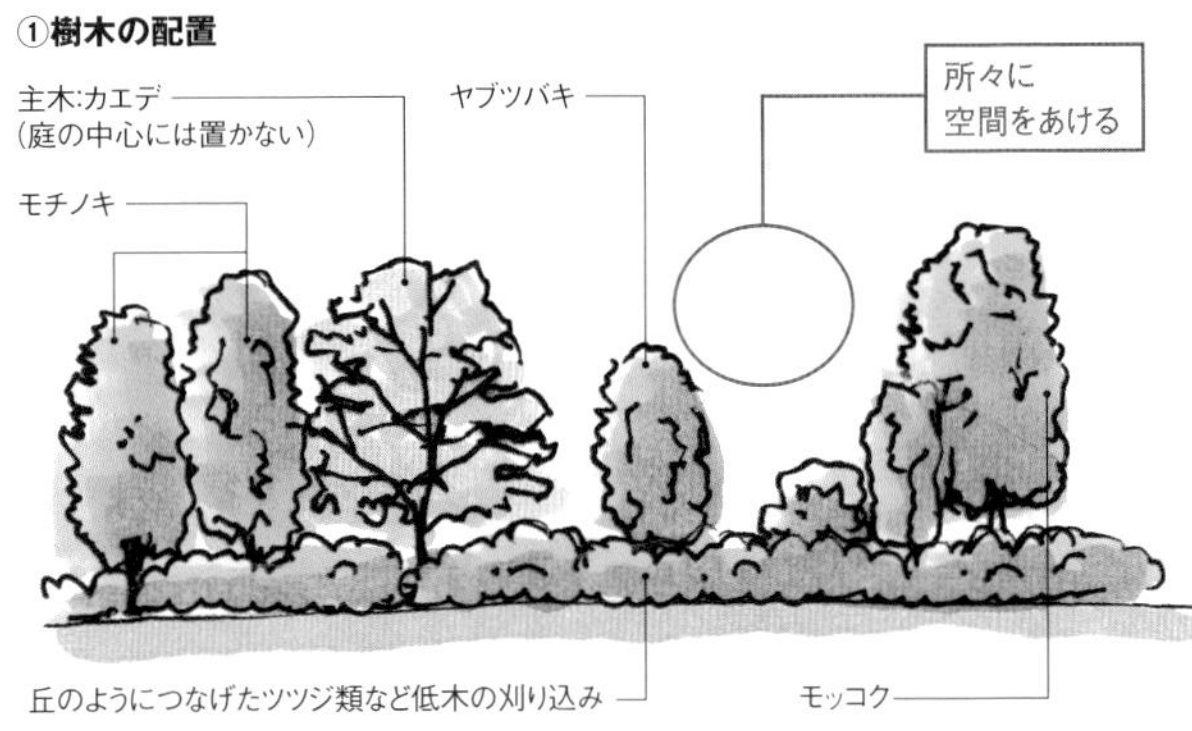

常緑樹主体で不均一に配植する

②添景物の配置

灯籠
景石

灯籠や景石などの添景物を配置すると、さらに和風の雰囲気が増す

和風の庭をつくるコツ

野趣のある庭も、ある意味、和風の庭だが、モミジやマツ、ツツジなどの樹木を用い、石や灯籠などの添景物を配置した伝統的な庭も根強い人気がある。こうした庭は、カシなどの常緑樹を中心に、春にはツツジ類、秋にはカエデなどの紅葉する樹木で構成する。

モッコクやモチノキ、シラカシ、アラカシなどの高木で緑の背景をつくり、紅葉するカエデ類を主木として手前に配置する。主木は、左右対称を避けるため、庭の中心に置かない。野趣あふれる庭と同様に、樹木の間隔をばらつかせ、横の線は揃えない［**図4**］。

対で樹木を並べる場合、樹高を変えて変化をつける。同じ樹種や同じ大きさのものは、偶数で並べると不自然な印象になるので避ける。

低木は、サツキツツジやキリシマツツジ、クルメツツジなど、常緑で葉の比較的小さいツツジを刈り込んで、丘のようにつながる形にするとよい［※4］。ツツジの代わりにヒサカキやチャノキなどを使ってもよい。

代表的な樹種
中高木
アカマツ、イマヌキ、アラカシ、イロハモミジ、ウメ、サカキ、サザンカ、シダレザクラ、シラカシ、モチノキ、モッコク、ヤブツバキ
低木・地被
カンツバキ、キャラボク、キリシマツツジ、サツキツツジ、チャノキ、ナンテン、ヒサカキ、ヤブコウジ

和洋の庭を連続させる

125頁では、和洋のどちらの部屋から眺めても違和感のない庭のつくり方について述べた。ここでは和風の庭と洋風の庭を連続させる方法を紹介する。

ポイントはつなぎとなる中間部分をどのように配植するかである［**図5**］。

中間部分の樹木は、低木や野草、シバなど、和洋どちらでも合うものを基本構成とする。建物近くは、低木や中木で隠し、緩やかに区切りを付ける。

庭の背景木の接続部分は、常緑樹を多めに入れると、2つの庭を同時に眺めても違和感なくつながる。

代表的な樹種
中高木
エゴノキ、クロガネモチ、サンシュユ、シラカシ、ツリバナ、ナツツバキ、マユミ、モッコク、ヤマボウシ、ヤマモモ
低木・地被
シバ、 フイリヤブラン、フッキソウ

図5 連結する和風と洋風の庭の配植ポイント

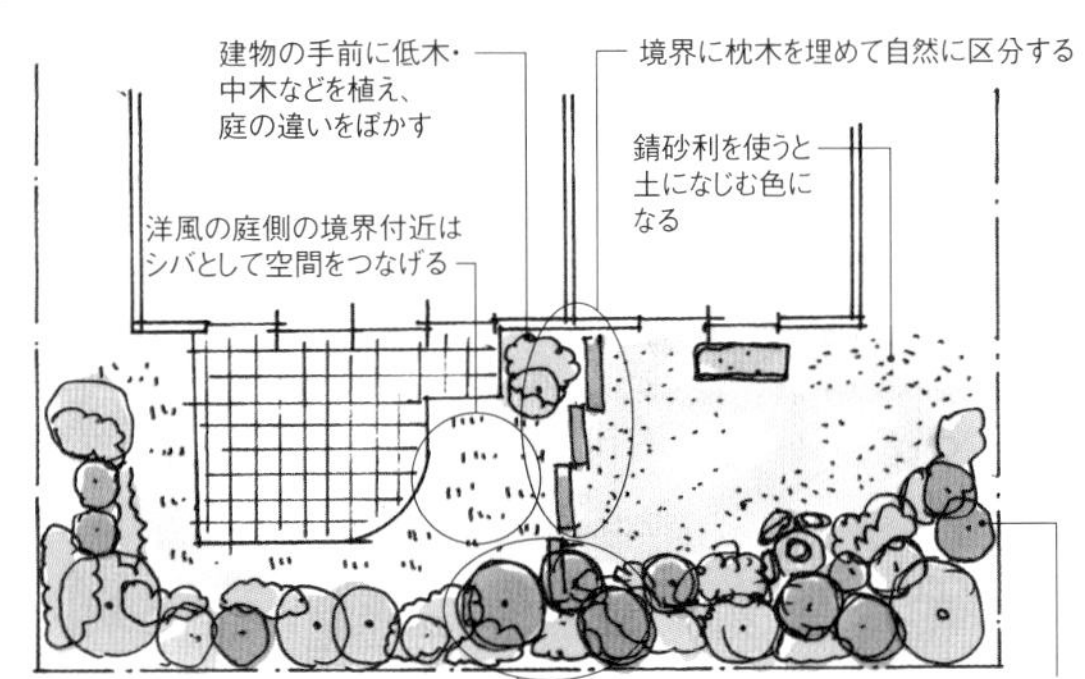

緑の一口メモ ウグイスカグラ　落葉低木。葉は無毛で、若葉の縁は暗紅紫色を帯びる。5〜6月ころに新葉とともに淡い紫色の花が咲く。直径1cm程度の楕円形の実が6月ころに赤く熟す｜クサギ　落葉低木。広い卵形の葉は細かい毛が密生し、臭気がある。8〜9月に芳香のある白い花が多数咲く。実は藍色に熟し染料に用いられる｜コゴメウツギ　落葉低木。三角形状広卵形の葉に浅い鋸歯が入る。5〜6月に直径4mm程度の白い花が咲く｜マルバウツギ　落葉低木。卵形の葉の表裏には毛が生え、ざらざらしている。5〜6月ころに長さ5mmくらいの白い花が咲く

北欧風の庭は常緑針葉樹で

モミ等の常緑針葉樹や冷涼な気候を好むセイヨウボダイジュ、セイヨウブナ等の落葉広葉樹が中心である。したがって、北欧風の庭を演出する場合、どんな常緑針葉樹を植栽するかがポイントになる。常緑針葉樹のなかでも、ドイツトウヒやモミ、アカエゾマツなどが適している。イヌマキなどのマキ類や、和風のイメージが強いアカマツやクロマツは、避けたほうがよい。常緑広葉樹は中高木・低木とも入れてはいけない。

葉の色は、青銅色の葉を持つプンゲンストウヒが北欧のイメージをうまく醸し出す。センペルセコイアやニオイヒバは、自生地が北米なので、厳密にいうと北欧風にはならない。ただし、雰囲気が合うので、混ぜても庭の印象を壊さないだろう。

常緑針葉樹は自然樹形が円錐形なので、そのままで幾何学的な形状となる。そのため、ランダムに配置しても等間隔に配置してもバランスのとれた植栽デザインが可能である。開口部が等間隔、また建物自体がシンメトリーなど、デザインに規則性がある場合は等間隔に植栽し、そうでなければ樹木の大きさや高さを変えてランダムに配置するなど、建物の意匠に合わせて配置を考えるとよい［図1］。

樹木の足元は、低木で固めず、シバや地被、スノードロップ［※1］のような球根類であっさりと仕上げる。

図1 北欧風の庭の配植例

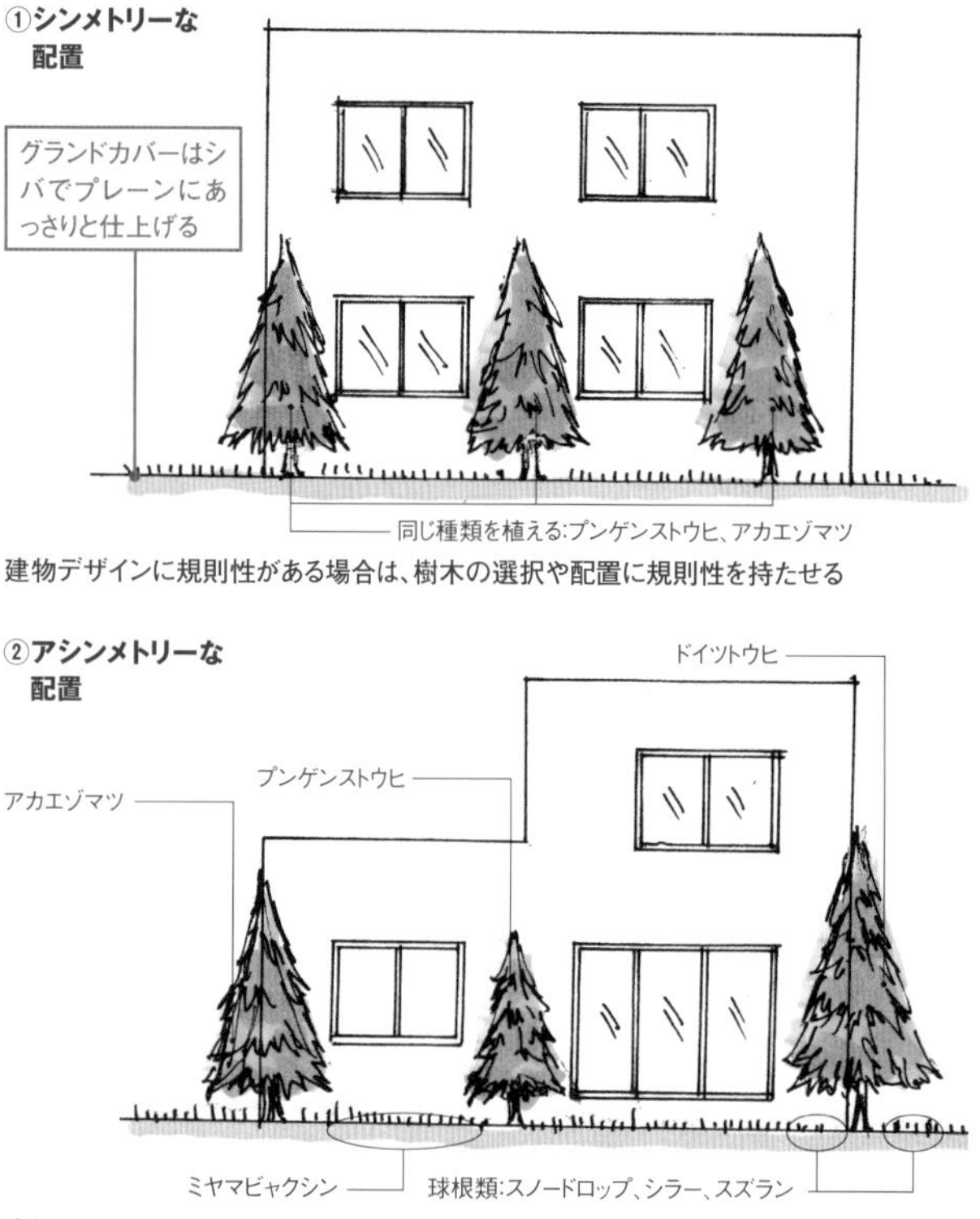

①シンメトリーな配置

グランドカバーはシバでプレーンにあっさりと仕上げる
同じ種類を植える:プンゲンストウヒ、アカエゾマツ

建物デザインに規則性がある場合は、樹木の選択や配置に規則性を持たせる

②アシンメトリーな配置

ドイツトウヒ
プンゲンストウヒ
アカエゾマツ
ミヤマビャクシン
球根類:スノードロップ、シラー、スズラン

建物の開口部やフォルムに規則性がない場合、ランダムに配植する

代表的な樹種
中高木
アカエゾマツ、イチイ、センペルセコイア、ドイツトウヒ、ニオイヒバ、ヒマラヤスギ、プンゲンストウヒ、モミ
低木・地被
エリカ類（ヒース）、シラー、スズラン、スノードロップ、セイヨウシバ、ミヤマビャクシン

細かい葉で地中海風に

地球温暖化やヒートアイランド現象の影響か、都市部を中心に日本の気候が温暖化し、かつ乾燥が進み、地中海の気候に似てきた。たとえば東京では、30年前は屋外に植栽できなかったレモンやオリーブを植えられるようになった。そのため、地中海風の庭をつくりやすい環境になったといえる。

地中海風の庭は、常緑樹で構成する。大きな葉や花を持つ樹種ではなく、オリーブやギンヨウアカシア（ミモザ）、ローズマリー、ラベンダー、サルビア類などの葉が細かい樹木を使う。風通しをよくして、日差しがあふれるような空間になるよう配植することがポイントとなる［図2］。

また花の色は、赤ではなく白や紫、黄をイメージしてつくったほうが地中海風になる。植栽可能ならば、レモン

図2 地中海風の庭の配植例

※1：ヒガンバナ科ガランサス属。ヨーロッパ原産。耐寒性があり、2～3月に白い花を付ける
※2：シソ科サルビア属。9～12月に白い花を付ける。ガクが紫色をしているため、紫の花のように見える
※3：5月中旬～11月中旬に濃紫青色の花を付ける
※4：ユリ科ジャノヒゲ属。耐寒性多年草。葉の色が黒いのが特徴。強靭で日陰にも耐える

やオレンジなどの果樹を使いたいが、寒さが心配ならば、同じ柑橘類で黄色い実がなるナツミカンやキンカンが植栽しやすく代用となろう。

　低木や地被は、ローズマリーやラベンダー、サルビア類で構成する。特にサルビア類は近年、種類が増えている。レウカンサ［※2］やグアラニティカ［※3］は、草花のイメージが強いが、あまり寒くなければ枯れずに越冬するので、樹木のように扱える。

代表的な樹種
中高木
オリーブ、キョウチクトウ、キンカン、ギンヨウアカシア（ミモザ）、ザクロ、ナツミカン
低木・地被
ギンバイカ、サルビアグアラニティカ、ブッドレア、ブルーベリー、ラベンダー、サルビアレウカンサ、ローズマリー

エスニックに庭を演出する

　エスニックスタイルの庭は、トロピカルな雰囲気をもつ樹木で構成する［**図3**］。常緑の大きな葉を持つ樹種を選ぶことがポイントだ。

　中高木は、葉が大きいタイサンボクやユズリハのほか、バショウやソテツのようにヤシを連想させる大きな葉形の樹木を基本構成とする。シュロチクやヤツデ、シュロのように、手のひらの形をした葉を植えると、よりエスニックな感じが強まる。

　配植は、高木から地被まで、どの空間にも植物があるように入れ込む。地被では、葉が大きいハランや葉が黒みがかり変わった色をしているコクリュウ［※4］やラミューム類［※5］を、土が見えないくらい覆うようにたっぷり使うとよい。

　ツル植物やシダ類もエスニックな庭に合う。これらを使う場合、25株／㎡くらいを目安に、密に植え込む。

　ただし、いくら都市部が暑くなったとはいえ、冬の最低気温が常時10℃以下になる場所では、こうした庭をつくることは避けたほうがよいだろう。逆に、日当たりは多少悪くても、暖かさが確保できれば問題はない。

図3 エスニック風の庭の配植例

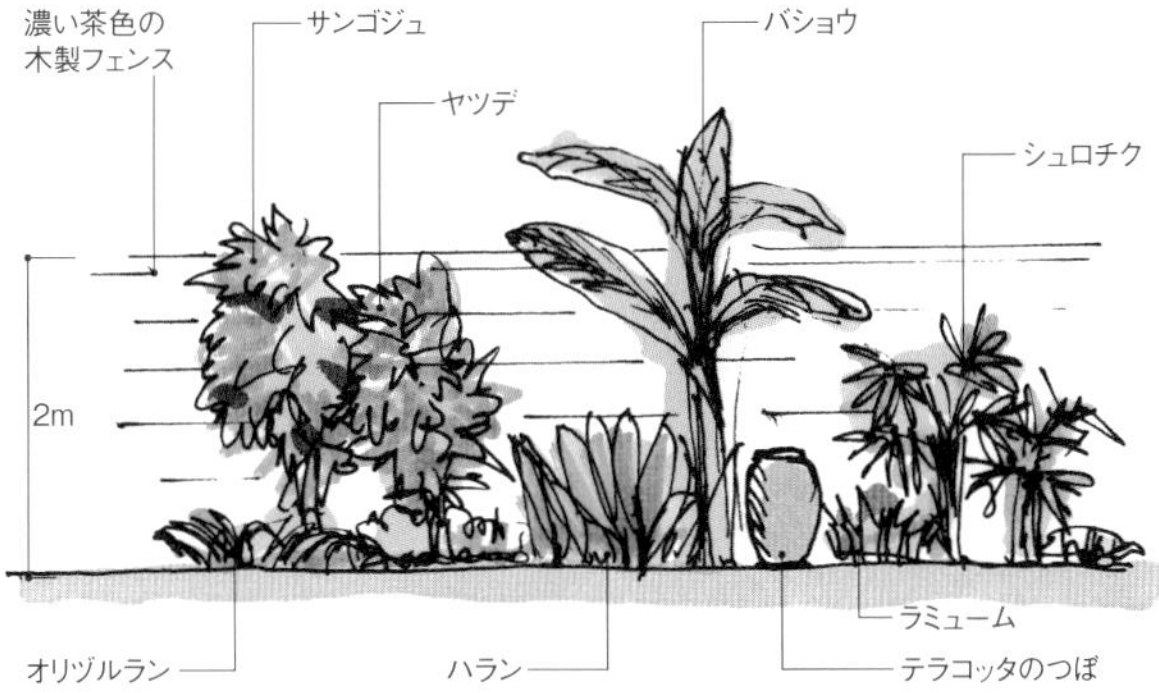

代表的な樹種
中高木
カミヤツデ、サンゴジュ、シュロ、シュロチク、ソテツ、タイサンボク、トウジュロ、バショウ、ワシントンヤシ、ヤツデ、ユズリハ
低木・地被
イノモトソウ、オタフクナンテン、オリヅルラン、キヅタ、コクリュウ、ハラン、ヘデラヘリックス、ラミューム類、ヤブソテツ

中南米風はドライな庭に

　エスニックな庭がウェットな感じなのに対し、中南米風の庭は、同じ熱帯植物を使ってもドライな印象に近づける。シバのなかにヤシを入れたり、砂地をつくりサボテン類を植えたり、シマナンヨウスギ［※6］やモンキーパズル［※7］などの変わった樹形の針葉樹を配植すると中南米風になる［**図4**］。

　ヤシは、ワシントンヤシやカナリーヤシなど、日本でも戸外で使えるものがある。サボテン類は、戸外で越冬させることは難しいのでコンテナなどに植栽にして、冬は室内に入れる［※8］。ミセバヤ［※9］やセダム類［※10］などの多肉植物も積極的に配植したい。シマナンヨウスギは、個性的な形のため、同じ大きさのほかの樹種と組み合わせるのが難しい。シンボルツリーとして扱い、あとは低木や地被でまとめたい。

　中南米風の庭に使う樹木は、日差しを非常に好むため、日当たりのよさが植栽の第一条件である。屋上庭園などが適した環境だ。

代表的な樹種
中高木
カナリーヤシ、シマナンヨウスギ、モンキーパズル、ワシントンヤシ
低木・地被
アツバキミガヨラン、アツバチトセラン、イソギク、サボテン類、シバ、セダム類、ニュウサイラン、ミセバヤ

図4 中南米風の庭の配植例

※5：シソ科オドリコソウ属の総称。ヨーロッパ原産｜※6：ナンヨウスギ科アローカリア属の常緑高木。原産地はオーストラリアのノーフォーク島。日差しを好むが、日陰にも耐え、寒さにも強い｜※7：ナンヨウスギ科ナンヨウスギ属。原産はチリ中央部で、別名はチリーマツ。美しい樹形を持つため、コウヤマキ、ヒマラヤシーダーとともに世界3大美（公園）樹と呼ばれる｜※8：サボテン類は、根が短く乾燥を好むため、コンテナ向きの植物でもある｜※9：ベンケイソウ科ムラサキベンケイソウ属。多年草で寒さに強い。10～11月に小さなピンクの花が多数重なり合うように咲く｜※10：ベンケイソウ科マンネングサ属の総称

パート5

住宅用植栽のための基本テクニック6

テクニックを知って真似るだけでは建物や敷地の与条件が変わったときに対応できない。植栽に必要な気候、土壌、植物の細部にわたる形態から緑のプランニングまで絶対欠かせない6つの基本知識を解説する。

失敗を避ける緑の5大要素

植栽デザインでは、計画地の環境が樹木の生長に適していることが前提条件となる。樹木が生長するためには「日照」「水分」「土壌」「温度」「風」の5つの要素が不可欠である。

(1)日照

樹木には、大まかに分けると陽樹・陰樹・中庸樹があり［※1］、それぞれ好む日照量が異なるため、敷地の日照条件によって樹種がある程度絞られる。

日照は、1年で最も陰が短い夏至と、最も陰が長い冬至の日影図をもとに検討する。**図1**は、建物高さを7m、測定面の高さを1mに設定した場合の日影図である［※2］。日影図では、どの時間帯に庭のどの部分に日が差し込むかをチェックする。たとえば、建物の南面は夏至、冬至ともに終日陰ができないため、この場所には日を好む陽樹の植栽が可能であることが確認できる。

また、同じ日差しでも、季節や時間によって、植物にとって益にも害にもなる。樹種選択は、樹木の日照に対する特性を理解したうえで行うべきである［※3］。

図1 日影図による樹種の選択

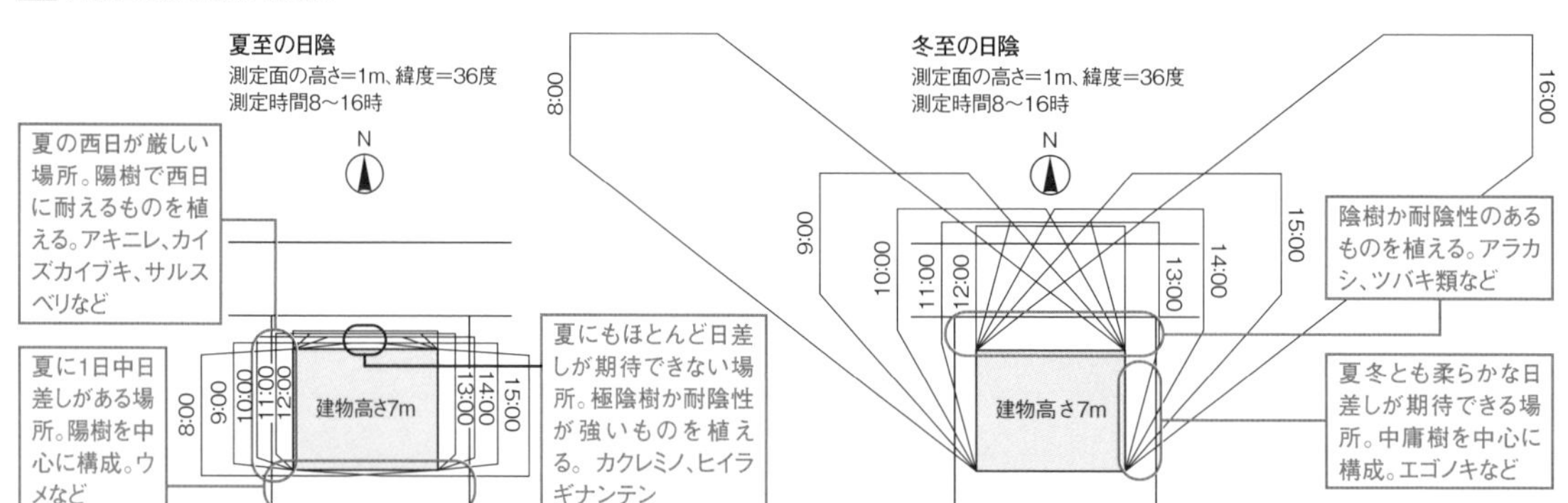

※1：樹木の陰陽は156頁参照｜※2：測定面の高さは中高木の植栽を想定したもの
※3：方位と植栽の関係は136・137頁参照
※4：大規模な植栽工事では、「枯れ保証」が付いている場合がある。植栽工事に利用した樹木がたまたま弱かったり、虫が付いていたりなど、管理者の落ち度によらず1年以内に樹木が枯れた場合、保証される。軒や屋根が樹木にかかり雨が当たらない場所の植栽に対しては、こうした保証が適用されないケースもあるので注意する

図2 天井の一部を開口した中庭

樹木全体が雨に当たることが重要だ。天井の開口はできる限り大きくとる

開口部の水平投影面積程度の範囲が植栽可能

軒下は雨がかからないので、植栽できない。砂利などで仕上げる

(2)水分

屋外に施される植栽への水分供給は、雨水で行うのが基本である。中庭の場合［**図2**］、植栽が可能なスペースは、天空があいている部分の水平投影面積であり、設計によっては限られた部分のみにしか植栽できなくなる［※4］。

一方、水分が多すぎても植物の生長は阻害される［※5］。特に、窪地には水が溜まりやすく、樹木を植えても根が腐り、枯れてしまうおそれがある［**図3①**］。このような場所は水が溜まらないよう、わずかな傾斜でもよいので勾配を付ける［**図3②**］。

図3 水が溜まりやすい環境への植栽

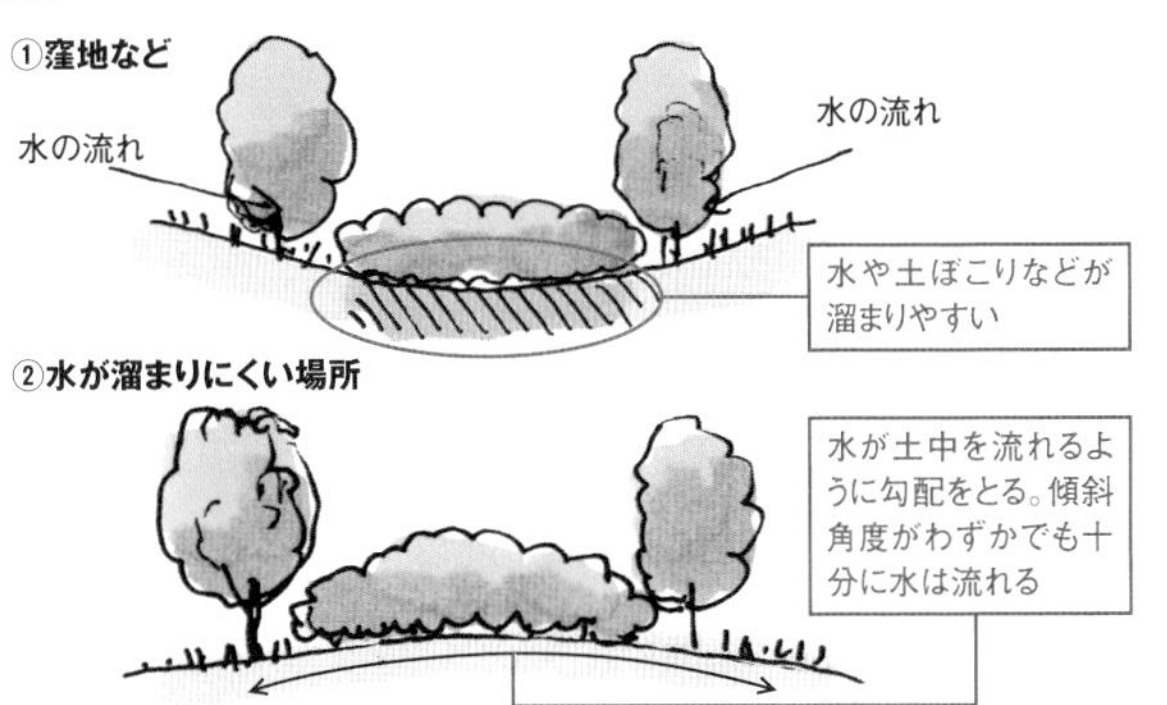

(3)土壌

樹木にとって健全な土壌とは、適度な排水性と保水性があり、有機質に富んでいる状態である。敷地が粘土質や砂質、礫が多い土壌の場合、樹木の生長にとって望ましくない環境なので、土壌改良の必要がある。土壌改良は、土壌汚染の恐れがある場合は、専門家による調査・診断が必要だ。そうでない場合、通常の宅地規模であれば、バーク堆肥［※6］に完熟腐葉土［※7］を混ぜれば十分である［※8］。

土質が確保できたら、次は土の範囲を確認する。樹木は、地上に出ている部分を支えるために、枝張りと同程度の根を張るといわれている［**図4**］。したがって、枝張りの幅以上の土壌が周囲に必要である。なお、ここでの枝張りは成木寸法とする。

図4 枝張りと根張りの関係

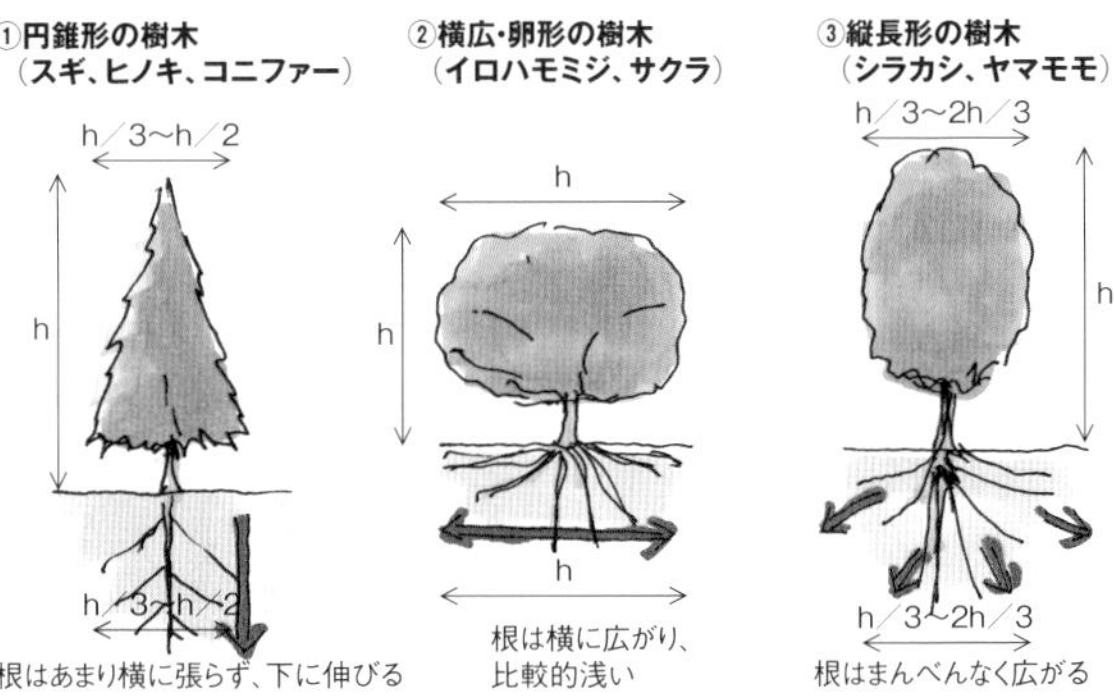

(4)風

建物が密集して、風がうまく通らない環境では、樹木は熱や水分で葉が蒸れてしまい、健全な生長が期待できない。病・虫害も発生しやすくなる。

塀際や壁際など、風通しがあまり期待できない場所に植栽する場合、背後に開口部をとったり、一部をフェンスにするなど、通風を確保することが望ましい［**図5**］。

図5 塀際での通風の確保

(5)温度

樹種ごとに生育に必要な適した気温がある。これらを無視した植栽を計画しても、樹木は枯れる。使いたい樹木の自生する地域が植栽計画地に近くても、適温帯が違えば、健全な生長は望めない［※9］。

日本における植栽地域の分類は、大まかに寒地（寒帯・温帯）と暖地（温帯・暖帯・亜熱帯）に分けることができる。計画地がどの分類に属すかを確認したうえで、植栽デザインを始めるようにする［※10］。

※5：湿気の多い庭は132頁参照｜※6：樹皮を発酵させた肥料。通気性と排水性に優れている｜※7：葉の形が残らないほど発酵を繰り返した腐葉土｜※8：屋上庭園の土壌に建物からコンクリートのアルカリ成分が溶け出して植物に悪影響を与えたという調査結果がある。日本に自生する植物の多くが、酸性土壌を好む。反対に、アルカリ土壌を好むオリーブなどは、庭に直接植えるより鉢植えが望ましい。日本のオリーブの産地である瀬戸内海の小豆島の土壌はアルカリ性である

※9：離れた地域であっても、同じ適温帯に属していれば植栽が可能な場合もある｜※10：暖地・寒地の植栽は134・135頁参照

形から始まる緑のデザイン

(1)葉による樹木の区分

樹木は、葉付きの状態を通年で見て区分される。秋から冬にかけてすべての葉を落とすのが落葉樹、1年中葉が付いているが常緑樹である。アベリアなど、落葉期に一部の葉が生きて越冬するものを半落葉樹と呼ぶ。落葉樹は夏に葉を茂らせ、冬に葉を落とす。この性質を利用して日差しの調整などに利用できる。常緑樹は、常に葉が付いているので、庭の背景木や生垣などの使用に適している。

葉の形で樹木の種類を区分したものが広葉樹と針葉樹で、日本に生育する9割の樹木が広葉樹である[**図1**]。広葉樹はソメイヨシノなど広い葉を持つ樹木で、マツのように細く尖っているのが針葉樹だ。多くは葉の大きさや形からどちらの区分に属するか判断が付くが、ナギのように、卵状の葉を持つ針葉樹もある。針葉樹の細長いシャープな葉は人工的な印象を与えるので、直線や曲線など幾何学的な線の多い抽象的な建物に合う。広葉樹は、丸みを帯びた葉が多いため、庭に柔らかな印象を与えたいときに使うとよい。

図1 針葉樹と広葉樹

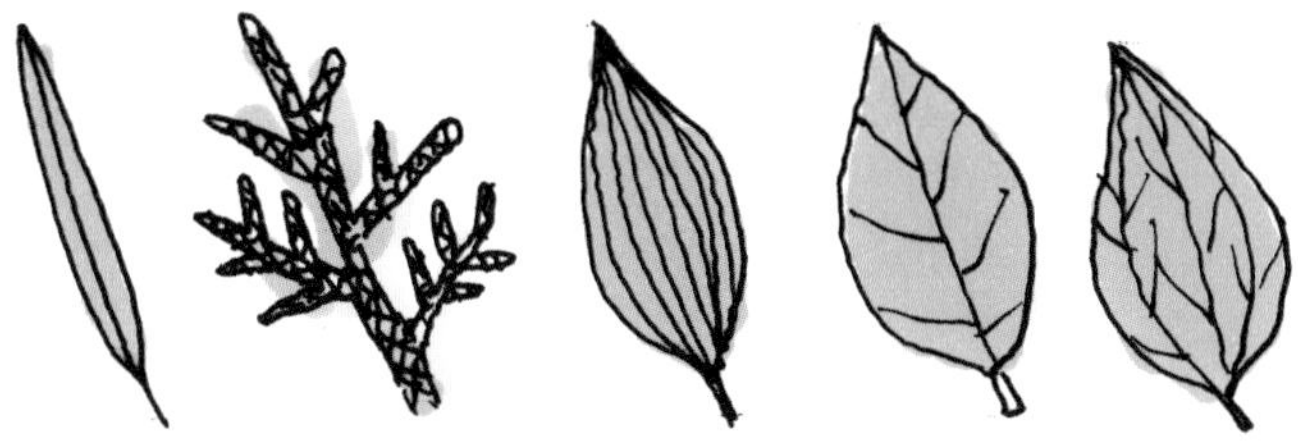

①**針葉樹**

アカマツ
イヌマキ
モミ

ヒノキ
サワラ

ナギ

②**広葉樹**

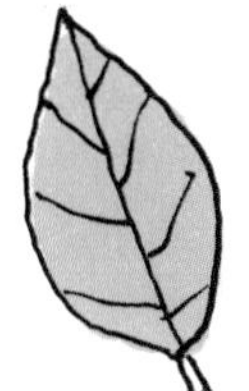

シラカシ
ソメイヨシノ

クスノキ
ゲッケイジュ

(2)必要日照による樹木の区分

樹木の生長に必要な日照量によって、大きく陽樹、中庸樹、陰樹の3つに区分できる[**表**]。陽樹は日当たりを好み、陰樹は日当たりを嫌う性質がある。中庸樹はその中間で、適度の日当たりと日陰を好む。

陽樹は、主に南向きの日当たりのよい場所に植栽する。陰樹は日当たりの悪い北側の庭や、中高木の陰になる下木として植栽するとよい。中庸樹は東の庭に適しているものが多い。

陰樹のなかには、コウヤマキのように、幼樹のときは陰樹で、生長すると陽樹になるものや、ヒノキのように陰樹だが日当たりのよい場所でも生育する樹種もある。ただし、陽樹は日陰の環境に適さないものがほとんどだ。

図2 葉の部位

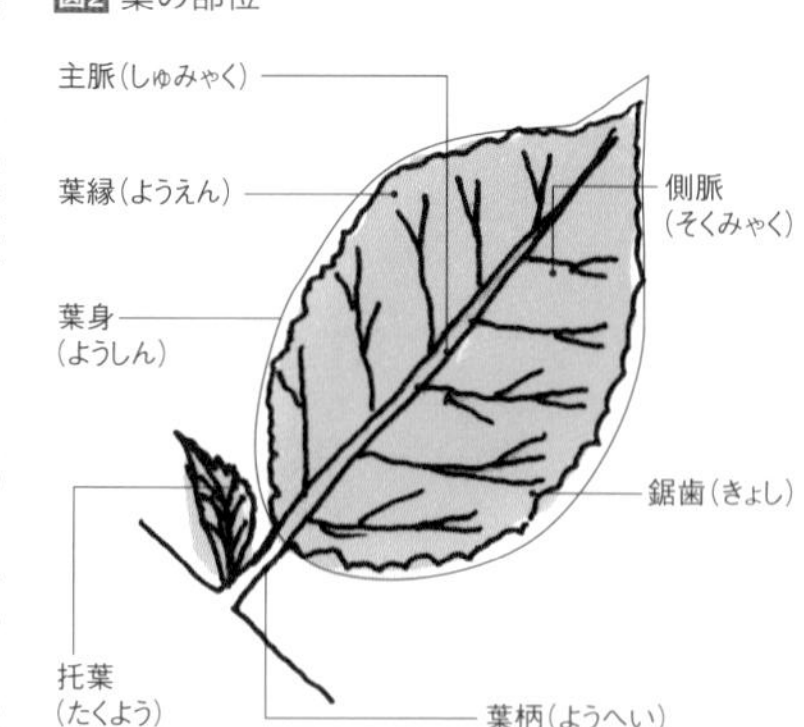

(3)高さによる樹木の区分

樹木は、樹高によって高木(4m以上)、中高木(2～3m)、中木(1.5～2m)、低木(0.3～1.2m)、地被(0.1～0.5m)に分けられる。樹木がどのくらいの高さになるかで、庭に植えられるか否かが決まる。樹種選択の際には、その木が造園木として将来どの程度の大きさになるかを確認しておく[※1]。

(4)枝・葉・花の形態

葉のなかを通る筋を葉脈(ようみゃく)といい、根

図4 葉の付き方

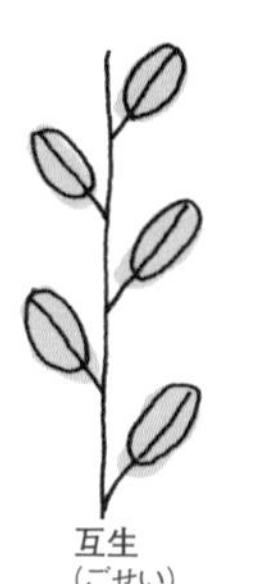

互生
(ごせい)
シラカシ
クスノキ

対生
(たいせい)
カエデ類
ムラサキシキブ

輪生
(りんせい)
アカネ
ミツバツツジ

叢生(束生)
(そうせい
そくせい)
アガパンサス
ヤブラン

図3 鋸歯の種類

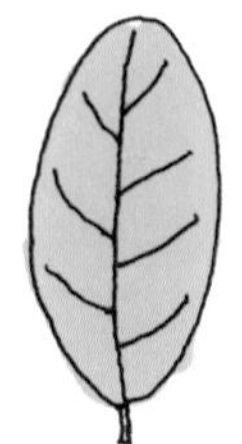

全縁
(ぜんえん)
クスノキ
スダジイ

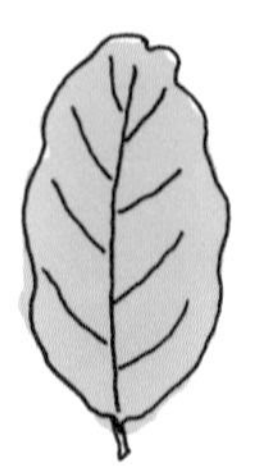

波状
(なみじょう)
アカガシ
ソヨゴ

鋸歯
(きょし)
ケヤキ
ヒイラギナンテン

重鋸歯
(じゅうきょし)
オオシマザクラ
シラカンバ

欠刻
(けっこく)
ズミ、フウ

※1：一般に植物図鑑などに掲載されているのは、木が自然の環境で育った場合の成木時の樹高の目安である。造園木の樹高は、住宅で用いる場合の一般的な規格寸法を表すもので、自然木とは大きく異なる。たとえば、初夏の花木としてよく使われるナツツバキは、造園木の樹高が3m程度であるのに対して、自然木では5～20mまで生長する。樹高は114頁参照

※2：2個以上の花を付ける軸となる茎

図5 花序の種類（○は花を表し、大きい○から順に開花する）

総穂花序（そうすいかじょ）：
軸の下方や外側から
開花する

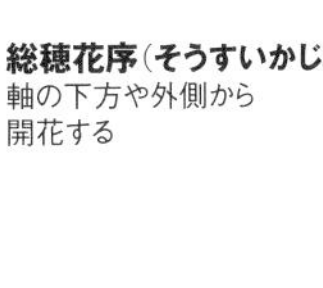
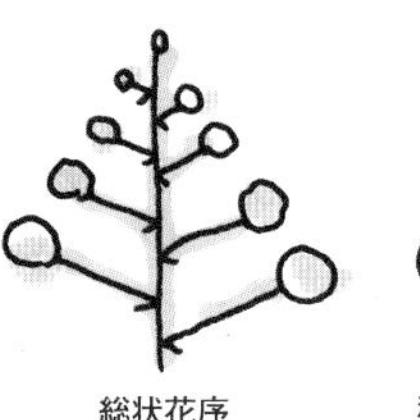
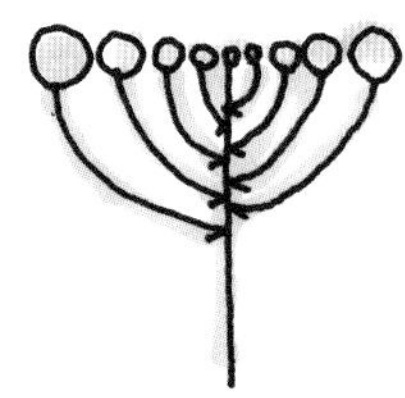

集散花序（しゅうさんかじょ）：
軸の先端から側枝の
先端の順に開花する

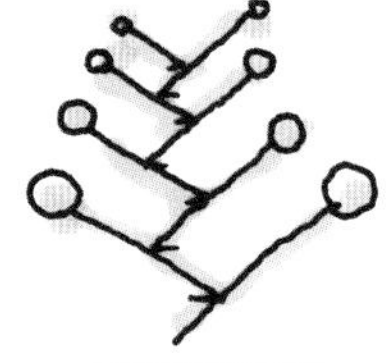

複合花序（ふくごうかじょ）：
同じ種類や異なる種類の
花の付き方が集まったもの

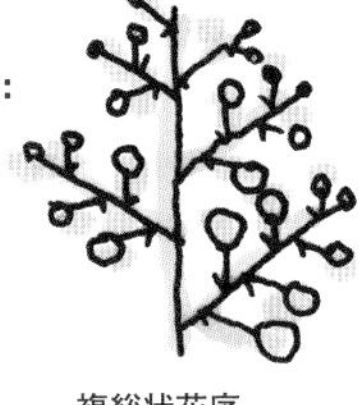

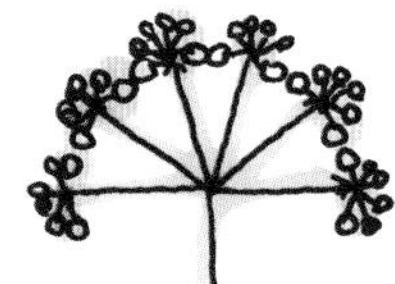

から吸った水分を葉に運び入れ、葉でつくった有機物を運び出す役割を担う。なかでも中心を走る脈を主脈といい、そこから分岐するように走る脈を側脈または支脈という［図2］。

葉そのものは葉身といい、葉の縁は葉縁と呼ぶ。葉縁にもさまざまなタイプがある。ギザギザ状のものを鋸歯という。まったく鋸歯がないものは全縁、粗い鋸歯の縁にさらに細かい鋸歯がある重鋸歯、波を打ったような形の波状、ギザギザが不揃いな欠刻などと、細かく分類されている［図3］。

葉を支える軸を葉柄といい、樹種によって長さが異なる。ミズナラなどほとんど葉柄がないものもある。バラ科の樹木などは、葉柄の基部に托葉と呼ばれる葉のようなものが付く。托葉の形は樹種によってさまざまだ。

葉の付き方は、交互に付く互生、左右対称に付く対生、風車のように付く輪生、地際から数本出す叢生（束生ともいう）に分けることができる［図4］。

花の付き方も細かく分類されている。1本の花軸［※2］から出た複数の枝がそれぞれ花になっている総穂花序、ツバキなど花軸の先が花になって生長が止まり、側枝に花が咲く集散花序、ナンテンのように複数の花序が集まる複合花序などがある［図5］。

表 必要日照による樹木の区分と主な樹種

中高木	中高木	低木・地被
極陰樹	カクレミノ	―
陰樹	イチイ、イヌツゲ、クロモジ、コウヤマキ（成木は陽樹）、ヒイラギ、ヒイラギモクセイ、ヒノキ	アオキ、アセビ、ジンチョウゲ、センリョウ、マンリョウ、ヤツデ、ヤブコウジ
陰樹～中庸樹	シラカシ、ドイツトウヒ、ヒメシャラ	アジサイ、ガクアジサイ、シロヤマブキ、ナンテン、ヒイラギナンテン、ヒカゲツツジ、ヒサカキ、ヤマブキ
中庸樹	イチジク、エゴノキ、コバノトネリコ、コブシ、サワラ、シデコブシ、スギ、ツリバナ、ナツツバキ、ビワ	アベリア、カルミア、キブシ、サンシュユ、トサミズキ、バイカウツギ、ビヨウヤナギ、ホザキシモツケ、ミツバツツジ、ムラサキツツジ、ロウバイ
中庸樹～陽樹	イロハモミジ、エノキ、カツラ、クヌギ、ゲッケイジュ、コナラ、ザイフリボク、ジューンベリー、スダジイ、セイヨウシャクナゲ、ソヨゴ、タブノキ、ツバキ類、トチノキ、ノリウツギ、ハクウンボク、ハナミズキ、ブナ、マユミ、モミ、ヤブデマリ、ヤマボウシ、ヤマモモ、ライラック、リョウブ	オオデマリ、カシワバアジサイ、ガマズミ、カンツバキ、キンシバイ、クチナシ、コクチナシ、シモツケ、チャノキ、ニシキギ、ハコネウツギ、ハマナス、ヒメウツギ、ヒラドツツジ、フジ、ボタンクサギ、ミツマタ、ユキヤナギ
陽樹	アオギリ、アカマツ、アキニレ、アメリカデイゴ、アラカシ、ウバメガシ、ウメ、オリーブ、カイズカイブキ、カナメモチ、カリン、ギョリュウ、キンモクセイ、ギンヨウアカシア、クリ、クロガネモチ、ケヤキ、サクラ類、サルスベリ、サンザシ、サンシュユ、シコンノボタン、シダレヤナギ、シマサルスベリ、シマトネリコ、シモクレン、シラカンバ、タイサンボク、トウカエデナンキンハゼ、ニオイヒバ、ハナズオウ、ハナモモ、ハルニレ、フェイジョア、ブッドレア、マサキ、マテバシイ、マンサク、ムクゲ、モチノキ、モッコク、リンゴ	ウツギ、ウメモドキ、エニシダ、オウバイ、オオムラサキツツジ、キョウチクトウ、キリシマツツジ、ギンバイカ、キンメツゲ、クサツゲ、コデマリ、コノテガシワ、サツキツツジ、シャリンバイ、ドウダンツツジ、トキワマンサク、トベラ、ナワシログミ、ニワウメ、ノウゼンカズラ、ハイビャクシン、ハギ類、ハクロニシキ、ハマヒサカキ、バラ類、ヒュウガミズキ、ピラカンサ、フヨウ、プリペット、ブルーベリー、ボケ、ボックスウッド、マメツゲ、メギ、ユスラウメ、レンギョウ、ローズマリー

緑の一口メモ ザイフリボク　落葉中高木。4～5月に咲く白い花の形が武将が使った采配に似ていることからこの名が付いたという｜ヒメウツギ　落葉低木。若い枝にはウツギに見られるような毛がない。5～6月ころに枝先に白い花を多数付ける｜ホザキシモツケ　落葉低木。7～8月に長さ5～15cmのピンク色をした穂状の花が咲く｜マンサク　落葉中高木。2～3月に黄色い花を枝いっぱいに付ける。春先に「真っ先に咲く」のが名の由来｜ヤブコウジ　常緑多年草。肉厚で光沢のある葉を持つ。直径6～7mm程度の実は10～11月ころに赤く熟す

樹木が際立つ配植の作法

(1) 樹木の配置は「不規則」に

庭に自然なまとまり感を与える最も基本的なテクニックは、曲線や奇数、アシンメトリー（左右非対称）、ランダムといった「不規則さ」を取り込むことである。樹木はどの方向から見ても3本以上が同一線上に並ばないよう配置する。また、樹木どうしの間隔や大きさも揃えないように注意する。平面で見たとき、主要な樹木が不等辺三角形の頂点になっているような配置が理想である［**図1①**］。

不規則だからといって、手当たり次第に樹木を植えると乱雑な雰囲気になり、庭はまとまらない。樹木の種類や数はある程度抑えるようにする。

(2) 極端な高さの違いが奥行き感を生む

樹木の高さに高低差をつけると自然な印象が生まれる。できる限り差が大きくなるようにするとより効果的だ。樹木を配置するときに中央部の樹木の高さを抑え何もない空間を大きくとると、庭は広く感じられる［**図1②**］。

(3) 樹木の重なりは生長を考慮する

高さの違う樹木を重ね合わせることは、自然な庭をつくるうえでは欠かせ

図1 配植のテクニック

①樹木の大きさと配置の原則

平面
大
不等辺三角形
中
小
視線
立面
大
中
小
同じ間隔にしない

平均的な不等辺三角形になるように配置する。樹木の大きさにもメリハリをつける

②高さ調整による空間の広がり感の演出

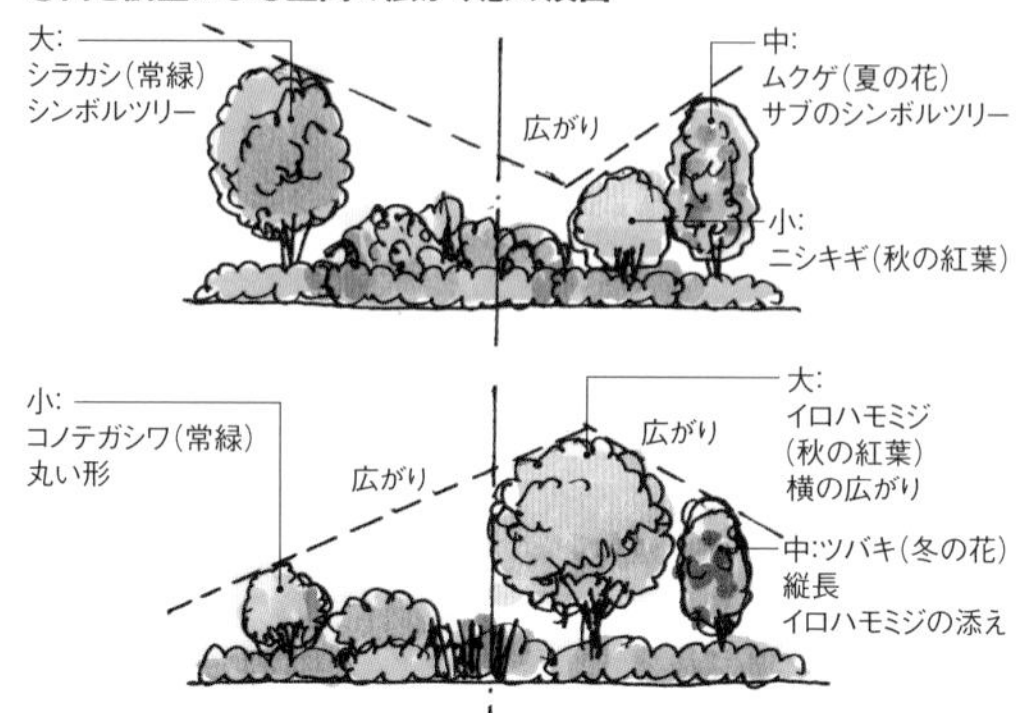

大きな木は中心からずらす。
高さの変化に合わせて樹形に差をつけると、さらに強弱がはっきりする

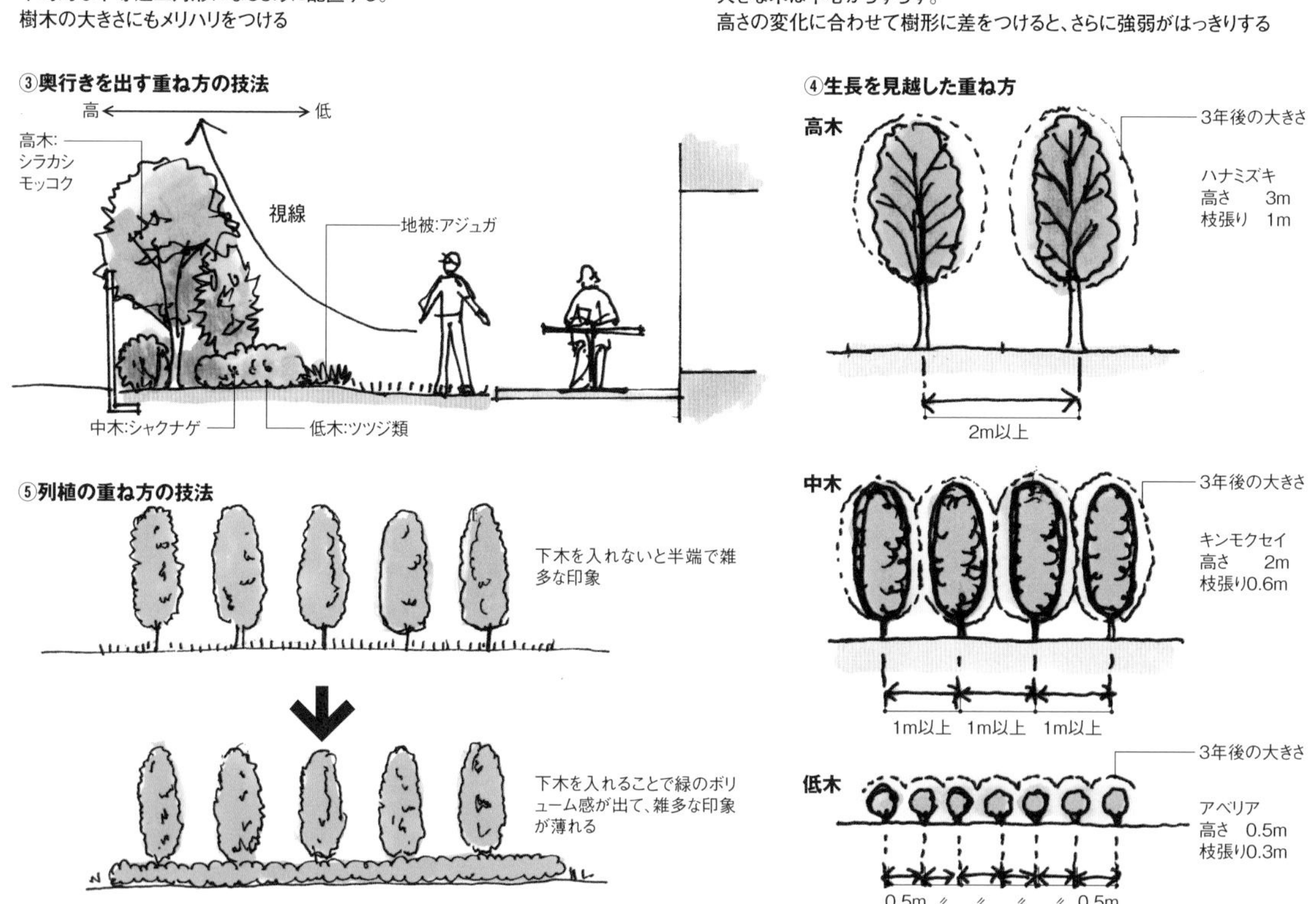

緑の一口メモ ズミ　落葉中高木。樹皮を煮出して染料にするため「染み」からズミの名が変化したといわれる。6月ころに白い花を付け、8月に実が赤く熟す。実は直径1㎝程度だが、リンゴに似ているため、別名「コリンゴ」｜フウ　落葉高木。カエデ類に似た葉を持つが、葉の付き方がカエデ類特有の対生ではなく互生のため別種。葉は秋に緑から黄色味を帯び、やがて紅色へと色付く

ないテクニックだ。前後に重ね合わせるときは低木を手前側に、高木を奥側にする。左右では、枝先が触れ合う程度に並べるのが基本だ［図1③・④］。

どのような重ね方にするかは、樹木の生長を見越したうえで考える。庭の完成形として移植から3年後くらいの樹姿をイメージしたい。3年間の生長を見越し、樹木間は、高木2m以上、中木1m以上、低木30cm以上、地被15cm以上は離す［図1⑤］。

伝わる配植図の描き方

配植図を描くうえで最も重要なポイントは、植栽樹種、植栽場所、植栽量が正確に伝わることである。そのためには配植図特有の表現や、最低限盛り込まなければならない情報を知っておきたい。

配植図の表現は決まった基準がなく、高木・中木・低木・地被が描き分けられていれば、どのようなものでもかまわない。樹木の幹の位置と葉の広がりを円で描くだけでも十分だ［図2］。樹種ごとに表現を描き分けた図面を見かけるが、煩雑な印象となり分かりづらい。ただし、高木は常緑・落葉を判別できるように円の種類を描き分ける。円の大きさは樹高の1/3〜1/2程度を直径にして描くと生長後のイメージが伝わる。

高木と低木が重なるような場所は、省略しないで重なり部分も描く。広葉樹と針葉樹は、描き分けると雰囲気は出るが、手間がかかる。プレゼン用の資料ならばそうした手間をかけてもよいが、実施設計図では描き分ける必要はない。

図面の縮尺が1/30〜1/100の場合、樹種名の頭文字か、頭2文字を、円のなかかその近く、あるいは引き出し線を使って書き込む。樹種名はカタカナ表記にする。

ただし、1/200程度の縮尺では、いろいろと書き込むと図面が見にくくなるので、記号化したり、凡例を別に設けるのも手だ。

樹木の寸法は凡例か引き出し線で書き込む。樹木の形状は高さ（H）、幹周り（C）［※］、葉張り（W）で表す。

実施設計図には色を使わないが、プレゼンなどで使用する図面には色を付けるとイメージが伝わりやすい。季節ごとに図面を換えてもよいが、できるだけ1枚の図面で春から秋までの庭の見所を表現すると、庭の季節の移り変わりが一目で分かる。

図2 配植図の表記例

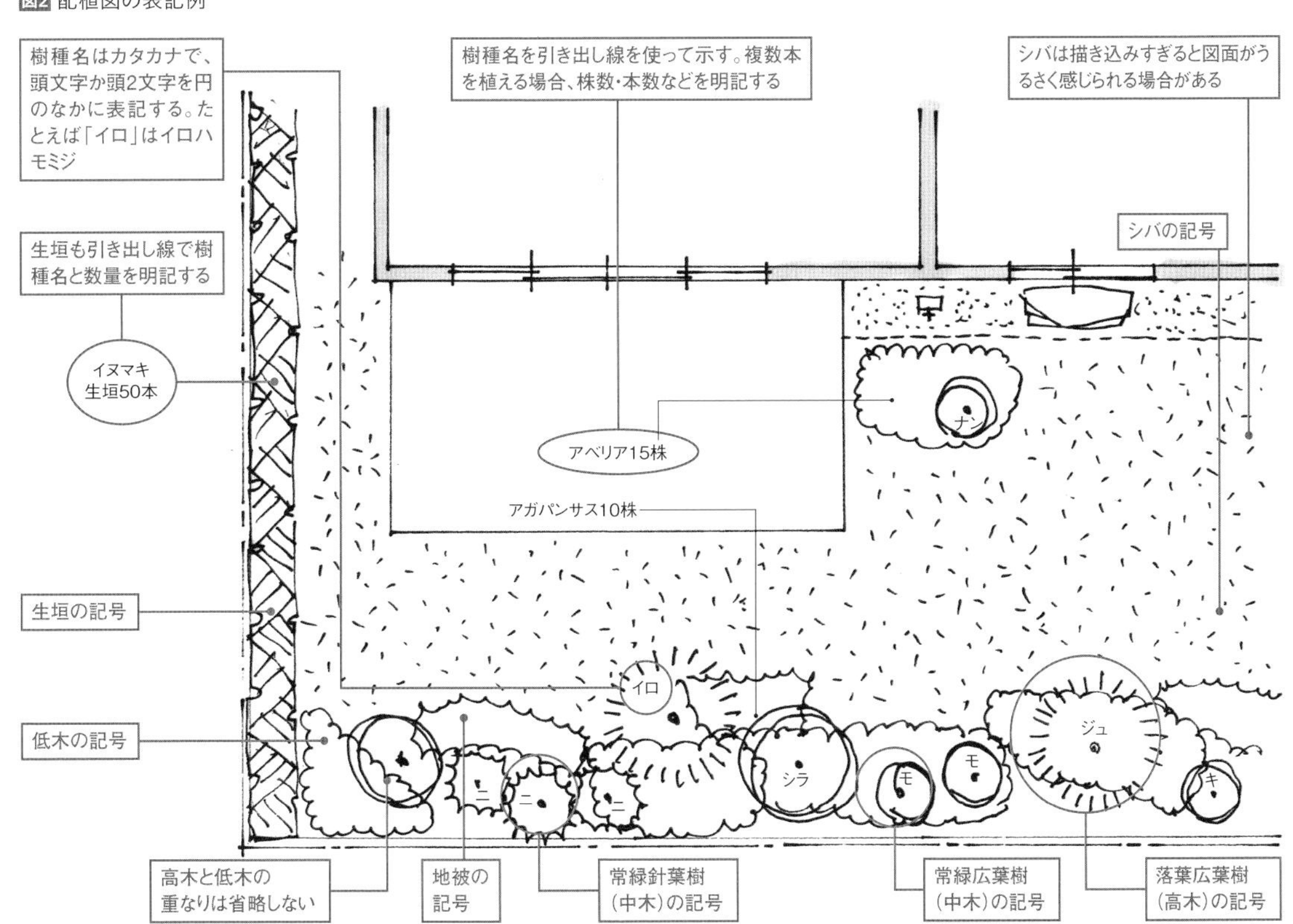

※：幹周りは、地面から高さ1.2mの位置の幹の周長のことであり、幹の直長ではない。樹木の高さや枝張りは剪定で寸法を変えられるが、幹周りを変更することは不可能なため、樹木の大きさを正しく伝える重要な情報だ

植栽計画の流れをつかむ

植栽デザインには、①建築主へのヒアリング、②現地調査、③ゾーンニング、④基本設計、⑤実施設計の5つの段階がある［**図1**］。④と⑤は、既に配植図の描き方で解説したので、ここでは①～③について取り上げる。

(1) ヒアリングで建築主の意図を探る

植栽のデザインは、建築主へのヒアリングから始まる。建築主の求める住まいのイメージを聞き、建物を将来どのように使用し、そのなかでどのような植栽を求めているのか、施工後にどの程度の植栽管理を行う予定かなどを具体的に聞き出すことがポイントだ。

このとき意匠設計者は、建築主が求めるプランを実現できるかどうかまでしっかり打ち合わせることが重要だ。たとえば、屋上庭園［※1］は管理に手間がかかる。施工後の管理態勢を十分に確保できないならば計画を変更したほうがよいことを伝える。

(2) 現地調査は土地・周辺植栽を確認

植栽の具体的なイメージが固まったら、現地調査をする。現地調査では、植栽する場所の地形（平坦・傾斜）や土質（肥沃土・粘質土・砂質土）［※2］、水分量（乾湿）［※3］、日照条件（近隣の建物の影響）、周辺環境、周囲の植栽状況をチェックすることがポイントである。既存の建物がある場合、建物の位置や通路の確認（植栽工事で利用できるか）、前面道路との段差、ガス、電気、水道などの埋設管の位置も併せて確認しておく。

特に重要なのが、周囲の植栽状況である。植栽デザインで欠かせない要素に「微気候」がある。高台の北面と南面で風向きが変わったり、窪地では周囲よりも湿気多かったりなど、狭い範囲の土地でそれぞれに見られる気候のことである。これを把握しておくと、地域の気候に適した庭がつくれ、植栽後に枯れたなどのトラブルの可能性が軽減できる。

気象庁がホームページなどで公開している日々の気温、降雨量、日照量、風向などのデータは、アメダスなどの気象観測装置がある場所のもので、計画地のピンポイントのデータは手に入らない。計画地の周辺の住宅の庭や公園、街路で植栽されている樹木を確認して、計画地の微気候を把握する参考にするとよい［※4］。

(3) 動線を意識したゾーンニング

現地調査で得た情報をもとに配植計画をまとめる。まず全体的なイメージを固め、敷地をゾーンニングする［**図2①**］。図面に大きく円を描き、そのなかにイメージする言葉や利用のされ方、可能ならばそれにふさわしい樹木の名

図1 植栽設計の流れ

①ヒアリング
建築主に希望や要望、管理態制への考え方を聞く

②現地調査・分析
地形、土質、気象、植生、設備、水分量、日照の各条件・状態、周辺環境を確認する

③ゾーンニング・動線計画
主庭・副庭の配置、イメージの創出、進入動線やサービス動線、視線の検討

④基本設計
主要樹木・添景物の検討、舗装材の検討、工事費概算

⑤実施設計
配植図（樹種・形状・数量）、添景物の配置、舗装材の配置、門・塀・フェンス・生垣の検討、工事費積算

図2 ゾーンニングと動線によるイメージの確認

①視線と動線の検討

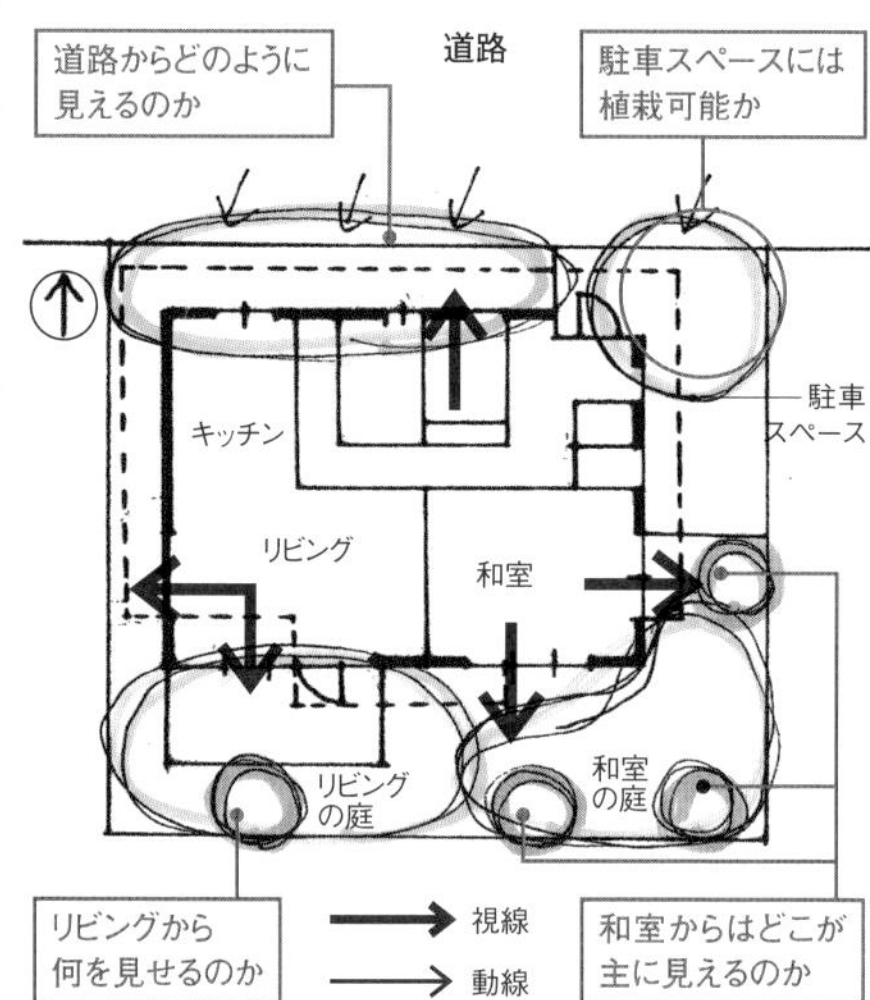

②ゾーンニングをもとに作成した配植図の例

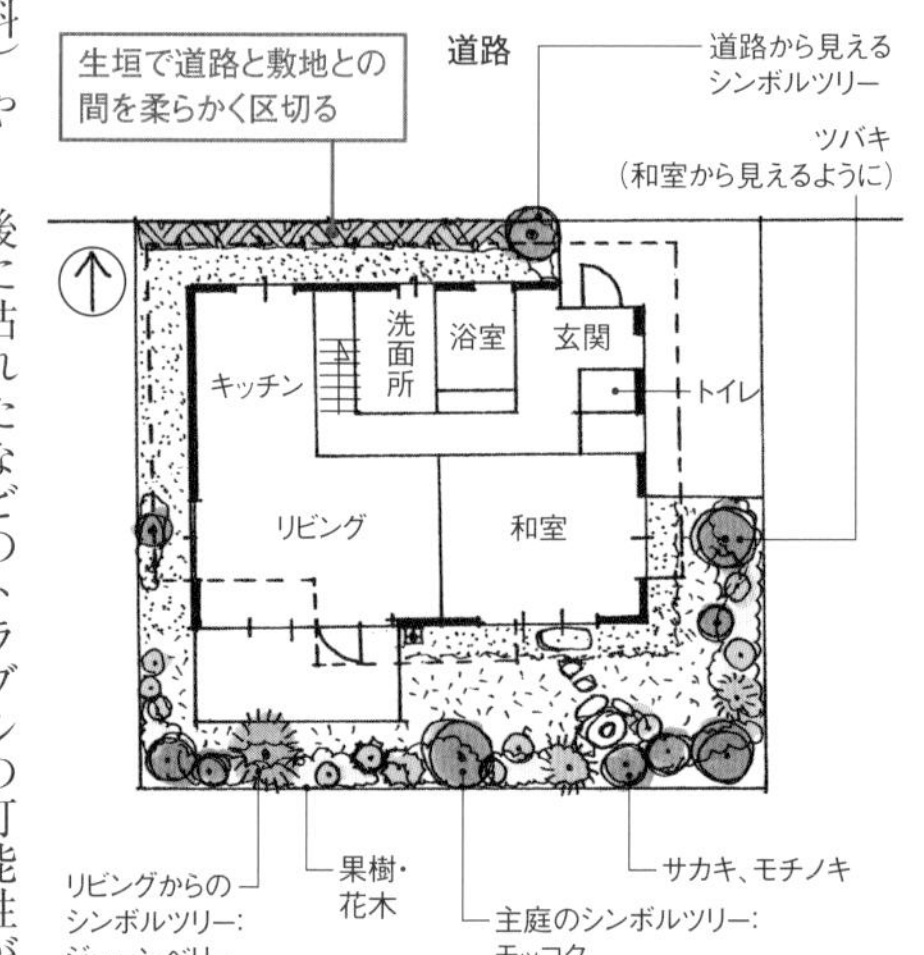

※1：屋上庭園は142頁参照
※2：ゴミなどが土中に埋設されていないかも確認する
※3：実際に手で触って湿り気の具合を確認する。雨上がりの現場なら、水の引きや水たまりの位置なども土壌の水分量を知る参考になる
※4：地域の植生は、図書館などの文献で調査できるが、手つかずの緑地が残ることが多い神社仏閣周辺を観察するのも手だ

前などを書き込んでいく。

　ゾーンが大まかに決まったら、次は図面に動線や視線を書き込む。たとえば、リビングから庭がどのように見えるか、シンボルツリーを植える際に、通行人の目線が留まりやすいのはどの部分かなどを確認して、ゾーンのイメージをより具体化していく。

　これらを繰り返して、ある程度まとまったら、ゾーンニング図をもとに建築主と打ち合わせて、双方の意見を調整し、配植図の作成に入る［**図2②**］。

植栽トラブル回避のワザ

　意匠設計者が植栽で最もトラブルに合うのは、植栽工事の現場だろう。ここでは、よくあるトラブル例を2つ挙げ、それぞれの対処法をみていきたい。

(1)想定とは違う印象の樹木が現場に

　植栽する樹木を決める際、図鑑やカタログだけで選ぶと、実際に届いた樹木とまったく違う印象を受けることがある。こうした事態を避けるために、植栽する樹木の実物を目で確かめておくことが基本だ。樹木を買う前に下見をし、施工者と協議のうえ決定するのが理想である。特に、個人住宅規模では、1本の木の見え方で建物の印象が大きく変わるので、こうした対応は欠かせない［※5］。

　こうして決定した樹木でも、現場に搬入されると樹形の異なる木のような印象を受けることがある。これは、運搬や植え付けのために行われる剪定によるものだ。樹木を植栽する際、根は本来の半分くらいの大きさに刈り込む。同時に、地上部の枝葉も刈り込んで、移植後の生長のバランスが崩れたり、枯れたりするのを防いでいる。運搬時の剪定では、特に樹木の下側の枝が刈り込まれることが多い。この部分に意匠として活用したい枝などがあれば、刈り込まないよう事前に伝えておかなければならない。

(2)予定の場所に樹木が植えられない

　造園工事は建築工事が終わるころに行われることが多く、予定していた場所に木が植えられないというケースがよくある。

　建築工事の段階で次の点をチェックしておく必要がある［**図3**］。

　チェックポイントは、工事車輌の進入の可否と敷地と前面道路との関係である。前面道路側に庭をつくる場合、樹木の搬入は問題にならない。道路と反対側に庭をつくる場合、樹木や土をどのタイミング、手法で搬入するかで、手間や施工費用が違ってくる。

　外部に搬入路を確保できない建物に庭を設計する場合、造園工事の時期によっては仕上げを終えた内部を通すことも考えなければならず、養生などに余分な手間がかかる。室内を通れない大きな木は屋根越しに搬入しなければならず、さらにコストがかかる［※6］。施工通路が外部に確保できる間に造園工事を始めるよう、工事の段取りを調整する必要がある［**図4**］。

　このほか多いのが、植栽する場所に工事で出たガラや石が埋めてあったり、設備配管が埋設されていて、樹木が植えられないケースである［※7］。平面図にないエアコンなどの室外機が置かれていることもよくある。室外機から出る高温で乾燥した風は、樹木の生育を阻害するため、このような場所には植栽できない。

　こうした事態を避けるためには、植栽工事以外の外部工事に携わる人にも植栽場所と意図を明確に伝えておく必要がある。

図3 事前の施工関連のチェック個所

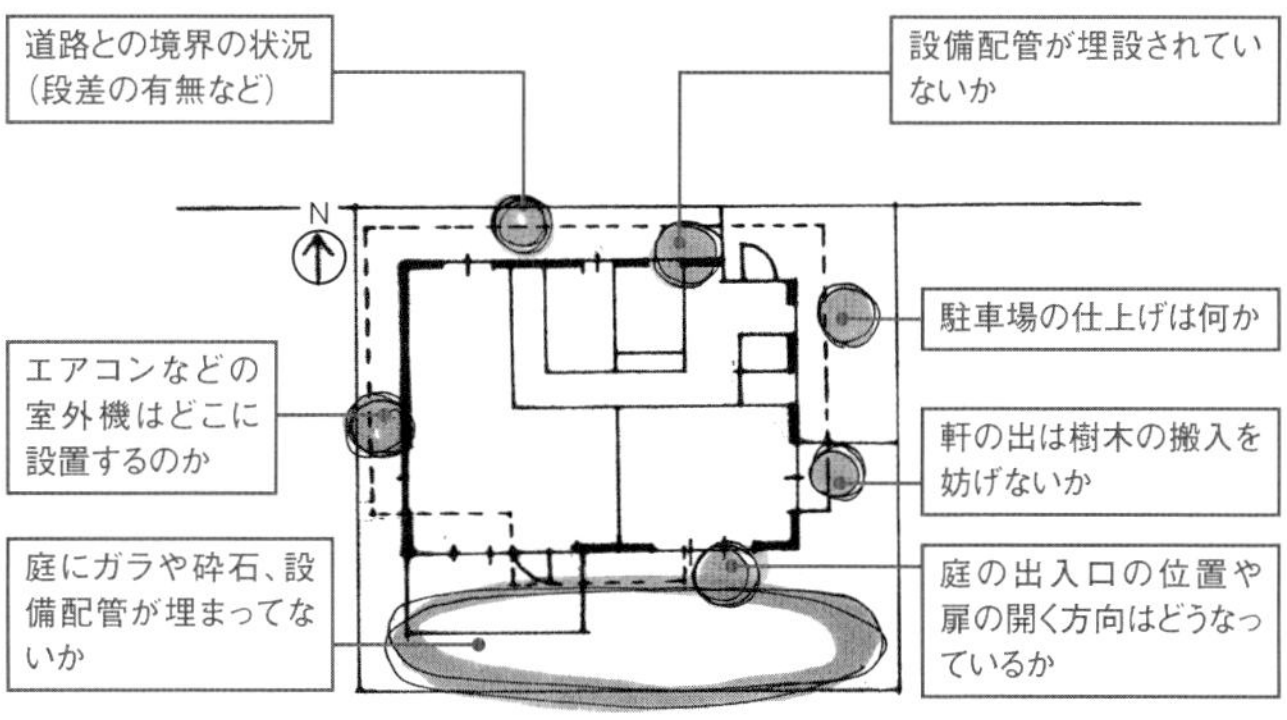

道路との境界の状況（段差の有無など）
設備配管が埋設されていないか
N
駐車場の仕上げは何か
エアコンなどの室外機はどこに設置するのか
軒の出は樹木の搬入を妨げないか
庭にガラや砕石、設備配管が埋まってないか
庭の出入口の位置や扉の開く方向はどうなっているか

図4 建築後の樹木の搬入経路

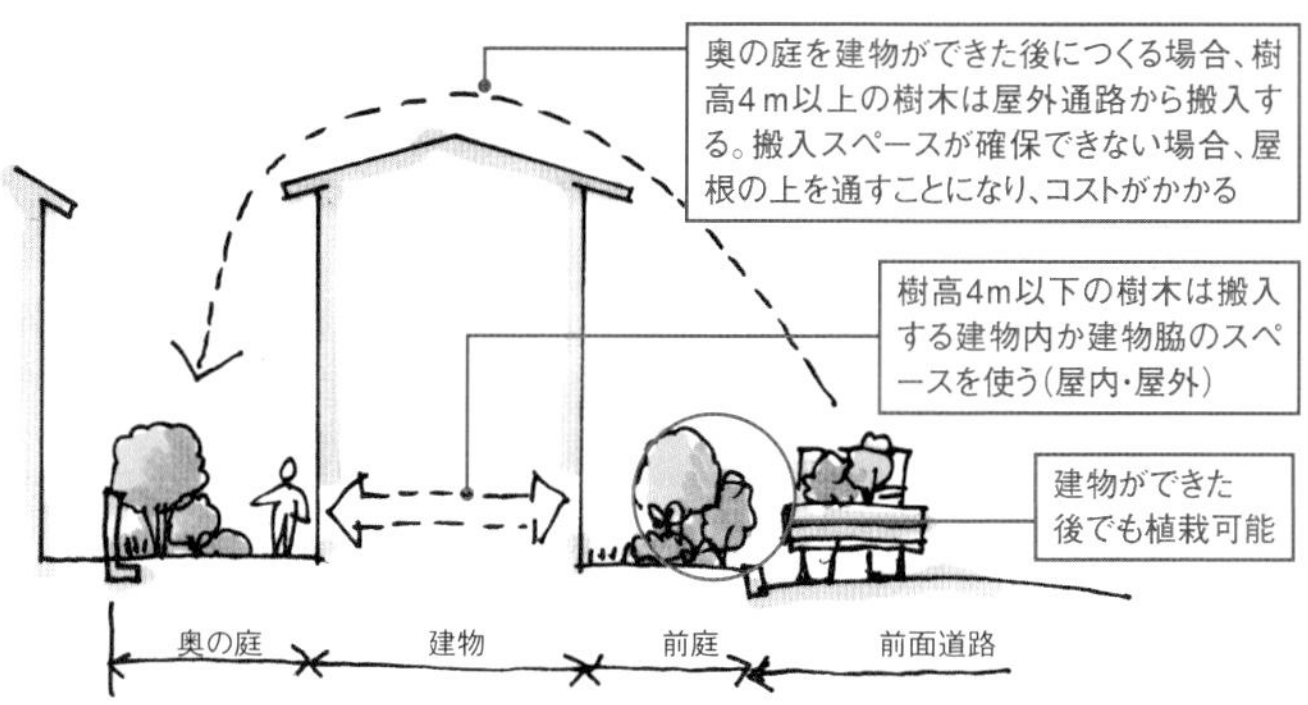

奥の庭を建物ができた後につくる場合、樹高4m以上の樹木は屋外通路から搬入する。搬入スペースが確保できない場合、屋根の上を通すことになり、コストがかかる
樹高4m以下の樹木は搬入する建物内か建物脇のスペースを使う（屋内・屋外）
建物ができた後でも植栽可能
奥の庭
建物
前庭
前面道路

※5：栽培地が遠く、実際に見に行けない場合、造園業者に現物写真を送ってもらい、それで判断する方法もある
※6：屋根越しに搬入する場合、電柱・電線との取り合いも問題になる
※7：実際に玄関前などの植栽でこうしたケースをよく経験する。玄関前にシンボルツリーを植える計画だったが、造園工事の段階で配管が見つかり、位置をずらして植えざるを得なかった。住宅規模の植栽ではシンボルツリーの意味は大きい。これでは、植栽デザインのコンセプトが破綻することになりかねない

松崎里美（まつざきさとみ）
NPO法人日本ゼリスケープデザイン研究協会　スタッフ
1966年生まれ。一級造園施工管理技士。米国CWWC会員。作品に、船橋二和東2丁目ウォーターワイズ公園、同ランドスケープガーデン計画ほか

三好あゆみ（みよしあゆみ）
株式会社マインドスケープ
1級造園施工管理技士、樹木医補、自然再生士
ガーデンセラピーコーディネーター1級
千葉大学園芸学部卒業。園芸店の造園部門を経て、ランドスケープデザイン事務所に勤務。植物本来の性質、生態を最大限に活かせる植栽とデザインのバランスをテーマにランドスケープ設計や、植栽管理の提案を行っている

百瀬 守（ももせまもる）
SOYぷらん
長野県松本市生まれ。40歳過ぎてから造園業の世界に入り、約8年間造園会社にて修行。その後SOYぷらんの立上げに参加。心と体によい庭づくりを目標に一般家庭の庭づくりからコーポラティブハウス、屋上の庭なども設計・施工を手掛ける

柳原博史（やなぎはらひろし）
株式会社マインドスケープ代表
登録ランドスケープアーキテクト（RLA）
1966年生まれ。明治大学、静岡文芸大学、会津大学短期大学部、桑沢デザイン研究所非常勤講師。環長崎港地域アーバンデザイン会議委員、川崎市景観アドバイザー。東京造形大学、筑波大学大学院、AASchool 大学院修了。国内外の大規模ランドスケープ新築、改修プロジェクトに多数関わる

矢野智徳（やのとものり）
合同会社「杜の学校」代表
「大地の再生技術研究所」主宰
1956年福岡県生まれ。家業の自然植物園で培った経験と、大学時代の自然地理的視点で造園業を始める。自然と都会の狭間で生物空間を模索するうちに、大地における水と空気の動きに着目。現代土木建築工法が取りこぼした環境問題を解決すべく、「大地の再生」手法を提唱。全国で環境改善施工に取り組む

山﨑誠子（やまざきまさこ）
日本大学短期大学部准教授、GAヤマザキ
ランドスケープデザイナー
東京都生まれ。武蔵工業大学（現：東京都市大学）建築学科卒業後、東京農業大学造園学科聴講生として2年間在籍。㈱花匠を経て、1992年GAヤマザキ設立。1級建築士、1級造園施工管理技師

山田 實（やまだまこと）
東京樹苗代表
1946年東京都生まれ。1969年東京電機大学卒業後、暖房機メーカーに入社。1977年に東京樹苗㈱に転職。現在に至る。東京樹苗では植物（主に地被類、ツル性植物）の生産、卸を手掛ける。最近は水草、水辺植物および園芸店や山草店で扱わない植物を生産、取り扱っている

荒川淳良（あらかわあつよし）
株式会社 岩城
取締役設計部長
1963年神奈川県生まれ。東京農業大学造園学科卒業。住宅、社寺、ホテル、リゾート、教育・福祉施設などのデザインを手掛け、伝統技法を踏まえながら型にはまらない和風の空間づくりを得意とする。英国キューガーデンJAPAN2001ガーデンフェスティバル金賞受賞

石井 修（いしいおさむ）
美建・設計事務所
建築家
1922〜2007年奈良県生まれ。吉野工業学校建築科卒業後、大林組東京支社勤務。海軍建築部、陸軍航空隊に応召。戦後、大林組復帰。1956年、美建・設計事務所開設。1987年、日本建築学会賞受賞。第12回吉田五十八賞受賞。2002年、日本建築家協会JIA25年賞大賞受賞。緑の豊富な独特な空間をつくり続けた

伊礼 智（いれいさとし）
建築家・伊礼智設計室
1959年沖縄県生まれ。琉球大学理工学部建設工学科卒業、東京芸術大学美術学部建築科大学院修了。丸谷博男＋エーアンドエーを経て伊礼智設計室開設

大西 瞳（おおにしひとみ）
株式会社マインドスケープ
ランドスケープデザイナー、プロデューサー、グリーンセイバー（マスター）
女子美術大学非常勤講師、静岡理工科大学非常勤講師
1級造園施工管理技士、自然再生士
高知大学卒業。植栽に特徴のある、庭園、ディスプレイ、展示会のデザイン、プロデュースのほかに、里山保全、まちづくりなどの活動に多く関わっている

大橋鎬志（おおはしこうし）
株式会社M&N環境計画研究所
登録ランドスケープアーキテクト（RLA フェロー）
1943年静岡県生まれ。千葉大学造園学科卒業。アークヒルズ、御殿山ヒルズなど、超高層ビルの外構計画他を手がける。'88年㈱M&N環境計画研究所設立、代表取締役。主な仕事は、ヒルトン東京お台場、ニュージーランド大使館、海石榴迎賓館、道の駅とみうら（道の駅グランプリ2000最優秀賞）、バリ・リッツカールトンホテル・ビラガーデンほか。京都芸術大学非常勤講師

小出兼久（こいでかねひさ）
ランドスケープアーキテクト、都市環境科学、気象学、ASLA、RLA、RLSs、EWRI 認証登録
岡山県立大学建築・都市デザイン領域非常勤講師
NPO 法人日本ゼリスケープデザイン研究協会（JXDA）代表理事
1951年東京生まれ。主な作品に、バッハの森文化財団、イオン株式会社本社アトリウム、六麓荘Y邸、田園調布K邸など。欧米での10年以上にわたる事例見学、行政インタビュー、資料研究などを軸に、日本で初めて、微気象制御や水保全を達成する低影響開発の手法について紹介し、自身も実践研究を重ねている

菅原広史（すがわらひろふみ）
防衛大学校地球海洋学科教授
専門は気象学で、都市域の熱環境、衛星リモートセンシングなどを中心とした研究を行う

善養寺幸子（ぜんようじさちこ）
株式会社 JFIT-Link
一級建築士・コンサルタント
1966 年生まれ。品川高等技術職業専門校を修了後、構造設計事務所、意匠設計事務所を経て、1998 年、一級建築士事務所オーガニックテーブルを開設、エコハウスを専門に設計を行う。2006 年、㈱エコエナジーラボを設立。〜 2012 年度、環境省「学校エコ改修と環境教育事業」のサポート本部を担い、環境建築普及を支援。現在、㈱JFIT-Link 副社長

田瀬理夫（たせみちお）
プランタゴ代表
1949年東京都生まれ。千葉大学で都市計画および造園史を専攻。「土地」の様相を感知し、また理解し、生態・地理・都市・建築・土木・造園など総合的な環境デザインの視点からプロジェクトの最適解を求めて行動している。主な仕事は、地球のたまご、BIOSの丘、アクロス福岡、神山町大埜地集合住宅ほか

中西道也（なかにしみちや）
1972年愛知県生まれ。東京芸術大学美術学部建築学科卒業。現在千葉県我孫子市の田んぼの中に3,000坪の幼稚園を建設中。園庭づくりを無償で手伝ってくれる方募集

藤田 茂（ふじたしげる）
緑花技研代表
1947年東京都生まれ。東京農業大学農学部造園学科卒業。技術士（都市及び地方計画）、一級造園施工管理士、一級土木施工管理士、屋上・壁面・室内緑化の技術コンサルタントを行い、緑化マニュアル等の作成・出版も行っている

改訂版
最高の植栽をデザインする方法

2023年6月2日　初版第一刷発行

発行者　澤井聖一

発行所　株式会社エクスナレッジ
〒106-0032　東京都港区六本木7-2-26
https://www.xknowledge.co.jp/

問合せ先

編　集　Tel 03-3403-1381
fax 03-3403-1345
info@xknowledge.co.jp
販　売　Tel 03-3403-1321
Fax 03-3403-1829